U0897180

"十二五"国家重点出版物出版规划项目

南非的风俗与文化

[美] 丰索·阿佛拉扬 著

赵 巍 卢 珊 秦婷婷 韩俊杰 译

罗力群 校

民主与建设出版社

·北京·

图书在版编目 (CIP) 数据

南非的风俗与文化 / (美) 阿佛拉扬著；赵巍等译
. —北京：民主与建设出版社，2018.12
ISBN 978-7-5139-0839-9

Ⅰ. ①南… Ⅱ. ①阿… ②赵… Ⅲ. ①南非—概况
Ⅳ. ①K947

中国版本图书馆 CIP 数据核字（2015）第 246217 号

南非的风俗与文化
NAN FEI DE FENG SU YU WEN HUA

出 版 人 李声笑
著　　者 （美）丰索·阿佛拉扬
责任编辑 郭长岭
封面设计 逸品书装
出版发行 民主与建设出版社有限责任公司
电　　话 (010)59417747　59419778
社　　址 北京市海淀区西三环中路 10 号望海楼 E 座 7 层
邮　　编 100142
印　　刷 北京文昌阁彩色印刷有限责任公司
版　　次 2018 年 12 月第 1 版
印　　次 2018 年 12 月第 1 次印刷
开　　本 880 毫米 × 1230 毫米　1/32
印　　张 15.5
字　　数 332 千字
书　　号 ISBN 978-7-5139-0839-9
定　　价 78.00 元

注：如有印、装质量问题，请与出版社联系。

出版说明

中国与非洲相距遥远，但自古以来，两地人民就有了从间接到直接、从稀疏到紧密的联系，这种联系增进了两地人民的沟通与了解，为两地的发展不断发挥着作用。特别是20世纪中叶以来，因为共同的命运，中国和非洲都走上了反殖民主义革命与争取民族独立的道路，中非之间相互同情、相互支持，结下了深厚的友谊。迈入新世纪以来，随着我国经济的发展，中非经贸关系日益深入，及时了解非洲的政治、经济、法律、文化的情况当然也就具有十分重要的现实意义。

有感于此，我社组织翻译出版这套《非洲译丛》，所收书目比较全面地反映了非洲大陆的政经概貌以及过去我们很少涉及的一些重要国家的情况，涵盖多个语种，具有较强的系统性和学术性，意在填补我国对非洲研究的空白，对于相关学术单位和社会各界了解非洲，开展对非洲的研究与合作有所帮助。

译丛由北京大学、中央财经大学、浙江师范大学、湘潭大学等国内非洲研究的重镇以及国家开发银行、中非基金等单位组织，由非洲研究专家学者遴选近期国外有关非洲的政治、经济、法律等方面有较大影响、学术水准较高的论著，汇为一编，涵盖政治、经济、法律等七个方面的内容，共约 100 种图书。

对于出版大型丛书，我社经验颇乏，工作中肯定存在着一些不足，期待社会各界鼎力支持，共襄盛举，以期为中非合作做出贡献。

民主与建设出版社

2014 年 8 月

目录

序　言

在很多方面，南非都是非洲最古老同时也是最新的国家。1910年，南非作为南非联邦（Union of South Africa）从英国统治下获得独立，是第一个脱离欧洲殖民统治的非洲国家。绝大多数其他非洲国家在南非独立四十年后还是不能获得独立。然而，对南非人民来说，1910年的独立是非常有限的。它只是给予少数白人自主和权力，直到20世纪的最后十年还否定大多数人的自由和平等。1994年，种族隔离的结束、非种族歧视、非性别歧视、多党并存的民主政治最终带来了这个国家所有居民的自由。4月27日是南非的“自由日”，这天举行了南非历史上第一次划时代的民主选举，标志着非洲最新国家的诞生。

南非之新对研究南非人民的文化和习俗的所有尝试都提出了重大方法论问题。人类学家很久之前已经抛弃静态、无变化社会的观点。所有的人类社会都表现为文化的转变。对于南非来说更是如此。自1994年以来，这个最新的非洲国家经历了快速转型期。从殖民主义和种族隔离时代的破坏中拯救、重建这个国家的工作正在进行中。尽管我们仍在研究、理解这个国家是什么样的，它从哪里来，我们却尚不知道它将去哪或者它将变成什么样子。认识到这一现实，我在这项研究中采取了社会史的方法。目前该国仍然很新，流动性强，充满着变化，必须在过去的框架内来理解这个国家。

多样性在南非词典里应该是一个值得尊敬的词汇。在非洲，南非是最具有种族多样性的，大主教德斯蒙德·图图赋予它“彩虹之国”的美誉，南非也是这个大陆上最具有民族、文化、语言多样性的国家之一。除了各种讲科伊桑语和班图语的非洲群体，南非的亚裔、欧裔族群在非洲也是人口最多的。这种多样性一直是南非历史和社会中的一个重要且显著的特征，而这里也充分考虑到这一点。不过，我并不打算描述南非诸多群体、民族中每一群体、民族文化和习俗的每个方面。虽然这样一种全面的、百科全书式的探索可能更受欢迎，但是本书的篇幅和目的不允许。因此，我对本丛书里探讨的问题、话题做了精心选择，深思熟虑，我受我对这些问题、话题相对重要性的评估和可用信息的性质和范围的影响，希望自己不是随意选择的。本书最后的参考文献中将为那些有兴趣更深入地探索本书议题的读者提供众多额外文献。

有必要对本文中所使用的术语和拼写法做一点解释。由于南非语言的多样性和其种族、族群对抗的历史，在这个国家中，占统治地位的少数白人用语言来诋毁和排斥其他种族群体。为了避免混淆，或者说使混淆最小化，我采用了更易接受、较为客观的术语——只要适合，只要有这些术语。例如，讲到所有那些土著族群时，我用科伊科伊人（Khoikhoi）而非霍屯督人（Hottentot），用桑人（San）而非布须曼人

(Bushmen)；用阿非里卡人（Afrikaner）代替布尔人（Boer），除非要忠实于历史。找到一个指称讲班图语的人群同时也被普遍接受的术语，有些难处。在此方面，我没有使用卡非尔人(Kaffir，在阿拉伯语中意为“异教徒”）或土著（native)，这是很多个世纪以来白人用来描述黑人的很多贬义词中的两个。我根据上下文和涉及到的历史时期，使用了“黑人”(blacks)、“班图人”（Bantu)、“非洲人”（Africans）这些词，而我也了解到以下事实：第一，直到最近，白人描述非洲人时才用“班图人”一词作为尊称；第二，南非的所有种族群体都有正当理由把自己当作非洲人，当作南非公民。由于找不到别的更容易被接受的词，我就使用“有色人”（colored)一词来指代马来人和其他混血人种。这个词所描述的那些人群一直把该词视作种族主义的词汇，因此本书里没有把该词的首字母大写。

致谢

我研究和教授南非历史、文化这么多年，写这本书对我来说是一次探索与发现之旅。其他学者已经做的开创性工作使我的旅程变得较为容易，对于这些学者来说，我在此书中只能给出一些不全面的注释，这可能不足以显示出我的受益之深。在这些先驱者中，尤值一提的有：戴维·哈蒙德—图克、皮特·马今巴僧、洛娜·马歇尔、伦纳德·汤普森、桑德拉·克洛普、安妮塔·内特尔顿、埃利诺·普雷斯顿—怀特、珀西瓦尔·柯比、佛朗哥·佛里斯库拉、汉斯·弗兰森、迈克尔·查普曼、托马塞利夫妇、李·斯维策、维特·厄尔曼、大卫·齐德斯特、莫夫·安德森、查尔斯·安布勒、大卫·科普兰，就提这些学者吧。很多学者以及其他一些人的友好和热情为我在南非的研究工作提供了便利，由于篇幅所限，这里不能一一提及。他们中尤值一提的是：弗朗西斯夫妇、多萝西·马苏古、丹尼斯·菲利普、通德·拉乌义、梯布霍·摩迦、肖恩·菲尔兹、基迪恩·卡比拉、诺姆温毕·梅里韦瑟、简·莎邦古、菲利普·恩卡宾德等。

我还要感谢本丛书主编托因·法罗拉博士在本研究项目不

同阶段给予的支持与建议。格林伍德出版社的编辑——文蒂·施瑙费尔女士，她超乎寻常的耐心和敬业精神巧妙地推动了本项研究的完成，值得颁发一枚奖章。感谢珍妮佛·比尔德对本书的卓有成效的校对、编辑工作。还感谢简·戴维斯、林恩·格雷比尔、梅森夫妇、阿金·阿基纳德、珍妮佛·比尔德、珍妮·伯格曼（《来自德班的现场报道》）、梅格·科廷、珍妮佛·比尔德，他们为我提供了他们所拥有的照片等相关材料。新罕布什尔大学达勒姆校区人文学院的学术项目、人文中心、国际教育中心、学术资助中心、历史系，给予了我一学期的学术休假以完成这个工作，并资助我在南非的研究之旅，这对我帮助极大。

最后感谢我的灵魂伴侣阿比姆博拉，我的孩子图比、托米、托卢、蒂努，感谢他们的支持和理解，也更感谢他们确保了家庭的和谐友爱，我对他们的感激之情这里无以言表。经过数十年激烈的斗争，付出了很大代价，新南非于 1994 年诞生了，这是一个奇迹。我很荣幸能够看到这个转变，能够参与它的庆典。希望我的读者能够像我写书时一样，充满喜悦地来阅读此书。

年　表

大约 100 万 ~300 万年前

石器时代早期；南方古猿非洲种；非洲南部直立人出现。

大约公元前 100000 ~公元前 30000 年

石器时代中期；出现非洲南部智人。

公元前 30000 年 ~公元前 15 年

石器时代晚期；已知最早的岩石艺术范例；非洲南部从事狩猎、采集植物的桑人和相关群体。

大约公元前 2500 年 ~200 年

家畜驯化；科伊科伊牧民（Khoikhoi herders）迁至南非。

300 年

使用铁器、说班图语、从事混合农业的农民开始迁至南非。

500 ~700 年

好望角东部处于早期铁器时代；莱登伯格制陶技术起源。

1300 ~1500 年

索托—茨瓦纳人定居内陆高原；恩古尼人定居于东南海岸和高地地区。

1487 年

在巴尔托洛梅乌·迪亚士的领导下，葡萄牙探险家在风暴中越过南非之角。

1497 年

瓦斯科·达·伽马绕过南非之角，开辟了欧洲人梦寐以求的由大西洋通往印度的航线。

1510 年

葡属印度总督弗朗西斯科·德·阿尔梅达及其 57 名部下在塔布尔湾被杀。

1652 年

荷兰东印度公司在赞·范里贝克的领导下从科伊人手中获得土地，在好望角建立了一个中途补给站。

1658 年

最早的来自安哥拉和非洲西部的两船奴隶把好望角变成了奴隶社会，开启了从印尼、锡兰、马达加斯加输入更多奴隶的时代。

1659～1677 年

科伊人发动战争反对荷兰殖民者蚕食、攫取土地。

1688 年

由于宗教迫害，200 名胡格诺派教徒从法国逃离，在好望角的弗朗斯胡克一带定居。

1713 年

从巴达维亚返航的一艘荷兰船只把天花病毒带到了好望角，许多科伊科伊人因此而死。

1779～1780 年

科萨人与白人的九次边境战争中的第一次战争爆发。

1793 年

该国第一家银行伦巴第银行在开普成立。

1795 年

英国从荷兰手中夺取了好望角，先发制人，以防法国拿破仑夺得该地。

1800 年

《非洲广告人报》和《开普敦公报》首次出版。

1802 年

安妮·伯纳德夫人从开普回到英格兰。

1803 年

荷兰（巴达维亚共和国）收回好望角殖民地。

1806 年

英国重新占领好望角殖民地。

1816～1828 年

班图部落之间发生战乱（Mfecane）；夏卡创建祖鲁王国。

1820 年

5000 个英国人到达好望角殖民地定居。

1824 年

索托人的领导者莫舒舒定都塔巴布秀。

1828 年

祖鲁国王夏卡被自己的同父异母兄弟丁冈暗杀，丁冈血腥的篡位成功。

1829 年

南非学院（开普敦大学的前身）成立。

1834 ~1835 年

英国下令解放好望角殖民地的奴隶，引发了布尔人大迁徙的开始。

1835 年

科萨最高酋长因特萨被英国人谋杀；5000 名阿非里卡人（荷兰移民后裔）和他们的有色仆从开始抗议性内迁，从好望角来到内陆地区，后世称为大迁徙（the Great Trek）。

1837 年

移民先驱击败了姆济利卡齐所领导的恩德贝勒人，迫使他们越过林波波河来到现在的津巴布韦。

1838 年

祖鲁国王丁冈下令对参加舞会的彼得·雷蒂夫一行和跟随他的移民先驱们进行屠杀，在随后的血河之战中，祖鲁军队被阿非里卡人的突击队击败。

1843 年

英国吞并纳塔尔地区，1838 年移民先驱们曾经在此建立纳塔利亚共和国。

1850 ~1854 年

英国承认阿非里卡人建立的德兰士瓦共和国和奥兰治自由邦独立。

1856 ~1857 年

一条预言导致科萨人屠牛，造成大饥荒和成千上万人的死亡。

1858 年

莱索托击败奥兰治自由邦。

1859 年

《圣经》在科萨人中传播。

1865 ~1867 年

奥兰治自由邦击败莱索托。

1866 年

阿非里卡人首屈一指的斯泰林博什大学成立。

1867 年

钻石开采始于西格里夸兰。

1868 年

英国吞并巴苏托兰（莱索托）。

1873 年

南非学院更名为开普敦大学。

1876 年

佩迪人击败了南非共和国。

1878 年

在伊散德尔瓦纳战役中，祖鲁击败和消灭了一个英国军团。

1879 年

英国殖民势力击败了祖鲁王国。

1883 年

《圣经》传入祖鲁王国；奥莉芙·施赖纳的作品《一个非洲农场的故事》问世。

1885 年

亨利·莱特·哈葛德编写了著作《索罗门王的宝藏》。

1886 年

在威特沃特斯兰德首次开采黄金；约翰内斯堡建立。

1887 年

英国吞并祖鲁兰；祖鲁国王被放逐到荒凉的圣海伦娜岛上。

1890 年

塞西尔·罗德斯成为开普敦总理。

1893 ~1894 年

莫罕达斯·K·甘地到达南非；印度纳塔尔国会成立。

1896 ~1898 年

牛瘟毁灭了一大批牲口。

1897 年

伊诺克·桑汤加创作基督教圣歌《天佑非洲》，不久成为自由运动的圣歌。

1898 年

德兰士瓦武力征服文达，于是白人征服了南部非洲所有的非洲人口。

1899 ~1902 年

南非（英布）战争爆发；布尔共和国受到英国的统治。

1902 年

罗德斯去世；约翰内斯堡《兰德每日邮报》开始出版。

1904 ~1907 年

63397 名中国工人被输出到南非从事采矿业。

1906 年

巴姆巴萨祖鲁起义反抗人头税遭到残酷镇压。

1907 年

詹姆斯·珀西·菲茨帕特里克爵士的作品《丛林中的杰克》问世。

1910 年

5 月 31 日，南非联邦成立，路易·博塔成为第一任总理；后来贾恩斯·马茨成为副总理。

1912 年

南非土著人国民大会形成，约翰·杜贝成为第一任主席；后来变为非洲人国民大会（ANC）。

1913 年

《土著土地法》把非洲人的土地所有权限制到指定的保留地，大约占南非国土面积的 7%；一系列的种族隔离法令开始颁布。

1914 年

新国民党（NP）成立；甘地回到印度。

1916 年

南非土著人学院（黑尔堡大学）建立；索尔·普拉杰出版《南非土著人的生活》。

1917 年

南非英美资源公司成立。

1918 年

阿非里卡人秘密兄弟会成立促进阿非里卡人的民族主义。

1919 年

南非工商业工人联盟（ICU）成立；南非获得了国际联盟委托的西南部非洲托管地（也就是后来的纳米比亚）。

1921 年

南非警察在布尔霍克屠杀虔诚的犹太教徒；南非共产党成立。

1922 年

白人工人举行罢工，南非政府军镇压了工人对约翰内斯堡的占领。

1924 年

罗伊·坎贝尔出版《火焰龟》。

1925 年

阿非里卡语取代荷兰语成为官方语言。

1927 年

《背德法》规定禁止白人与其他人种之间的性关系。

1928 年

康斯坦博西国家植物园与南非大学建立。

1930 年

白人女性获得参选与投票的权利。

1936 年

第一版阿非里卡语的圣经出版；非洲人在开普的选民名单中被去除。

1938 年

举行大迁徙的百年庆典；移民先驱者纪念碑的第一块砖石开始铺设。

1939~1945 年

南非在同盟国的一边加入第二次世界大战。

1946 年

70000~100000 位金矿工人举行罢工，被政府军镇压；彼得·亚伯拉罕出版《矿工男孩》。

1948 年

南非白人的国民党赢得大选并开始实行其种族隔离政策；艾伦·佩顿的《哭泣的大地》出版，很快成为南非最著名的小说。

1949~1953 年

颁布一系列法律，使种族隔离制度化，在南非人生活的所有方面实行种族隔离：《混合婚姻禁令》《集团地区法》《人口登记法》《镇压共产主义法》《班图教育法》。

1951 年

周刊《鼓》开始出版；多丽丝·莱辛出版《这原是老酋长的国度》。

1954 年

南非妇女联合会形成；彼得·亚伯拉罕出版《说出自由》。

1955 年

南非工会大会形成；人民大会采用《自由宪章》作为缔造多种族的民主南非的蓝图；里特的《夏卡·祖鲁》问世。

1956 年

有色人口被从开普投票人名册中移除；156 名活动分子被以叛国罪受审；赫德尔斯顿出版《毫不舒服》。

1958 年

劳伦斯·凡·德·普司特出版《卡拉哈里沙漠的失落世界》。

1959 年

在罗伯特·索布克韦的领导下阿扎尼亚泛非主义者大会（PAC）成立；由米亚姆·马齐巴、休·麦塞克勒、桑迪·卡森、哨笛神童莱米·“特殊的”马巴索（又称奎拉舞曲男孩）和另外100个艺人参演的音乐剧《金刚》首次演出；穆法里里出版《沿着第二大街》。

1960 年

允许白人在国会里代表原住民的法律被废除；警察在沙佩维尔杀害了67名反对通行证法的示威者；非洲人国民大会、阿扎尼亚泛非主义者大会、共产党和其他反抗团体被禁止。

1961 年

祖鲁酋长和非洲人国民大会领袖艾伯特·卢图利获得诺贝尔和平奖；南非脱离了英联邦，成立了共和国；劳伦斯·凡·德普司特出版《猎人的心》。

1962 年

拉·古玛出版《夜间行走》；卢图利出版《给我的人民自由》；范·威克·洛的《哀怨集》问世。

1964 年

南非阿姆斯特公司（ARMSCOR）成立；纳尔逊·曼德拉、沃尔特·西苏鲁、戈万·姆贝基等人在瑞佛尼亚审判中，被判处终身监禁；韦尔伯·史密斯出版《猛狮扑食》。

1966 年

亨德里克·F·维沃尔德——1958 年以来的南非总理——在国会上被一个精神错乱的白人刺死；B·J·沃斯特成为新总理；第六区是开普敦的生命和灵魂所在，宣布成为仅限白人居住的地区。

1966～1968 年

莱索托、博茨瓦纳和斯威士兰独立。

1969 年

史蒂夫·比科成立南非学生组织；尤金·马雷出版《猿猴的灵魂》。

1971 年

奥斯瓦尔·姆茨莎里的著作《牛皮鼓声》问世。

1974 年

商业上流行的非洲音乐剧《伊皮·托普比》首演；约翰内斯堡的市场剧院开始营业；戈迪默的《生态保护者》与另一作家的作品同获英国布克奖。

1975～1976 年

莫桑比克和安哥拉依靠武力，摆脱葡萄牙统治获得独立；南非国防军入侵安哥拉；布特莱齐复兴因卡塔运动。

1976～1977 年

索韦托在校学生反对强制学习阿非里卡语的抗议在全国蔓延，与警察产生冲突，导致近 600 人死亡。

1977 年

黑人意识运动的领袖史蒂夫·比科被警察逮捕，拷打致死；联合国对南非实行武力禁运；贝塞耶·赫德的小说《财富的积累》问世。

1978 年

阿扎尼亚泛非主义者大会领导人罗伯特·索布克惠去世；博塔击败沃斯特成为新的总统，对反对种族隔离者发动猛攻；伊索普的《麦加朝圣和其他故事》问世。

1979 年

戈迪默出版《伯格的女儿》；库内内出版《夏卡大帝》；安德烈·布林克出版《苍白的一季》；马特索巴出版《不要叫我男人》。

1980 ~1981 年

乔伊奇出版《等待野蛮人》；佩顿出版《走向大山》；戈迪默出版《七月的人们》；赛洛特出版《血缘》。

1981 ~1988 年

南非国防军入侵安哥拉，对莱索托、莫桑比克、津巴布韦和赞比亚等国游击队开展游击战，进行袭击和破坏活动；非洲人国民大会的武装组织“民族之矛”攻击了南非主要军事基地沃特雷克胡戈特军事基地和位于科贝赫的核电站。

1983 年

J. M. 乔伊奇出版《迈克尔·K 的生活和时代》；阿索尔·富加德的戏剧《哈利和男仆》问世。

1984 ~1986 年

城镇起义从夏普威尔蔓延到东兰德、索韦托等南非黑人城镇，政府的暴力镇压加剧了人民的反抗；德斯蒙德·图图，南非开普敦市的大主教，也是南非圣公会的负责人，荣获诺贝尔和平奖；布雷滕巴赫创作《白色恐怖分子的真实忏悔》。

1985 年

博塔宣布国家进入紧急状态，政府与监禁和流放非洲人国民大会领导人之间进行了首次接触；约瑟夫·莱利维尔德的作品《挪开你的影子：南非，黑人与白人》荣获普利策文学奖。

1986 年

通行证法被废除；上千人被拘留；新闻媒体被禁止报道有关动乱的消息；英联邦任命的由社会知名人士组成的特派团建议对南非实施更加严厉的制裁；美国国会拒绝总统罗纳德·里根与实行种族隔离的南非进行建设性接触政策，推翻了他对规定对南非实施制裁的《全面反种族隔离法》的否决；恩葛玛创作《萨拉菲娜》。

1987 年

南丁·戈迪默出版《大自然的运动》；阿姆斯特丹举行“另一个南非文化会议”。

1989 年

弗里德里希·威廉·德克勒克取代博塔成为国民党的领袖，并成为总统；沃尔特·西苏鲁和其他 7 个长期关押的政治犯得到释放。

1990 ~ 1991 年

德克勒克宣布非洲人国民大会、阿非里卡泛非主义大会、南非共产党以及其他反对组织合法化；曼德拉在狱中度过 27 年后被无条件释放；纳米比亚独立；非国大暂停了武装斗争；莱恩·马兰创作《我的叛国心》（1990 年）；珍妮·古森创作《我们都不是这样》（1990 年）。

1991 年

相继废除了所有的种族歧视和种族隔离法律；曼德拉当选为非洲人国民大会主席；来自各个种族的 19 个党派相聚参加“南非民主大会” （Codesa）；南丁·戈迪默获得诺贝尔文学奖。

1992 年

仅限白人的公决赞成政府改革；非洲人国民大会和布特莱齐领导的因卡塔自由党之间持续的敌对关系和紧张局势导致 46 名非国大的支持者在博伊帕通被屠杀（博伊帕通惨案），直接威胁到和平谈判的进程；大约 400 万工人响应了非国大和南非总工会发起的游行和大罢工；艰辛的谈判终于达成各方谅解并且商谈建立一个权力共享、民族团结的新政府；南非在缺席长达 32 年之久后重新参加奥运会。

1993 年

欧共体取消制裁；德克勒克宣布拆除南非的 6 件核武器；非国大和南非共产党的领导成员克里斯·哈尼被两个右翼保守党成员暗杀；议会通过临时宪法，规定在统一的南非实行无种族主义、无性别歧视、多党制的民主政治和权利法案；曼德拉和弗里德里希·威廉·德克勒克共同荣获诺贝尔和平奖；马克·比尔出版《苹果味》。

1994 年

南非把沃尔维斯湾移交给纳米比亚；非国大赢得了首次不分种族的大选（4 月 27 ~ 30 日）；纳尔逊·曼德拉宣誓就任总统（5 月 10 日），并且组建了一个民族团结的政府；南非重新加入了英联邦和联合国教科文组织，收回了在联合国大会的席位，加入了非洲联盟组织和不结盟运动；曼德拉的《通向自由的漫长道路》问世。

1995 年

死刑被裁定为违宪；成立了由德斯蒙德·图图大主教领导的真相与和解委员会；土地权利归还委员会举行成立典礼；南非跳羚橄榄球队赢得了世界杯冠军。

1996 年

绰号“小伙子、小伙子”的南非国家足球队获得了非洲杯冠军，并获得参加世界杯的资格；曼德拉在夏普威尔签署了宪法。

1997 年

宪法生效；温妮·曼德拉当选为非洲人国民大会妇女联盟的主席；德克勒克辞去了南非国民党的领导职务并退出政坛；塔博·姆贝基接替曼德拉在非国大的主席位置；扎克斯·米达的作品《死亡的方式》问世。

1998 年

美国总统比尔·克林顿对南非进行国事访问；南非派遣部队进入莱索托平息反对政府的武装叛乱；真相与和解委员会提交最终报告；不结盟运动峰会在德班国际会议中心召开。

1999 年

非国大赢得第二届非种族的全国大选；塔博·姆贝基成为南非新总统，雅各布·祖玛成为了副总统；弗里德里希·威廉·德克勒克与《最后的跋涉——新的开始》；J. M. 乔伊奇的作品《耻辱》获得了 1999 年布克文学奖；英联邦政府首脑会议在德班国际会议中心召开。

2000 年

第十三届国际艾滋病会议于 7 月 7 ~ 14 日在德班国际会议中心召开。

2001 年

联合国反对种族主义、种族歧视、排外心理和有关的不容忍现象世界大会于 8 ~ 9 月在德班的国际会议中心召开。

2002 年

联合国可持续发展世界/全球首脑会议 8 月 26 日至 9 月 4 日在南非约翰内斯堡召开。

2003 年

J. M. 乔伊奇获得 2003 年诺贝尔文学奖。

第一章　国土和人民 1

南非共和国位于非洲大陆的最南部。南非面积超过47万平方英里，是美国总面积的1/7，大约是德克萨斯州总面积的两倍，是非洲最大且工业化程度最高的国家之一。约4500万的多样化南非人口拥有南部非洲地区多数矿产、最好且最大的可耕地、主要的城市、最好的港口、最富有生产力的工业、最发达的通讯系统，南非是南部非洲的主导国家。南非大量矿产的开采每年都吸引着来自赞比亚、津巴布韦、马拉维、莫桑比克这样遥远的地方数十万的工人来到这里，主宰着几乎所有邻国的进出口贸易，南非也是非洲南部的经济中心和发电厂。

南非拥有撒哈拉沙漠以南的非洲地区最大的白人族群，是最晚脱离少数白人统治获得自由的国家。1910年5月31日，四个此前半自治的英国属地开普、纳塔尔、奥兰治自由邦及德兰士瓦实行联合，成立南非联邦。1948年，南非政府正式采取种族隔离、隔离发展政策，管理在该国居住的不同种族之间的关系。1961年5月31日，随着对该国种族主义政策的批评日益强烈，南非正式脱离英联邦，宣布自身为共和国。随后的三十年，南非一直处在被排斥的状态，直到20世纪90年代早期正式废除种族隔离法律，1994 年 4 月 27 日引入多种族民主政治，才摆脱这个阴影。

国　土

2

主要特点

南非位于南纬 22 ~ 35 度，东经 17 ~ 33 度，总面积达 470 689平方英里（1 219 080 平方公里）。南非西南濒临大西洋，东南面临印度洋，西北面与纳米比亚接壤，北部与博茨瓦纳、津巴布韦接壤，东北部与斯威士兰、莫桑比克接壤。位于南非东南部的独立国家莱索托完全被南非国土环绕。

南非位于非洲大陆的南端，其位置对其历史地理有着深远的影响，赋予其多个鲜明的特征。[1] 第一，由于南非仅有最东北部的一小块国土位于热带，所以南非可以称得上是非洲唯一真正的温带国家。第二，纬度和海拔的结合使得该国具有各式各样的自然环境，是这个大陆上的任何其他地方所不能相比的。第三，南非的低纬度意味着冬夏的日照时间差别很小。比如，在开普敦，夏至（12 月 22 日）的最长日照时间长达 14. 25 小时，而冬至（6 月 22 日）的最长日照时间是 9. 53 小时。第四，南非具有这个星球上的一些最古老的岩石和一些晚近时期形成的岩石，拥有各种具有重要战略意义的矿产使该国成为地球上最得天独厚的地区之一，这对该国的社会历史产生了重大影响。

第五，数千年来，南非曾与世界其他地区相隔离。在陆路上，遥远的距离及一些物理障碍诸如撒哈拉沙漠和赤道雨林等把它与欧洲隔离开来。海路，几千英里的大洋海面是南非持续孤立的原因，直至15世纪后期新航路的开辟。陆路和海路条件结合起来所造成的孤立状态有效地把南非与世界历史和文明的主流隔绝开来。第六，尽管其地理位置孤立，但是南非位于世界两大洋印度洋和大西洋的结合处，这种位置赋予该国很大的战略重要性。南非是东方民族、国家与西方的欧洲民族、国家之间的中转站，随着1652年第一批欧洲人到开普定居，这种历史地位促成了南非成为一个现代国家的起源。

第七，这种连接东西方的战略位置使得大批量移民到南非
定居，这些移民既有来自非洲其他地区的，也有来自欧洲和亚 3
洲的。第八，南非位置的战略重要性（尤其对欧洲来说）以及随后其非常丰富的矿产导致欧洲人不断涌入，这就确保了即使在欧洲侵略非洲的顶峰时期，南非的白人人口还是超过了所有其他撒哈拉以南非洲国家白人移民人口总和。第九，南非具有很多马赛克般的传统地区，这些传统地区居住着各个种族群体，于是南非文化多元主义被进一步加强和巩固。

第十，半个多世纪以来，尤其是从1948年以来，南非的政治地理被种族隔离发展的社会、政治学说所主导，这种不良的种族统治意识形态遗祸无穷，在南非埋下了种族歧视、暴力和压迫的祸根，而南非正努力从此阴影中逃脱出来。最后，南非丰富的资源和工业的发展使其成为非洲工业化程度最高的唯一发达国家，这掩盖了少数富有白人与多数贫困黑人之间严重的不平等现象，而这种不平等也是南非曲折的历史所埋下的另一个祸根。许多前述特征将在下面的论述中进一步探讨。

自然特点

南非是一个风景优美、变化多样的国家。从西北部的卡拉哈里沙漠到东南部地形高峻险要的山区，从中南地区的地中海气候的海滨山区到中部高原和北部起伏的热带大草原，气候变化多样。优美的风景、壮丽的高山、丰富的游乐资源、悉心打理的国家公园与适宜的气候结合起来，使南非成为重要的旅游胜地，而1994年取缔了种族隔离制度并确立了多数人统治以来尤为如此。总的来说，南非的地形可以分成两个主要的地形区段：内陆高原、高原与海滨之间的带状低地。这两个地区的分界线是东部和西南部地区之间的大陆崖。两个地区中最广阔的地区是中部高原的碟状高地。基本上，中部高原是海拔较高的平坦地区，高原上有着被称作桌山（table mountains）的微微起伏、通常边缘陡峭、山顶平坦的山区，也有一些凸起的石丘。窄窄的河谷贯穿高原，而高原的边缘多山且地形有所起伏。高原中央的海拔大约有2000英尺（600米），而边缘海拔
4 超过5000英尺（1500米）。高原内部是一些起伏的草原（阿非里卡人称为田野），最大的亚区是高海拔草原，很多地方的海拔超过5000英尺（1500米）成就了这里寒冷宜人的冬季和凉爽的夏季。高海拔草原是高原的主要部分，从西开普敦省、自由州延伸到北开普省，上升至称作威特沃特斯兰德（在阿非里卡语中意为白色水域之脊，通常简称为兰德）的一系列岩石构造。事实上，兰德的重要性在于它是多条河流的分水岭，兰德山脊也是世界上最大的黄金储藏地以及南非主要的工业城市约翰内斯堡所在地。高海拔草原的北部是一个干燥的热带草

原亚区，称作布什维尔德（Bushveld），有着开阔的草地、零散的树和灌木。就像兰德那样，布什维尔德是一个真正的矿物宝库。布什维尔德地区长350公里，宽150公里，是世界上最大、最有名的分层火山复杂体，含有多种铂金、铬矿藏，以及大量的铜、氟石、金、镍、铁矿藏。

高原的外部边缘是大陆崖，这里的海拔从山顶下降至海平
面，它是与南非东部、南部的海岸线平行的半圆形高地，延伸 5
超过1400英里，具有该国最显眼、连绵不绝的地貌特征。从下面仰视，大陆崖具有山脉的外形，从地形、地貌上看，它是一个独立单元，它的每一个部分都有自己的本地名。这个陡崖的最高点位于夸祖鲁—纳塔尔省和东开普省的德拉肯斯山脉处。

南非的最高点是山之源（3299米）、香槟堡（3376米）、
巨人堡（3313米）。塔巴纳—恩特莱尼亚纳山是南部非洲次大 6
陆最高点，高达3482米，它既不在大陆崖上，也不在南非，而是位于被称作群山之国的莱索托的一个无名的高原上。在很多地方，险峻的大陆崖是造成交流不便的最大屏障。例如，位于山之源北面的250公里长的纳塔尔—德拉肯斯堡，仅限一辆吉普车穿越。于是，位于西博福特北部的大陆崖上主要的可辨别的缺口成了开普敦与内陆之间的主要交通路线。大陆崖在长城般的纳塔尔—德拉肯斯堡山中的部分是最壮观的，众多如城堡般的峭壁、深深的山谷以及下部凹陷如鲤鱼尾巴般的垂直山崖，使之成为非洲大陆风景最美、最壮观的地方之一。[2]

动物王国

开阔而延绵起伏的地形与宜人的气候相结合使南非成为数量稠密、物种多样的动物家园。众多野生水果树为相当数量的鸟类和动物提供了丰富的食物。这里所发现的鸟类有：灰蕉鹃、犀鸟、百舌鸟、鹟、蓝胸佛法僧鸟，这些鸟类在北部草原尤为常见。肉食鸟、黑色科尔汗、蓝鹤、珍珠鸡在热带大草原是遍地可得，而紫冠的蕉鹃、绿色的鸽子只有在海滨的草地才常常见到。西部海岸冰冷的海域是企鹅的故乡，很多企鹅也在相邻的离岸岛屿繁殖。虽然南非的森林较少，但是那些有限的森林是克尼斯纳蕉鹃、开普鹦鹉、食蜜鸟、黄眼鸽等鸟类的极乐世界。鸵鸟作为该地区的本土鸟类曾经是很常见的，但是由于鸵鸟被大批量捕猎，数量急剧下降，也降低了其经济重要性。现在，为了获得鸵鸟的羽毛，位于东开普省、西开普省的很多农场饲养了大量的鸵鸟。该国可见到的另一大型鸟类是鸨。

爬行动物的数量也很庞大。夸祖鲁—纳塔尔的沿海河流是各种鳄鱼的天然家园。鳄鱼餐是很多热衷于在这个地区野外旅行的人们餐桌上的佳肴。品类繁多的蛇类在这个国家也是随处可见。它们中最有名的是吹气蟒、眼镜蛇、树蛇、树眼镜蛇等，其中很多蛇都是有毒的。

7 淡水资源的缺乏并不意味着鱼类的稀缺。这里的鱼类品种繁多，最有名的是黄鱼和宝贝鱼，鱼类在浅河里很活跃，旱季开始时它们就钻入淤泥，雨季开始时才从淤泥里钻出来。近海捕鱼也为人们提供很多可以食用的鱼，特别是在南非和纳米比亚西海岸的沿岸海域。其中，最能够获利的品种是鳕鱼、鲑鱼、鳎目鱼、仗鱼、银鱼、沙丁鱼、岩虾和重要的洄游鱼类，例如开普鲑鱼、鳕鱼、狼鲈、全鳞叶菇鱼。捕捉到的大部分鱼类都以新鲜、罐装、冷冻的形式输送到当地的市场上出售。从沙丁鱼、竹荚鱼等鱼类中提取出的肉和油，有的用作动物饲料，有的成为人类可以食用的油、脂肪。开普沿岸是相当数量野生鱼类的家，如金枪鱼、红牙鲷、黄鳍短须石首鱼。岩石牡蛎在东北海湾随处可见，很多鲨鱼生活在夸祖鲁—纳塔尔一带的海域，人们利用专门设计的捕鱼网把它们拦截在大众海滩之外。

同样的，数千年以来，大量的动物都在南非的热带草原与 8
沿海森林之间漫游。在这些大型动物中，南非依然可见的有狮子、大象、水牛、犀牛、非洲豹、猎豹、河马、长颈鹿、斑马、捻角羚、水羚、大羚羊、疣猪等，其中大部分都生活在灌木丛生的热带草原。炎热、干燥的那抹卡鲁低地草原是大耳狐、鞍背豺、猫鼬、地松鼠生活的家园。橙河、瓦尔河、中央高原的蓬戈拉河盆地是黑角马、羚羊和大羚羊生活的家园。长鼻猴（濒危物种）、灌木猪、林羚以及纤弱的蓝色小羚羊可见于东部大陡崖和东部海滨的雨林中。尽管所有这些动物仍然可以在南非许多地方找到，但在过去的两个世纪里，特别是在欧洲人到来后，高强度、不加选择的狩猎和偷猎导致许多物种灭绝，很多物种濒临灭绝，而幸存的那些物种种群急剧减少，其中许多动物已经迁入山区、沙漠边缘以及北德兰士瓦的东部。许多寻常的物种，特别是五大物种（狮子、大象、长颈鹿、犀牛、河马），在过去的几千年里都能在全国范围内自由自在地漫游且数量众多，现在则主要分布在该国的许多国家公园内。

公园和野生动物保护区

最广阔的公园当属克鲁格国家公园，占地面积达8000平方英里，位于南非与莫桑比克边界。这个公园处于亚热带地区，是南非最重要的动物家园，如狮子、金钱豹、非洲猎豹、野猫、豺、大象、河马、狒狒和不同种类的羚羊。在中部高原的草地上，曾经生活着大量的斑马，现在几乎灭绝了，只能在克鲁格公园的某些地方才能看到。夸祖鲁—纳塔尔北部的鲁鲁维野生动物保护区是最后幸存的白犀牛和黑犀牛的家园。好望角大羚羊是南非羚羊中最漂亮的品种，卡拉哈里国家公园是数千只大羚羊的家园，在那里还能找到跳羚、猎豹、土狼。夸祖鲁—纳塔尔崎岖的山地和德拉肯斯堡山脉是狒狒、豺、土狼、野狗、野猫、猴子的家园。位于伊丽莎白港北部的阿多大象国家公园是现存的少量大象群体的家园。南非白纹大羚羊是一种几近灭绝的羚羊，现在被保留在开普敦东部的白纹大羚羊国家公园。在南非发现的仅有的瞪羚是跳羚，被视为国家的象征。从羚羊——这是南非动物群的一个很好的例子——可窥知前欧洲时期的南非动物资源之丰富多样。羚羊有许多种属，除了上面已提及的，还包括黑斑羚、大羚羊、条纹羚、短角羚、侏羚、山羚。

9 人民

2002 年，南非的人口总数约4550万，是世界上种族和民族最复杂的国家。它主要由五类人群组成。该国最早的居民是科伊桑人，也称作（尽管带有贬义）布须曼人和霍屯督人。之后到达这个地区的是讲班图语的非洲人，可以分成一些差别明显的族群。其中最大的族群是恩古尼人、索托人、茨瓦纳人。恩古尼人由祖鲁人、斯威士人、恩德贝勒人、庞多人、滕布人、科萨人所组成，人数超过南非总人口的2/3。第三个到达南非的群体是欧洲人即白人，他们自17世纪中期以来在此定居，这意味着南部非洲种族关系和社会政治统治的新时代的到来。白人定居者与其他居民群体之间强烈而持续的性活动导致有色人口的出现。最后一类群体是亚洲人，他们于19世纪中期被带到这个国家，主要由印度人组成。[3]

人口：趋势和数据 10

一份2002年年中调查显示，南非人口的族群构成为：在总人口45 454 211人中，非洲人（黑人）占78.04%，欧洲人（白人）占10.02%，有色人群占8.62%，亚洲人占2.47%。虽然各个族群的人口增长率不尽相同：黑人的人口增长率为2.6%，有色人群为2.2%，亚洲人为1.9%，白人为1.0%，但是总人口增长率还是从20世纪80年代的2.9%下降到了1995年的2.4%。相关专家普遍预期到2025年南非人口总数将翻一番。2000年，根据世界卫生组织报告，出生时的预期寿命，男性为49.6岁，女性为52.1岁，黑人男性的预期寿命要比白人男性少9年。虽然在总人口中女性比男性多（51.2%∶48.8%），但是在发展依赖男性劳动力的产业（农业、制造业、采矿业）的五个省份中，男性人口数量超过女性。因而，在多数农村地区和往日的黑人家园[①]，如夸夸、夸祖鲁，劳动政策把男性吸引到城市中，这些地方的女性人口总数常常超过55%。1995年，总生育率是每个成年女性生4.1个孩子，而出生率为每1000人中活产婴儿数为27.1人，出生婴儿总数的12%由19岁甚至是年龄更小的女性贡献。婴儿死亡率是45.8‰（每1000个婴儿中死亡45.8人），而总人口平均死亡率是7.6‰。1995年，南非人口年龄的中位数约是19.2岁，年龄为15岁甚至更年轻的人口占南非人口总数的37%，只有13%人口的年龄在50岁以上。种族群体之间具有明显差别，52%的黑人在19岁以下，而只有31%的白人在19岁以下。

1995年，南非总人口密度是每平方公里34.4人，人口分布极其不均匀。该国东半部地区是矿产所在地和最肥沃的农业用地，人口密度高于西部干旱地区。因此，超过2/3的人口居住在仅占国土面积1/3的东部湿润地区和南开普敦。到了1994年，南非人口密度最高的地区是黑人家园，密度已经超过每平方公里300人。在豪登省，包括约翰内斯堡、比勒陀利亚、威特沃斯兰德等地，700万人口构成了该国总人口的17%，却聚居在不到国家领土面积2%的地区。豪登省的都市
11 化水平最高（96%），其次是西开普省（86%）、东开普省（73%）；而在这个谱系的另一端，北方省的都市化水平仅有9%；约翰内斯堡是这个国家最大的城市，城市人口超过200

① “黑人家园”（homelands）指南非种族隔离制度下专由黑人居住并且黑人享有一定自治权的地区。——译者注

万；开普敦是第二大城市，也是南非的立法首都，包括其周围地区人口，人口总数达230万；港口城市德班人口总数为110万；比勒陀利亚是该国的行政首都，人口总数接近100万。其他主要的城市包括伊丽莎白港——领先的工业城市、金伯利——该国钻石产业的中心。[4]

尽管80%的欧洲人生活在城市，但是从地理位置上看他们分布广泛。超过60%的非洲人仍然生活在农村地区；在包围着城市中心的规模大且不断蔓延的黑人城镇和棚户区，黑人人数还在增长——在数十年里，由于存在种族隔离的法律，许多城市中心只能由白人及在此工作的人进入，其他人不得进入。除了西开普省的多数人口是白人之外，其他所有省份都主要由黑人构成。有色人口主要生活在开普敦，而亚洲人主要集中在夸祖鲁—纳塔尔、威特沃斯兰德。

族群和语言

19世纪的最后几十年是帝国主义者掠夺、瓜分非洲的时期，与其他非洲国家一样，南非作为一个区域单位的形成主要是由于帝国主义武断地在非洲地图上所画出的一些分界线。该国的形成带有随意性，因而很多族群都一起被划入了该国的边界线。一些像夸祖鲁人、科萨人这样的族群，有着清楚的区域界线，完全被纳入这个新国家。其他一些族群，如茨瓦纳人、斯威士人、索托人、恩德贝勒人、文达人，被分到不同的国家。

科伊桑人（桑人、科伊科伊人及相关人群）

在南非居住的已知最早的人类是桑人（欧洲人带有贬义

地称之为布须曼人)。他们是数千年里在南部非洲高原和山地的草地和灌木地带游荡的早期人口中残存下来的。无法确定桑人到此定居的时间有多早，但是考古记录表明，桑人和他们的祖先在过去的10 000年的大部分时间里都居住在非洲南部。桑人靠打猎、捕鱼、采集生存，以小而独立的群体单位游荡，这就导致了多种多样高度分化的方言群体的出现。科伊科伊人这个畜牧族群大约在 2000 年前到达南非地区。

12 绝大多数的学者认为，科伊科伊人最初是桑人，当他们不再靠觅食和采集为生，变成牧民时，就不再是桑人了。这两个群体合在一起被称为科伊桑人。随着科伊科伊人学会了畜牧业，他们养殖牛、绵羊、山羊，成群结队地从现今的津巴布韦迁移至南非高原的草原地带，即特别适合发展畜牧业的地区，而之前的桑人就留在了德拉肯斯堡山区及喀拉哈里沙漠干旱地区。15 世纪晚期欧洲人到来之际，科伊科伊人就已经在西部和南部的沿海地区以及南非的内陆地区定居下来。因此，就由科伊科伊人来欢迎新来者，与他们进行贸易，向他们提供必需品，向他们介绍情况，最后把他们想要定居下来的土地授予他们。几个世纪之后，几个因素的结合使得南非的科伊桑人群体濒临灭绝，其中最具有决定性的因素是 18 世纪早期的灾难性的流行病——天花，这与班图移民的文化压力以及欧洲移民的军事掠夺相结合，导致了南非科伊桑人的灭绝。今天，在南非共和国已经很难找到真正的科伊科伊族群成员。

少数幸存的桑人群体在开普省的特维—李维伦和德兰士瓦的克利西斯湖这些地方忐忑地生存。现在，桑人大部分生活在纳米比亚的喀拉哈里的沙漠和半沙漠地区，作为那马人和赫勒娄人而幸存，20 世纪开端，在德意志帝国主义短暂的统治期间，这两个群体被残害到几近灭绝。尽管科伊桑人已经不是现代南非的主要力量，但是他们确实对南非做出了实质性的贡献，第一，他们对开普早期欧洲人定居点的发展做出了贡献，其次，他们对南非开普有色人口的文化发展做出了贡献。科伊桑语中很多实质性的成分仍然保留在西开普格里夸人的语言里，而喀喇音在很多班图语中是很普遍的，这是受到科伊桑语影响的明显表现。

恩古尼人：祖鲁人、斯威士人、科萨人相关人群

恩古尼人大约占南非黑人人口的 2/3。可以把他们分为三个主要的亚群体：东恩古尼人、南恩古尼人和恩德贝勒人。拥有 800 万人口的祖鲁人是南非最大的族群。18 世纪末，当他们在图盖拉河北部把自己组成一些说恩古尼语的酋邦时，祖鲁人就成为非洲南部的主要群体。19 世纪早期，在夏卡的军事领导下，多个敌对的酋邦合并成一个强大的国家——新战斗策
略的采用使夏卡能够无情扩张和巩固新国家。夏卡在其史诗般 13
生涯中发动了人口、军事、政治领域的一系列革命，统称为姆菲卡尼（mfecane，恩古尼语词汇，意为“征服”），这是一场国家形成的运动，在大半个 19 世纪内大大改变了南部非洲的各个国家和社会。这些军事成就也促使祖鲁人在南非建立起居于支配地位的政权，成为南非最大的人口群体，而祖鲁人原本只是一个不重要的小群体。尽管祖鲁帝国在夏卡死后开始衰败、分裂，但是阿玛祖鲁人的文化意识和族群认同意识幸存了下来，在南非政治中发挥了强大号召力，20 世纪 80 年代和 20 世纪 90 年代早期尤为如此，此时一些非洲人群体争相要继承

废除种族隔离之后的国家权力。

像祖鲁人那样，人口数量约160万的斯威士人是另一个主要的北恩古尼人族群，尽管这个族群有一半以上的人口生活在斯威士兰。像他们的祖鲁族亲戚那样，斯威士人建立了一些密切相关的父系酋邦，直至18世纪晚期，在恩格瓦尼一世的统治下，他们团结一致抵抗丁吉斯瓦约统治的姆特瓦国家的扩张。丁吉斯瓦约死于恩万德维族之手，迫使恩格瓦内及其人民撤退到山区，那里后来成为新斯威士王国的中心。恩格瓦内一世娴熟的外交政策使之能够维持这个王国的独立，他小心翼翼地培养与夏卡及其继任者们的和平关系，成功抵制了祖鲁王国的吞并。

为了防止该地区落入阿非里卡人的控制中，1903年英国吞并斯威士王国，1907年它成为英国高级专员公署的领土。抵制了南非一系列将其吞并的企图之后，1968年斯威士兰在国王索步扎二世统治下获得独立。20世纪60年代期间，在南非共和国内，斯威士人所居住的土地被称为卡恩格瓦尼自治区，人口总数大约是400 000。现在，南非斯威士人的主体居住在位于斯威士兰西部的姆普马加兰省。

科萨人和与其关系亲密的亲戚庞多人、滕布人、姆丰古人
14 加在一起人口总数接近600万，集中在东开普省。他们的语言科萨语和祖鲁语密切相关。科萨人是最早到达现今南非的班图移民，因此，他们也是第一批直接与科伊桑人和欧洲定居者直接接触的人，从17世纪后半期开始，欧洲定居者开始向南非内陆推进。科萨人先进的物质文化，特别是他们对冶金术的掌握，使他们与原来的科伊桑人相比，具有决定性的军事优势，

大部分的科伊桑人不是被消灭、奴役，就是被同化，而在此之前科伊桑人就已在其征服者的语言中留下了永久的印记。科萨语从科伊桑语吸收了很多喀喇音，这充分显示出这两个族群之间长时间的相互文化涵化。文化涵化的逐渐发生使科伊桑人不断被吸收进诸科萨族群，这就导致一个极其多样化的社会的出现。

关于经济方面，科萨人把畜牧业与农业、狩猎相结合。他们的定居点一般位于众多山脊之上，能够俯瞰该地区的许多河流，如鱼河、开斯卡马河、水牛河、凯河。牛是科萨经济的核心，发挥着财富储存、地位和权力的象征以及交换的工具等功能。牛也具有其他重要作用：聘金、驮畜、主要的交通工具。这里所种植的最重要的农作物是玉米、高粱、烟草。铁匠和木雕工是其重要的传统职业。作为第一批与欧洲人直接接触的班图族群，科萨人欢迎欧洲传教士和教育家们进入他们的领土，于是到了 20 世纪初期就开始出现一批受过西方教育的精英，这些精英主导了南非的民族主义和后种族隔离时代的政治事务。纳尔逊·曼德拉及其继任者塔博·姆贝基，还有很多当代黑人政治领袖，都是科萨人出身。在种族隔离年代，南非政府显然承认科萨人人口多，具有多样性，于是就识别出两个科萨人群体，把他们划入两个黑人家园：西斯凯人划为格卡勒卡科萨人；特兰斯凯人划为恩吉卡科萨人。

恩德贝勒人

大多数恩德贝勒人居住在津巴布韦，当地人口总数接近 170 万，被称为马塔贝列人；30 万恩德贝勒人居住在博茨瓦纳；约有 80 万恩德贝勒人居住在与津巴布韦直接相邻的南非

北方省。虽然恩德贝勒语属于恩古尼语系，但是恩德贝勒语已经受到索托语的强烈影响，导致一些学者将其归类到塞索托语
15 系。姆菲卡尼对恩德贝勒人产生了深远的影响。恩德贝勒族中的强大战士征服了一些小的酋邦并将他们同化融入到恩德贝勒社会中。他们中最著名的是姆济利卡齐，他带领他的数千名支持者及战利品于 1817 年逃离夏卡，到了现今津巴布韦地区，在那里奠定了恩德贝勒国家的基础。由于姆菲卡尼，很多恩德贝勒人散布到纳塔尔和德兰士瓦的大片地区，他们在现在的比勒陀利亚地区与移民先驱（布尔人先驱）多次发生冲突。冲突一直持续到 19 世纪末，此时阿非里卡人领袖保罗·克鲁格将很多恩德贝勒人领袖监禁或者处决，剥夺了他们的土地，把许多幸存者变成阿非里卡农民的契约奴隶。在种族隔离制度下，大部分恩德贝勒人发现自己不是被政府分配到说塞索托语的莱博瓦黑人家园，就是被分配到德兰士瓦省南部的克瓦恩德贝尔黑人家园。然而，大部分恩德贝勒人不能够在这些普遍贫瘠、过度拥挤的黑人家园生存。到了 20 世纪 80 年代中期，接近 50 万恩德贝勒人生活在南非的城市中心和其他地区。

索托人

人口总数约 700 万的索托人构成了南非第二大非洲语言群体。300 万索托人和与其密切相关的其他人群生活在南非之外，其中大部分都在莱索托。索托人可以细分为三个不同的族群。第一个是北索托群体，其中人口最多的是佩迪人。佩迪人同化了北部恩德贝勒族群。佩迪人（也称为巴佩迪人）社会由小酋邦联盟发展出来，这些酋邦成立于 17 世纪之前，后来那里变成北德兰士瓦。19 世纪早期，他们被姆济利卡齐的军

队击败，又在塞克瓦蒂的领导下复兴。之后的19世纪后半叶，他们不断与这里的移民先驱发生冲突。

北索托人另一个重要的亚族群是洛维杜人，与津巴布韦的修纳人关系亲密，却与索托人具有显著的语言相似性。洛维杜人因其独一无二的政治制度——由一位女性领袖即祈雨女王摩德加德姬领导——大大吸引了人类学的兴趣。国家的权力与权威集于她一人，她被看作圣人，她的权力不是奠定在军事力量的基础上，而是奠定在她的造雨能力的基础上。南索托人由近360万的多样化族群组成。其中160万人生活在莱索托，200万人生活在东开普、自由州、夸祖鲁—纳塔尔，这三个地区包围着整个莱索托。19世纪30年代，莫舒舒一世在位期间，组成南索托的很多酋邦在一个政治保护伞下被集合在一起，这很 16
大程度上是对姆菲卡尼引起的迁移所做出的回应。一些关系紧密的索托族群与各桑人族群联系密切，于是索托人的语言中融入了很多咯喇音，凭此可以把他们与北索托人区分开来。巴伏肯人和特罗夸人是南索托人中其他主要族群。

茨瓦纳人

茨瓦纳族（也称为博茨瓦纳人）是一个异质族群，由多个人群结合而成，这些人群中最著名的是特拉平人、罗隆人、胡鲁策人、奎纳人、科尼人等。他们也被称作西索托人，他们的语言是塞茨瓦纳语，与塞索托语很相近，两种语言的多数部分都能相互理解。在南部非洲，茨瓦纳人总数为400万：其中有100万人生活在博茨瓦纳这个独立国家，其余的300万人生活在南非北部和西北部省份。尽管茨瓦纳人的文化和与它关系亲近的索托族群很相似，但是茨瓦纳社会有着更明显的分层，尤其以其复杂的法律体系而闻名——这种法律体系包括法庭和调解人的层次结构以及对犯罪者的严厉惩罚。茨瓦纳农民通常会与科伊桑人建立互利的买卖关系，用野生动物的肉、毛皮换来牛。在种族隔离年代，接近一半的南非茨瓦纳人被分配到一个独立黑人之乡，那里被称为博普塔茨瓦纳。尽管这个地区有丰富的矿产资源，但是仍然极度贫穷。因此多数茨瓦纳人只得迁移到矿区及南非的城市中心打工谋生。

聪加人

尽管聪加人和恩古尼人在文化上有一些相似之处，但是聪加人的语言使他们成为一个独特的族群。聪加具有多样化的人口，在南非的人口总数为150万，与莫桑比克、津巴布韦的聪加人以及与聪加相关的人群——人口总数超过450万——连成一片。传统意义上的聪加人主要以捕鱼为生。有些聪加人也养羊、养鸡，种植农作物也是其重要的生存方式。他们所生活的沿海低地舌蝇很多，因而养牛在此并不常见。到了18世纪，大多数聪加人被纳入了几个独立的小酋邦，这些酋邦内的继承权归兄弟所有，而不是儿子，这是其社会制度的明显特点，这一习俗在非洲中部的很多社会中很常见，但是罕见于南非其他族群。在19世纪的姆菲卡尼剧变中，绝大部分聪加人沦落到
17 索尚加内的军事统治之下，索尚加内是一名祖鲁战士，他发起了合并桑加人、聪加人、汤加人及带有恩古尼和索托成分的其他小族群的进程，这些人后来就统称为桑加—聪加族群。

文达人

在四大非洲族群中，形成最晚、最小的是文达人，人口总数大约60万。他们起源于东非的大湖区。经过一系列的移民

浪潮之后，到了16世纪，他们在林波波河南部定居，并将当地人口同化。文达人向南推进受到了聪加人的阻抑，他们与文达人相似，也从莫桑比克向西迁移。尽管文达语中的词汇与索托语中的词汇相似，但是文达语的语法结构与津巴布韦的主要语言修纳语非常相近。同样，文达文化是非洲东部、非洲中部、恩古尼族、索托族成分的折中合并。很多非洲东部族群以食用猪肉为忌，但是这一禁律在非洲南部并不普遍。此外，他们与索托人、科萨人一样——尽管不同于其他一些恩古尼族人群，他们也实施男性包皮环切术。文达人的语言也跟大多数非洲语言不同，文达语言中没有著名的方言。文达人擅于从事梯田农业，在种族隔离制度下，文达人利用这种独特的农业养育着分配到这个名义上独立的黑人家园70万人口中的绝大多数。但是，他们取得的成功仅仅是在农业范围内，70%的文达男性最终还是迁移到南非其他地区作劳工。在统治阶层与普通群众之间保持鲜明区分是其社会政治制度的另一个特点。

白人

南非大约有500万白人（大多数是欧裔），约占南非总人口的13%。其中有300万白人说阿非里卡语（阿非里卡人）。他们是荷兰移民的后裔，其开普版本的荷兰语被演变成阿非里卡语。尽管还有相当一部分人口说葡萄牙语、德语、希腊语、意大利语、荷兰语，但是剩下的200万人口主要说英语。

阿非里卡人 18

阿非里卡人是第一批在南非定居的白人。他们最初来自荷兰，1652年为了满足荷兰东印度公司商船的贸易、饮食和海事需求，来到开普敦市建立据点。五年之后，出于恩惠，公司免除了某些官员的义务，赋予他们为自己利益从事农业并为过往船只生产食物的自由权。1688 年，小规模的法国胡格诺人因在法国遭到宗教迫害来到这里，为当地注入新鲜的血液，壮大了移居者的人数。尽管新来者后来被完全吸收进已有的荷兰人社群，但是新来者开创了南非的酿酒工业，目前南非酿酒业是世界最优之一。移民与欧洲距离远以及与欧洲的有效隔离，再加上他们的定居点成功地进一步壮大、巩固，这就导致他们的思想意识发生了一场重大革命。他们不再把自己看作脆弱的殖民主义者，相反，他们开始像地球另一端的同时代的美国人那样，把自己看作探险的先锋，致力于完成在原始大陆的一片蛮荒之地上为自己和子孙后代建设稳定的新家园的崇高任务。

农业和畜牧业是这些早期拓荒者最重要的两个职业。他们为了控制有限的农产品市场而进行的斗争往往容易引起与开普总督之间的冲突。在其中一场冲突中，18 世纪早期的开普总督威廉·阿德里安·范德斯戴尔（1699 ~ 1707）用“布尔人”（指称“农民”的粗俗的荷兰语词汇）的称谓来侮辱农民。农民们不是急于摆脱这种侮辱，而是很快把这种称谓看作一种尊敬的象征，并开始用这个称谓来称呼自己。很快，布尔人、阿非里卡人这两个称谓之间可以互换。[5]

19 世纪，更多的欧洲移民涌入南非，绝大多数人来自荷兰、德国；其中，规模最大的是军团士兵和大量来自德国的个人，在 1848 年和 1858 年期间，他们定居在开普东部边界的东伦敦一带。英国殖民者企图使26 000位坚定的阿非里卡人英国化，这些企图激起了一系列反抗，在大迁徙达到极点，阿非里卡人放弃开普向北部迁移，开普落入英国手中，他们在南非内陆成立了独立的共和国。对南非的控制权争夺直至英布战争（1899～1902）结束才有了结果，英国殖民者得到了对阿非里卡人及其共和国的统治权。

虽然在1910年南非就已经脱离英国的殖民统治，但是， 19
随着阿非里卡国民党取得优势地位、作为南非官方政策的种族隔离及种族关系的正式制度化，直到1948年，阿非里卡人统治的全盛时代才刚刚开始。阿非里卡人的种族和契约思想发展中的一个重要成分是，他们非常认同荷兰归正教会，他们把自己看作上帝选民，相互之间负有义务，对上帝也负有义务。在很多年内，阿非里卡人都乐于强调其作为上帝选民的身份，他们著名的坚韧不拔的开拓精神，他们的民族主义和个人主义意识，他们对教会和国家领导人虔诚的承诺。[6]

讲英语的南非白人

1620年，两名英国水手在开普敦升起英国国旗，从表面上看是为其君主詹姆士一世吞并了这个战略要点。但是，这似乎没有给君主留下太多的印象，因为英国在使这个地区的权利主张具体化方面毫无作为。1699年，英国轮船“忠诚号”在后来成为纳塔尔港的地方（后来的德班）把三名船员放上岸去做象牙贸易。这艘船再也没有回来寻找过这些船员；这种尝试也就无疾而终。直到1795年英国吞并开普敦，南非才出现了讲英语的社群。

1803年荷兰政府当局恢复对开普敦的控制时，英国人的数量增长到80人。19世纪20年代，作为英国保护其新占有的开普殖民地免于遭受来自科萨族群的频繁袭击与入侵的举措之一，来自英格兰、爱尔兰、苏格兰、威尔士的移民群体在开普东部边境定居。尽管边境条件艰苦，但新移民还是顺利发展成为一个勇敢的先驱群体并重视宗教信仰和教育。他们建立了很多学校，后来还建立了一所大学。另外，一些教堂——主要是圣公会、卫理公会和长老会教堂——也建立了，而英国传教士竭尽所能在本土族群内传播圣公会基督教。针对阿非里卡人的文化霸权，英国殖民者在开普殖民地推行的主要政策是使其英国化，引发了空前的文化繁荣。艺术家、作家、诗人、记者、工匠和商人很快就把各个港口定居点转变成主要的城市，例如伊丽莎白港、东伦敦、德班，这些城市成为学术和英国文化蓬勃发展的中心。1843 年驻扎在纳塔尔港的两个连队的英国士兵引入英国戏剧和板球比赛。伴随着钻石（1867）和黄金（1886）的发现而出现的淘金潮，导致大规模的英国移民迁入奥兰治自由邦和德兰士瓦的内陆地区。

20 其他欧洲人群体：葡萄牙人、希腊人和犹太人

除了阿非里卡人和讲英语的人之外，其他欧洲人群用多种方式丰富着南非人口和文化的多样性。其中最大规模的是人数为49 000的葡萄牙人，他们主要来自安哥拉和莫桑比克，在发现钻石和黄金之后移民到南非。19 世纪 70 年代中期，葡萄牙帝国主义在安哥拉和莫桑比克的统治崩溃后逃到南非，因此，南非接收了数千葡萄牙难民。葡萄牙人很早就以精通生产和零售水果、蔬菜而闻名。他们中的很多人也从事教师、医生、律师、艺术家的职业。

在南非，希腊人是个兴旺但规模很小的群体。1880 年，11 位希腊水手在伊丽莎白港上岸，成为希腊群体的核心人物，1994 年，希腊人口总数达到13 000人。一些希腊教堂、学校、

文化协会在主要的城市中心都有分布，特别是在威特沃斯兰德地区，那里至少有三种希腊语报纸出版。

南非也是130 000名犹太人组成的较为团结的社群的家园。犹太人与南非的关系可以追溯到很早以前。除了用于犹太天文学家、绘图者、帮助葡萄牙探险的航海家之外，犹太人的资金还用于投资荷兰东印度公司，而犹太裔的男性也居于在开普定居的拓荒者之列。1841 年开普敦成立第一个希伯来教会，伊丽莎白港和约翰内斯堡分别于 1862 年和 1887 年，也成立了希伯来教会。在很多年里，犹太人为南非的经济、城市和文化生活做出了可观的贡献。在金融与工业领域，像莫森索尔和奥本海默这样的名字变得全球闻名。他们还在艺术、科学、文学、阿非里卡语等方面的重要发展中占有领先地位。

亚洲人

印度人

南非大约有 100 万亚裔人口。所有亚裔都来自印度，只有大约20 000人例外。欧洲农民在纳塔尔殖民地建立糖料种植园，种植园需征收印度劳动力为其劳作，印度人的到来与之密切相关。英国在受到了很多压力之后，答应了进口劳动力的请
求。第一艘驳船承载着 330 个来自马德拉斯的劳动者，1860 21
年 9 月 16 日到达德班，在特鲁罗上岸。欧洲农民以契约的形式约束这些劳动者在此服务三到五年，在第一个合同结束时，给予他们几项选择，即重续合同、由政府出钱回到印度或者是

分到相当于返回费用的一块公有土地。大多数人还是选择了留下来。他们得到自己所分配到的土地并在不断扩张的殖民地经济中从事其他有报酬的职业。18 世纪 70 年代，其他印度人群到达南非，他们很快成为殖民地的交易者、商人。因为他们为自己的旅行买单，不必也不打算回印度，因此以印度旅客的身份为人所知。印度人到达南非后的不同境遇造成了两个群体之间的阶级分化。印度旅客多数是穆斯林，通常比较富有并且来自印度北部和中部的印度人才被赋予公民权利，不受法律管制，不会遭到那些较贫穷、以契约奴仆或奴隶身份过来的印度人所受到的剥削。

针对印度人的官方政策是将他们中的大多数人遣返回国。直到 1961 年南非成为共和国之后，官方最终才承认印度人为永久居民，但不把他们看作南非社会里的平等成员。19 世纪时印度人受到了多种形式的种族、经济歧视，不许他们在奥兰治自由邦生活，现在大多数印度人居住在以德班为中心的 150 公里范围之内的区域，这里成为亚洲之外最大的印度人社群。
22 其余的印度人生活在豪登省和开普地区，集中在莱纳西亚（约翰内斯堡）、劳丁（比勒陀利亚）、赖兰兹（开普敦）。南非的印度社群差异化程度高，因为他们在宗教信仰和语言方面的差异特别明显。尽管大多数印度人把英语当作他们的第一语言，其中 70% 是印度教教徒，还有一些仍然讲泰米尔语、泰卢固语、印地语、古吉拉特语，有时也把阿非里卡语当作他们的第二或第三语言。大约有 20% 的印度人是穆斯林，讲乌尔都语、古吉拉特语。近 8% 的印度人是基督徒，还有一些印度人是其他宗教的信徒。

中国人

1902 年，随着英布战争的爆发，黑人采矿工人出现短缺，政府同意征收中国劳动者。1906 年，50 000位主要来自山东省的中国移民到威特沃特斯兰德工作。招收黑人劳动者数量的逐渐增加使 1908 年到 1910 年期间遣返大多数中国工人成为可能。20 世纪 20 年代，又一批中国人流入南非，这与南非和中国贸易关系的改善有关。大多数的新移民在中国有着较高社会背景。他们来到南非寻找由采矿业扩张所带来的商机，充当南非经济发展中的技术人员和实业家，使采矿工业进一步扩大。20 世纪 90 年代早期，大约有12 000位中国人定居南非。在南非出生的多数中国人既说英语又说阿非里卡语，而汉语方言像客家语、广州话只在家里和与其他中国人的交谈中才被广泛使用。由于他们是在 1949 年共产主义革命之前到达南非，因此，他们中的大多数人是罗马天主教会和浸礼会教徒，集中在主要的城市中心，如约翰内斯堡、伊丽莎白港、比勒陀利亚、开普敦、东伦敦、德班、金伯利和其他城市。

有色人口

在南非，大约有 320 万居民是混合种族身份，在种族隔离时代的术语中统称为有色人口。这个术语对于那些它所指称的
人来说并不太容易接受，因此，这个词一般不大写，但是我们 23
也没有找到别的切实可行的替代称谓。有色人口族群由奴隶人群、科伊桑人、亚洲人与欧洲人之间的多年混合发展而成，大多数在开普敦。他们古老的历史可以追溯到建立开普敦定居点

的开端。很少有欧洲女性到开普敦定居，因此，很多性活动发生在欧洲定居者和主人与他们的科伊桑女奴仆、马来女奴隶之间，为南非新种族的出现奠定了基础。来访的水手也可以随意接触开普的女性奴隶以满足他们的性欲，在此过程中有很多混合种族身份的孩子出生。男性人数往往超过女性的市民种植园也存在相似的情况，布尔人与他们农场里的女性奴隶保持着自由的性关系，他们还有科伊科伊情妇，还经常光顾城市中的女性奴隶和有色妓女，因此增加了混合种族身份的非婚生子女数量。作为解决婚姻危机措施中的一部分，东印度公司带来大量的马来女性作为这里定居者的妻子，从而也为这个新社群增加了某种马来文化成分。

有色人口的主体（大约有85%）居住在西开普和北开普地区，其余的居住在夸祖鲁—纳塔尔等其他地区。83%的有色人口讲阿非里卡语，其余的人以英语作为母语。因与阿非里卡人的遗传亲缘关系，开普敦的有色人口和阿非里卡人交往密切，但这并没有使他们从因种族隔离而遭受的许多侮辱中解脱出来，例如，白人想要他们的家园和居住区，就把他们赶走。在英国统治开普殖民地的一段时间内，有色人口享有选举权，但是随着种族隔离政策开始推行，国民党政府以极为可鄙的方式操纵宪法，很快就取消了这个有限的权益。[7] 有色人口在南非各项事务中往往地位暧昧。他们与白人有亲属关系，因而能够在公务和产业方面找到一些工作，而其他非洲人得不到这样的工作。但是，在种族隔离时期以及之后，他们与白人关系密切，特别是他们中许多较为保守的领导者与革命愿望强烈的非国大渐行渐远，使得他们成为被压迫的大多数黑人眼中的怀疑对象。伴随着多数黑人的统治，有色人口的困境与不安已经愈发明显，在1994年的选举中，西开普省的有色人社群将绝大多数的选票投给国民党，使国民党取得唯一的省级胜利。

官方语言 24

在种族隔离时期，英语和阿非里卡语是南非仅有的官方语言，它们是必修科目，所有学校都必须教授它们，所有族群都必须学。1994年，种族隔离结束，多数人的统治随之开始，9种其他语言也成为官方语言，就有了11种官方语言。9种新语言分别是：祖鲁语、科萨语、恩德贝勒语、斯佩迪语、塞索托语、茨瓦纳语、史瓦济语、文达语和聪加语，它们在全国广泛使用。这9种语言都是班图语言，都是由尼日尔—刚果语言体系中的某个分支发展而来，在非洲西部、中部、东部和南部被广泛使用。占人口总数14.4%的人群以阿非里卡语为母语，8%的人群以英语为母语。以祖鲁语、聪加语、斯佩迪语为母语的比例分别是22.9%、17.9%、9.2%。政府在使用语言时，所有的官方语言需同等对待。1996年的《南非宪法》规定，在具有可行性的地方，保障每个人都享有按个人选择使用语言和授课语言的权利。

注释：

1. 对于这些特征更详细的讨论，参见：H. J. 德布利、彼得·穆勒著的“南非：跨越卢比肯河”一章，载《地理、地区和概念》（纽约：约翰·威利和森斯出版社），1992年，第440~449页。

For a fuller discussion of these features see the chapter, H. J. De Blij and

Peter O. Muller, "South Africa: Crossing the Rubicon," in *Geography, Regions and Concepts* (New York: John Wiley & Sons, 1992), 440 ~ 449.

2. 《南非，1989 ~ 1990 年：南非共和国官方年鉴》（比勒陀利亚：南非外交部情报局，1989/1990 年），第 2 ~ 9 页；《南非：国家研究》（华盛顿特区：美国国会图书馆联邦研究部，2000 年）；《南非 2001/2002 年鉴》（比勒陀利亚：政府通信与信息系统出版，2002 年）；J. P. 杰索普：《生态环境》，载《南部非洲说班图语的民族》，W. D. 哈蒙德—图克编（伦敦和波士顿：劳特利奇和基根·保罗出版社，1974 年），第 46 ~ 49 页。

South Africa, 1989 ~ 1990: *Official Yearbook of the Republic of South Africa* (Pretoria: Bureau for Information, Department of Foreign Affairs, 1989/90), 2 ~ 9; *South Africa: Country Study* (Washington, D. C.: Federal Research Division, Library of Congress, 2000); *South Africa Yearbook* 2001/02 (Pretoria: Government Communication and Information System, 2002); and J. P. Jessop, "Ecological Setting," in W. D. Hammond-Tooke, ed., *The Bantu-Speaking Peoples of Southern Africa* (London and Boston: Routledge & Kegan Paul, 1974), 46 ~ 49.

3. 本章信息的主要来源是《南非，1989 ~ 1990 年：官方年鉴》；《南非，1993 年》；《南非：国家研究》（2000 年）；《南非年鉴 2001 ~ 2002 年》；《南部非洲说班图语的民族》，哈蒙德—图克编。

The main sources for the information in this chapter are *South Africa*, 1989 ~ 1990: *Official Yearbook*; *South Africa*, 1993; *South Africa: Country Study* (2000); *South Africa Yearbook* 2001/02; and Hammond-Tooke, ed., *The Bantu-Speaking Peoples of Southern Africa*.

4. 关于这些统计数据的详细信息，参见：《官方年鉴》；《南非：国家研究》（2000 年）；《南非年鉴 2001 ~ 2002 年》；《南非调查 2000 ~ 2001 年》（约翰内斯堡：南非种族关系研究所出版，2001 年），第 45 ~ 50 页；《2003 年撒哈拉南部的非洲》（伦敦和纽约：欧罗巴出版社，

2003 年)，第 982 ~ 988 页。

For the details of these statistics see: *Official Yearbook*; *South Africa: Country Study* (2000); *South Africa Yearbook* 2001/02; *South Africa Survey*, 2000/01 (Johannesburg: South African Institute of Race Relations, 2001), 45 ~ 50; and *African South of the Sahara* 2003 (London and New York: Europa Publications, 2003), 982 ~ 988.

5. 《南非，1989 ~ 1990 年》:《官方年鉴》，第 68 页。

South Africa, 1989 ~ 1990: *Official Yearbook*, 68.

6. 参见：阿里斯特·斯帕克斯：《南非的心灵》（纽约：巴拉泰勒图书公司，1990 年)；唐纳德·哈曼·阿肯森：《上帝的子民：南非、以色列和北爱尔兰的契约和土地》（纽约州伊萨卡和伦敦：康奈尔大学出版社，1992 年)。

See Allister Sparks, *The Mind of South Africa* (New York: Ballatine Books, 1990) and Donald Harman Akenson, *God's Peoples: Covenant and Land in South Africa, Israel, and Ulster* (Ithaca, N. Y., and London: Cornell University Press, 1992).

7. 罗德尼·达文波特和克里斯托弗·桑德斯：《南非现代史》（纽约：圣马丁出版社，2000 年)，第 378 ~ 383 页，第 395 ~ 396 页。

Rodney Davenport and Christopher Sanders, *South Africa: A Modern History* (New York: St. Martin's Press, 2000), 378 ~ 383, 395 ~ 396.

25 # 第二章　历史和政治经济

历　史

最早的南非人：从狩猎采集者到牧民

考古学家和体质人类学家提供的证据表明，南非处于人类演化的最前方。被称为“南方古猿非洲种”的早期人类化石在德兰士瓦省和北开普省的一些山洞沉积物里被发现，这些化石可以追溯到300多万年或更早以前。在东开普省克莱西斯河口发掘出一些世界上最早的与现代智人有关并能追溯到50 000多年以前的化石，人类在此持续居住几千年的证据就随之显露。多少个世纪里，一批批移民迁移到这个地区。这些群体不断调整自己以适应这里不同的气候、地貌以及他们各自土地上所生活的动物，于是这个地区就出现了多种多样的文化。

在这个地区定居的第一批人显然是桑人的祖先，早期白人定居者把他们贬称为布须曼人。他们是狩猎采集者，主要靠狩猎、捕鱼、采集水果、收集昆虫为生。他们一般身材矮小，有

着浅棕色或橄榄色的皮肤。在最早到来的欧洲访客看来，他们
坚实且健壮，整洁且优雅，年轻且天真，温和且坦率。大约在
2000 年之前，桑人就分成几个不同的群体，他们不断调整自
己以适应这个地区的种种生态环境。这些不同的族群说着有区
别但又有细微联系的语言，这些语言中都含有现代西方字母表
中难以找到的强烈喀喇音，但是后来这些元素又融入到该地区
后续族群的语言中。桑人以群居方式生活，每一群队人数一般
在 20 ~ 80 人之间，以核心家庭为中心。他们始终都在迁移、
游荡，居住在洞穴或者临时营地里，依据气候和食物供应的变 26
化情况从一个给水、可觅食、能狩猎的地区迁移到另一个
地区。

财富积累不是桑人的生存特点，桑人社会具有高度平等、平均的特点。他们的社会里没有阶级结构。在劳动方面，主要的区分标准是性别，男人们负责打猎，而妇女们除了负责照顾孩子之外，还要肩负的首要责任是采集可食用的植物和昆虫，这些是他们的主要食物来源。为了满足基本的物质需要，他们利用木头、石头、骨头制作了很多工具，把动物的皮毛制作成衣服，用木材制成乐器、弓、箭。为了使简陋的武器更具有杀伤力，他们在箭头上涂抹从毒蛇、昆虫、植物中提取的毒液。

科伊科伊人和牧民的出现

纪元前的几个世纪见证了南非地区另一个群体的到来。他们被欧洲人贬称为霍屯督人，但他们自称是科伊科伊人，意思是男人中的男人，这大概是为了把自己与已经在此定居的狩猎采集者区分开来。起源于博茨瓦纳北部卡拉哈里沙漠的干旱草

地，科伊科伊人迅速扩展到现今的纳米比亚和南非的西开普省。与桑人相似，科伊科伊人会捕捉动物和采集水果，使用弓和箭、矛和盾。这两个族群外表看起来也非常相似并且都说着带有喀喇音的密切相关的语言。这些显著的相似点使很多学者得出结论，科伊科伊人很可能起源于桑族狩猎采集者的一个分支，纪元之前几个世纪的某个时候，他们的生活方式因畜牧业的出现开始转变。科伊科伊人什么时候、在什么地方开始从事畜牧业并不清楚，但很多学者认为，他们最初是从北方说班图语的农民手中获得牛的。

畜牧业长期为科伊科伊人提供肉类、酸奶、黄油。这就导致他们的日常饮食相对于桑人有了显著改善，于是他们就比其远亲桑人的身材略高。与桑人相比，拥有更稳定的食物供给来源使得科伊科伊人能够在更稳定的社群和更大的定居点内生存，但是他们仍然随着季节的转换把自己的牛从一个地方带到另一个地方，在高山和谷地间寻找合适的放牧地。科伊科伊人
27 制造了坚硬的烤泥罐和防漏的芦苇壶以便存放牛奶、黄油、融脂。他们把牛用作交通工具和驮畜。牛也成为一种衡量财富的工具和贵重的交换媒介。与桑人平均主义的风气不一样，牲畜财产日益重要，变成地位的象征，积累成为科伊科伊人生活中一个特点。由于男人们掌控着牲畜，因此他们具有支配女性的主导地位，这在桑族社会是闻所未闻的。因牲口所有权或牧场控制权所产生的纠纷由管理氏族或氏族群的酋长来解决。

彼此的利益是支配桑人与科伊科伊人之间关系的本质。这种关系有时是敌对的，以掠夺牛的形式呈现，但随着桑人用猎物和水果从科伊科伊人手中换取牛肉，他们之间更多的是友好

关系。这两个族群之间也经常混杂起来。桑人为科伊科伊人放牧，作为回馈，桑人能够获得牛奶，有时候他们自己也从事放牧业成了科伊科伊人，当因干旱或疾病失去牲口时，科伊科伊人经常会选择狩猎—采集的生活方式。这两个族群之间的通婚是很普遍的，尽管最初桑人的人口较多，但是在科伊科伊人取得经济优势时便很快把人口平衡转向对自己有利的一面，使自己在两个族群中占有主导地位。由于两个族群之间相似度高、交融频繁，历史学家就为南非所有说带有咯喇音语言的人创造了共同的名字——科伊桑人。

班图人的扩张、冶金术、混合农业的出现

紧跟科伊桑牧民脚步到来的是讲尼日尔—刚果语系的分支语言的人们，后来人们称之为班图人。大概在四五千年之前，尼日利亚—喀麦隆边疆地区的人们使用最早的原始的班图语。为了适应各种经济、生态环境、人口压力，说原始班图语的人离开了他们最初的家园。在几个世纪内，这些说原始班图语的人逐渐但很有效地渗透进并占领了新土地，而此时他们也分化为六百多个语言文化群体。这些群体向两个方向拓展，一个群体向南迁移到了赤道非洲并适应了森林生态环境，另一个群体向东到了大湖区，之后又沿着非洲东南部海岸向南迁移，适应了草原生态环境。与先前的科伊桑人具有显著差别，这些新移民族群的独特之处在于，他们除了自己拥有牛羊之外，还种植谷类作物，拥有铁制工具和武器。

公元纪年之初的几个世纪，这些说班图语的农民，或者更 28
准确地说是农牧民，迅速向更湿润、更适合耕种、树木繁茂的

南非东部谷地和沿海平原迁移。在这个地区，他们依据当地多样的气候和自然资源，从事着混合农业，采集野生植物和水果；在河流和沿海水域内捕鱼；狩猎各种各样的动物；养牛、山羊、绵羊；种植粟、高粱、甜瓜、葫芦和豌豆。这些移民定居下来或在半永久性的村庄内生活，他们有着深棕色的皮肤、强健的体魄，在欧洲人到来之时，他们就在南部非洲次大陆中占有主导地位了，也是南非现在绝大多数人的祖先。日常饮食的更稳定、更营养使他们的人口增长并且建立了更持久的定居点，也建立了更强大、更复杂的社会政治组织。在早期的接触过程中，科伊桑人与班图农民之间的关系一般是友好互惠的。很多情况是科伊桑人欢迎这些从事混合农业的农民的到来，向他们介绍这里的环境，传授医学秘方，用野生动物和坚果来交换粮食和牛，充当他们的放牧人。科伊桑人还为他们提供女性以维持其一夫多妻制，农业社会的一个本质特点是拥有很多孩子和几个女人就意味着可以为放牧、种植农作物提供更多的劳动力。然而，长期下来，由于使用铁器具有明显的经济和社会优势，农民人口也不断增长，权力的天平就倒向了班图人一边，于是科伊桑人逐渐被同化、取代甚至消失。

在这些取得胜利的从事混合农业的农民中，控制牛、进行商品贸易导致人们的财富、地位差别明显以及小型国家组织的出现，这些国家组织以性别分工和实行高度父系制的社会政治组织为标志。到了18世纪，两类主要的社会文化及语言族群就出现了。一类是说索托—茨瓦纳语的族群，居住在内陆高原和现今的西北、北方省、姆普马兰加、自由州。另一类是说恩古尼语的族群，其中最有名的是科萨人和祖鲁人，位于德拉肯斯堡山脉与印度洋之间的地区，即现今的夸祖鲁—纳塔尔和东开普。尽管很多、很复杂的往来发生在这些族群之间，也发生在先前的科伊桑社群之间，但是政治系统一直以高度碎片化为特征，直到19世纪早期，迈入与夏卡祖鲁和姆菲尼卡密切相关的革命国家形成的时代，这个地区才出现一个集权的宏大国家。

白人侵略者 29

1652年被刻入南非历史是因为这一年开普建立了第一个欧洲人定居点。然而，这个定居点的故事可以追溯到15世纪，与欧洲人开始探索新航线有着密切的关系。由于他们的陆上路线受阻于亚洲强大的伊斯兰帝国，又没有能力把阿拉伯人从地中海航线中驱逐出去，因此，欧洲国家开始在葡萄牙人带领下寻找一个替代性的新航线，能够把他们带到拥有所需的香料和其他货物的亚洲。到了15世纪末，这些努力开始显现出一些成效。1487年，托洛梅乌·迪亚士在前往印度的旅途中被大西洋风暴刮过南非好望角，到达了莫塞尔湾（Mossel Bay）。迪亚士在向君主禀报其发现时，把这个新海角命名为“风暴角”，但是葡萄牙国王很快改变这个名称，把这个新海角称为“好望角”。瓦斯科·达·伽马吸取了前人沿着这一航线航行的经验，于1497年绕过好望角，最终到达印度，之后又返回里斯本。这就开启了世界历史的新时代，在之后的几个世纪中对世界上的所有大陆都产生了重大影响。

对于从欧洲到亚洲远航的船只来说，位于好望角的桌湾是极其重要的中转站和粮食供给点。在接下来的150年里，科伊科伊人愿意用牛、羊来交换铜、铁、烟草。铁用来制作弓和箭，铜不仅可以用来制作首饰，还可以用作从内陆其他牧人族群手中换取牛的货币。但是，没过多久，水手们对牛的需求逐渐超过科伊科伊人所能提供的不危及自身所需的供给。在科伊科伊社会中，人们把牲口看作财富的储存、地位的象征，除了那些年老体弱的牛之外，他们不到绝对必要的时候并不急于卖掉牛。结果，牛的价格上涨，处于绝望中的欧洲水手们就经常肆意偷窃、劫掠科伊科伊人的牛，从而引发科伊科伊人对接着到来的一批水手进行报复性攻击。最终，这种关系所固有的不稳定性促使荷兰——到了 17 世纪荷兰已取代葡萄牙和西班牙成为全球商业领先国家——与这里的土著居民建立了更加稳定的关系。

30 于是 1652 年，荷兰东印度公司的头目委派赞·范里贝克以及他的 90 人团队在桌湾建立了一个小规模的要塞站点，履行具体而有限的职能，包括为过往船只提供水果、蔬菜、粮食、干净水源；为生病的水手提供临时安置点进行休息调养；维持与公司舰队主要的肉类供应者科伊科伊人之间的友好关系。没有证据表明，它只能是一个临时但又稳定的食物供给点和交易站。后来它就变成了永久性站点，呈现出一种崭新的、意料之外的自主性和活力，这是由于以下四个相互关联的因素。第一，为了补充公司耕作区的农产品和科伊科伊人所提供的始终不稳定的牛的数量，公司把某些官员从合同的束缚中解放出来，允许他们像自由公民一样开始耕种、养牛。第二，1657 年，来自安哥拉的一船奴隶——他们位于被捕获的葡萄牙船只上——到达这里，为当地居民提供了大量所需廉价劳动力用以完善殖民地的堡垒、防波堤、道路等基础设施，也为园圃、农场提供了劳动力。随着更多奴隶的到来，其中多数来自印度尼西亚、印度、马达加斯加，开普敦变成了一个名副其实的奴隶社会。在 1652 年到 1807 年期间——1807 年是英国废除海外奴隶贸易的那一年，近60 000名奴隶被输送到开普殖民地。第三，更多移民群体的到来使定居者的人口开始膨胀。其中，最引人注目的是在法国遭到宗教迫害而逃离的近 200 名新教难民。最后，随着定居者拓展到内陆地区，他们开始不断掠夺牧民的土地和牲畜，两者之间很快产生了武力冲突。

科伊桑人为抵抗荷兰人的入侵发起了一系列战争，这些战争一直延续到 18 世纪末期，但是拥有先进的军事技术让定居者们占尽上风。从 1715 年起，市民组织平民突击队，获得来自公司的武器装备支持，开展了一场针对进行抵抗的土著人的灭绝运动。他们对待这些反抗者就像对待歹徒一样，杀害成年人、俘虏儿童和牛作为其战利品。失去土地和牛的科伊桑幸存者们几乎别无选择，只能接受地位降级，成为殖民农民的各种佃农和农奴。一些大胆的科伊桑人迁移到殖民者所放弃的干旱、多山的喀拉哈里沙漠等不毛之地，在那里朝不保夕地生存着。

殖民者从科伊桑人那里获得牛种，后来也进口了牛种，他们很快拥有了成群的牛羊。他们采取从科伊桑人处习得的季节性转移放牧原则。为了活下去，公民们靠猎取开普内陆的大量
野生动物生活。在有些情况下，他们的狩猎带来的是一些物种 31
的灭绝，像羚羊、斑马、斑驴等，其他物种则只剩下极小的一部分。持续的过度狩猎、过度放牧很快给这个地区带来灾难性

的生态问题。

欧洲农民进一步的扩张使他们与阿马科萨人——说班图语的民族最南面的先锋，有了直接接触。在横跨近一个世纪的一系列战争中，科萨人对白人侵略者的顽强抵抗取得了不同程度的胜利，直到19世纪中期科萨人由于宗教原因而发生的屠牛事件，他们的力量才被彻底消灭。新殖民地的心脏是开普敦市，也是荷兰东印度公司（VOC）殖民政府所在地，是主要的市场和最重要的海港。由波尔人建立的新社会不能自给自足；他们完全依赖奴隶和土著人的劳动。尽管这个社会自我标榜为基督教社会，但道德松弛，男性与较低阶级的妇女淫乱通常不会受到惩处。这也是一个以种族为基础的等级森严的社会。对于由奴隶和一无所有的科伊桑牧民所组成的较低等级来说，生命是残酷的、暴力的、粗野的、肮脏的、短暂的。[1]

姆菲卡尼革命和非洲国家的崛起

在即将进入18世纪的几十年内，多个因素（人口压力、对象牙及其他野生物品的需求日益增长、有能力的领导者的崛起、周期性干旱、其他生态压力）的结合使得南非内陆国家形成的活动加剧，特别是在说班图语的族群中，他们在这个地区已经牢牢扎下根来。对土地、人口、牲口控制权的争夺引发了很多冲突，有些情况甚至引起了战争——较强的酋邦吞并较小、较弱的酋邦，这就开启了该地区18世纪之前未曾经历过的政治集权化的进程。19世纪初，德拉瓜湾和纳塔尔的腹地出现五个主要的国家组织。他们分别是马布杜、恩德万德威、米特斯瓦、杜拉尔（拜佩迪）、博茨瓦纳王国。这些国家对主导权的争夺引起了暴力冲突，结果由丁吉斯瓦约领导的米特斯瓦和兹威德领导的恩德万德威取得了胜利。在19世纪第二个十年中，米特斯瓦被恩德万德威族歼灭。此时，祖鲁仅仅是一个小酋邦，其统治者夏卡曾是丁吉斯瓦约军队中的一名将领，也加入到这场争斗中。置身于这个地区很多超级强权之间的冲突之外，他积攒了充足的力量来面对这场斗争，最终于1819年击败了获胜的恩德万德威族。之后，夏卡祖鲁王国成为这个地区的主导力量。 32

在南非历史上，夏卡无疑是最具有争议的人物，许多人推崇他的军事才能和政治上的英明，他的残忍嗜血也遭到了很多人的唾骂。毋庸置疑，他是一个很有天赋、才华、远见卓识的领导者，他的过激行为很大程度上由他生存的那个时代的标志——冷酷和竞争——所带来的副产品。他最重要的改革奠基于已有的传统之上。他的军团即伊姆佩（impis），以恩尼古同龄群体为基础而建立，夏卡把这些军团变成常备军从而加强了其军事上的作用。夏卡军团配以尖利的短矛，光着脚进行战斗，以保证速度和敏捷。被征服或臣服的酋邦被并入夏卡王国，但这些酋邦的统治者也可保留地位，前提是要对夏卡保持始终如一的忠诚，向其提供牲口和其他贡品。不管出身如何，这里的每一位居民都成了祖鲁人，说着这个王国的通用语——祖鲁方言，于是就提升出了一种全新的、整合的民族主义情感。到19世纪20年代，祖鲁王国已经变得掠夺成性，夏卡军队的残暴与连续征战也引起了王国的巨大动荡和紧张，最终夏卡于1828年遭到暗杀。

夏卡的死并不是这个地区麻烦的结束，他带来的动荡局面直至20世纪末还在发挥深远影响，引起了广泛的骚动、巨变、多个国家的兴衰、人口流失、定居点的破坏、农耕的废弃、牲畜大批死亡、饥荒、大屠杀。该地区除了祖鲁之外，还出现了三个著名的新的国家：恩德贝勒，由姆济利卡齐创建，他原是夏卡军队中的一名将领，带着牛北逃（之前他藐视夏卡的命令，不向夏卡投降），征服了沿途中的所有族群并获得了他们的牲口；斯威士，由索布扎建立；索托，位于顶部平坦的塔巴布秀山的要塞，由莫舒舒建立。所有这些国家都融合了多个民族—语言群体的元素，创造了该地区的新政体。对于恩古尼人来说，这是姆菲卡尼（意为“破碎”）时期，是一个大破坏和苦难的时代，成千上万的人死于暴力，还有许多人远走他乡，而战争引起的饥馑显然也驱使有些人吃人肉。许多逃走的人一无所有，涌入开普殖民地寻找工作以维持生存。最终，南非高原的人口大破坏为欧洲入侵者——他们自19世纪30年代起就向内陆推进——提供了一个能够进行领土征服和政治统治的绝佳机会。[2]

33 英国人的到来和阿非里卡人大迁徙

1795年，英国人夺取了开普以阻止这个战略要地——到达亚洲的踏板，落入革命的法兰西手中，当时的法兰西刚确立对当时荷兰人称之为巴达维亚共和国的控制。1802年，英国与法国签订了《亚眠条约》，两个国家之间暂时休战。因此，英国将开普归还给荷兰，三年之后英国才又重新夺回开普，当时英国又与拿破仑恢复了敌对状态。拿破仑战败后，1815年召开的维也纳会议最终确定了英国对开普殖民地的统治权。尽管最初英国对已征服的开普半岛之外的复杂、无政府状态的地区几无兴趣，但是内外部压力的结合要求英国采取更具有前瞻性的举措。

1820 年出现了第一个促使英国发生改变的推动力，此时为了应付英国日益严重的失业现象和社会动荡，英国政府拨出50 000英镑来重新安置和帮助一些在英国社会处于边缘地位的穷人。1820 年，由经过严格筛选的男人、女人和孩子组成的第一批5000位移民（大约80 000人提出了申请）到达殖民地，他们多数出身于较低的中间阶层，多数是工匠，政府指定他们定居并开垦开普东部边境、大鱼河以西的地区，这片地区是由大英帝国军队从科萨人手中掠夺而来。这些定居者及后继者的到来给开普殖民社会带来深远影响。不同于较早的欧洲移民，他们拒绝自己被这个以荷兰为主导的社会和文化同化。相反，他们力求保持自己独特的语言、传统和宗教信仰，使得这个本就复杂的社会变得更复杂。

让问题变得更复杂的是，新教福音派、人道主义者的废奴主义、工业资本主义的要求等多种力量的结合引发英国国会1807 年单方面做出废除奴隶贸易的决定。1828 年，英国通过了《第 50 号法令》，废除之前已通过的法律，还科伊科伊人等黑人以自由，允许他们在殖民地内自由出卖劳动力。6 年之后的 1834 年，英国在其所有殖民地中废除奴隶制度。在开普公务领域，英国的行政官员开始取代布尔人，同时，在教育和课程设置中，英语也开始取代荷兰语。因为这些变化威胁着社会中的种族秩序，自然而然，布尔人对这些变化是无法忍受

34 的。于是从 1835 年末，一些醒悟的移民先驱带着他们的妻子、孩子、牲口，驾着马车向北迁移，他们决定逃离英国的控制，寻找自由和真正可以称得上属于自己的一片土地。这就是阿非里卡人历史上最重要、最值得庆祝的大事件——大迁徙，它见证了大约6000个布尔农民的迁移；这个数字代表了当时 10%的开普白人数量，他们从开普跨过奥兰治河，到达高原平地南部和瓦尔河北部，向北最远到达卡拉哈里沙漠边缘西面的林波波河，向东最远到达亚热带的纳塔尔。其中很多地方的移民先驱都卷入了由姆菲卡尼所引起的灾难性战争旋涡。很多先驱牺牲了，但是其余的幸存者最终成立了一系列独立的阿非里卡共和国，在 19 世纪中期，它们合并成奥兰治自由邦和南非共和国（德兰士瓦）。1843 年，英国吞并纳塔尔，使其成为他们在这个地区的第二个殖民地。在 1859 年到 1877 年期间，把四个政治组织合并成英国统治下的一个殖民地的尝试失败了。

矿产革命和通往种族隔离的道路

1867 年金伯利发现世界上最丰富的钻石矿藏，1886 年威特沃特斯兰德发现世界上最丰富的黄金矿藏，这些发现使大英帝国重新燃起对这个地区的兴趣和设想。南非成了一块吸引财富追求者的磁铁，成千上万人都涌入这个地区，在这个美妙而尚待开发的富饶土地上碰碰运气。为了争夺这片世界上最丰富的矿物储藏地控制权，布尔共和国和英国之间以及两个欧洲族群与格里夸人、茨瓦纳人以及其他非洲族群之间展开了斗争，一时间所有人都开始宣称拥有各矿物储藏地。有关控制权的争斗愈演愈烈，战争进行得迂回曲折，最终在

1899～1902年的英布战争中达到顶峰。尽管英国取得了胜利，但是参战双方均为这场战争付出高昂的代价：26 000位布尔女人、孩子死于英国集中营；总人数为35 000人的布尔义勇队在战斗中牺牲了6000人；英国500 000人的军队中伤亡人数达到21 942人，而英国纳税人所花费用为19 100万英镑。整个南非，包括巴苏陀兰、贝专纳兰的非移民区都沦落到英国的直接统治之下。

1906～1907年间为了让战败而仍然心怀不满的阿非里卡人休养生息，英国允许先前的两个共和国自治。1910年5月31日四个自治共和国合并形成南非联邦，遵守统一的宪法，坚决捍卫国家主权，但是保证两种官方语言的同等地位。在选 35
举区划分方面，新宪法有利于农村，同时保留了构成93%的选民的白人男性手中的政治权力。开普省之外的白人女性和所有非白人都被剥夺了公民权，开普省还保留着先前合格的有色人、黑人有限的选举权，允许他们选举白人代表他们的利益，因为非白人禁止参与国会。

建立联邦后的南非政府主要由阿非里卡战争中的三位将军主导，他们分别是来自德兰士瓦省的路易斯·博塔、扬·史末资、奥兰治自由邦的巴里·赫尔佐格。博塔是第一位总理，1919年史末资接任总理，他奉行两个白人社群和解以及与大英帝国合作的政策。但是，巴里·赫尔佐格反对这种和解政策。赫尔佐格要求南非国家要保持两个白人分支，主张实行更关注阿非里卡穷人困境的政策。1912年赫尔佐格被迫辞去其内阁职位，赫尔佐格与执政的南非党（South African Party）内的其他持不同政见者组建了国民党。同年，逐渐壮大的非洲精英阶层的优秀成员在皮克斯利·塞梅主席的领导下成立了南非土著人国民大会，1921 年更名为非洲人国民大会。同时，为了迫使非洲农民转变为采矿业和白人农场里的移民劳工，1913 年《土地法》规定，保留 87% 的南非土地归白人独有，而白人的人口总数从来都没有超过总人口的 13%。南非站在英国一方积极参与第一次世界大战，因此获得了对德属西南非（纳米比亚）的控制。

赫尔佐格将军于 1924 年成为总理，他通过实行种族和空间隔离的系统扩展政策，剥夺开普省内黑人的选举权，着手解决土著人问题。1930 年所有白人男性获得投票权，次年所有白人女性也获得了投票权，这降低了开普仍然拥有投票权的少数有色人与黑人的价值。1936 年《土地法》的通过很快取消了仍然保留在开普黑人手中的投票权。两次世界大战期间见证了阿非里卡人民族主义的复兴，而兄弟会的形成对民族主义复兴起着推波助澜的作用，兄弟会是专门协调阿非里卡人争夺政治权力、经济权力的狂热种族主义组织。20 世纪 30 年代见证了阿非里卡人文学活动的迅速发展，1938 年的大迁徙庆祝活
36 动使其达到顶峰，它激起了阿非里卡人的民族主义情感，由阿非里卡人主导的国民党得到了更多的支持。1948 年阿非里卡国民党以微弱优势当选执政。这次胜利主要得益于两类群体的支持：一类是阿非里卡农民，他们因非洲廉价劳动力涌向城市而感受到危机；另一类是阿非里卡工人，他们在矿区与廉价非洲打工者的激烈竞争使他们逐渐失业并陷入贫困。阿非里卡国民党的种族隔离政策以及维持南非无处不在的白人种族统治的誓言对这些群体有着特殊的吸引力。

种族隔离国家

国民党的胜利标志着南非历史新时代的开端。新政府由丹尼尔·马兰领导，1954 年主张采取强硬路线的约翰内斯·格哈杜斯·斯揣敦接任总理，1958 年亨德里克·F·维尔沃尔德接任总理一职。维尔沃尔德是种族隔离制度的总设计师和主要理论家，而非其他任何南非统治者，他塑造了南非的新方向。1966 年，当他将要向国会发表一个重要讲话之前，他被一个精神错乱的阿非里卡人暗杀，之后巴尔萨泽·约翰内斯·沃斯特成为总理。1978 年沃斯特退休，总理由彼得·威廉·波塔接任，他始终大权在握，直到 1989 年被弗雷德里克·威廉·德克勒克击败。1994 年，德克勒克成功结束种族隔离制度，将无种族差异的民主引入南非。

在国民党统治下，种族隔离——20 世纪上半叶已奠定基础，特别是在三位阿非里卡将军的执政之下——被逐渐推广。种族隔离制度作为种族和政治霸权主义，坚决主张应该把各个种族、民族在社交上、地域上完全隔离开来，允许它们各自发展内在的、独一无二的文化主线。对于绝大部分非洲人口来说，为他们设计的隔离发展区是零零散散、极度贫穷的原住民保留区，这些保留区大约占整个国土面积的 13%。1948 ~ 1968 年期间政府设计了一系列紧密相关的法律和措施以重组南非社会，使之完全符合种族隔离思想体系的要求。1949 年的《异族通婚法》禁止跨种族婚姻，1950 年《背德法》禁止白人与黑人之间发生性关系，之后又禁止白人与有色人口之间发生性关系。1950 年《人口法》提出以种族为基础进行总人

37 口的分类登记。同年通过的《集团地区法》规定，在城镇中划分出特定种族的专门居住区，城市隔离的实践变得合法有效。现行法律在工作上的分类（白人从事有技术含量的工作，非白人从事无技术含量的工作）进一步强化。在公共场所中，如火车、公车、邮局、电梯、教堂、人行道、医院、海滩等，细微的种族隔离开始在之前没有实行的所有地方实施。

像“仅限白人”的标志成为整个国家新秩序的普遍象征。《隔离设施法》规定为不同人种提供不同水平的设施。1951 年和 1955 年的《隔离选民代表法》正式废除开普有色人口的选举权，而 1959 年的《班图人自治法》提出在黑人家园设立新的政治机构，迅速终止了他们在南非的公民权，在南非只有白人才能拥有并行使公民权。1959 年《大学教育扩充法》禁止非白人进入在开普敦、威特沃特斯兰德那些之前向他们开放的大学学习。1968 年，宣布多种族的政治组织为不合法组织。

38 各种法律的实行给南非的非洲人口，在某些程度上也给亚洲人和有色人口带来了相当大的苦难和痛苦。其实，要达到种族隔离制度的目标，南非就得成为一个警察国家，使恐怖、警察暴力、武力镇压成为当时的秩序。《1962 年普通法修正案》给予政府逮捕、宣判任何推动或鼓动政府所反对的社会和经济变革者的权力，在无陪审团审判的情况下，可以实施从隔离到死刑的多种刑罚。1967 年的《恐怖行为法》又进一步强化了这种庞大的权力，该法的效力可追溯至 1962 年，该法规定，若种族隔离政府认为某些人和团体威胁到国家安全，可对他们进行无证逮捕、单独监禁、无限期拘留、大规模审判、大规模判决。[3]

拆除利维坦：从甘地和索布维到比科和曼德拉

除了不时发生的农民起义（如 1906 年的巴姆贝塔反叛）和千禧年的宗教起义（如 1921 年在以色列伊诺克—麦加吉玛教堂与警察发生冲突，导致 200 名以色列人死亡），对殖民统治和白人压迫的抵抗集中围绕着一些非洲人和亚洲人的政治运动开展。其中最早开始的一个运动是纳塔尔印度人议会，由莫罕达斯·卡拉姆昌德·甘地于 1894 年创立，旨在反抗纳塔尔的印度人在居住和贸易上所受到的歧视。尽管由印度人引进南非的非暴力抵抗方针为印度人带来的成效不大，但是它却成为了一种有力的道德武器，在南非反对种族隔离的斗争中，在 20 世纪 30 年代和 40 年代期间印度争取独立的过程中，在 20 世纪 50 年代到 60 年代的美国民权运动中，一次又一次地产生了深远的影响和显著的成功。1952 年非洲人国民大会（ANC）与南非印度国会（SAIC）及其他抵抗团体结盟，发起了一场非暴力反抗，对歧视性法律的抗议使10 000名非洲人被法庭逮捕。

实行种族隔离的政府对非暴力行动愚蠢的镇压，在非洲民族主义阵营中激起了高度的战斗精神，导致更多像泛非主义者大会（PAC）这样的激进组织的形成。泛非主义大会成立于 1959 年，由罗伯特·索布维领导，1960 年 3 月在沙佩维尔开展了一场反对政府的大规模的示威游行，在此过程中 67 名手 39
无寸铁的游行者遭到警察的枪杀。这种暴虐的镇压行为将种族隔离制度推到前所未有的国际谴责浪潮中，而随着外国投资资本的净流出，南非经济也遭到直接打击。南非藐视对其进行国际孤立的广泛呼吁，宣称自己是个共和政体，并于1960年10月脱离英联邦。为了应对沙佩维尔屠杀之后持续的示威游行，政府取缔了非洲人国民大会和泛非主义者大会。于是这些组织转入地下并放弃非暴力方针。非洲人国民大会在纳尔逊·曼德拉的领导下组建了一个军事组织——民族之矛，其明确的目标为：在最大限度减少平民伤亡的同时，通过严密计划对政府财产进行破坏，迫使政府回到谈判桌上来。然而，这些尝试成效很小。掌握大权和资源的种族隔离政府能够抵消这些破坏活动所带来的打击和随之而来的经济影响。1964年曼德拉和其他民族主义领袖被判处终身监禁投入监狱，在接下来的30年中，他们大部分人都在监狱里受罪，他们在监狱里仍然是国内和国际反对种族隔离运动的关注焦点。

随着民族主义领导者的死亡、入狱、软禁于家中或者流放，20世纪60年代和70年代早期是南非相对和平、繁荣发展的年代。在经济蓬勃发展的同时，政府采取措施来取代直白的种族主义，实施授予非洲人各自国籍的计划，以此作为拒绝给予他们南非公民身份和公民权的主要依据。从20世纪50年代中期开始，一直持续到20世纪80年代早期，近350万非洲人、成千上万有色人和亚洲人被剥夺其南非公民身份，强迫他们离开现居地或者黑人区，如奥兰多或索菲亚镇和其他被指定为或再次划为白人区的地方，迁移到政府所组建的以民族身份为基础划分的家园（homelands）。1976年南非承认特兰斯凯（科萨人）的独立，1977年承认博普塔茨瓦纳独立，1979年承认文达独立，1981年承认希斯凯（科萨人）独立。这些国家在财政上仍然依靠南非，除了南非，没有国家承认他们的独立。尽管非洲人强烈抵制取消其公民权并将他们转变为他们自己国家里持有通行证的外国人的举措，但权力与日俱增的秘密警察还是不择手段、高效高质地执行着这些严厉的措施。

索韦托和种族隔离国家的灭亡 40

在南非，反对种族隔离的抵抗继续进行着。政局表面上的平静并不意味着民族主义者默认现状。20 世纪 60 年代和 70 年代是文学繁荣的重要时期，黑人和白人作家、记者、小说家、编剧、评论员给南非大众读者传递着强烈的主张解放的资讯。反叛的教会领袖，如英国圣公会的布雷弗·哈迪斯顿、荷兰改革教会的贝耶斯·诺德开始质疑种族隔离和基督教义是否相容。黑人戏剧、音乐、杂志成为批判、探讨和反抗南非困境的媒介。此外，工业资本主义无情的压力迫使政府放松了对以种族为基础划分的工作岗位的限制，因此向黑人开放了很多熟练和半熟练的职位，而黑人逐渐增长的自信心促使 20 世纪 70 年代激进工会的成立和接二连三的罢工。

同样，政府通过劣质和有限的教育试图控制和驯服非洲年轻人思想的计划适得其反，在非洲人中产生了广泛的挫败感，最终导致黑人觉醒运动（BCM）的出现。由史蒂夫·比科所领导的黑人觉醒运动旨在向黑人社群灌输一种对他们自己作为黑人、对他们的宗教信仰、文化和生活方式的自豪感。最终这些努力有了成果，特别是在年轻人中。1976 年 6 月 16 日，在约翰内斯堡郊区的黑人小镇索韦托，几千个黑人学龄儿童在大街上抗议南非所有的黑人学校都使用殖民者的语言阿非里卡语作为授课语言，等等。警察的暴力镇压所引起的暴动向其他很多黑人城市地区迅速蔓延。等到尘埃落定，超过 600 人被杀害，其中很多人的年龄在 17 岁以下。

索韦托事件是南非历史的转折点；之后就发生了不可逆转的变化。索韦托事件标志着种族隔离制度开始瓦解，尽管那时由于政府成功镇压了黑人反抗使这一事实还不太明显。1977 年史蒂夫·比科被警察拘捕并折磨致死。所有的反种族隔离团体都被列为非法组织。1980 年 6 月，在开普敦爆发的暴动导致 40 人死亡。由流亡的非洲人国民大会成员坦博（Oliver Tambo）、联合民主阵线（UND）的牧师德斯蒙德·图图（Desmond Tutu）和阿兰·博萨克（Allan Boesak）在该国领导的反抗使种族隔离政府和社会处在压力之中。由国外流亡者所策划的蓄意攻击与国内经常的反政府集会和暴动相互补充。非洲人国民大会号召其支持者使南非变得难以控制，于是学生抛弃自己的学校，工人也加入其中，骚乱持续升级，使这个种族隔离的社会长期处于动乱之中。为被杀害的游行者举办葬礼成为寻常事件，这些葬礼转变为反政府集会，又成为警察大肆残杀的场合。

41 同时，南非遭到越来越多的国际政治、经济、军事等方面的孤立与制裁——抵制体育运动、限制签证、不发放信贷、投资资本严重外流等，经济发展一落千丈，使享有特权的少数白人的繁荣发展受到威胁。1988 年南非军队在卡顿可安维尔被更为果敢的古巴和安哥拉军队击败，南非士兵士气低落，配备着过时的幻影战斗机，而古巴和安哥拉军队方面配备的是现代化的俄制米格战斗机，这个对比显示出武器禁运的致命影响。

随着东欧和俄罗斯共产主义的崩溃，南非充当资本主义在南部非洲抵抗共产主义势力的堡垒的神话开始破灭。南非总理博塔采取措施改革这个种族主义国家，取消了一些过分的种族隔离因素，进行了一些宪法上的改变，允许亚洲人和有色人口参与政治，可是这些改革并没有放松白人对政治、经济的整体上的控制，不能阻止该国坠入深渊。在这个时候，这些改革来得太微小、太晚。

到了1989年，政府通过压倒性的军力展示及大规模的逮捕、酷刑、暗杀而进行的野蛮镇压行动，还是没能击败抵抗力 42
量，而这些反对势力事实上已经达到了使南非不可治理的目标，但也没能将种族隔离政府赶下台，于是斗争陷入僵局。[4]1989年，博塔这个可怕的首要镇压者——人送绰号“大鳄鱼”，因一次偶然的中风而下台。由弗雷德里克·威廉·德克勒克担任国民党和政府的领导人。德克勒克是一位精明的保守派，是一位温和的调解人，是年轻一代阿非里卡人中的杰出律师，他决定牺牲白人在政治上的总的主导地位但保住白人在该国中的社会地位和经济地位，以此抓住与反对势力交涉的主动权。1990年2月2日，他向国会发表第一次演讲，当他宣布取消对非洲人国民议会、泛非主义者大会、共产党和其他所有被禁反种族隔离组织的禁令，即将释放包括纳尔逊·曼德拉在内的所有政治犯时，这位新总统让每个人都感到惊喜万分。9天之后，被种族隔离制度下的黑狱关了27年的曼德拉出狱：他身材高大、头发花白却不失尊严，他承载着——或者说看起来如此——建立新南非的承诺和希望。

紧接着是几个月的混乱而血腥的谈判，在此期间，种族隔离制度的拥护者和其他怀旧的受益者竭尽所能阻止转变发生。争夺统治权的主要战线在曼德拉领导的非国大和曼戈苏图·布特莱齐领导、祖鲁人主导的因卡塔自由运动之间展开，布特莱齐得到很多极端主义的阿非里卡权力集团的战术支持。然而最后，理智占据上风。南非第一次多种族政府选举于 1994 年 4 月 27 日举行。非洲人国民大会赢得压倒性多数选票，但没有达到选票的 2/3，因而不能单方面起草新南非宪法。曼德拉被选为总统，同时国民党的领导者德克勒克成为两个副总统之一。

对于新南非来说，它所面临的挑战很多。其中最棘手的是：建立稳定的政治秩序、消除蔓延的暴力文化和城市犯罪——这是数十年的种族隔离压迫所带来的负面效应；解决农村贫困和城镇失业等问题；在 20 世纪 70 年代到 80 年代间，那些为了自由而斗争、放弃学业的年轻人现在充满挫折感，内心很愤怒，并且缺乏在新南非立足并受惠的一技之长，他们的问题急需关注。简单看一下南非 1994 年以来的历史就能看到取得的进展。这些进展中较明显的是：南非大主教德斯蒙德·图图所领导的真相与和解委员会的成立；新宪法草案的出台与采纳；白人和黑人分离主义团体的民族统一主义的要求逐渐消退；1999 年第二次多政党多种族选举的成功举行；从曼德拉到塔博·姆贝基的顺利交接。所有这些，加之南非的和平与稳
43 定（这使得南非成为几个重要国际会议的举办地）及该国旅游产业的蒸蒸日上，都表明非洲大陆上的这片历史上动荡但富饶的地区朝着实现塑造一个新社会的梦想而取得了迅速的进步。[5]

教育

在传统非洲社会中，特别是在欧洲人没有到来之前，成年人肩负着将本族群的文化价值及技能传授给年轻人的直接责任。在很多说恩古尼语的社会中，加入高度军事化的同龄群体是学习与社群的公民、宗教、军事、政治事务相关的基本知识和重要技能的主要方式之一。通过家庭内部的密切互动，妇女们学会了基本的家务和农业技能，这对家庭和群体生存是非常必要的。18 世纪欧洲人到达开普时，他们也带去了自己的教育体制。起初，他们的教育强调宗教教育，因为第一所学校由荷兰归正教会建立、管理，归正教会致力于让他人皈依、虔信他们的宗教，这就需要传授读写能力。在农村地区，由流动的教师教授基本读写和算术技能。1799 年，伦敦传教士协会的到来导致了一些英国教会学校的创建。

整个 19 世纪，阿非里卡人始终对英国教育体制充满憎恶，将英语及课程设置视为对其语言及阿非里卡价值的一种威胁。因此，大多数的阿非里卡人都拒绝将其子女送入英国学校或政府赞助的学校，于是到了 1877 年，由英国统治的纳塔尔有大约 60% 的学龄儿童入学，开普殖民地有 49% 的学龄儿童入学，而阿非里卡人统治的奥兰治自由邦只有 12% 的学龄儿童入学，德兰士瓦仅有 8% 的学龄儿童入学。临近 19 世纪末，政府决定承认阿非里卡语作为公立学校教学语言的平等地位，增加了诸阿非里卡共和国内学校的招生人数。

1948 年，种族隔离的制度化导致 1953 年《班图人教育法》的颁布，它扩大了种族之间的教育差别。该法令规定对

黑人提供劣质教育，因为其总设计师和之后的总理亨德里克·
44 维沃尔德认为，向黑人提供技能和培训是毫无意义的，这个由白人统治的南非没有给黑人留下一点生存空间，黑人会发现自己在生活中没机会用到这些技能和训练，“高于一定水平的劳动力”是他最常说的话。在20世纪70年代，政府花费在黑人教育上的费用仅为白人教育费用的1/10。黑人群众对政府向其学校所提供的劣质设备、教师、教科书心生愤恨，加之政府在黑人学校中强制使用阿非里卡语作为教学语言，这些因素所造成的紧张关系导致1976年6月约翰内斯堡的索韦托爆发了一场以学生为主体的起义，造成了超过600人死亡的惨剧。之后，很多南非黑人青年放弃学业，加入到南非境内、境外的解放斗争中，并以“先解放再教育”为战斗口号。他们决心要把南非变得不可治理，学校成为破坏和纵火攻击的对象，没有加入抗议的行政人员和教师们意识到要维持正常的教学秩序已经步履维艰。

20世纪90年代早期，种族隔离制度的终结开创了南非教育史的新纪元。随着公立学校从1991年开始招收各个种族的小学生，废止种族歧视成为常态。1995年开始强制为所有族群中年龄在7岁到16岁的人口提供免费义务教育。1995年南非小学和中学的总数达到20 780所，其中477所是私立学校。1996年，在相关年龄群体中，有94%（男性为93%，女性为95%）的小学生正常入学，进入初中的比重为51%（男性为46%，女性为57%），在校学生总数超过1100万，在废除种族隔离制度之后的短时间内取得这样的成就无疑是令人钦佩的。1999年该国有21所大学和15所理工院校（technikons）。理工院校是三级教育机构，提供技术及商业方面的职业培训。在这些教育机构中，规模最大的是南非大学，它具有开放型远程教育体制，2001 年的在校学生达 17 万。1999 年至 2000 年，政府向教育事业拨出总预算的 21.4%，这足以表明在创造新南非的过程中教育所占的绝对优先权。虽然如此，新南非面临的挑战还是很多的。白人的识字率为 93%，而黑人的识字率为 32%。几十年来不重视教育、教学设备低劣、缺乏合格教师、需要对以斗争名义放弃学业的年轻一代进行改造和再教育、种族融合的挑战、课程改革以及对每个人因材施教所带来的挑战，这些问题对后种族隔离时代的南非政府和人民的意志与资源是极大的考验。

经　济 45

前资本主义经济

在 19 世纪之前，欧洲人对南非这片土地的富饶一无所知。与西非、东非不同，人们不知南非有何矿产和有价值的经济作物可以使其繁荣发展。在欧洲人无意发现好望角后的近 200 年内，他们都没有选择在此定居或占有该地区，而是试着在刚果—安哥拉地区和沿着东非斯瓦希里海岸一带定居，这一点都不让人意外。在很长一段时间内，好望角的首要用途是作为从欧洲到东非和亚洲的长途航行中一个便利的停靠点以及为欧洲船只提供新鲜食物的补给站。1652 年，荷兰东印度公司派第一批定居者登陆开普，他们的主要使命是通过与科伊科伊人贸易或者靠他们自己在本地种植农作物向商船提供农产品。在之后的两个世纪中，农业是这片新殖民地的经济主导产业。南非多样的气候和地形使得多种农作物可以在此生长。

46 渔业

渔业和林业为南非的经济发展做出了一些贡献。南非海岸周围是浩瀚的大西洋和印度洋，海水中蕴藏着丰富的鱼类和其他海洋生物。自19世纪以来，很多国家的捕鱼船队探索并不断开发着南非的捕鱼区域。第二次世界大战之后，南非捕鱼产业迅速壮大。为了遏制过度捕捞，政府采取一些严格的保护措施来规范南非沿海半径为200海里水域内的鱼类捕捞和销售。南非近海水域内可以捕捞到各种各样的鱼类，包括开普无须鳕鱼、普竹荚鱼（竹荚鱼）、沙丁鱼、白石圆鲱鱼、凤尾鱼、梭鱼（杖鱼）、银叉尾带鱼、鲐鱼、开普龙虾和好望角鱿鱼。捕捞的其他海洋资源包括软体动物、胭脂鱼、牡蛎、海带、鲍鱼、贻贝、海鸟粪、海豹。

采矿业

19世纪末，采矿业已超过农业一跃成为南非经济的主导产业。毫无疑问，南非是世界领先的矿产生产国之一。它也是最古老的生产国之一：据考古学研究证实，南非地区的采矿业可以追溯到40 000年之前。开普的欧洲定居者早期曾寻找矿产，但他们一直都没有成功，直到19世纪中期才在开普省发现铜。然而，直到19世纪晚期，采矿业在促进经济发展方面所发挥的作用还是次要的，钻石（1867年）和黄金（1886

年）的偶然发现才开启了南非历史的新时代。这些发现使南非经济从贫穷、落后的农业经济转变为富有、工业化、城市化的现代经济。钻石和黄金使经济发展落后的南非转变为非洲经济领先国家、国际资金与投资的重要中心。南非矿产出口100多个国家。由矿产带来的财富为南非发展非洲最广泛、最先进的交通和通讯系统提供了资源。直到20世纪中期，采矿业才被制造业超越，在此之前矿产一直都是这个国家外汇收入的主要来源。

如果说世界上有一个国家可以用“黄金”来指代，那一定非南非莫属。它是世界领先的黄金生产国；这个头衔维持了 47
一个多世纪仍未受到挑战。1970年，黄金生产创纪录地达到1000吨。之后产量下降，在20世纪80年代中期每年黄金产量最终稳定在600吨以上。但是即使在那个时候，南非黄金出口量仍然接近世界黄金总出口量的40%，这是一项令人难以置信的伟绩。98%的南非黄金来自南非中部高原中心的威特沃特斯兰德盆地。20世纪90年代是国际黄金行业和市场备受压力的时期，致使黄金价格急剧下跌。到了1997年，黄金价格跌到很低的水平，给南非的黄金产业带来相当大的压力。一些矿业公司倒闭了，同时，由于该行业通过兼并重组的措施进行改造，很多工人遭到解雇。

国际市场黄金价格不稳定刺激了其他贵重矿产业发展，在南非，这些矿业已经得到完善的发展。在20世纪早期阶段，南非成为宝石钻石的领先生产国。今天的南非是世界排名第五的钻石生产国。南非拥有繁荣的钻石切割产业，是毛坯钻石加工的首选之地。钻石是人类已知的最坚硬的物质，广泛应用于钻孔、制造高耐磨工具。南非还是非洲煤炭和铁矿石的领先生产国。煤炭超越钻石成为该国出口额占第二位的出口商品。此外，石油可售量的匮乏使该国主要能源煤炭更有价值，它满足了该国 84% 的能源需求，主要用于发电，也以液化气的形式发挥作用。南非是世界第四大煤炭供应国，也是第六大铁矿石供应国。相似地，南非也是硅酸铝（占世界供应总量的 38%）、铬（55%）、锰（82%）、铂族金属（69%）、钒（33%）的世界领先生产国和出口国。此外，以上所有矿物质以及黄金、钻石、氟石，南非都拥有闻名世界的最大贮藏量，南非还是石棉、铅、镍、磷矿、钛矿物、铀、蛭石、锌、锆矿石的四大生产国之一。其中很多矿产都是稀世之珍，价格昂贵。世界上的所有重要矿产，南非都拥有一定的经济数量，除了石油和铝土矿。

在种族隔离盛行的巅峰时期，实施经济制裁所带来的重要影响促使南非当局花费大量精力在南非国境内及海底勘探石
48 油。这一努力最终取得成果。1985 年 2 月，经过 20 年对石油储备量的密集勘探，政府所有的南部石油勘探公司（SOEKOR）宣布在位于开普省南部海岸的莫塞尔湾沿岸发现石油，具有每天出口2600桶轻质原油的潜力。更重要的是，该国天然气储藏量约 300 亿立方米。[6]

制造业

与其他非洲国家不同，制造业是南非经济的支柱产业。1998 年，制造业雇佣工人数量为1 385 000人，相当于雇佣劳动力总数的 14.7%。在这个数字中，黑人数量超过一半，白

人数量少于1/4，其余的是有色人或亚洲人。1999年，制造业的产值贡献了国内生产总值的约18.2%。非洲南部优先发展采矿业，这里的制造业很少。很大程度上是因为这里人口稀少以及缺乏多个主要城市中心，这些城市中心拥有大到足以吸引制造业企业家的市场。虽然采矿业为工业化发展提供了资金，但是它最初只是刺激了小规模的第三产业的发展。然而，采矿所创造的巨大财富导致他们几乎没有向别处投资的动机，因为采矿已耗尽所有的可用资本、劳动力、企业。此外，采矿业偏向于廉价进口的政策不利于保护当地产业。

直到20世纪20年代，政府开始采取积极保护当地产业政策时，南非制造业才重获新生。南非在第一次与第二次世界大战中的经历表明，很难依靠进口满足当地需求，而同时又促进地方产业发展以满足同盟国需求——同盟国本国的产业不是被战争阻碍就是被迫集中力量生产军用品。南非重工业如雨后春笋般建立，如1928年成立的南非钢铁工业公司（ISCOR）使工业产量快速增长，对国民经济的贡献也大大增加。

最初，南非大部分工厂位于该国的主要入境口岸，即开普敦、伊丽莎白港、德班。随着威特沃特斯兰德采矿飞地的人口增长，工厂也开始在那里兴建。最终该国净工业产出中的75%以上都来自这四个工业区，而该国其他地区的工业发展仍然处在欠发达状态。

该国有四大类工业。第一类大概也是最早发展的是食品、 49
饮料、烟草业，承担国内消费和出口的重任。种族隔离制度的结束、经济制裁的解除刺激了南非酿酒工业的发展，其产量及出口量迅速扩大。1999年酿酒业的总产出为13 000万公升，其中40%出口到英国，其余的很多出口到其他非洲国家。第二类是纺织业，他们在第二次世界大战爆发之前就已经发展良好，始终满足着该国对纺织品的大部分（60%）需求。

第三类由化学工业构成，它始于南非黄金开采作业中爆炸物的制造。位于约翰内斯堡附近的莫得方舟工厂是世界最大的爆炸物及化学肥料制造商之一。最后也是发展最快的一类是以铁、钢、机械为中心的制造业。其雇佣人数约500 000人，是工业中最大的一个部门。它以矿山维护中的一个支持性产业开始，之后这个产业有了它自己的生命，尤其是随着南非钢铁工业公司成立——这个公司开始从铁矿石中提炼生铁和钢并迅速主导了这一产业部门。

一批制造工程集团也发展起来，生产家用五金器具、铁路机车、机动车零件，在一定程度上还生产飞机和船舶。1992年，交通运输设备制造业生产了93 600辆商用车以及206 600辆小汽车，大多数小汽车都至少有66%的国产零配件。南非有着发达的产业和金融基础设施为经济发展服务，包括高效的交通运输系统、发达且安全的供电、运作良好且高效的电话系统、水资源保护与开发项目、成熟稳定且井然有序的金融货币结构。要发展各个工业，拥有可利用的廉价劳动力同等重要。工业化的重大影响使大量非洲人抛弃了仅能维持生存的传统农业经济，离开非洲南部所有国家，涌入由白人资金及管理技巧所控制的不断扩张的城市和市场导向的工业经济体。虽然熟练技工的严重缺乏为合格的有色人、亚洲人、黑人创造了新机遇，但白人在获得报酬及从事熟练工作方面还是具有优先权，而从事最低等工作的黑人得到的是极少的报酬，几十年来白人

与黑人在工作职位与报酬方面还是存在根深蒂固的不平等，有 50
色人和亚洲人的地位大致位于白人和黑人之间。[7]

生存之道和政治经济

在所有的南非族群中，农业是维持生存的主要传统方式。
几乎在每一种情境中，妇女都是农业技师，男人主要从事重
活，包括清理未利用的土地及为播种而松土。小男孩们帮助母
亲吓跑停留在发芽谷物或成熟农作物上的小鸟。由邻居们组成
的工作团队会定期做犁耕、作垄、收割这种较艰难的工作。团
队工作从一个农场到另一个农场轮流进行，还能畅饮啤酒，这
通常是一种让人兴奋、欢快的农活。该国不同的地形和多样的
气候孕育了多种土壤类型。例如佩迪人能识别出七种土壤类
型，每一种都适合种植不同的庄稼和放牧。对于大部分地区来
说，夏季是雨季，而水量最充沛、土壤最肥沃且树木最繁茂的
土地位于该国东南地区。在多山的德拉肯斯堡和其他地区，高
地用于放牧，而谷地用于耕作。传统上土地归社群所有，而不
是归个人。酋长代表其群众利益行事，将土地分给那些有需要
的群众，之后只要分配的土地还在使用，这些群众就能行使拥
有土地的所有权利。每个妻子都能从她丈夫那里得到至少一块
专属自己的田地。没有分配出去或荒废的土地归整个社群所 51
有，主要用于捕猎、采摘、放牧、灌溉。

恩古尼人广泛使用挖掘棒及木锄，它们由坚硬的木材制作而成，在火中炙烤会变得更坚硬。在木柄头插入或楔入带有铁刀片的柄脚组成了铁锄，这是一项伟大的进步。斧头也用来砍树和劈柴，而犁的使用大大提高了本地农业活动的效率。各个

族群践行轮作、混合种植、迁移农业以及不同程度的土地休耕。很长一段时间以来，这里所种植的最主要的谷物是高粱；但是现在其重要性被玉米取代。品种繁多的豆类、甜土豆、落花生、烟草、印度大麻也在此生长。这里也种植各种的南瓜和葫芦，嫩绿的黄瓜和葫芦可以用作食物，当其长成熟时，可以用它们的外壳做成装牛奶、油、药品、水、鼻烟、食物的容器。在恩古尼族和文达族中，收割后的农作物会储存在粮窖里，这种钟形的洞位于牲口圈里，以平板石头覆盖，牛粪密封，再在表面撒上疏松的土壤将其完全隐藏起来；索托人、勒卢比人以及与索托人关系亲密的恩古尼人会将收割后的农作物储存在大号编织篮或防白蚁的粮仓里。祈雨仪式和其他宗教仪式由酋长和相关专业人士完成，为的是避免旱灾和饥荒，控制害虫，防止入侵者，保障富足和大丰收。

尽管农业是首要的生存方式，但是对人们来说，最有声望的职业是畜牧业，最高地位以牛的占有量为标志。即便在文达人和聪加人中，毒舌蝇所传播的疾病和其他因素增加了养牛的难度，他们仍然会在任何可行的地方养牛。对恩古尼人、索托人、茨瓦纳人来说，牛等同于生命，其用途广泛。它们是食物的来源，牛奶、黄油、血或牛肉都可以食用。它们的皮毛可以转变为衣服、包、盾、绳索和其他物品。它们的角可以转变成药物、化学等容器。即使是牛的粪便也不丢弃，它除了用作施于土壤的优质肥料之外，湿牛粪可以变成粘合剂用于美化墙壁和地板，干牛粪可以变为烧火的燃料。在很多地方，公牛用作驮畜，近些年来，公牛越来越多地用于犁耕。在受过专门训练、轻装上阵的公牛中开展竞争激烈的比赛也是一项很流行的消遣方式；在这项比赛中表现优异的公牛死后很久都为民间传说所传颂。

对于人们来说，牛是其价值尺度、投资股份、未来的保 52
证、社会保障。没有牛等同于这个人一穷二白、几无价值、前途黑暗；那就不能成为一个人。因此，班图人对牛有着浓厚的兴趣，向牛倾注其主要精力；即便有好几百头牛，一个班图牧民也能马上说出每一头牛的名字，能够依靠年龄、性别、颜色、角的形状等特征来区分每一头牛，有时对牛能表现出比对他们的孩子更多的个人感情。

歌曲、民间故事、谜语经常与牧群相关，每个牧群中领头公牛通常都会得到主人鼓舞性的赞美。作为首要的价值储存方式及未来保障，牛很少因人们为获取食材或祭祀而被屠杀，除非是一些特别重要的场合，或者是当它们已经病得奄奄一息或年龄太大而不能存活时。盗窃牛被视为一项重罪，掠夺牛是引发族群冲突的重要原因。正如一首很流行的茨瓦纳歌曲中所提到的：Kgomo modimo wa mogae，modimo wa nko e meets；kgomo leotlanya dithsaba，o bolaile banna ba le bantsi，意思是“牛，家中的上帝，有着湿鼻子的上帝；引起部落战争的牛啊，你杀害了很多人。”[8]

男人有着照料和管理牛的特权。放牧、挤奶由年轻男孩与成年男子一起完成或是在成年男子看管下完成。一个家园中最重要的部分是牛栏，它是用坚固的栏杆组成的中央围场，牛在牛栏中过夜。作为家园中最神圣的空间，牛栏是为祭祀而屠宰牛的场所；是人们召开重要会议、审理案件、下判决的场所；是接待访客的场所；是被鲜牛皮包裹着的已逝男性埋葬的地方。妇女禁止进入牛栏，除非她们是这个家族的成员，并且多数情况下是为了送食物进来，尽管如此，当月经来潮时，她们还是会被拒之门外，为的是避免污染牛群，带来灾祸。山羊和绵羊也被广泛养殖。虽然通常它们住在与牛不同的围栏里，与牛分开放牧，但是它们发挥与牛相同的功能，提供奶源、肉，也可以作为新娘彩礼和祭品。然而，没有人会对它们大加赞美，在为了得到食材而将它们屠杀时，人们几乎没有任何一丝不情愿。饲养家禽主要是为了获取食材和祭祀。狗主要用于狩猎，这是另一项以主要由男人来完成的工作。

南非猎物的丰富多样使狩猎成为一种很流行的运动、一个重要的食物来源。从猎物身上获得的皮、角、筋被转化为服装、鼓盖、包、弓弦、绳索，特别是在索托人和其他牲口占有量不多的族群中，比如：聪加人和文达人。狩猎的方法多种多样，通过集体围猎将猎物驱赶到 V 型围栏里，再赶到围栏内设有尖木桩的陷阱或盖坑里，或使用绳索、网状圈套狩猎，等
53 等。也使用矛、斧头、弓、箭来狩猎。南非建立了很多野生动物保护区，也禁止未经许可杀戮、买卖及出口某些物种，于是官方出台了狩猎规定，本土狩猎文化也不须废除而是发生了转变。

政府和政治

1910 年 3 月 31 日，南非脱离英国统治获得独立，成为一个统一的国家。半个世纪之后，1961 年 3 月 31 日，在南非国会通过的新宪法下，南非成为共和政体，由以总理为首脑的政府进行统治，总理只对白人议会负责。具有一定文化水平和财

产的有色人和黑人才有资格选举一些在议会中能够代表其利益的白人。到了 1968 年，即使是这个对非白人来说只有象征意义的选举权也被取消了。1984 年，宪法改革取消了总理一职，赋予总统一职全部行政权，开创了三元制议会——一个由白人主导的议院和两个由有色人和亚洲人选出的下属议院。构成人口总数 75% 的黑人没有选举代表的权利。1991 年 1 月，南非开始举行多党谈判，谈判促使该国在 1994 年 4 月 27 日举行了第一次不分种族的全国大选，于是纳尔逊·曼德拉领导的非洲人国民大会上台。南非 1996 年颁布的新宪法作为该国的最高法律于 1997 年 2 月 4 日生效。

废除种族隔离制度后的新政府包括行政、立法、司法三个层次，在中央、省、地方三个级别上运行。这三个机构和级别是分离的、有区别的、相互依赖、相互关联。立法机构实行由国民议会和全国省务院（NCOP）组成的两院制。国民议会的参议院是由选举产生的任期为 5 年的 350～400 名议员所组成，选举实行政党、中央和省份比例代表制。该国有 50 多个政党。在 1999 年的大选中，非洲人国民大会获得 266 个席位，民主党获得 38 个席位，英卡塔自由党获得 34 席，新国民党获得 28 席，联合民主运动获得 14 席，非洲基督教民主党获得 6 席，其余 14 个席位由 7 个较小的政党按照各自所获得的国民选票百分比分享。

由国民议会从其议员中选举产生的总统拥有行政权力，任期为 5 年。通常，总统产生于在议会中占有最多席位的政党。 54
在没有政党赢得明显的多数席位时，总统将从政党联盟中产生并形成政府。作为国家元首、政府首脑，总统通过其副总统、内阁部长、副部长行使职权，内阁成员是总统从国民议会成员中任命的（总统也可以将他们解职）。总统可以在国民议会成员之外选取部长，人数不得超过两个。最高法院行使司法权，最高法院的成员由总统在听取司法服务委员会（JSC）的建议之后任命，任期为7年。宪法法院（CC）具有解释、保障、加强宪法条款的严格执行的权力，也有权裁决不同级别政府之间的宪法纷争。宪法法院由总统和副总统主持，由11名法官组成，每位法官都必须是南非市民，由总统在听取司法服务委员会的建议后任命。宪法法院也捍卫1996年宪法第二章所保证的个人基本权利和自由。

出于行政管理的目的，南非被划分为9个省，有284个自治市。在这些自治市中，有6个大都市，即茨瓦尼、约翰内斯堡、埃库尔呼来尼、埃特科威尼、开普敦、曼德拉市；231个地方市；47个区级市。每个市都由一个理事会管理，理事会的基本责任是为当地、农村以及城市提供服务并实行全盘规划和发展。每个省都可以采用自己的宪法，但是这些宪法不能践踏联邦宪法。省立法机构由30～80名成员组成，按照比例代表制选举产生。省长是省政府首脑，由省立法机构从其成员中选举产生，省长通过行政委员会进行管理。宪法承认传统领袖的机构、地位、角色；2000年，议会成立了文化、宗教和语言社群权利促进和保护委员会。委员会还承担着在南非各族群和社群中促进有利于和平、宽容和民族团结的价值观与项目的责任。[9]

注释：

1. 关于南非早期历史，参见：伦纳德·汤普森：《南非史》（纽黑文市：耶鲁大学出版社，1995 年），第 1～69 页；罗伯特·罗斯：《南非简史》（剑桥：剑桥大学出版社，1999 年），第 1～53 页；罗杰 B·贝克：《南非史》（西港，康涅狄格州：格林伍德出版社，2000 年），第 9～40 页。

On the early history of South Africa, see Leonard Thompson, *A History of South Africa* (New Haven: Yale University Press, 1995), 1～69; Robert Ross, *A Concise History of South Africa* (Cambridge: Cambridge University Press, 1999), 1～53; and Roger B. Beck, *The History of South Africa* (Westport, Conn.: Greenwood Press, 2000), 9～40.

2. 关于南部非洲的姆菲卡尼（弃土运动）及其影响，参见：方 55
索·阿弗莱娅：《姆菲卡尼与南非》，载《非洲第一卷：1885 年前的非洲历史》托因·法罗拉编（杜尔汉姆，北卡罗来纳州：卡罗来纳州学术出版社，2000 年），第 359～384 页；J. D. 奥马尔·库珀：《祖鲁之后》（埃文斯顿，伊利诺伊州：西北大学出版社，1966 年）；卡罗琳·汉密尔顿，《威严的陛下：夏卡—祖鲁的权力和历史编造的局限性》（马萨诸塞州剑桥市：哈佛大学出版社，1998 年）。

On the mfecane and its aftermath in southern Africa see Funso Afolayan, "The Mfecane and South Africa," in Toyin Falola, ed., *Africa, Vol.* 1: *African History before* 1885 (Durham, N. C.: Carolina Academic Press, 2000), 359～384; J. D. Omer Cooper, *The Zulu Aftermath* (Evanston, Ill.: Northwestern University Press, 1966); Carolyn Hamilton, *Terrific Majesty: The Powers of Shaka Zulu and the Limits of Historical Invention* (Cambridge, Mass.: Harvard University Press, 1998).

3. 关于南非的矿业革命、阿非里卡民族主义和种族隔离的兴起，参见：威廉·H·沃格：《南非的钻石之城：金伯利矿工和垄断资本主义，1867～1895 年》，（纽黑文市和伦敦：耶鲁大学出版社，1987 年）；所罗·迪波，《南非种族隔离和种族隔离制度的起源，1919～1936年》（伦敦：麦克米伦出版社，1989年）；邓巴·T·莫迪：《阿非里卡民族主义的兴起：权力、种族隔离以及阿非里卡民间宗教》（伯克利市和伦敦：加州大学出版社，1975年）。

On the mineral revolution, Afrikaner nationalism, and the rise of apartheid in South Africa see William H. Worger, *South Africa's City of Diamonds*: *Mine Workers and Monopoly Capitalism in Kimberley*, 1867～1895 (New Haven and London: Yale University Press, 1987); Saul Debow, *Racial Segregation and the Origins of Apartheid in South Africa*, 1919～1936 (London: Macmillan Press, 1989); and Dunbar T. Moodie, *The Rise of Afrikanerdom*: *Power*, *Apartheid and Afrikaner Civil Religion* (Berkeley and London: University of California Press, 1975).

4. 威廉·贝内特，《二十世纪的南非》（牛津：牛津大学出版社，1994年），第250页。

William Beinert, *Twentieth-Century South Africa* (Oxford: Oxford University Press, 1994), 250.

5. 关于种族隔离制度的结束和民主政治的建立，参见：弗里德里希·威廉·德克勒克，《最后的跋涉——新的开始，〈德克勒克自传〉》（纽约：圣马丁出版社，1999年）；汤姆·洛奇：《1945年以来南非的黑人政治》（伦敦和纽约：朗文出版社，1993年）；纳尔逊·曼德拉：《通向自由的漫漫长路——曼德拉自传》（伦敦：利特尔&布朗出版社，1994年）；马丁·穆雷：《革命延期：南非后种族隔离时代痛苦的诞生》（伦敦和纽约：韦尔索出版社，1994年）；阿里斯特·斯帕克斯：《明天是另一个国家：南非变革之路的内幕》（纽约：希尔和王出版社，1990年），第215～241页；方索·阿佛拉扬：《种族隔离的兴衰》，收录于法罗拉，《非洲（第四卷）：殖民统治的结束、民族主义与非殖民化》（达勒姆，北卡罗来纳州：卡罗来纳学术出版社，2002年），第427～461页。

For the end of apartheid and the establishment of democratic rule see F. W. de Klerk, *The Last Trek—A New Beginning, The Autobiography* (New York: St. Martin's Press, 1999); Tom Lodge, *Black Politics in South Africa since* 1945 (London and NewYork: Longman, 1993); Nelson Mandela, *Long Walk to Freedom: The Autobiography of Nelson Mandela* (London: Little Brown & Company, 1994), Martin Murray, *The Revolution Deferred: The Painful Birth of Post-Apartheid South Africa* (London and New York: Verso, 1994); Alister Sparks, *Tomorrow Is Another Country: The Inside Story of South Africa's Road to Change* (New York: Hill and Wang, 1990) 215 ~ 241; and Funso Afolayan, "The Rise and Fall of Apartheid," in Falola, *Africa*, *vol.* 4: *The End of Colonial Rule*, *Nationalism and Decolonization* (Durham, N. C.: Carolina Academic Press, 2002), 427 ~461.

6. 关于南非矿产资源的更全面的信息，以及本节信息的主要来源，参见：《南非，1989～1990年：南非共和国官方年鉴》（比勒陀利亚：南非外交部信息局，1989/1990年），第317～338页；《南非，1993年：南非共和国官方年鉴》（比勒陀利亚：南非出版服务，1993年），第127～144页；《南非：国家研究》（华盛顿特区：美国国会图书馆，1997年），第205～214页；《南非2001/2002年鉴》（比勒陀利亚：政府通信与信息系统，2002年），第409～433页；L·弗林，《镶满的钻石和遍地的金山：南非的矿业公司和人权》（伦敦：布卢姆斯伯里出版社，1992年）；B·凯恩克罗斯与R·狄克逊编，《南非的矿产》（约翰内斯堡：南非地理学会，1995年）；《南非1997年矿产年鉴》（威特沃特斯兰德：矿产与能源政策中心，1997年）。

For more comprehensive information on the mineral resources of South Africa, and the major sources for this section, see: *South Africa, 1989 ~ 1990: Official Yearbook of the Republic of South Africa* (Pretoria: Bureau for Information, Department of Foreign Affairs, 1989/90), 317 ~ 338; *South*

Africa, 1993: *Official Yearbook of the Republic of South Africa* (Pretoria: South African Publication Service, 1993), 127 ~ 144; *South Africa: A Country Study* (Washington, D. C.: Library of Congress, 1997), 205 ~ 214; *South Africa Yearbook* 2001/02 (Pretoria: Government Communication and Information System, 2002), 409 ~ 433; L. Flynn, *Studded with Diamondsand Paved with Gold-mines, Mining Companies and Human Rights in South Africa* (London: Bloomsbury Press, 1992); B. Cairncross and R. Dixon, eds., *Minerals of South Africa* (Johannesburg: Geographical Society of South Africa, 1995); and *South Africa Minerals Yearbook*, 1997 (Wits: Minerals and Energy Policy Center, 1997).

7. 关于南非工业化的过去和现在，参见：《南非，1989 ~ 1990 年：南非官方年鉴》，第 407 ~ 446 页；《南非：国家研究》，第 222 ~ 238 页；D·霍巴特·霍顿，《南非：经济》，载《美国百科全书》（丹伯里，康涅狄格州：格罗利尔公司，1999 年），第 25 卷，第 268 ~ 272 页；B·法恩与 Z. 拉斯托姆吉：《南非的政治经济：从矿物—能源集团到工业化》（约翰内斯堡：威特沃特斯兰德大学出版社，1996 年）。

On industrialization in South Africa, past and present, see: *South Africa*, 1989 ~ 1990: *Official Yearbook*, 407 ~ 446; *South Africa: A Country Study*, 222 ~ 238; D. Hobart Houghton, "South Africa: The Economy," in *Encyclopedia Americana* (Danbury, Conn.: Grolier Incorporated, 1999), vol. 25, 268 ~ 272; and B. Fine and Z. Rustomjee, *The Political Economy of South Africa: From Minerals-Energy Complex to Industrialization*
56 (Johannesburg: Witwatersrand University Press, 1996).

8. 援引自玛格丽特·肖：《物质文化》，载哈蒙德·图克：《南部非洲说班图语系的人民》，第 95 页。

Quoted in Margaret Shaw, "Material Culture," in Hammond-Tooke, ed., *The Bantu-Speaking Peoples of Southern Africa*, 95.

9. 关于南非 1994 年后的政府与政治，参见：《南非 2001/2002 年鉴》，第 299 ~ 325 页；H · 克鲁格：《建构民主：法律、全球主义和南非的政治改组》（剑桥：剑桥大学出版社，2000 年）；T · 洛奇：《1994 年以来的南非政治》（开普敦：大卫 · 飞利浦出版社，1999 年）；D · 伍德：《重访彩虹之国：南非民主的十年》（伦敦：安德烈—多伊奇出版社，2000 年）。

On government and politics in post-1994 South Africa, see: *South Africa Yearbook* 2001/02, 299 ~ 325; H. Klug, *Constituting Democracy: Law, Globalism and South Africa's Political Reconstruction* (Cambridge: Cambridge University Press, 2000); T. Lodge, *South African Politics since* 1994 (Cape Town: David Philip, 1999); and D. Wood, *Rainbow Nation Revisited: South Africa's Decade of Democracy* (London: Andre Deutsch, 2000).

57 # 第三章　宗教和世界观

宗教在南非的社会、文化、生活中占有核心地位。对科伊桑人乃至于讲班图语的族群而言，宗教都是其社会文化生活中普遍存在的东西。15 世纪末以来，欧洲商人、定居者和殖民者的到来，为这一地区新的宗教传统——即从欧洲传来的基督教和从亚洲传来的伊斯兰教、印度教——的出现铺平了道路。南非社会的种族和语言的多样性清楚地体现在这一地区流行着的诸多宗教传统和实践。正是通过宗教，南非各族群的世界观和对生活的态度最典型地体现出来，宏大而具体地表达出来。在南非，宗教的作用极其重要。在该国动荡的历史进程中，宗教一直都与社会、经济、政治的权力关系交织相关，这种权力关系在将特权赋予少数人的同时，剥夺和排除了多数人充分实现其潜能和权能的可能性。对处于统治地位的少数人而言，宗教是其把政治和种族统治合理化的基础，同时也是把对原住民的驱逐和剥夺合法化的基础。另一方面，被压迫、被剥夺权力的多数人也采取措施，借助、利用、创造、颠覆、转化宗教的观念、象征和实践，以推动其从社会、经济、政治的统治中解放出来。

科伊桑人的宗教 58

科伊桑人各分支群体的宗教信仰是有差异的。然而，我们还是能够在差异中找到某些共性。科伊桑人宗教的核心是对至高无上的神灵的信仰，他们的神灵被称为苏伊（Tsui）、勾博（Goab）或冈瓦纳（gangwan！an！a，意指大神）等，他统领着人类事物。他是造物主，是神灵，不仅规范着日升日落、雨季来去，还对生命负责。与这位居住在东方的伟大善神完全对立的是一位居住在西方的渺小恶神，被称为高博（Gaunab）或冈瓦·马斯（gangwa matse，意指小神），他利用自己独有的超能力给人类带来疾病、不幸和死亡。在北开普省的萨姆地区，这种伟大与邪恶并存的宇宙二元论思想被集合在了一位名为卡根（Kaggen/cagn）的神灵身上，他既是造物主，也是欺骗之神，时而强大、仁慈，时而邪恶、愚蠢。科伊桑人岩画上随处可见的大羚羊被认为是由卡根创造并专有的，通过这一形式表达出对于这位反复无常的神灵的崇敬。早期的欧洲作家将卡根与基督教的魔鬼相提并论，表达出他们对桑人轻蔑的态度，以及对桑人的信仰缺乏了解。

死亡、祖先和来世

科伊桑人关于死亡的信仰差别很大。一些人认为，人死之后，灵魂会升入天国变成一颗星星。另一些人则认为，每一颗流星的划过都代表着一个生命的逝去。一些南方桑人认为，地球内部存在一个巨大的空洞，是死去的人类和动物的归宿。对于许多生活在喀拉哈里沙漠的群体而言，死亡的最终归宿是天国里大神的居所。不过，尽管他们不确定死者究竟会去往何处，他们还是相信死者会影响生者。因此，对于大多数科伊桑群体而言，尽管苏伊或勾博被奉为最高守护者，他们还是相信个人的世俗命运取决于一位名为海西·艾比（Heitsi Eibib）的祖先。他的许多奇遇——包括多次的死而复生——在科伊桑人的民间传说和宗教信仰中广为流传。科伊桑人的聚集地到处分布着海西·艾比的由成堆石块构成的墓葬。这些建造在道路两旁和河流交汇处的墓葬象征着祖先崇拜，人们可以停下来冥想，也可以往上面供奉石块来为未来祈福。死亡之神戈格瓦斯
59 （gagwasi）不必对所有的死亡负责。经过漫长和充实的一生而死去的人被认为已经被天国吞噬。另一方面，严重的疾病、暴毙、早夭和事故被认为是由戈格瓦斯引起的。

科伊桑人的思想和世界观通过许多被广为珍视和流传的神话故事而得到保存和传播。有关创世的故事就是其中之一，主要讲述了两场创世。在第一场创世中，动物与最初的人类并无分别，人类在使其与其他哺乳动物显著区分的文化和习俗方面的发展程度很低。在这以前文明时期，人类与动物共同生活在一个大村庄里，这个村庄由一只名为考（K'au）的大象和它的妻子楚柯（Chu！ko）领导，村庄里生活着许多诸如豺狼、蜣螂、巨蟒、大鸨、螳螂等发挥了重要作用的动物，这些角色仍然活跃在许多故事中。其中，螳螂代表着欺骗之神，充当着一个核心的角色。在第二场创世中，人类得到了解放，并且被赋予了习得更精致的文化、礼貌和社会礼仪的能力，由此人类和动物有了显著区分。

桑人的治疗仪式舞蹈

科伊桑人以他们的仪式舞蹈著称。特别是对于生活在喀拉哈里沙漠的桑人而言，仪式舞蹈为社会治疗和公共联合提供了一种极其有效的手段。这一仪式的核心是一种被称为诺姆（n/um）的超自然力。对桑人而言，诺姆具有一个广泛的含义。在不同的情境里用到这个词时，它可以指药物、能量、力量、特技、经血、巫术等。在治疗舞蹈中，诺姆是一种存在于治病术士或称诺姆·考西（n/um kausi，意指医药之主）胸口的物质，并且通过治疗舞蹈激活。治疗舞蹈通常在日落之后进行。首先，点燃篝火。女性围坐在篝火旁，一边打拍，一边高歌，歌声中充满了共鸣和力量。紧接着，通常为男性的治病术士开始围绕着女性应声而舞。一般而言，女性负责照看篝火和唱歌，而男性负责跳舞和进入一种治疗的恍惚状态。当然，偶尔也会有一两个女性加入到跳舞的行列之中，甚至在更特殊的情况下，某个女治病术士也会进入一种恍惚状态。即便女性很少能够成为治病术士，她们铿锵有力的歌声仍然不容小觑，否则诺姆就起不到效果，男性也无法成功进入一种治疗的恍惚状态。治疗舞蹈的前几个小时通常是放松的、舒缓的。紧接着，女性在吟诵无字歌的同时，逐渐加强其美妙的、复杂的曲调和旋律；与此同时，男性循着一个环形的轨迹在沙地上起舞，舞步迅疾、复杂却又不失协调、优雅。伴随着舞蹈，存在于其腹部的诺姆开始发热，并且达到一种沸腾状态，药力就穿越脊柱在大脑爆发。在庞大神力的压制下，治疗术士的双腿开始颤 60
抖，胸脯开始起伏，脑海开始出现奇怪的幻象。暂时性地失去判断力以及精力旺盛地晃动，治疗术士开始四处跑，有时还越过火堆，握着燃烧的木炭而安然无恙。

进入一种恍惚状态的典型特征是舞蹈者呆滞的目光、急促的步伐和粗重的呼吸。随着汗水越来越多，其他男性开始对着女性呼喊“gu rsiu，gu rsiu”，意思是“继续，继续”。作为回应，女性开始提高她们的嗓门，加强她们的歌声，一个又一个的治病术士进入到一种恍惚状态。治病术士的精神尚不稳定，就开始在求助者的身旁不停游走，并且将其摇摆的双手放在求助者的胸前和背后，以便引入超自然力进行保护和治疗。一个病情严重的患者能够从一个或多个治病术士那里得到一小时或更长时间的关照，这些治病术士或同时工作，或交替工作。在治病术士内在的诺姆的作用下，求助者的后背、胸部、额头、双腿、双臂开始布满魔性的汗水。整个治疗过程通常包括：将疾病从身体中祛除；与戈格瓦斯对视、谈话和争论；以及制作草药、饮食药方和禁忌。整个仪式舞蹈通常持续整夜，遇有特殊情况也会不间断地持续到第二天甚至第三天的早晨。

仪式舞蹈以及特殊的状态，架起了一座连接现实世界和神灵世界的桥梁。它使得接近较小神灵、晦涩阴魂和祖先神灵成为可能，正是他们通过把无形、神秘的暗箭射向受害者，从而引发疾病。通过舞蹈引发的恍惚状态，治病术士得以超越人类本性的限制，并且跨越人类和自然世界的边界。据此，他们得以驱散恶意、劫掠的神灵，得以神游远方去照看和治疗亲人以及其他求助者，得以升入天国去平息变幻无常的势力，得以确保人类道德和社会秩序的重组。对于桑人治病术士而言，意识状态的成功变化打开了一座获得看似遥不可及的灵性知识和治

疗力量的大门。治疗舞蹈通常每月一次或者随季节、人群规模
和其他情况而更加频繁。它们不仅是宗教仪式，也承担着社会
功能，如为群体提供交往、联结、庆祝、释放以及感谢在喀拉
哈里沙漠的干旱之地顽强生存的机会。许多史前桑人岩画的发 61
现，以及他们激情舞蹈、恍惚状态、治疗表演的许多场景，都
证实了南非讲科伊桑语族群的这一行之有效的社会和精神工程
方法的古老和持久的顺应力。[1]

班图人的宗教传统

与科伊桑人的情况一样，讲述班图宗教（Bantu religion）很困难；也许用班图人的诸宗教（Bantu religions）来表达更为合适。有多少个班图群体，就有多少种宗教。然而，不同的班图群体共有的民族语言的起源，已经确保了他们宗教传统的共性大于差异。本节我们将着重考察这些共性，同时也会识别出每一种宗教传统的差异和特色。[2]

至高之神

班图诸宗教的核心是对一位最高神灵的存在的信仰，他是宇宙的主人，是至高之神，被视为永恒的、无所不能的、无所不在的、无所不知的。尽管在所有的宗教传统中他都是首要的神灵，但是他仍然太遥远、太卓越、太难以接近，远远超越了人类的理解和操纵。因此，至高之神没有专门的祭坛或神庙，没有专门为他服务的男女祭司。与其他较小的神灵不同，至高之神不需要专属的祷告、崇拜或献祭，因为他不可能要求、接

受或者回应这些东西。至高之神的主要特征在于他作为造物主——创造宇宙者——的洞察力。不同的群体对他的称谓有所不同，这依赖于各群体对他的看法的性质。科萨人称其为达利（Dali）或者卡玛莎（Qamatha）。索托人和茨瓦纳人称其为莫迪莫（Modimo），与此同时文达人则叫他拉鲁维姆巴（Raluvhimba）。聪加人讲到了两个神灵。第一个是图布鲁克（Ntumbuluko，意指大自然），他创造了这个世界。第二个是拥有非凡神力的天国之神提欧（Tilo），他通过控制风和雨而掌控生和死，还能够让儿童不停地抽搐。不过，他也能够得到平息，通过在孪生子（在他眼里孪生子是神圣、特别、不寻常的存在）的坟墓上洒水从而在干旱时节送来雨水。在祖鲁人中他被叫作安库伦库鲁（Unkulunkulu），是大神，是天国之主因克西·耶祖鲁（Inkosi Yezulu）。对祖鲁人而言，创世是天国之神所为，也即父神，他还有一个特别的名字“乌威灵甘齐”（Umvelinqangi），寓意最先出现、第一个祖先、孪生子中
62 的第一个（另一个是大地）。祖先逝去后会回归大地，大地被看作母亲；只有在特殊情况下祖先才会回到乌威灵甘齐的身边。与祖先不同，至高之神并不是仪式的中心；人们在遇到危难时很少寻求他的帮助。他是隐世之神，在他初创世界之后，就一直远离繁杂的世俗事务，对这些不管不问。然而，人们在解释人类和宇宙起源的时候，还是会在神话里提及他，他仍然是重要的。[3]

解释社会秩序的起源和本质的神话

班图人与绝大多数非洲人一样，视神话为一种定义、表达

和传播其宇宙观和世界观的有力手段。这里我们主要讲三类创世故事。第一类讲的是人的诞生，人被认为是天国之神和大地母亲的结晶。对祖鲁人而言，人类诞生于一片芦苇地上。相似的创世故事还流传于斯威士人、姆蓬多人、聪加人和索托人中。第二类，在姆蓬多人、索托人、茨瓦纳人、文达人和聪加人看来，第一个人类诞生于一个地下的空洞。聪加人认为这个空洞位于劳伊的一块岩石之中，在其表面还留有第一个祖先永久留存的史前脚印。洛维杜人和文达人也把他们土地某些岩石上发现的许多脚印与库兹万恩（Khuzwane）联系起来。第三类，特别流传于佩迪人（一个北方的索托群体）中，至高之神寇比（Kgobe）创造了世界，与此同时他的儿子寇比尼（Kgobeane），像陶工用泥土制造罐子那样创造了人类。

其他的神话则紧紧围绕着人类所面临的某些最永恒的主题。一则神话试图通过人类世界与神灵世界联系的瓦解来解释死亡的起源。在这则著名的关于变色龙和蜥蜴的故事中，至高之神派遣变色龙去为人类捎带一则有关永生的信息，但是变色龙却天性懒散，不必要地延迟了信息的送达。与此同时，由于某些不可预知的原因，至高之神又改变了主意，随即派遣更为敏捷的蜥蜴去传达第二则有关死亡的信息，蜥蜴迅速、直接地送达目的地，由此，人类从那时起便不得不面对死亡。当变色龙抵达的时候，一切都太晚了。然而，所有的希望并没有破灭：通过献祭仪式，与神灵世界的联系仍然能够恢复；通过死亡之后获得祖先地位并进入祖先居所，永生仍然能够实现。 63

神话不是代表一个不变和永恒的思想和物质世界的静态手段，事实上它们是创造性和机智地使社会和政治秩序概念化的动态手段，这一手段的三维模式是：过去、现在和未来。过去和现在同样重要，不能把现在看作是过去的奴隶。神话提供了话语，由此，可以根据原始的过去增加对现状的理解。比如，19 世纪中期的一则祖鲁创世神话讲述了至高之神如何创造人类，不仅创造出男人和女人，还创造出黑人和白人。对白人，他分配海洋作为他们的住所，并给予其衣物和枪支。对黑人，他授予土地和携带长矛的权利。不论这一神话多么古老，从现实形式上看，它都清楚地反映出对于显著对立——黑人与白人、土地与海洋、长矛与枪支——的一种创造性陈述，刻画出 19 世纪祖鲁人的世界。通过将这些对立联系和囊括于至高之神的直接特权之中，祖鲁人得以解释当代秩序的起源，秩序的混乱起因于白人，他们不再满足于天赋的命运，开始离开海洋宣称那些不属于自己的东西，并且剥夺黑人经过神灵确认过的财产、土地。只有白人返回属于他们自己的海洋之内或者之外的未知世界，秩序才能恢复。在被剥夺和受压迫的非洲人之中，这些神话的意义和流行程度怎么评价都不过分。

另一则神话试图解释南非黑人附属于白人的原因。这一神话提出了一个假定：即使黑人与白人都是从同一片芦苇地上诞生的，黑人也早于白人离开芦苇地而在世上立足，将白人抛在身后。然而，白人将这一说法理解为他们自己的优势，通过在芦苇地上停留更久，就有足够时间去获得智慧、发展律法以及掌握科技，所有这些都为征服黑人提供了可能。除了证明非洲黑人的古老和资历之外，这一神话还表明：白人统治不是巫术和运气使然，是他们持之以恒和辛勤劳作的结果。上述结论的含义是：如果黑人能够回到过去并掌握必要的创造性智慧，他

们也能获得和白人同样的知识和能力，也能和白人并驾齐驱，
并且从其当前科学、经济、政治的附属地位中解放出来。因此
神话不仅仅是讲述古老和原始事件的深奥陈述，同当代现实很
少或者毫无联系。它们在时间和空间上都不是固定不变的；它 64
们足够灵活和全面，人们能够创造性地采用并改造神话来为现
实问题提供答案，为当前困境指明方向，并且为 19 世纪和 20
世纪南部非洲固有的不断扩张、复杂和冲突的人类经济政治互
动建立基本的社会条件。[4]

自然神灵

至高之神下来就是地方和自然神灵。这些神灵通常是人们对山川、河流、洞穴、丛林和植被等显著地理特征的令人敬畏的影响以及雨水、干旱、飓风、闪电、洪水和季节等重要自然现象的威力进行反思的产物，人们通常把自然神灵与这些地理特征和自然现象联系起来。与至高之神不同，人们很难对这些自然神灵做出概括性总结，作为自由的神灵，他们各有特点，变化无常。文达人有着最为发达的自然神灵信仰，他们相信，过世酋长的神灵就居住在某些丛林之中，而其他与某一特定世系无直接联系的神灵则居住在山川和河流之中。通常被描绘成异类和畸形的怪物，这些神灵被认为是危险的，粗心的旅行者一旦碰到就会致命。然而，绝大多数地方神灵都与河流和湖泊有关，在面临干旱现实和威胁的水资源缺乏地区，有着这样的信仰不算奇怪。文达人土地上的杜济湖被认为是作为湖泊守护者的祖先神灵的居所。皮皮迪瀑布下的大水塘被认为是恩古尼原住民的神灵的居所，旅行者常常能够听到这些神灵在水下舞

蹈的声音。对自然神灵的信仰在恩古尼人中不那么发达，但是一些科萨群体会讲到阿班图·博姆兰博（abantu bomlambo），他们居住在河流深处，作为无形的黑夜掠夺者，给受害者造成疾病、失明、精神错乱等损害。除了在蓬多兰，阿班图·博姆兰博并不被认为是阿玛梭戈（amathongo）或者氏族的祖先，尽管人们常常把这二者联系在一起。相反，他们被当作阿玛索娄古（amatshologu），意思是祖先神灵的邪恶化身。有时人们会把他们描绘成鳄鱼和蛇，向他们供奉玉米、高粱和烟草，人们也相信他们在占卜者的启蒙方面扮演着积极角色，教会其深邃的奥秘。

65 祖鲁人以他们对自然女神的信仰而著称，诺布瓦娜（Nomkhubulwana）是天国的公主。人们相信，她精通酿酒、种植、收割以及其他所有有用的技艺，并且将其传授给她所喜欢的人。作为春天的化身，她掌握着雨的秘密，在其不高兴的时候能够抑制降雨。人们通过易装和角色颠倒来讨好她，一些年轻的未婚女性穿着男性的服装，并且做一些通常对于女性来说是禁忌的事情，比如放牧和挤奶，于是就僭越了男性的特权。这些季节性的仪式包括由一群一丝不挂的妇女和女孩奔跑着哼唱淫秽的歌曲，与此同时男人和男孩还不能在现场，必须完全排除在视线之外。与使用牲畜的特权和性猥亵相联系的相似的角色反转仪式也存在于腾布人、巴卡人、聪加人中。诺布瓦娜的重要意义在于她是一位女性神灵，是该地区的一个特有现象，是春天的化身，是班图人的崇拜对象。索托——茨瓦纳人中著名的自然神灵或英雄人物有洛维（Lowe）、汀提贝恩（Tintibane）、玛特森（Matsieng）和托贝噶（Thobega），他们被认为是很久以前就存在于丛林和山川之中的原住民神灵，索托——茨瓦纳人向这些神灵供奉谷物、肉类和酒水。这些神灵居住的洞穴或小树林通常被带有难以跨越灌木的稠密森林所覆盖，其间还生存着许多能够发出恐怖声音的巨大毒蛇和其他生物，使得这一地区除了守护者和祭司之外与外界完全隔离。[5]

祖先仪式

尽管至高之神以及地方和自然神灵在班图人的信仰架构中处于核心地位，实际上他们都位于日常社会和政治所关注问题的外围。他们的重要性在于，为人类的起源、社会的起源以及令人敬畏的自然现象的起源提供答案。但是，人类社会文化存在及其个人问题的动力并不是源于他与自然环境的关系，而是根植于他与其同胞的关系。支撑社会关系和冲突解决机制的规范和价值在每一个地方都通过诉求于被概念化和人格化了的超人权威——在班图人中表现为称作祖先的超经验存在——得以确认。这些存在被冠以不同的名称，比如祖鲁人称之为阿玛德洛兹（amadlozi）或阿玛索格（amathongo），聪加人称之为史科维姆布（shikwembu），洛贝杜人称之为瓦迪莫（vadimo）或维达贾尼（zwidajani），文达人称之为迷德兹莫（midzimo），茨瓦纳人、佩迪人和南索托人称之为巴迪莫（badimo）。祖先
是家族或家庭中死去成员转化而来的神灵，他们对在世亲属的 66
生活和事务仍然表现出兴趣，发挥着持续的影响。

尽管人们普遍认为死者能够永生，但是并非所有人都能够成为祖先。那些早夭的孩子和未婚无子女就去世的年轻人的命运依旧是未知的。那些死于禁忌和没有举行必要丧葬仪式的死

者最后都变成了孤魂野鬼，在自己的坟墓中不得安宁，持续地骚扰其后代的生活和家庭，阴魂不散。重要的祖先可以出自家庭中的父系或者母系，但是除了文达人和聪加人的祖先在仪式上没有性别之分外，一般而言，男性祖先占据主导位置。祖先通常被作为一个群体提及；当某个祖先被单独提起时常常是由于这个特殊的祖先就是造成降临到其后代身上的痛苦或不幸的根源。因此，仪式上的供奉和言语必须针对特定的祖先，以便恢复人类和神灵世界之间的和谐。

祖先的仪式具有许多功能。首先，它提供了一个关于苦难来源的答案。通过赋予祖先惩罚其后代不服从行为的能力，就可以把疾病和不幸说成是某个祖先神灵不满的缘故。其次，通过赋予族长执行恢复和治疗仪式的特权，对祖先的信仰就象征性地、仪式性地证实了家族长辈和年长男性对年轻男性的生产能力和年轻妇女的生殖能力具有法律上的权威和权利。第三，通过要求、强迫和提供有关恢复个人与祖先和谐关系的策略以及聚焦于违背所表现出来的仪式规则而带来的可怕后果，对祖先的信仰就得以确认群体或者家庭的精神层面和社会价值规范。然而，在强调祖先仪式的确认性功能时，我们必须小心翼翼，不能仅仅把拜祖宗教看作是一种保守力量，不能看作是保守的老人为了其维持过时的风俗和信仰而试图暗中扼杀年轻人。与班图宗教里的其他要素一样，对祖先的信仰过去充当并且继续充当着延续和变化以及稳定和变革的动力。在 19 世纪和 20 世纪的南非，非洲人对拜祖宗教的价值、规范和实践进行了有效的调动，并且予以创造性地接收、改造和拓展，用来抵抗以诋毁、威胁手段来破坏和替代本土信仰的欧洲文化和政治统治。

第四，对祖先的信仰提供了一种对于生命不息的诠释，它 67
能够有效地缓解和消除死亡带来的对于生命终结和永久失去的绝望感。对于大多数班图群体而言，人类是由两种要素构成的。第一种是肉体，被称为梅莱（mele）、姆梅莱（mmele）或纳玛（nama）。第二种是看不见的、无形的精神，被称为莫伊（moea）和塞瑞提（seriti）。文达人和佩迪人的宗教为人类定义了第三种观念，按照这个观念，被称为莫亚（moya）的灵魂是人类的第三种要素，灵魂是把精神和肉体交织在一起的不可或缺的生命原则。灵魂，祖鲁人称其为伊德洛兹（idlozi）或伊索格（ithongo），它不会消亡，只有肉体才会。因此，死亡并不是结束，它只是一种状态的改变。死亡并不意味着变为虚无，它就是转变为人们所期待成为的无限强大和永恒的祖先。人们会吊唁亲人的离去，但是并不把这种失去看作永久的失去。大约一年之后，吊唁等丧葬仪式会在祖鲁人称为尤库布伊萨洛兹（ukubuyisaidlozi）的公共庆祝仪式中结束，意味着将祖先引领回家。这一最终仪式象征性地、有效地唤醒和迎接近来死去的人从亡灵世界（位于土地之下、天国之中或地平线之外）归来，回到近些年来离去的神灵的家园，至此他将和其他祖先一道，担负起其子孙后代精神世界守护者的强化了的新地位。[6]

巫术、法术和罪恶的象征

人们并不把罪恶的起源完全归因于祖先。一般而言，人们不把祖先看作是罪恶的东西。他们可以惩罚自己的后代，但是却把这仅仅看作理所当然的最后手段，并且通常是作为对活着的人在生活中的违规和罪过的回应。所以要为导致疾病和不幸的过错直接负责的是活着的人，而不是已经死去的祖先。祖先通过施加惩罚让其后代得到警示，提醒其后代在人类世界和神灵世界之间微妙而又必要的平衡之中存在着失衡。班图人生活在这样一种二元世界中：一种状态代表着正确、道德、正常、安全；另一种状态却被看作是错误、非道德、异常、不安全。自然世界和社会世界之间消极的不平衡导致了从疾病到干旱等各种各样的不幸。宗教仪式的一个主要目标就是恢复社会的平衡，使得人类之间以及人类与祖先、自然、神灵之间建立并保
68 持一个良好的关系。宗教和巫术是解释和处置世上存在的不幸和罪恶的手段。

班图人的世界观中很少用到运气的观念。除了较小的疾病和老年人的死亡，所有的不幸都被归因于阴谋和外力的作用。他们通常认为的外力有两种。第一种是祖先，他们是慈爱的长辈，将不幸作为一种明确的惩罚，以惩罚那些违背宗教义务和亲属义务的犯错误的、不听话的后代。在这种情况下，为自己疏忽所导致的不幸负责的是受惩罚者自己而不是施加惩罚的人；祖先仍然是无可指责的，并且不会被视为罪恶的起源。另一方面，若占卜者诊断出不幸是由巫婆和神汉引起的，人们就会认为受害人无可指责，他们只是人类使用超能力制造痛苦的一个恶毒的目标。与祖先神灵不同，巫婆和神汉被视为罪恶的代理人，他们被仇恨、嫉妒、恶意和一种邪恶的个性所驱使，伤害和侵犯无辜的受害者。尽管由祖先引起的疾病也有害，但是它们并不邪恶，并且通常是可以治愈的；然而巫术和法术造成的疾病却能直接导致伤害和死亡。

对巫术和法术的信仰在争夺社会和政治利益的时候充当着解决人际冲突以及获得、保持和表达权力的手段。1994 年以来席卷南非社会部分地区的对于巫术的控告，恰恰证明了这些原始信仰的存在和韧性，特别是在南非后种族隔离时代社会紧张的氛围下显得尤为明显。[7]

神圣的专家：药师、祭司和占卜者

有一套信仰能够对罪恶和不幸提供相对满意的解释是一回事；提出应对和防治罪恶的策略和手段又是另一回事。恢复和治疗的工作是专属于以下三类专家的特权。第一类是占卜者，他能够诊断出事物的本源或者找出不幸的根源。第二类是族长——通常由宗族中年长的男性成员担任，他是唯一能够在任何仪式中召唤祖先神灵的人。有时候，经由其指定的兄弟或者某位长者也可以代替他主持宗教仪式。在姆蓬多人中，若族长上了年纪的同胞姐妹过了生育年龄，也可以作为其所在宗族的女祭司执行职务。在洛贝杜人中，族长的每一个姐妹都是一个潜在的女祭司，会让不同的姐妹在不同的仪式中执行职务。第三类是药师，祖鲁人称之为因扬噶·尤克维拉法（inyanga yokwelapha），他们掌管着从植物和动物中提取出来的药物。虽然药师在工作中可以召唤出祖先神灵，他们基本上还是以一 69
位拥有着丰富知识和技术的能够确保康复的医学专家的角色行事。药师拥有许多不同的称谓，科萨人称之为希威尔（ixhwele），聪加人称之为恩扬阿（nyanga），索托人称之为恩噶卡（ngaka），文达人称之为恩安噶（nanga）。药师通常会把自己的知识和技能传承下去，尽管这些也可以通过学徒和训练习得。[8]

占卜者是最重要的宗教人员。科萨人称之为英奇拉（igqira），祖鲁人称之为伊桑格玛（isangoma），索托——茨瓦纳人称之为恩噶卡（ngaka），他们拥有丰富的宗教知识、权力和威望。占卜者独有的特权是辨别不幸和疾病的根源，这使得其与班图人中的其他仪式专家区分开来。尽管也有男占卜者，到目前为止，在恩古尼人中仍然是以女占卜者为主。在种族隔离的南非，提供给非洲人的卫生保健非常有限，土著的神圣专家就承担起了在危机重重的社会中提供社会、心理和身体治疗的新使命。求助于传统的治疗方法也成为抵抗欧洲和西方统治的一种有效形式，而欧洲人和西方人多年来都习惯于谴责传统的治疗方法，却不能认真或真诚地试着去理解或承认传统治疗方法的潜能。这一过程包括一些兼具医学气质和心理学气质的神圣专家，面对南非不断变化的、混乱的卫生保健市场，努力使自己变得更具号召力和竞争力。如今，在市中心不难找到因扬噶店铺和伊桑格玛店铺，它们也收治病人、开派药方。[9]

通过仪式（Rites of Passage）：生命的转换

仪式和庆典标志着既重要又危险的转换，比如出生和去世。这些仪式包括承担着核心角色女性的主动参与，比如祖鲁人中的乌都赞恩（umdlezane，意指出生之母）和乌菲罗卡兹（umfelokazi，意指死亡之母）。一个新生儿出生以后，孩子的母亲会受到大约十天的仪式限制。在此期间，她必须与外界保持隔离，身边只能有已婚女性陪伴，因为她与新生命的最近接触使得其处于一种仪式污染的状态，可能会对人、牲畜和农作

物造成损害。限制阶段在祖先的献祭仪式中结束，标志着新生
儿正式进入到这个世界并且成为父系家族的一员。母亲也得到 70
了净化并且得以再次重归家族，只是她对孩子的权利被孩子父
亲的法律上的家长权威所取代。

与出生一样，家庭中的死亡也会造成一种受污染的危险状态，这就需要通过仪式行动来纪念和促进死者进入亡灵世界的转换。在这一仪式中，女性也扮演着主要的角色。在祖鲁人中，只有已婚女性才能处理、准备和运送尸体，就如同一个新生儿来自于子宫，通过小屋的门口进入到人类的世界。角色颠倒也是丧葬仪式的特点之一。这包括女性用她们的左手清洗尸体，将她们的衣服内面外穿，倒着退出小屋以昭示死亡和死者进入到祖先世界的特有的生命和地位的危险逆转。在服丧期间，夜就是日、白就是黑、上就是下、苦就是甜。一名女性，通常是死者的大老婆，承担着丧葬仪式中主要服丧者的角色，遵守某些仪式和禁令，比如戒绝两性关系。长达一年的服丧期之后，她本人也得到了净化，可以改嫁给死者的一位兄弟或者重归娘家。也正是在这个时候，丧葬仪式进行到最终环节。被称为尤库布伊萨德欧兹（ukubuyisaidlozi，意为把先人带入家）的仪式标志着死去的人正式进入到祖先世界，得到进化和回归的主要服丧者也得以重新回到家族的正常生活。

除了纪念来到和离开这个世界之外，也有成年礼习俗，旨在让青少年男女为他们将来在成人社会的角色作好准备。尽管在重点和细节上略有差异，成年仪式的大致轮廓都基本相同。几乎所有的成年礼都包括三个阶段。对男孩来说，首先是分离阶段，参加成年礼的男孩独自在村外的灌木丛中生活将近一个

月，主要是唱唱歌、跳跳舞或者在长辈的监督下做些其他的工艺杂务。接下来是过渡阶段，参加成年礼的男孩来到酋长的住所，他们被割掉包皮并且独自待在专门的小屋中等待痊愈，与此同时学习神话、歌曲、舞蹈、仪式、伦理规范和社会价值。最后阶段会举办一个走出仪式，标志着新的成人地位的获得，从此他们也可以参与传统上专属于男性的公共和政治活动。

女性的成年礼通常更简短，更少些复杂。在茨瓦纳人中，这类仪式称为波佳尔（bojale），也包括分离、过渡和回归三个阶段，尽管角色训练的重点在于家务，并且主要目标是使年
71 轻女孩成为合格的妻子和母亲。与男孩一样，女孩地位的改变和向成年人的转变也通过割礼而象征性地表现在她们的身体上。其他仪式都是为了确保土地的肥沃和肯定统治者的权威。在一片缺乏水源供给并且沙漠化的土地上，求雨仪式承担着重要的公共和政治职能。在洛维杜人中，诸如祈雨女王穆加吉（Mujaji）等酋长负责通过仪式来确保降水稳定、庄稼长势和王国安定。

欧洲人的统治和基督教传教士活动的影响大大削弱和破坏了许多南非仪式的传统基础，但是这些仪式仍然以某种方式设法留存下来，尽管在许多情况下这些仪式具有衰落的趋势。通过在旧的秩序中树立并强化起新的权威，种族隔离政权注重建立一块块半独立的黑人家园，有助于这些仪式留存下来。更有意义的是，为了应对种族隔离时代的种族诋毁和压迫，许多已经被抛弃或幸存的传统仪式，比如那些与成年礼有关的仪式，这些年来已经逐渐被恢复，充当起非洲文化身份、群体动员和抵抗白人种族和政治统治的真正象征。祖鲁人中的沙加节庆祝

仪式、祖鲁里德仪式（为女孩举行）、英卡沙文化协会等，都表明人们在做出协调一致的努力，在后种族隔离的现代南非，复兴、采纳、改造和应用过去的习俗，使之成为社会文化教化的工具。这些也是在一个民主南非进行政治动员的手段，在这里，族群身份不得不与其他诸如种族、阶级、性别等变数进行竞争，以争夺领导权，获取资源和权力。

基督教

好望角：新宗教的到来

1488 年，葡萄牙航海家巴尔托洛梅乌·迪亚士（Bartholomew Dias）成为第一个登上南非海岸的欧洲人（包括他的船员），他还在开普东部树起了一个刻画着基督教十字架和葡萄牙纹章的石柱。[10]这个仪式性举动标志着基督教来到南非，也预示着这个国家往后交织复杂的宗教、种族、政治和商业状况。1652 年东印度公司开普补给点的建立，标志着基督教在南非更为长久存在的开始。东印度公司宪章第十三条讲道，荷兰人在开普的新探险旨在建立一个殖民地，“传播基督的名字，促进公司的商业利益”，于是就明确地将宗教和商业 72
利益联系起来。[11]然而，尽管对于传播宗教有着明确的承诺，公司及其官员对传教士的努力表现出很小的兴趣，只是对其奴隶进行识字教育，甚至连这一点也做得随意和敷衍，因为他们不确定接受过洗礼的奴隶处于什么地位。这一状况随着 19 世纪大批传教团体从英国、法国、德国、美洲及斯堪的纳维亚国家的到来而发生了改变，他们传教时更加进取，并且与公司的政治和商业利益的紧密联系更小。

几乎所有的传教团体都认同殖民事业的正当性、合理化并且呼吁欧洲对异教徒的军事和政治上的征服，以作为一种手段开启这片凋敝的土地，从而能够轻易地进行基督教和文明的渗透。在他们看来，基督教化是一个涉及多方面的、综合的有关文明使命的难题，这一过程也包括贸易、识字、工业以及获取和利用本土劳动力。按照这一世界观，新基督徒所有的要素和工具以及一成不变的欧洲生活方式，包括天鹅绒衣服、奔尼帽（bonny hat）、方正的房屋、犁、锤子和锯子，都可以看作是适合非洲人的。

这种跨文化话语的一个重要主题就是传教士的信念，即非洲人没有宗教的观念或者没有上帝存在的观念。然而，面对非洲持续抵制基督教传播的热潮，并且参照传教士与本土信仰实践者的交往来看，彻底否认非洲宗教的存在是站不住脚的。传教士被迫承认非洲不是一个宗教真空地带，可以像一块白板一样任由基督徒发挥，而是一片充斥着各种互相竞争的信仰和神灵的土地，传教士把这些信仰体系斥之为迷信的、过时的和错误的东西。他们宣称上帝和宗教的优越、普世、极权和排他，而这与更加兼容、适应和随和的非洲宗教的世界观截然相反。

然而，尽管与之相关的传教士抛出了诸多好处，19 世纪时大部分的非洲人对传教士的努力地回应就是抵制。尽管非洲统治者常常愿意欢迎这些传教士，他们也并没有忘记，这些新的异国来访者都是妄图最终取而代之的外国政治势力的先锋。统治者希望的是友谊和贸易，而不是皈依基督教。统治者总是

希望人民保持着对家园、酋邦及其祖先宗教的忠诚。19 世纪最后的几十年，在欧洲帝国主义的政治和商业的渗透下，非洲 73
国家的独立自主逐渐被破坏殆尽，基督教在南部非洲的许多地方得到了大规模扩张。在欧洲征服非洲诸国的过程中，许多传教士充当着告密者、煽动者、战斗者和合作者的活性剂角色。伴随着一些基督教团体、教派的到来和扩散，20 世纪的南非迎来了基督教发展的黄金时期。截止到 1996 年，80% 的南非人、76% 的黑人、93% 的白人、89% 的有色人口和 12% 的亚洲人都宣称自己是基督徒。主要的教派有：荷兰归正教会（NGK）、罗马天主教、卫理公会、英国国教、路德教会、长老教会、公理教会、使徒信心会、浸信会以及各种各样的非洲本土教会。

荷兰归正教会

荷兰归正教会是最先在南非建立的教会，由四个历史上相互关联的独立教会组成。1665 年它在开普发展出第一批会众，并且于 1824 年在开普敦召开了第一次教会会议。随着 19 世纪 30 年代阿非里卡人的大迁徙，移民先驱组织起三个新的教会，使得组成荷兰归正教会的教会数目增加到 4 个。自 19 世纪中期以来各种试图联合四大教会的尝试都失败了，直到 1962 年荷兰归正教会才最终走到一起，举办了一场综合的教会会议负责公共政策。尽管它是绝大多数白人特别是阿非利卡南非人的教会，荷兰归正教会的有色人口信徒要多于白人。它也被视为种族隔离制度的主要辩护者和支持者。女性在教会中充当的角色很有限，也不能担任牧师，但是 1982 年的一项法令允许她们当选执事。

罗马天主教会

天主教在南非的出现可以追溯到1486年，巴尔托洛梅乌·迪亚士在阿尔戈亚湾的圣克鲁兹岛树立起一座基督教十字架。13年后，瓦斯科·达伽马（Vasco da Gama）与他的船员在莫塞尔湾树立起一座类似的十字架以示庆祝。1838年，帕特里克·雷蒙德·格里菲斯神父（Patrick Raymond Griffith）成为第一任常驻主教。他的任期也见证了天主教会在南非的迅
74 猛发展。当其于1862年去世的时候，天主教徒已经从1838年的700人增加到20 000人。在格里菲斯及其继任者的共同努力下，天主教逐渐拓展到汉斯顿、伊丽莎白港、德班、比勒陀尼亚、布隆方丹和其他地区。为了促进福音传播，教会建立起学校和机构，为其成员和其他对西方知识感兴趣的人提供文学、农业、工业和神学培训。在种族隔离时期，天主教会对国民党政府的政策和程序充满忿恨，尤其是它们利用立法权迫使教会学校国有化，并借以宣传其种族隔离政策和黑人、亚洲人以及其他有色人口不配享有高等教育的思想。到了2000年，9%的南非人是天主教徒。天主教有2500多座教堂、1000多位牧师、200多个兄弟会、5000多个修女会、336个在校学生达87 000人的教会学校、80个旅馆、20个孤儿院、38个医院、75个药房以及150多个神学和其他培训机构。

卫理公会和英国国教

从成员方面来看，卫理公会已经成为继非洲独立教会和荷

兰归正教会之后的南非第三大教会。教会在科萨人中取得了卓越的进步，因为它关注农村和城市地区，公开谴责存在于教会和国家事务中的种族主义，并由此获得了许多皈依者。卫理公会传教士于 1834 年出版了第一部科萨语版语法书，还于 1859 年出版了第一部科萨语版圣经。卫理公会教徒还因其对黑人教育的积极关注和参与而为人所称道，他们通过在全国各地建立一系列的教育机构，为南非各种族的孩子提供素质教育。

与卫理公会教徒一样，南非有两个教会脱胎于英国国教。其中历史较为悠久的是南非英国国教。它于 1749 年 4 月开展了第一次服务，可惜在开普之外影响力很小，直到 1820 年英国殖民者的到来才得以止住颓势，获得扩张的契机。1870 年，原有教会一分为二，又出现了南非省教会。新教会的兴旺是以旧教会的衰落为代价的，特别是通过发展黑人教育，新教会得以扩展到南非其他地区。而且，尽管大的非洲传教士团体仍然忠于南非英国国教，南非英国国教还是于 1910 年失去了它的大部分资产，这些资产为南非省教会所得。拥有100 000名成员和有限资源的南非英国国教仍然忠于其新教、改革和福音传统。

非洲人创立的教会 75

埃塞俄比亚教会

在南非，规模最大、发展最快的教会是那些非洲人创立的教会，通常称为非洲独立教会。从名称上看，这些教会最常见的特征是，它们是由非洲人创办和领导，成员主要是非洲人，以非洲人为中心。这些教会可以归为两类。第一类是出现于19世纪末的埃塞俄比亚教会。由于对新教教会的宗派冲突、教义争论、种族隔离和资本主义倾向不再抱有幻想，黑人基督徒领袖开始创立他们自己的教会。白人领导的新教教会不愿意将教会的领导职务给予非洲人，即使这些非洲人都接受过良好教育，甚至受教育水平比他们的白人同事更高，这让黑人基督徒难以忍受。他们的愤怒情绪愈加严重，特别是从19世纪80年代到90年代，政府在土地攫取、种族隔离、工作保留和税负收取方面的政策剥夺了他们的上升渠道。非洲基督徒认识到，坚持非洲人的领导地位和在教会事务中与白人的平等权利很有必要，这也常常被当作非洲人在政治和经济事务上追求平等和独立自主的第一步。为此，作为在白人统治下争取独立自主斗争的伙伴，埃塞俄比亚教会很受非洲民族主义者的欢迎。

出于类似的原因，尽管它们的注意力集中在教育、讲道和工业等表面的宗教事务，埃塞俄比亚教会也被看作是对白人政治统治的真正威胁，仍然饱受疑虑和怀疑。通过提供一种有关非洲人的创造、自治和领导的成功模式，埃塞俄比亚教会成为近期非洲民族主义者在追求国家事务变革上的楷模。非洲独立教会拥有超过500万成员，也因此成为南非拥有信徒最多的教会。在坚持非洲人宗教自主身份的同时，埃塞俄比亚教会也在保持着与母教在神学、礼拜式上的紧密关系，特别是与卫理公会、长老教会、公理教会的关系。

复国主义者或使徒教会 76

第二类独立教会是复国主义者或使徒教会。它们是由五旬节运动、灵恩运动和千禧年运动构成，特别强调恩赐和圣灵、说方言以及信仰疗法的作用。其中很多教会都是20世纪早期美国五旬节派传教士努力的结果，它们也与五旬节派保持着密切联系。通常以一个拥有神赐能力的先知为中心，这些教会以其成员穿着的鲜明制服和对长袍、手杖、锣鼓、水等象征的使用而闻名。它们复杂的管理和组织架构领导着黑人在殖民和种族隔离的南非寻找出路。尽管复国主义教会遍布南非各地，它们仍然趋向集中于城市地区，在那里，它们热烈的歌声、鼓声、舞蹈和灵魂附体表演为20世纪历经挫折和不确定生活的南非人提供了一种情绪释放和道德停泊的手段。仅索韦托一地的城市地区就有900多个独立教会。这些教会一般很小，尽管
其中有些教会吹嘘其拥有50万甚至更多会员。其中最著名的 77
两个较大的教会是尼克拉斯·莱卡亚尼（Engenas Lekganyane）于1910年创立的锡安基督教会（ZCC）和祖鲁先知以赛亚·申贝（Isaiah Shembe）创立的拿撒勒浸信会。通过创造性地将基督教和非洲信仰相融合，非洲独立教会允许非洲人践行基督教，既不受文化所限也没有全盘欧化，基督教变得可以接受、响应和转化异文化的信仰和实践。[12]

印度教 78

19世纪先后有两批印度人来到南非。在1860年到1911

年间，当契约劳工招募结束之时，已经有150 000名印度人来到南非工作和定居。其中，超过80%为印度教徒，12%为穆斯林，5%为基督徒。这些早期的印度工人通过个人祷告、供奉和礼拜践行着对印度教的信仰，尽管他们通常都太穷，以至于无法通过建造寺庙和供养僧侣阶层来公开展示其宗教信仰。19世纪末来到南非的第二批印度移民为印度人和印度教提供资助，使得印度教信仰得以公开展示出来。他们被称为“印度旅客”，因为他们自己支付了车船票，而不是像前一批人那样由政府支付返程船票，在这里他们的身份是交易者、商人和企业家。尽管这些自由移民中的大部分是古吉拉特穆斯林，也有一部分是高种姓的印度教徒，还有一小部分来自于僧侣阶层。

从1867年开始，印度教寺庙如星火燎原般席卷南非，迅速地从德班扩展到彼得马里茨堡、伊丽莎白港、约翰内斯堡和比勒陀利亚。其中给人印象最为深刻的是华丽的、未来派的、铺有大理石地板的、位于查茨沃斯的寺庙。这座寺庙是由奥地利建筑师汉内斯·雷德纳（Hannes Raudner）设计，外形酷似莲花，外围环绕着壕沟和繁茂的花园，由国际奎师那知觉协会建造，一直是一处重要的旅游胜地。不同于拥有统一架构的印度，种姓制度在南非的印度教中并不占有显著地位。南非的印度社群以前集体受到过南非政府的歧视和压迫，他们很难与官方施加的种族和政治压迫相抗争，在此情况下，他们不会让跟种姓有关的问题来削弱他们共同与政治不公相斗争的承诺。

对于大多数南非印度教徒而言，宗教生活在家庭中主要体现在仪式上，在寺庙中则主要体现在礼拜和供奉上，并且严格遵守有着神圣节日的年度历法。日常的家庭仪式包括点燃圣

灯、竖起旗杆、吟诵圣歌以及通过诵经以昭示光明必将战胜黑
暗、正义必将战胜邪恶，还包括通过汲取道德教训来鼓励和引
导印度教徒日常的家庭生活。在公共层面上，最重要的节日是
万灯节，节日一开始要为光明女神点亮一盏灯，象征着在人类
和宇宙的浩瀚长河中正义必将战胜邪恶。因为印度教的宗教仪 79
式和家庭关系、事务的联系十分紧密，南非政府拒绝承认印度
教的婚姻习俗，如一夫多妻制，这使得印度社群特别不安。印
度人到处进行抗议，妇女尤为如此，1913 年甘地领导的反对
种族歧视性法律的非暴力抗议将这种抗议活动推向高潮。甘地
非暴力不合作主义（寓意“坚持真相”）的原则，以及相伴随
的优先使用爱和精神信仰的策略，再加上以非暴力手段抵制不
公的方式，使得他成为美国民权领袖学习的典范，同时也成为
非洲、亚洲以及世界其他地区民族主义领袖的榜样，甚至在其
于 1947 年横死很久之后仍然影响深远。[13]

伊斯兰教

南非大约有400 000名穆斯林，占总人口的比例稍少于
2%。穆斯林人口主要由三部分组成。第一部分穆斯林主要是
来自于印度尼西亚、马来西亚、印度、斯里兰卡、马达加斯加
和非洲东海岸的奴隶。1770 年开普颁布的一部法律规定，买 80
卖信仰基督教的奴隶非法，使得奴隶主不得不采取措施阻止奴
隶改变信仰。在信仰基督教受阻的情况下，奴隶们开始转向同
样可以提供精神食粮的伊斯兰教。于是开普的穆斯林奴隶的数
量急剧增加，对伊斯兰教的兴趣持续上升，这有利于伊斯兰教

的传播。截止1838年南非废除奴隶制的时候，开普敦2/3的非欧洲人都是穆斯林。第二部分穆斯林是被放逐于开普的囚犯和政治犯。其中最著名的是谢赫哈·优素福（Shaykh Yusuf），一位来自于望加锡的印尼贵族，他领导了印度尼西亚反对荷兰殖民统治的游击运动。

第三部分穆斯林来自于东印度公司判处的罪犯。在1653年到1767年之间，大约1000名罪犯被从印度尼西亚带到开普。刑满释放之后，这些之前的罪犯成为自由的黑人，他们促成了伊斯兰教在开普的生根立足。第四部分穆斯林是“印度旅客”，他们中的绝大多数都是穆斯林。这部分穆斯林通常是由富人、杰出的贸易商和其他专业人员组成，他们为当地穆斯林乃至19世纪末20世纪初印度的反殖民主义运动提供物质帮助和精英人才。

由于在节日活动和丧葬仪式上的冲突涉及宗教、法律和公共卫生等不同方面，19世纪的最后几十年，开普的穆斯林团体与政府在一系列的摊牌和对峙上愈演愈烈。然而一般情况下，南非穆斯林也在不断适应自己的少数派身份，他们通过效忠于政府来保证其宗教的基本宗旨不受到侵害。1948年种族隔离制度的确立以及许多歧视性法律的出台，并没有使穆斯林幸免于难，他们也如同多数派黑人一样遭受侮辱，这也推动了其加入到非洲民族主义者的行列。[14]

犹太教

在南非的葡萄牙探险者和早期移民中有许多虔诚的犹太教

徒，但是他们似乎只是在私下践行自己的信仰，直到 1841 年第一批犹太人会众在开普的好望角被组织起来，这个会众还有一个双关的名字——以色列的希望（Hope of Israel）。8 年之后的 1849 年，第一座犹太教堂建成并对公众开放，服务于大约 60 个组成开普犹太社群的家庭。尽管随着犹太移民的增加，新的会众不断被组织起来，信徒的数量却仍然很少，直到钻石和黄金的发现催生了犹太人移民南非的热潮。于是在 1880 年到 1914 年之间，南非的犹太人口从4000 人激增到40 000 人。 81
50% 的新定居者居住在黄金之城——约翰尼斯堡，该城也成为南非犹太人最大的生活中心。19 世纪末，欧洲时尚市场刺激了南非鸵鸟毛产业的大繁荣，受此影响，许多鸵鸟农场成为南非犹太人的生活中心。其中奥茨胡恩被称为南非的耶路撒冷。至今，南非127 000名犹太人中仍然有一半生活在约翰尼斯堡。

尽管南非的犹太人来自于不同的国家——诸如英国、德国、荷兰以及许多其他国家——他们中的绝大多数都具有立陶宛血统。尽管他们来到南非的目的是寻求经济机会，这些立陶宛移民同时也是在逃离独裁和社会主义的苏俄的政治统治和反犹太迫害。犹太人，特别是具有欧洲血统的犹太人，有很多已经在南非身居要职，比如成功的矿业资本家、富裕的商人和重要的平民领袖。当然，也有许多犹太人仅能达到欧洲社会生活的最低标准，比如许多立陶宛犹太人就极其贫困，只能靠非法的烈酒交易和卖淫活动才能勉强度日。

在 1948 年之前的几十年里，南非犹太社群的领袖，特别是他们中间的社会主义者，一直都反对和怀疑在巴勒斯坦建立犹太国的犹太复国主义运动；相反，他们更热衷于在南非建立一个稳固和长久的犹太社区。然而，犹太复国主义在南非也获得了广泛的支持，并且建立起一些协会。1948 年之前，南非的反犹太主义不断增多，有时还很恶毒，逐渐主导了新闻以及政治和公众话语，面对这种情况，犹太社群里的分歧开始变得模糊了。19 世纪 30 年代到 40 年代，政府采取立法措施严格限制犹太人移民南非，套用的理由是犹太人很难同化。自相矛盾的是，自 1948 年起，国民党马伦（D. F. Malan）政府开始放宽这些限制，并且允许犹太人加入到具有种族隔离意识形态的少数派白人统治阶级组成的特权圈。与世界其他地区一样，南非犹太人的生活也紧紧围绕着摩西五经或成文法、口头律法的戒律、对犹太律法的承诺、对仪式和道德责任的尊崇。大多数犹太人都是正统犹太教传统的信徒，从 1986 年起，南非正统犹太教联盟逐渐被组织起来。大约 20% 的犹太人支持改革或进步运动，与此同时，一些非正统派团体活跃在城市地区，这也丰富了南非犹太人的多样性。[15]

82

与宗教、政治和社会相关的结论

宗教在南非的历史、政治和文化之中始终占据着重要地位。对于多数派的非洲人而言，宗教作为一种普遍的社会政治力量影响着生活的方方面面。对于近三个半世纪统治着这个国家的政治和经济生活的白人少数派而言，宗教为群体划分、定义种族隔离学说以及证明种族和政治统治提供了话语权。拥有基督教文明的欧洲人自认为优于卡菲尔人（阿拉伯语中的异教徒），而卡菲尔人没有文化、没有国家以及不文明的习惯，更加使得白人改变其宗教信仰的企图和达到种族统治的目的变得合情合理。黑人被统治、被剥夺、被剥削和被支配并不是因为他们的肤色，更多的因为他们是异教徒。依据含米特假说（Hamitic hypothesis），黑人是希伯来和基督教经文里所说的被上帝诅咒的含（Ham）的后代，是闪（Shem）的孩子的奴仆，这个假说以及类似的科学种族主义的神话在南非很有市场。阿非里卡人主导的荷兰归正教会是种族和政治统治意识形态的主要宗教支持者。讲英语的圣公会和卫理公会信徒也不愿丢掉来自英国的矿业和工业资本，也开始采取措施支持种族隔离。不论是在政治、矿业、工业还是宗教方面，所有的这些教会都通过宣扬对教义的尊崇和对权威的忠诚来强化南非的阶级结构，同时保持着对种族隔离制度和社会不公正待遇的漠视。同样，通过以神的旨意将女性限定在家、家庭和子女养育的义务上，阿非里卡人和讲英语的教会与政府携手，改变和颠覆了婚姻和两性关系的非洲模式。教会强调妇女应该专心于家务，妇女不得在教会和政府中担任领导职务，于是女性就失去了传统上彩礼给付和农业支配带给她们的权力和影响。

然而，在南非抵制欧洲的殖民统治、种族隔离和种族压迫的斗争中，宗教也起到了突出的作用。早期的非洲民族主义团体如南非原住民民族议会（后改名为非洲人国民大会），其领袖几乎都曾经接受过教会教育。对他们中的许多人而言，宗教是其灵感的主要源泉，借助宗教，他们能够发展出一种创造性并且有效地运用于抵抗种族主义和压迫的意识形态甚至解放神 83
学。曼德拉仍然乐于回忆他的第一位白人传教士老师，正是这位老师给他起了“纳尔逊”这个名字，并且塑造了他对一般白人的积极态度，尽管他不得不应付许多白人的种族主义。即使在荷兰归正教会里也有一些人，尽管为数甚少，像拜尔斯·诺德（Beyers Naude）博士，也开始质疑种族隔离和基督教信仰是否相容，在白人世界引起了巨大震动。1984 年诺贝尔和平奖得主德斯蒙德·图图（Desmond Tutu），利用其开普敦英国国教大主教的身份积极领导反对种族隔离不公正待遇的非暴力抗争运动。1994 年，德斯蒙德·图图当选为真相与和解委员会主席，这表明在南非后种族隔离时代，宗教在寻求和解和治愈方面仍将继续扮演着积极的角色。[16]

注释：

1. 关于科伊桑人的治疗舞蹈和宗教体系及本节讨论的主要来源，参见：理查德·B·李：《杜比昆人》（纽约：霍尔特、莱因哈特和温斯顿出版社，1979 年），第 103 ~ 118 页；洛娜·J·马歇尔：《奈奈的昆人》（马萨诸塞州坎布里奇：哈佛大学出版社，1976 年）；马歇尔：《奈奈昆人的信仰与仪式》（马萨诸塞州坎布里奇：哈佛大学皮博迪博物馆，1999 年）；大卫·查德斯特：《南非的宗教》（伦敦和纽约：劳特利奇出版社，1992 年）。

On the healing dance and the religious system of the Khoisan and the main sources for the discussion in this section, see Richard B. Lee, *The Dobe! Kung* (New York: Holt, Rinehart and Winston, 1979), 103 ~ 118; Lorna J. Marshall, *The! Kung of Nyae Nyae* (Cambridge, Mass.: Harvard University Press, 1976); Marshall, *Nyae Nyae! Kung, Beliefs and Rites* (Cambridge, Mass.: Peabody Museum Monographs, Harvard University, 1999); and David Chidester, *Religions of South Africa* (London and New York: Routledge, 1992).

2. 关于南非班图人的诸宗教及本节讨论的主要来源，参见：查德斯特：《南非的宗教》，第3～34页；W·D·哈蒙德图克编：《南非说班图语的民族》（伦敦和波士顿：劳特利奇与开根·保罗出版社，1975年），第318～366页；珍妮·哈奇森：《科萨人的神灵》（开普敦：牛津大学出版社，1982年）；托马斯·劳森：《非洲的宗教：变革中的传统》（旧金山：哈珀柯林斯出版社，1985年）。

On Bantu religions of South Africa and the sources for the discussion in this section, see Chidester, *Religions of South Africa* 3～34; W. D. Hammond-Tooke, ed., *The Bantu-Speaking Peoples of Southern Africa* (London and Boston: Routledge and Kegan Paul, 1975), 318～366; Janet Hodgson, *The God of the Xhosa* (Cape Town: Oxford University Press, 1982); and Thomas Lawson, *Religions of Africa: Traditions in Transformation* (San Francisco: HarperCollins, 1985).

3. 关于流传于南非各群体的有关至高神的概念，参见：欧文·赫尔瑟姆：《天国之主、大地之王：祖鲁人的传统宗教与对天国之神的信仰》，载《科学宗教研究》，1981年，第10期，第273～278页；珍妮·哈奇森：《科萨人的神灵》（开普敦：牛津大学出版社，1982年）。

On the concept of the Supreme God among the various South African peoples, see Irving Hexham, "Lord of the Sky, King of the Earth: Zulu Traditional Religion and Belief in the Sky God," *Sciences Religieuses/Studies in Religion*, 1981, 10, 273～278; and Janet Hodgson, *The God of the Xhosa* (Cape Town: Oxford University Press, 1982).

4. 关于本节简要讨论的神话的细节，参见：亨利·卡拉威：《阿玛祖鲁人的宗教系统》（伦敦：民俗学会，1884年）；多米尼克·扎罕：《传统非洲的宗教、精神与思想》（芝加哥：芝加哥大学出版社，1979年）；查德斯特：《南非的宗教》，第6～9页。

Details of the myths discussed briefly in this section can be found in Henry Callaway, *The Religious System of the Amazulu* (London: Folklore Society, 1884); Dominique Zahan, *The Religion, Spirituality and Thought of*

Traditional Africa (Chicago: University of Chicago Press, 1979); and Chidester, Religions of South Africa, 6 ~ 9.

84 5. 关于自然神灵，参见：W·D·哈蒙德图克：《世界观 I：信仰系统》，载《南非说班图语的民族》（伦敦和波士顿：劳特里奇与开根·保罗出版社，1974 年），第 318 ~ 343 页。

On nature spirits, see W. D. Hammond-Tooke, "World-view I: A System of Beliefs," in Hammond-Tooke, ed., *The Bantu-Speaking Peoples of Southern Africa* (London and Boston: Routledge and Kegan Paul, 1974), 318 ~ 343.

6. 关于祖先仪式，参见：查德斯特：《南非的宗教》，第 9 ~ 13 页；H·库克特：《南部非洲的祖先宗教》（卡卡杜：鲁姆克宣教协会，1981 年）；D·哈蒙德图克：《黑南非之根》（约翰内斯堡：乔纳斯·鲍尔出版社，1993 年），第 149 ~ 167 页。

On ancestor ritual, see Chidester, *Religions of South Africa*, 9 ~ 13; H. Kuckertz, ed., *Ancestor Religion in Southern Africa* (Cacadu: Lumko Missiological Institute, 1981); and D. Hammond-Tooke, *The Roots of Black South Africa* (Johannesburg: Jonathan Ball Publishers, 1993), 149 ~ 167.

7. 关于巫术和罪恶的问题，参见：哈蒙德图克：《世界观 I》，第 335 ~ 339 页；哈蒙德图克：《黑南非之根》，第 169 ~ 183 页；查德斯特：《南非的宗教》，第 13 ~ 17 页。

On witchcraft and the problem of evil, see Hammond-Tooke, "World-view I," 335 ~ 339; *The Roots*, 169 ~ 183; and Chidester, *Religions of South Africa*, 13 ~ 17.

8. 关于仪式专家和对健康的追求，参见：哈蒙德图克：《黑南非之根》，第 185 ~ 197 页；D. 哈蒙德图克：《仪式与医药：南非的传统治疗方式》（约翰内斯堡：A. D. 唐纳出版社，1989 年）；H. 恩古班：《祖鲁医学中的身体与精神》（伦敦：学术出版社，1977 年）。

On ritual specialists and the search for health, see Hammond-Tooke, *The*

Roots, 185 ~ 197; D. Hammond-Tooke, *Rituals and Medicine*: *Traditional Healing in South Africa* (Johannesburg: A. D. Donker, 1989); and H. Ngubane, *Body and Mind in Zulu Medicine* (London: Academic Press, 1977).

9. 关于传统治疗习俗在现代南非的席卷重来，参见：N·阿尔丁：《非洲人的神灵讲话：一个白人妇女的桑格玛传统治疗之旅》(佛蒙特州罗契斯特：命运出版社，1999 年)；S. 坎贝尔：《呼唤治疗：南部非洲的传统治疗与现代医学》(中途之家：斑马出版社，1998)；M. V. 古梅德：《传统治疗的医学透视》(约翰内斯堡：斯托克维亚出版社，1990 年)。

On the continuing relevance and resilience of traditional healing practices in modern South Africa, see N. Arden, *African Spirits Speak*: *A White Woman's Journey into the Healing Tradition of the Sangoma* (Rochester, Vt.: Destiny Books, 1999); S. Campbell, *Called to Heal*: *Traditional Healing Meets Modern Medicine in Southern Africa* (Halfway House: Zebra Press, 1998); and M. V. Gumede, *Traditional Healers*: *A Medical Perspectives* (Johannesburg: Skotaville, 1990).

10. 关于基督教在南非的故事及本节讨论的主要来源，参见：查德斯特：《南非的宗教》，第 35 ~ 147 页；彼得：《南非的英国国教》(伦敦：达顿、朗文和托德出版社，1963 年)；B. A. 波夫：《基督教的影响》，载哈蒙德图克：《南非说班图语的民族》，第 415 ~ 440 页；马丁：《南非的基督教》(约翰内斯堡：南方书籍出版社，1990 年)；理查德·艾尔菲克和罗德尼·达文波特：《南非的基督教：政治、社会和文化史》(伯克利和洛杉矶：加利福尼亚大学出版社，1997 年)。

On the story of Christianity in South Africa and the main sources for this section, see Chidester, *Religions of South Africa*, 35 ~ 147; Peter Hinchliff, *The Anglican Church in South Africa* (London: Darton, Longman, and Todd, 1963); B. A. Pauw, "The Influence of Christianity," in Hammond-

Tooke, *The Bantu-Speaking Peoples*, 415 ~ 440; Martin Prozesky, *Christianity in South Africa* (Johannesburg: Southern Book Publishers, 1990); and Richard Elphick and Rodney Davenport, *Christianity in South Africa: A Political, Social, and Cultural History* (Berkeley and Los Angeles: University of California Press, 1997).

11. 引用语源自 J·杜·普莱西斯：《南非基督教传教史》（伦敦：朗曼出版社；重印版，开普敦：斯特伦克出版社，1965 年），第 21 页。

The quotation is from J. Du Plessis, *A History of Christian Missions in South Africa* (London: Longmans Green; reprinted, Cape Town: Struik, 1965), 21.

12. 关于南非非洲独立教会，参见：查德斯特：《南非的宗教》，第 112 ~ 147 页；本特·G. M. 桑德克勒尔：《南非班图人的先知》（牛津：牛津大学出版社，1961 年）；马丁·韦斯特：《黑人城市的主教和先知：约翰内斯堡索维托的非洲独立教会》（开普敦：大卫·菲利普出版社，1975 年）；G. C. 乌修仁编：《宗教观察：南非新运动和本土教会的研究》（约翰内斯堡：霍德与斯托克出版社，1986 年）；罗伯特·埃德加：《因为他们选择了神的计划：布霍克大屠杀记事》（约翰内斯堡：拉瓦纳出版社，1988 年）。

On the African Independent Churches in South Africa, see Chidester, *Religions in South Africa*, 112 ~ 147; Bengt G. M. Sundkler, *Bantu Prophets in South Africa* (Oxford: Oxford University Press, 1961); Martin West, *Bishops and Prophets in a Black City: African Independent Churches in Soweto, Johannesburg* (Cape Town: David Philip, 1975); G. C. Oosthuizen, ed., *Religion Alive: Studies in the New Movements and Indigenous Churches in Southern Africa* (Johannesburg: Hodder & Stoughton, 1986); and Robert Edgar, *Because They Chose the Plan of God: The Story of the Bulhoek Massacre* (Johannesburg: Ravan Press, 1988).

13. 关于印度教和南非印度人的诸宗教，参见：查德斯特：《南非的宗教》，第 168～175 页；希尔达·库珀：《纳塔尔的印度人》（康涅狄洛州韦斯特波特：格林伍德出版社，1974 年），第 186～216 页；C. 凯普萨米：《南非印度人的宗教、行为和风俗》（德班：日光出版社，1983 年）；M. 斯旺：《甘地：南非的经验》（约翰内斯堡：拉瓦纳出版社，1985 年）。

On Hinduism and religions among the Indians of South Africa see Chidester, *Religions of South Africa*, 168～175; Hilda Kuper, *Indian People in Natal* (Westport, Conn.: Greenwood Press, 1974), 186～216; and C. Kyppusami, *Religions, Practices and Customs of South African Indians* (Durban: Sunray, 1983). On Gandhi, see M. Swan, *Gandhi: The South African Experience* (Johannesburg: Ravan Press, 1985).

14. 关于南非伊斯兰教，参见：弗兰克·R. 布拉德劳和玛格丽特·凯恩斯：《早期的开普穆斯林》（开普敦：A. A. 巴尔克玛出版社，1978 年）；苏利曼·E. 丹戈：《谢赫·优素福评传》（德班：德班韦斯特维尔大学，1982 年）；A. 戴维斯：《波卡普的清真寺：开普伊斯兰教的社会史》（开普艾法隆：南非阿拉伯与穆斯林研究所，1980 年）；查德斯特：《南非的宗教》，第 158～168 页。

On Islam in South Africa, see Frank R. Bradlow and Margaret Cairns, *The Early Cape Muslims* (Cape Town: A. A. Balkema, 1978); Suliman E. Dangor, *A Critical Biography of Shaykh Yusuf* (*Durban: University of Durban-Westville*, 1982); *A. Davids*, *The Mosques of Bo-Kaap: A Social History of Islam at the Cape* (*Athlone, Cape: South African Institute of Arabic* 85
and Islamic Research, 1980); *and Chidester*, *Religions of South Africa*, 158～168.

15. 关于南非犹太教，参见：查德斯特：《南非的宗教》，第 168～182 页；古斯塔夫·萨隆和路易斯·霍茨编：《南非犹太教史》（开普敦：牛津大学出版社，1955 年）；吉迪恩·西蒙：《犹太教和犹太复国主义：南非的经验，1910～1967》（开普敦：牛津大学出版社，1980 年）。

On Judaism in South Africa, see Chidester, *Religions of South Africa*, 168 ~ 182; Gustav Saron and Louis Hotz, eds., *The Jews in South Africa: A History* (Cape Town: Oxford University Press, 1955); and Gideon Shimon, *Jews and Zionism: The South African Experience*, 1910 ~ 1967 (Cape Town: Oxford University Press, 1980).

16. 参见：德斯蒙德·图图：《没有宽恕就没有未来》（伦敦：海德图书，1999 年）。

See Desmond Tutu, *No Future without Forgiveness* (London: Rider Books, 1999).

第四章　文　学 87

口头或书面形式的文学居于南非生活、文化、社会的核心地位。受传统、历史、地理、经济和政治的影响，文学在南非已经成为追求身份、自治、自由和赋权的中心。各种流派文学作品的数量、种类和内容都充分证明了文学在这个非洲边疆社会发展中的活力和意义。在南非，文学、社会和相竞争的民族主义思想的多样性（由种族、阶级、性别变量界定）不断增强，也经常处于冲突中，极易把此种多样性当作历史的向心力来理解和强调，它推动着历史的形成。本章将按照年代先后的顺序探讨几个主题，考察近 5 个世纪以来南非既独特又相互关联的诸文学传统。

口头文学

读写技能是由欧洲人带到南非，并且随着 1652 年桌湾荷兰殖民地的建立得到了正式巩固。然而，欧洲人并没有将文学引入到这片土地。1652 年之前乃至之后的很长一段时间，南非原住民一直都是通过口头传统来表达他们创造性和直观的想象力。通过一代接一代的口头传播，口头传统成为无文字社会得以定义、保存、传播其经验和宇宙的现实的手段。口头传统不仅仅是死记硬背，它们也是一种表演。就这一点而言，情境和内容同样重要。尽管口头传统总是参照和借鉴过去的灵感、模式和原型，它的背诵或者表演却是一种当前的事件。

88 南非已知最早的居民是科伊桑人。我们必须转而考察他们，去了解正在衰落的，甚至已经消亡的非洲口头文学。在诸多故事、歌曲和岩画中，科伊桑人留下了许多令人印象深刻的关于他们生活、文化和社会的记载。在桑人中，歌曲、圣歌和诗歌是最受欢迎的文学表达形式。在结构、主题和风格方面，这些诗歌可以分为不同的类型，主要有颂词、抒情诗、挽歌、宗教诗等。其他重要的文学表达形式有虚构的以及非虚构的叙事散文、谚语和谜语。

对桑人而言，歌曲是宗教生活的一个突出部分。这些神圣的歌曲通常与动物联系在一起，并且被运用于治疗舞蹈仪式上。通过由女孩和妇女组成的唱诗班又唱又跳，治病术士得以进入一种出神状态，从而能够把疾病从患者身上引出来。歌曲在狩猎和祈雨舞中也发挥着重要作用，目的是保证一个良好的收成以及在这片常年干旱的土地上的定期降雨。在一个没有祭司的社会里，通过神圣的歌曲向神灵祈祷是一种自发的事情，任何人在需要的时候都可以这样。桑人生活在一个严酷并且气候恶劣的环境中，其歌曲和故事也充满了他们同物质匮乏相斗争的典故和轶事。在《向新月祈祷》这篇经常被引用的经典中，对食物的渴求深刻地体现在快节奏的祈求、强烈的重复和排比中。[1]

在出版于1864年的科伊—科伊人诗歌《赞美至高神苏伊》中，我们可以发现一种对于雨水、生活、食物的祈求。祈求者大声呼喊“让雷云流向大地”，以此祈求能够保证其人民和畜群活下去的雨水。他们生活在一片干旱、贫瘠的土地上，经受着一波波敌对外来侵略者的剥夺和不公平对待，他们的呼喊绝望而又凄凉，他们呼唤神灵的干预和眷顾。[2]

需要注意的是，这些诗歌主要记录于19世纪中期，这一时期的科伊桑人已经走到了消亡的边缘。各班图族群几个世纪的文化和人口的同化，再加上与欧洲人两个多世纪的毁灭性战争，科伊桑人的人口已经大大减少，作为南部非洲的一个独特并且重要的文化群体几乎消亡殆尽。布尔农民和官兵侵占了他们的牲畜，各色强大的入侵者剥夺了他们的土地，幸存的科伊桑人为保护其文化的完整，不得不将自己置于危险的境地，屈居于南部非洲干旱、荒凉的喀拉哈里沙漠以及其他荒地和崎岖地带。科伊桑人对欧洲帝国主义的看法，以及帝国主义带来的非人道的、混乱的、破坏性的后果，表现在他们强有力的、振
聋发聩的、略带悲伤的诗歌中。通过震撼的意象和强烈的隐喻 89
来渲染哀伤的共鸣、辛酸和激情，这些诗歌述说着破碎的族群、家庭、承诺和希望。

尽管看起来少了点复杂，也更容易理解，科伊桑人的叙事散文同样重要。由老一辈专家甚至非专家讲述故事成为一种非常受欢迎的公共娱乐形式。尽管真实的故事通常承载着某些需要传达给所有听众的含义和信息，活泼的故事对于社会交往和群体联结仍然具有重要的意义。与非洲许多其他族群一样，故事中的“昆人”一词能够扩展出各式各样的叙事——虚构的

或真实的、正式的或非正式的、宏大的或经验的、自然的或神圣的——这些关于超自然存在、动物预言、狩猎和历史回忆的特色故事讲述了不同的结构、内容和目的。在这些故事中有一些涉及宏大的主题。它们讲到神降临大地与人类欢宴的时代。它们忆起很久之前大地上生活着半人半兽而动物即是人的时代。狩猎故事主要是探究和歌颂从前物种的充足、猎人的技术、狩猎的起源和秘密以及一些诸如大羚羊和跳羚的非常受欢迎的游戏。还有一些则是哀叹当前狩猎场的萧条、动物的大量消亡和狩猎文化的衰败，这也意味着狩猎采集文化走向了尽头。正如在非洲许多其他社会中，这些故事涉及的是有关生存的基本问题，比如生命的起源、本质和功能；死亡；人类；动物；性行为；狩猎和采集；游牧以及许多日常生活中的其他方面。

许多这样的故事总是围绕着一个中心，即科伊桑人的欺骗之神——螳螂，对桑人而言，它的无所不在、多肢、空悬、不可预知的特质使得其成为至高无上的象征。在许多故事中，螳螂刁蛮淘气和屡教不改的形象使得其成为困惑和混乱的罪魁祸首，而且它还喜欢潜伏在阴暗的角落。与螳螂一样，其他动物也有属于自己的故事、职责和特质。处于最顶端的是大羚羊（即使在旱季也是充足的食物来源），它们那完美的体形、优雅的姿态和内在的魅力都清楚地表明其完全是神创之物。对于狡猾的鬣狗，它那散乱的步伐、阴鸷的目光、邪恶的本质和对暗中时刻保持警觉的需求概念化地表现在了引人入胜的故事中。其他的还包括拥有超强感知的锤头鹳、热爱阳光的猞猁和带有条纹的老鼠，这些生物常常被看作是生活和意识多样性的

直观体现。通过这些不论是虚构的还是宏大的故事，桑人探究 90
人类之间乃至人类和其他生活力量（如自然、动物和神灵）之间的善恶真假的起源、本质和后果。[3]

对科伊桑人而言，人的生命嵌入在他的故事中，同样族群的存在也彰显于其独有的故事。没有故事，人类或族群就没有生活、没有身份、没有自我定义和参照的焦点和位置。没有故事就意味着在这个世界上变得遗失、困顿和孤寂。外来文化和族群对科伊桑人生活方式的破坏、征服、剥夺和同化开启了清除其记忆和故事的进程，这也为其文化逐渐而最终消亡埋下了伏笔。19 世纪桑人的许多叙事都清楚地表明故事在科伊桑人生活方式的存在和延续过程中的核心作用。这些叙事表现出其对于文化没落的浓烈的乡愁、急切的渴望和真情的哀叹，而此时文化的消亡已然成为桑人的宿命。[4]

班图口头文学

故事和民间传说

与科伊桑人一样，南非讲班图语的人也是通过口头传统的方式来定义、保存和传播其文化的。在叙事散文、神话和传说、动物和人类的故事、首领和平民的故事以及谚语、格言、谜语、歌曲、抒情诗和赞美诗中，非洲人具体而又艺术地表达出了他们最深的情感以及充满创造和直觉的想象力。他们用不同形式的口头文学解释不同部族和文化群体之间常年的恐惧和冲突；庆祝个人和群体的成就，哀叹个人和群体的失败；传播被认为是对行为举止与和谐关系至关重要的智慧和价值观。这些口头文学用象征性的习语来探索生命的基本问题，比如恋爱和敌对、勇敢和智谋、美丽和丑陋、公正和惩罚、秩序和混乱以及正义战胜邪恶。女性特别是祖母通常是故事讲述者，他们得到确切的授权，教育和指导男女老少有关群体的行为和学问。讲故事也是一种消遣，特别是长达一天的工作之后，在一个放松而平静的夜晚——此时是神灵的时间——讲述或表演故事是最好的。

91 除了有关人类和动物的故事之外，还有一些故事专门讲述怪物，这些怪物的怪诞和愚蠢旗鼓相当，无论它们多么具有超能力，人类总能战胜它们。这些被描述为半人半兽的怪物，通常身有残疾并且生活在陆地或大片水域的深处，它们是跑得比风还快的食人魔，被称为迪莫（索托语）或兹姆（恩古尼语）。发生在人类和动物之间的故事通常没有冲突和斗争，反而动物在人类迫切需要帮助的时候充当着救助者的角色。在一则故事中，一只老鼠强迫一群人类剥掉它的皮毛，并作为符咒，化解附近一位名叫恩岗祖鲁（Ngangezulu，意指与天神同样伟大）的著名巫师带来的危险。[5]

诗歌和歌曲

除了叙事散文，非洲人也会通过诗歌来表达他们的情感和审美经历。诗歌主要有两种形式。第一种是由各种类型的歌曲组成的抒情诗和戏剧诗；第二种是赞美诗。抒情诗——一种可以吟唱的短诗——在南非原住民中显然是最常见的文学表达形式之一。每一首歌曲通常都有一个指挥和一个合唱团。指挥主要负责歌曲中最重要的部分，合唱团则主要负责重复指挥唱过的某些歌词或者充满激情地跟着唱和，常常用诸如“耶—哈—呵”“吠—啦—啦”“吼—吼—吼”等单音节爆发音。唱歌不分场合，可以在欢乐和庆典阶段，也可以在诸如出生、成人、结婚、死亡和授勋等庆祝仪式，有多种多样的歌曲可以挑选。其中流传最广的是情歌、狩猎歌、战歌、劳作歌、讽刺诗、儿童游戏歌和摇篮曲。情歌主要是由女性来唱，以表达她们丰富的情感。[6]

赞美诗在大多数非洲社会都被认为是等级最高的文学表达形式。这可能主要归功于其与最显要的人物、统治者、贵族等在社会上举足轻重的角色的紧密关系。通过唱歌或吟唱的形式，人们用赞美诗来唤起、肯定和庆祝诸如民族、国家、族群、部落、个体、动物甚至无生命物体的本质。赞美诗里有着各种词语，令人鼓舞而又文采斐然，很能打动人心，也饰以明喻和隐喻，它们的吟诵，确切地说是表演，总是一个重大事件。赞美诗由在社群的历史和传统中非常受尊敬的专家创作和吟诵，精通赞美诗从来都不是专业赞美诗人的唯一特权。所有
的青壮年，特别是男性，都应该了解并且吟诵关于他们宗族和 92
家庭的赞美诗。

歌颂酋长和著名历史人物的赞美诗通常是最好的、最引人深省的、最充满力量的。在南非班图人眼里，酋长天生就是酋长，这是由其出生于酋长家族决定的，然而酋长也要听取民意。通过赞美诗，酋长地位的权力和合法性、责任和义务性以及弹性和重要性得到了确认和承认。但是赞美诗不应被看作是来自过去的神秘残存，不应被看作是与当前社会很少关联或是

没有关联。通过同时歌颂和批评强大君主和领袖的业绩、失败和缺陷，这些赞美诗提供了可接受的行为模式。同样，通过赞美诗，公共团结和群体身份得以被定义、再定义、加强和肯定。赞美诗人在社群生活中占有重要地位，因为他用赞美来庆祝和批评王权。许多诗歌都涉及祖鲁之王夏卡的伟大、恐怖和事迹，毋庸置疑，他就是20世纪以前非洲最著名的、令人畏惧的、为人诟病的统治者。[7]

书面文学

非洲书面文学的出现

非洲民众中书面文学形式的发展与基督教传教士的活动息息相关。他们致力于让非洲人皈依基督教，也就是让其接受读写教育，并为非洲本土语言创造出书面语言。到19世纪中期，圣经的全译本开始出现，如1857年茨瓦纳语版本、1859年科萨语版本、1881年南索托语版本和1883年祖鲁语版本。这一卓越成就可以从直到20世纪才出现的一部阿非里卡语版本上看出。然而，只有传教团体才有兴趣并致力于教育非洲人。因此，早期接受过教育的非洲精英大多数都是教会教育的产物。科萨人也是第一批与传教士积极接洽的群体，尤其是格拉斯哥传教会，他们中的代表很快就将科萨语整理为书稿。因此，原住民中书面文学的出现离不开欧洲帝国和传教事业的历史。它的确成为以武装冲突、军事征服、土地剥夺、人口迁移、文化转换和政治统治为特征的边疆故事的一部分。

非洲人回应和抵制这一力量的博弈，主要是通过已经基督 93
教化了的恩斯卡纳（Ntsikana）和马卡纳（Makanna）的振聋发聩的声音实现的。恩斯卡纳的《伟大的赞美诗》由传教士约翰·菲利普于1828年记录完成，尽管其内容是基督教式，在意义和方法上却是非洲式。与本土的赞美诗一样，它在欧洲人的剥夺、暴力和不公平中歌颂神的伟岸、力量、善良和正义。这一时期另一个开创性的声音来自于战士——预言家马卡纳，他的千禧年说和对英国殖民者武力和言辞上的自发抵制被呈现于普林格尔的《马卡纳集会》中。马卡纳被英国人逮捕并囚禁于罗宾岛，他在试图逃跑时溺水而亡。据普林格尔记录，马卡纳的充满戏剧性的故事和有说服力的演讲将英国殖民者描述为与其毫不相干的、无知的事务干涉者。在恩斯卡纳和马卡纳的活动特别是文字的影响下，新一代接受过良好教育的非洲精英完成了本土文学从传统向现代的转变。这些早期先驱中著名的有泰伊·索加（Tiyo Soga），他将约翰·班扬（John Bunyan）的《天路历程》翻译为科萨语。这一翻译在提升科萨人的读写能力上具有可与圣经译本相提并论的作用。另一位著名先驱是J. T. 贾巴夫（J. T. Jabavu），他是一位政治家、作家、编辑，其主编的期刊《音佛》是表达非洲基督教徒的自由主义观点的重要工具。索加之后，J. W. 科伦索（J. W. Colenso）于1883年将《天路历程》翻译为祖鲁语。南索托语版本也于1896年出现。之后就是罗伯特·莫法特（Robert Moffat）1909年的茨瓦纳语版本。

20世纪前半期见证了本土书面文学的某些重大进展。在科萨人中，书面文学的领军人物是S. E. K. 姆哈伊（S. E.

K. Mqhayi)、H. M. 恩达沃（H. M. Ndawo）、G. B. 西诺（G. B. Sinxo）和 J. J. R. 吉罗布（J. J. R. Jolobe）。其中最著名的是姆哈伊，他出版了三部小说、四部诗歌、两部传记以及其他杂文和译著，并由此得到了现代科萨文学之父的美誉。其诗歌《上帝保佑非洲》后来成为非洲人国民大会会歌，他的名字也为人所熟知。吉罗布也非常出名，他出版了两部小说、一部戏剧、三部诗集、四部译著以及许多学校读物和散文，使得其多次获得国家级文学大奖。他的译著包括布克·T. 华盛顿（Booker T. Washington）的《从奴役中站起来》（1951）和 H. 莱特·哈葛德（H. Rider Haggard）的《所罗门国王的宝藏》（1958）。

94 在索托人中，早期科萨文学中影响深远的民族理想主义和启蒙主义在托马斯·莫福洛（Thomas Mofolo）的著作中也有体现，他的第一部小说《东方旅行者》（1907）讲述了关于美德和罪恶、光明和黑暗的宗教主题，具有非常明显的《天路历程》的痕迹。不过，莫福洛的名气来自于他的第三部小说《夏卡》，这部历史题材小说大约创作于 1909 年，但是直到 1925 年才得以出版。《夏卡》具有宏大的类型，诗意的内容，创造性的对历史和虚无、神话和传说、尚武精神和英雄主义的结合，虚构的关于人与怪兽的故事，悲剧的结局。所有这一切使得其成为了早期非洲书面文学的史诗和经典。《夏卡》的成功已经激励了许多人基于现存的民间故事和赞美诗，而用小说、诗歌和戏剧去描绘文化英雄，相当贴近民族的历史。J. L. 杜布（J. L. Dube）出版于 1930 年的《夏卡的护卫》，为这一阶段的书面文学打下了一个良好基础。这类文学作品在接下来的时间里开始大量涌现。其中就包括 R. R. R. 德洛莫（R. R. R. Dhlomo）出版于 1936 年的《乌丁冈》（乌丁冈是夏卡的半血缘兄弟，暗杀夏卡后篡位），《乌夏卡》（1937），《乌姆潘德》（1938）和《乌塞奇瓦约》（1952）。这些历史小说都围绕着著名的祖鲁之王展开。同样，在聪加人和文达人中，早期作品中的启蒙主义痕迹可以在 C. T. D. 马瑞维特（C. T. D. Marivate）的《萨萨沃纳》、T. N. 曼努埃拉（T. N. Maumela）的《伊里瓦尼》（1954）、E. S. 马迪马（E. S. Madima）的《阿塞埃内》（1958）和马乔拉（Majara）的《南索托马科图洛》（1953）等先驱作品中寻到。以女性人物为关注点，这些小说试图探究 20 世纪南非的诸如美德、道德、家长权威、爱情和包办婚姻、移民和城市化以及传统和现代的冲突等问题引发的压力和紧张。[8]

阿非里卡文学

长期处于历史和地理的前沿，早期的阿非里卡作家专注于定义新兴社会的特性，并通过文学形式来表达他们最前沿的感受。新环境的挑战，与原住民的残酷的扩张战争以及随后与英国的战争，承受着大量个人与国家的不幸，阿非里卡先驱写下的诗歌通常是悲伤的。在布尔战争（1899～1902）之后，Jan. F. E. 席雷尔斯（Jan. F. E. Celliers）一面哀叹阿非里卡人田园诗般的生活被英国破坏，一面歌颂阿非里卡人的英勇事迹。讲述个人和国家苦难的诸多主题被浓缩在 J. D. 杜・托依特（J. D. du Toit）（1877～1953）忧郁的诗歌中。同样，C. 路易斯・利波德特（C. Louis Leipoldt）（1880～1947）也通过通俗

易懂的阿非里卡语来宣泄其对于人民遭受苦难的悲痛之情，同
95 时赞颂拥有各种色彩、形状和气味的美丽小瀑布的自然美好。
饱受痛苦的战争回忆、人民的苦难、死亡的必然和上帝显而易见的冷漠的折磨，尤金·N. 马雷（Eugene. N. Marais）（1871 ~ 1936）创作出第一部阿非里卡语长篇诗歌《冬夜》，在诗歌中，大自然的多姿多彩让位于悲伤，快乐让位于毁灭。

马雷充满悲伤的诗歌暗含了一种不可知论的倾向，在 A. G. 维瑟（A. G. Visser）和图恩·万·德恩·西瓦（Toon van den Heever）的著作中表现得尤为突出，他们的诗歌具有一种摆脱布尔战争影响的趋势。新的诗人不仅聚焦于国家和宗教主题，也会涉及各种各样的人类情感和思想。伊丽莎白·艾贝尔斯（Elisabeth Eybers）用诗歌探讨从童年到老年的整个女性世界，引入了一种女性视角。第二次世界大战见证了新一代诗人的崛起，他们运用新的主题、方法和鲜明隐喻。这一群体的领袖当属 J. J. 欧普曼（J. J. Opperman）（1914 ~ 1985），他出版于 1949 年的叙事诗《加里克的日志》使用暗示和细节来探讨有关人类生活中的责任、犯罪和目的的议题。英格丽·琼蔻（Ingrid Jonker）（1934 ~ 1965）诗作中的超现实主义意象和尖锐情色倾向在布雷顿·布雷滕巴赫（Breyten Breytenbach）的诗歌中完满地展现了出来，流放与坐牢期间是布雷滕巴赫生涯中最多产的时期，在此期间，他借助佛教禅宗的思想来表达乡愁的主题。[9]

20 世纪 70 年代到 80 年代动荡的岁月见证了全新一代诗人的出现，这其中绝大多数是女性，在她们手中，诗歌成为一种社会和政治评论甚至是表达异议的工具。其中的著名女诗人

有希拉·卡森（Sheila Cussons）、威尔玛·斯托克肯斯特罗姆（Wilma Stockenstrom）、安吉拉·克罗格（Antijie Krog）和莉娜·斯皮斯（Lina Spies）。其他的诗人像 J. C. 斯泰恩（J. C. Steyn）、莫维·舒尔茨（Merwe Scholtz）和 T. T. 克卢蒂（T. T. Cloete），她们细致且大胆，有意识地借助阿非里卡语的语法来探讨有关爱、自然和人类在宇宙中的位置的主题。在这些作家以及其他诸如安德烈·布林克（Andre Brink）、亨利特·格鲁夫（Henriette Grove）、亨尼·奥康（Hennie Aucamp）的笔下，其作品中充斥着自觉意识、互文性（intertextuality）、认同危机和对南非混乱社会的批评揭露，而叙述者或演讲者在这些作品中扮演着最积极的角色。同样，有色人口诗人像 V. 彼得森（V. Peterson）（1914 ~ 1987）和 P. J. 费兰德（P. J. Philander）使用白人的或标准的阿非里卡语，还有一些像彼得·布卢姆（Peter Blum）使用阿非里卡口语来阐述有色人口的社会和政治状况。

与诗歌一样，早期的阿非里卡散文作家被阿非里卡人从英国统治者手中追求自治和独立的持久斗争所鼓舞。这一为了身份和自我实现的斗争导致了 19 世纪 30 年代的大迁徙，并在 19 世纪末的布尔战争期间达到高潮。为了抵制英国化，许多人有意识地采用阿非里卡语即荷兰口语（贫民阶层和阿非里
卡人的仆从使用的口语），从文字上建构阿非里卡人的民族身 96
份。雷夫·S. J. 杜·托依特（Rev. S. J. du Toit）等热情的阿非里卡爱国人士的作品赋予了阿非里卡语以体面的地位，他们在争夺南非主导权的斗争中把阿非里卡语作为阿非里卡人的民族语言。通过报刊、图书、小册子、杂文、字典、语法书、教

科书和圣经译本，阿非里卡文学成为定义、建立和巩固阿非里卡人独特社会文化身份的一种持续且有意识的努力的一部分。许多早期的散文都试图将娱乐和教育融为一体。这其中的先驱有 C. J. 朗恩霍芬（C. J. Langenhoven）、约赫姆·万·布鲁根（Jochem van Bruggen）、D. F. 马勒布（D. F. Malherbe）、J. 万·梅勒（J. van Melle）和 C. H. 库恩（C. H. Kuhn），他们探究有关贫困和萧条、智慧和愚蠢、自然和人类、生和死的永恒循环、道德和政治的张力、年轻人和老年人以及传统和现代的冲突等主题。

正如 30 年代作家在诗歌上所作出的贡献，60 年代作家在文学上也取得了重大突破。安德烈·布林克在他的一系列小说中开始将矛头对准早期作家都不愿涉及的社会和政治问题，试图通过有良心的作品，试着处理阿非里卡人和其种族主义意识形态在后殖民自由和自由化时期所面临的棘手困境。其他有意义的作品还包括斯泰恩的《维赖尔日记》（1987），主要探究阿非里卡知识分子困惑的心理状态。同样，在《史维范尔之死》（1978）中，艾尔莎·朱伯特（Elsa Joubert）为读者呈现了一个黑人妇女与其家庭在种族隔离恐怖时期的苦难和斗争的真实记录。南非与邻国在 20 世纪 70 年代和 80 年代的军事冲突催生了一个被称为“边境文学”的新流派，主要成员由退伍军人构成，其中比较著名的有库斯·普林罗斯（Koos Prinsloo，《琼克马斯卡》，1982）和艾迪安·万·希尔登（Etienne van Heerden，《我的库班》，1983）。

阿非里卡作家通过戏剧来探究他们历史中的一些永恒主题，但他们的戏剧不如诗歌和散文那么发达。席雷尔斯和

C. J. 朗恩霍芬创作出许多说教的戏剧和滑稽喜剧，并以此来
探究与布尔战争及其对阿非里卡人影响相关的许多问题。在
20 世纪 20 年代，J. F. W. 克劳斯高夫（J. F. W. Grosskopf）和
C. 路易斯·利波德特的创作开始探究有关贫穷、爱情、巫术
和宗教的主题，并促成了严肃社会戏剧的产生。20 世纪 30 年
代的一位著名诗人尤伊斯·克里格（Uys Krige）创作的独幕
剧《艾伦帕尼甘纳摩》，是对爱情战胜仇恨和毁灭的杰出肯
定。克里格的译著《第十二夜》（1967）和《李尔王》
（1971）将莎士比亚引入到阿非里卡人的世界。与时间、衰老
和死亡无休止的对抗是巴尔托·史密斯（Bartho Smith）的
《克里斯汀》（1971）的主题，与此同时安德烈·布林克的戏
剧《死亡审讯》（1970）和《死亡巫师》（1970）是有关反抗 97
权威主题的有益探索。亚当·斯莫尔（Adam Small）的《康
纳希科索》（1965）通过诗剧和强有力的描述来探究种族隔离
下南非有色人口的暴力和悲剧的世界，这部剧作因此在阿非里
卡人中名声大振。有关种族关系、犯罪、罪恶的压倒性力量及
其战胜正义的能力是克里斯蒂安·巴纳德（Chris Barnard）和
P. G. 杜·皮雷西斯（P. G. du Pleissis）作品探究的重要
主题。[10]

南非的英语文学

与阿非里卡语和其他非洲语言的文学创作一样，英语文学也与帝国事业息息相关。我们可以将其分为五类文学作品：非小说散文文学、小说、短篇故事、诗歌和戏剧。英语不同于荷兰语，直到拿破仑战争时期（1795～1815）它才在南非扎下

根来，许多早期的英语作品或英国作家的作品都是通过游记、历险记、日记、报告和其他非小说散文文学的作品形式流传下来的。1814 年，英国从荷兰手里以两百万英镑购得开普殖民地。其后，英国就担负起了巩固和扩张其利益并驯化和教化原住民以及布尔定居者（在英国人眼里，他们仍然很野蛮、粗俗，需要文明开化）的重任。

游记

来到开普的英国游客和旅行者都将帝国目标的实现当作其使命的一部分。不论英国人、法国人、德国人或者荷兰人，所有的作家都是从欧洲人的角度来看待非洲人的。他们记述风景、气候、植物和动物。他们抒发对当地人的风俗和行为的看法。非洲人被看作是风景的一部分，作为已经被同化了的群体，他们很少有或者没有明显的身份；他们被整个聚集起来，被贴上老套的标签，被认为甘愿服从于这些旅行者所在的国家和文化的殖民化和文明化影响。开普社会最显著和清晰的记录可以在安妮·伯纳德夫人（Anne Bernard）（1750～1825）的信件和日记中寻到踪迹。安妮夫人的贵族出身和良好人脉（她是威尔士亲王的密友）确保了其丈夫被任命为开普殖民地总督的殖民地大臣。由于总督夫人不得跟随总督赴任，安妮·伯纳德就成为了开普敦正式的第一夫人，这也使得她有机会接
98 待各种来访者并融入到开普敦政治掮客的精英圈子里。她写给朋友的许多信件——尤其是写给战争部长亨利·邓达斯（Henry Dundas）——展示出其热情、睿智、屈尊俯就般的人道主义和对欧洲帝国统治下受奴役者的同情。拥有活力、直率、多愁善感的天真和深刻的洞察力，她呼吁改革殖民政策，

更加人道和公平地对待当地人，使他们免于荷兰人的迫害。[11]

小说

直到19世纪80年代，很少有英语小说是在南非创作的，或者是有关南非的。19世纪晚期的矿业革命、工业化的完成以及来自欧洲和美洲的大量移民促成了文学活动的复兴。这些聚焦于农村和城市生活、非洲人的风俗和文化、矿业革命和欧洲帝国主义对原住民的影响以及其他一些主题的小说从19世纪80年代开始陆续出版。第一部得到了广泛赞誉的英语小说是奥利弗·施莱纳（Olive Schreiner）的《非洲农场的故事》(1883)。这个故事设定在一个偏远的卡鲁农场，为其英语读者呈现出一种异国场景，描述非常感伤和真实，表达出对于女性受压迫、南非人的伪善以及当时其他一些问题的强烈抨击。书中的年轻女主角林德尔（Lyndall）是一个追求自由的人，她抛弃了神秘的爱人，拒绝结婚而是选择生下一个私生子。作者对于女权主义和婚姻生活的看法、对于女性自由的拥护、对于私生的包容在她的时代显然具有超前性。[12]

第一次世界大战之前，很少有小说具有持久的意义。萨拉·格特鲁德·米林（Sarah Gertrude Millin）（1889~1968）的出现标志着南非英语小说创作的一个转折点。在她之后，致力于通过文学形式解决社会问题的做法成为作家们的中心关怀。在1919年到1965年之间，出版了一批引人入胜却有时带有倾向的小说（共计17部），它们深刻而敏锐地处理肤色问题以及相伴随产生的种族通婚问题。其中最著名的莫过于出版于1924年的《上帝的继子女》，它是米林的“有色人种三部曲”之一，故事讲述了一位白人牧师安德鲁·弗雷德

(Andrew Flood)，脱离其所在的白人群体，与卡菲尔人和霍屯督人生活在一起，然而每个人的结局都不好。尽管故事以悲剧和抛弃而告终，这一白人寻求与其他群体建立友好关系的主题清晰地预示出南非的未来。其他著名的抗议小说和社会问题
99 小说有保罗·史密斯（Pauline Smith）的《执事》（1926）、W. C. 斯库里（W. C. Scully）的《掠夺》（1921），以及南非黑人作家最先用英语创作的两部小说，德洛莫的《非洲的悲剧》（1929）和所罗门·普拉特杰（Solomon Plaatjie）的《姆胡迪》（1930）。

南非社会的多元化使得种族互动成为文学表达的一个流行主题。最早涉及这一敏感主题的作品之一是威廉·普洛默（William Plomer）的《特博特·沃尔夫》（1925），其中对于白人——黑人、爱——欲的三角关系的大胆而又积极的探索在当时的白人圈子里引发了巨大震动和愤怒。种族主题也是艾伦·帕顿（Alan Paton）的著名小说《为所爱的国家哭泣》（1948）的核心主题。它被创作并出版于种族隔离正式制度化之前，讲述了一名黑人教士斯蒂芬·库马洛（Stephen Khumalo）乃至于整个黑人男性在白人统治的南非城市里顽强生存的故事。这部小说阴郁而又打动人心，精致而又情节松散（像大多数早期的南非小说一样），它大胆地批判不公正，呼吁以爱取代恨，在孤寂中传递着安逸与希望的讯息，传递着信念和信任而非恐惧的讯息，所有这些的结合使得其成为20世纪南非文学的经典之作，成为最广为流传的有关南非的小说。

其他有关种族主题的小说包括帕顿的《矶鹞太迟了》（1953）、《啊，你那美丽的土地》（1981），彼得·亚伯拉罕斯

(Peter Abrahams) 的《采矿男孩和讲述自由》(1954)，以及哈利 · 布鲁姆 (Harry Bloom)、多丽丝 · 莱辛 (Doris Lessing)、亚历克斯 · 拉 · 古玛 (Alex la Guma)、贝西 · 黑德 (Bessie Head) 等作家的作品。还有一些作家也对种族主题做出过有益和创造性探索像 J. M. 库切 (J. M. Coetzee)，他的小说《迈克尔 · K 的生活和时代》获得了 1983 年布克文学奖，还有约瑟夫 · 莱利维尔德 (Joseph Lelyveld)，他的记录南非黑人起义混乱岁月的纪实作品(《挥开你的阴霾：南非，黑人和白人》) 获得了 1986 年普利策奖。珍妮 · 古森 (Jeanne Goosen)，她的获奖中篇小说《我们并非都是如此》(1990) 向阿非里卡民族文化中极其普遍的种族歧视的霸权统治提出了挑战，含蓄而又哀婉地肯定了许多白人的人道主义本质，主张“并不是所有人都那样”(指种族主义者)。内丁 · 戈迪默 (Nadine Gordimer) 以短篇故事的创作才能而闻名，她创作出一系列感人的、引人深思的、在艺术上精致的、结构复杂的、真实的小说，为自己赢得了稳固的荣誉。诸如 J. M. 库切、艾伦 · 帕顿、安德烈 · 布林克、瑞安 · 马伦 (Rian Malan) 和其他南非白人作家，他们为实现对公平、种族平等、与黑人通婚的承诺以及支持自由主义者、共产主义者或非洲主义者的改革和转型而努力，戈迪默的小说和短篇故事充满了张力、模糊的理想主义和对其所处历史背景下文化和种族不可逾越的限制的痛苦感受。1991 年获得诺贝尔文学奖之后，戈迪默的事业在 100
白人作家中引起了诸多分歧和矛盾，因为他们作为特权精英的一员，都在竞争获得认可，试图成为受压迫和受迫害的南非人的代表和代言人。[13]

短篇故事

与小说不同，短篇故事在南非发展得更早、更迅速。在形式和结构方面，短篇故事更贴近于口头传统。与口头传统一样，故事讲述者往往就是故事中的人物，通过故事这个媒介揭示他们自己以及他们生活的世界。白人先驱在南非的边疆经验的特点就是居无定所的生活、普遍的文盲和相对的原始。对于南非黑人作家以及其他生活在种族隔离压迫阴影下的人们来说，短篇故事正好能派得上用场。正如一个观察家记录的那样，这些作家无力把他们的生活转化为小说，因此他们不得不把短篇故事作为一种通往文学的捷径，作为在最短的时间里卸掉心中块垒的手段。[14]更加尖锐的说法如下，这也是恩德贝勒人恰好说到的——“这是一种弱势者的文学”，它在一连串思想火花中释放出来，仅仅包含了有关他们弱势地位的简短的经历、壮观的闪光、肤浅的细节和撩人的瞥视。[15]

在草原上的经历为詹姆斯·菲茨帕特里克（James Fitzpatrick）的《卸轭》（1897）、W. C. 斯库里的《卡菲尔人的故事》（1895）中的大多数故事提供了素材，此外还包括欧内斯特·格兰维尔（Ernest Glanville），他出版了《爪与齿》（1923）和《黄色的鬃毛狮》（1925）等动物冒险故事集。同一年，波林·史密斯（Pauline Smith）的作品集《小卡鲁》问世。用该书引言作者阿诺德·班奈特（Arnold Bennet）敏锐的言辞来形容，这些故事揭示出她的“怪异的、质朴的、温柔的、无情的天赋”。开篇故事《痛》是对阿非里卡农村人的一次尖锐而又生动的描述。故事呈现了这样一个人，他孤立无援，穷困潦倒，是一个执着追求独立的带有偏见的文盲，挚爱传统，依恋土地，并且不甘于圣经指定的命运。依靠其全部潜在的紧张和悲剧，这些故事为史密斯赢得了广泛赞誉。赫尔曼·查尔斯·鲍斯曼（Herman Charles Bosman）的充满创造力的故事集《马弗京路》初次面世于 1947 年。在他的笔下，短篇故事成为向各种南非社会顽固势力猛烈攻击的手段。拥有卓越才能和强烈悲怆感的鲍斯曼为南非文坛带来了一股新风，尽管他的许多短篇故事一生都未能出版。多丽丝·莱辛，职业生涯与戈迪默在许多方面颇为相似，其出版的《这是老酋长的国家》（1951）中包括《草原日出》，这个故事写得优美、动人且敏锐，已经成为南非短篇小说的经典之作。内丁·戈迪默
也许是当代南非最多产、最知名的短篇故事作家，他已经出版 101
了好几部短篇故事集，内容涉及从女人和性到政治局势和动物故事等诸多主题。艾哈迈德·艾索普（Ahmed Essop）的《麦加朝圣和其他故事》（1978），主要关注福德斯堡印度社群的充满紧张和危机的生活，文笔极其幽默，把一种印度人视角引入了南非的短篇故事创作。

诗歌

第一位用英语创作并且在该领域声名鹊起的南非作家是托马斯·普林格尔（Thomas Pringle）（1789～1834）。他出生于苏格兰，因一场童年事故而留下残疾，在讨厌的局势下被迫离开南非。在关于断裂南非社会的基本和反复的问题上，比如流放、异化、种族通婚、压迫和抵抗，普林格尔的诗歌提供了一种见多识广尽管有时又显得冷漠的视角。他最著名的诗歌《远方的沙漠》揭示出其对于南非环境的魅力、纯贞和异国情调的向往。这首诗歌也表现出其不安的情绪、分裂的思维、热

切的渴望、异化的体验以及融入新南非的努力。[16]

20 世纪早期被凯里·斯莱特（Carey Slater）的诗歌所统治，他的《穿越草原的小径及南非其他歌曲和田园诗》（1905）展现和歌颂了南非生活的冒险刺激和美丽别致。20 世纪 40 年代和 50 年代则是新一代诗人的天下，他们对充满活力和分化的南非社会的张力和悖论的独特意识经常在其讽刺性的诗歌中表现出来，这些诗作展现出这片土地的美丽和这片土地上各民族不屈的活力。这一时期有两个著名的诗人，分别是威廉·普洛默（1903～1973）和罗伊·坎贝尔（Roy Campbell）（1901～1957）。普洛默的经典诗歌《蝎子》揭示出他的才华和打动人心的力量。拥有故作姿态的步伐和无穷无尽的精力的坎贝尔是一个早期的奇才，他在 24 岁就出版了其最壮丽的长篇诗歌《燃烧的水龟》（1924）。他的被编选次数最多的长篇诗歌《祖鲁女孩》出版于其 30 岁时，揭示出他天赋的广博和成熟。

H. I. E. 德洛莫（H. I. E. Dhlomo）是南非最著名的用英语
102 创作的黑人诗人之一。他的长篇诗歌《千山之谷》（1941）令其名声大振。奥斯瓦德·穆特莎莉（Oswald Mtshali）的诗集《牛皮鼓的声音》（1971），收集了大量黑人作家的高质量诗歌，如丹尼斯·布鲁图斯（Dennis Brutus）、蒙哥·塞柔特（Mongone Serote）、西德尼·塞帕拉（Sidney Sempamla）和亚瑟·诺珍（Arthur Nortje）。另一部同样重要的诗集《来自内心的声音：南部非洲的黑人诗歌》（1982），由迈克尔·查普曼（Michael Chapman）和艾沙迈德·丹戈尔（Achmat Dangor）撰写引言并编辑。这部诗集具有广泛性和代表性，囊括了各式各样的创作，从桑人《向狩猎之星祈祷》的神秘共鸣，到前莎普威尔时期（1890～1960）庄严且引人深思的诗歌、后莎普威尔时期（1960～1976）的抗议诗和后索韦托动荡时期（1976）充满愤怒和挑衅的诗歌。这些诗歌大致跨越了过去一百年时间，反映出南非黑人诗歌在创作方法、技巧和主题上的各个连续的阶段。其非凡的活力、特殊的关联以及普遍的意义也渐渐被挖掘出来。许多诗歌都创造性地应用了与传统非洲口头诗歌相似的诸如反复、排比和夸张比喻的文学手法。

在殖民时代早期，黑人诗歌由受过教会教育的知识分子主导，他们中的许多人诸如 A. K. 索加（A. K. Sogay）不得不努力把自己从无生命力的习语和教会施加的影响下解放出来。到 20 世纪 30 年代早期，诗歌里的基督教乐观主义已经让位于直面现代南非社会政治困境带来的挑战。20 世纪 50 年代以后成长起来的几代非洲作家受的是班图语教育，未受到非洲英语文学传统的影响，他们避免外来模式和技巧的影响，转而选择开放或直白的方式进行创作。索韦托诗人群体包括凯西·墨提斯（Casey Motsisi）、恩家布鲁·恩德贝勒（Njabulo Ndebele）、奥斯瓦德·姆查理（Oswald Mtshali）、蒙戈内·沃利·塞肉特（Mongone Wally Serote）和玛菲卡·瓜拉（Mafika Gwala），他们关注于生存这一赤裸裸的现实，转而以其文学敏感性表达被压迫非洲人民的抗争和政治意识的提升。姆查理的《牛皮鼓的声音》（1971）标志着诗歌主题从仅仅关心抒情到抗争诗歌的转变。随着索韦托的动乱，对黑人种族意识和种族荣耀的强调使得后索韦托诗歌——比如姆查理被禁的诗集《火焰》里的诗歌——带上了坚硬的启示录般的调门，聚焦于对南非现状的恐惧和对未来变革的确信。

戏剧

103 英语戏剧的发展要滞后于其他流派。第一部著名剧作是斯蒂芬·布莱克（Stephen Black）的《爱和连字符》（1909）。在接下来的几十年里，戏剧和电影一直在南非舞台上竞争不相上下。第二次世界大战时官方资助的刺激催生了马德林·马森（Madelene Masson）的《地狱通行证》和《英雄家园》等一系列戏剧。路易斯·苏顿（Lewis Sowden）的《金伯利列车》于1958年首次面世，也获得了一些关注。国家戏剧组织的建立导致了大量剧作涌现，盖伊·巴特勒（Guy Butler）、H·I·E·德洛莫、杰拉尔丁·阿伦（Geraldine Aron）、法蒂玛·戴克（Fatima Dike）和帕西·梅提瓦（Percy Mtwa）等新一代剧作家开始崭露头角。然而，从20世纪60年代起，南非舞台一直被阿索尔·富加德（Athol Fugard）的戏剧所占据，他被广泛认可为出自南非的最伟大的剧作家。他的许多剧作展现出其迷人的敏感性、社会关怀和对种族隔离南非的紧张且复杂的种族关系的深刻洞察。不同于当代许多南非作家，富加德在国内被各个种族广泛尊重，与此同时他的作品在国外也非常受欢迎。富加德通过使用微妙的意象和刺激的隐喻，完成了成功但又危险地航行在南非审查制度的浑水和警戒线间的艺术。他的
104 著名剧作有：《不幸的星期五》《血结》《波斯曼和尼拉》《班西死了》《大师哈罗德和男孩子们》以及《我的非洲！我的孩子！》。20世纪70年代也见证了南非黑人创作的抗议戏剧的兴起，这是黑人城镇文化生活繁荣的体现。此种戏剧包括扎克

斯·米达（Zakes Mda）的《山》以及丹·梅尔蒂（Dan Maredi）、麦莎·马蓬亚（Maishe Maponya）和马瑟马拉·马娜卡（Matsemala Manaka）的作品。

种族隔离实践一方面给南非文学配上了最流行的主题，另一方面又促成了族群划分，导致了南非社会的孤立以及沿着社会种族界线形成的各种族文学传统的出现。也许随着种族隔离的结束——以及相伴发生的对南非复杂历史的新的兴趣（南非人作为敌人和朋友，在和平和战争时期有着相互联系和共享的经验的复杂历史）——南非作家和读者中将开始发展出一种新的自我意识，即他们共同而独特的身份是南非人，而非仅仅是黑人或阿非里卡人，于是就为南非民族文学的出现打下了基础。或许，这种民族文学在认可和歌颂南非许多族群多样化的文化和历史经验的同时，也会在新南非文化和政治的马赛克里成为民族建构和民族融合的工具。

注释：

1. 关于这首诗歌的完全版，参见：迈克尔·查普曼：《南部非洲文学》（伦敦和纽约：朗文公司，1996年），第25页。

For the full version of the poem, see Michael Chapman, *Southern African Literatures* (London and New York: Longman, 1996), 25.

2. 关于这首诗歌的完全版，参见：查普曼和艾沙迈德·丹戈尔编：《发自内心的声音：南部非洲的黑人诗歌》（约翰内斯堡：A. D. 唐纳出版社，1982年），第21页。

For the full version of the poem, see Chapman and Achmat Dangor, eds., *Voices from Within: Black Poetry from Southern Africa* (Johannesburg: A. D. Donker, 1982), 21.

3. 关于流传于桑人的螳螂神话和其他民间故事，参见：劳伦斯·万·鲍斯特的多部选集，特别是：《螳螂颂歌》（纽约：莫罗出版社，1976年）；《像风一样的故事》（纽约：莫罗出版社，1972年）；《狩猎者之心》（纽约：莫罗出版社，1961年）；《新月之夜》（伦敦：贺加斯出版社，1970）；以及A. C. 乔丹：《来自南部非洲的故事》（伯克利：加利福尼亚大学出版社，1973）。

On the mantis mythology and other folktales among the San, see the many collections by Laurens van der Post, most especially, *A Mantis Carol* (New York: Morrow, 1976); *A Story Like the Wind* (New York: Morrow, 1972); *The Heart of the Hunter* (New York: Morrow, 1961); *The Night of the New Moon* (London: Hogarth Press, 1970); and A. C. Jordan, *Tales from Southern Africa* (Berkeley: University of California Press, 1973).

4. 查普曼：《南部非洲文学》，第31页。

Chapman, *Southern African Literatures*, 31.

5. 关于这些故事的较全面讨论，参见：C. 乔丹：《通向一种非洲文学：科萨文体的出现》（伯克利和洛杉矶：加利福尼亚大学出版社，1973年），第4~15页；以及乔丹：《来自南部非洲的故事》。

For a fuller discussion of these stories see C. Jordan, *Towards an African Literature: The Emergence of Literary Form in Xhosa* (Berkeley and Los Angeles: University of California Press, 1973), 4~15; and Jordan, *Tales from Southern Africa*.

6. 乔丹：《通向一种非洲文学》，第31页。

Jordan, *Towards an African Literature*, 18.

7. 这些诗歌中最受欢迎的是由玛兹瑞·库内内记录的史诗：《夏卡大帝》（伦敦：海涅曼出版社，1979年）。

The most popular of these poems is the epic recorded by Maziri Kunene, *Emperor Shaka the Great* (London: Heinemann, 1979).

8. 关于本土书面文学的出现的较全面讨论以及本节讨论的主要资

料，参见：乔丹：《通向一种非洲文学》，第 37 ~ 83 页；《南非 1989 ~ 105
1990：南非共和国官方年鉴》（比勒陀尼亚：外交部信息局，1989/1990），第 625 ~ 635 页；以及查普曼：《南部非洲文学》，第 31 ~ 67，202 ~ 259 页。

For a fuller discussion of the emergence of indigenous written literature and the major sources for the discussion in this section, see Jordan, *Towards an African Literature*, 37 ~ 83; *South Africa* 1989 ~ 1990: *The Official Yearbook of the Republic of South Africa* (Pretoria: Bureau for Information, Department of Foreign Affairs, 1989/90), 625 ~ 635; and Chapman, *Southern African Literatures*, 39 ~ 67, 202 ~ 259.

9. 参见：英格丽·琼蔻：《诗选》，由杰克·考普和威廉·普洛默译自阿非里卡语（伦敦：开普出版社，1986 年）；布雷顿·布雷滕巴赫：《重返天堂》（伦敦：法贝尔和法贝尔出版社；开普敦：大卫·菲利普出版社，1993 年）。

See Ingrid Jonker, *Selected Poems*, translated from the Afrikaans by Jack Cope and William Plomer (London: Cape, 1986); Breyten Breytenbach, *Return to Paradise* (London: Faber & Faber; Cape Town: David Philip, 1993).

10. 关于阿非里卡文学以及本节的主要资料，参见：《南非 1989 ~ 1990：南非共和国官方年鉴》，第 613 ~ 621 页；以及查普曼：《南部非洲文学》，第 75 ~ 128 页。

On Afrikaner literature and the major sources for this section, see *South Africa* – 90: *the Official Yearbook of the Republic of South Africa*, 613 ~ 621; and Chapman, *Southern African Literatures*, 75 ~ 128.

11. A. M. 勒温·罗宾逊编：《安妮·伯纳德夫人从开普等地写给亨利·邓达斯的信，1793 ~ 1803》；《她在内陆的旅行日记以及其他一些内部信件》（开普敦：巴尔克马出版社，1973 年）；以及查普曼：《南部非洲文学》，第 80 ~ 86 页。

A. M. Lewin Robinson, ed., *The Letters of Lady Anne Bernard to Henry Dundas from the Cape and Elsewhere*, 1793 ~ 1803; *Together with Her Journal of a Tour into the Interior and Certain Other Letters* (Cape Town: Balkema, 1973). See also Chapman, *Southern African Literatures*, 80 ~ 86.

12. 关于奥利弗·施莱纳，参见：C. 克莱顿编：《奥利弗·施莱纳》（纽约：韦恩出版社；伦敦：普伦蒂斯·霍尔国际出版社，约 1997 年）；以及查普曼：《南部非洲文学》，第 133 ~ 144 页。

On Olive Schreiner, see C. Clayton, ed., *Olive Schreiner* (New York: Twayne; London: Prentice Hall International, c. 1997); and Chapman, *Southern African Literature*, 133 ~ 144.

13. 关于内丁·戈迪默，参见：斯蒂芬·克林曼：《在断裂社会里写作：内丁·戈迪默的案例》，载蒂姆·卡曾斯和兰德哥·怀特编《南非的文学和社会》（烧山，哈罗：英国朗文公司，1984 年），第 161 ~ 174 页；以及克林曼：《内丁·戈迪默的小说：从内部看的历史》（艾摩斯特市：马萨诸塞州立大学出版社，［1992］，约 1986 年）。关于库切，参见：T. 达维：《J. M. 库切的小说：拉康式寓言》（克莱格霍尔：A. D. 唐纳出版社，1988 年）；戴维·阿特维尔：《J. M. 库切：南非和写作的政治》（伯克利：加利福尼亚大学出版社；开普敦：大卫·菲利普出版社，1993 年）；以及 D. 彭纳：《心灵之国：J. M. 库切的小说》（纽约：格林伍德出版社，1989 年）。

On Nadine Gordimer, see Stephen Clingman, "Writing in a Fractured Society: The Case of Nadine Gordimer," in Tim Couzens and Landeg White, eds., *Literature and Society in South Africa* (Burnt Hill, Harrow: Longman Group Limited, 1984), 161 ~ 174; and Clingman, *The Novels of Nadine Gordimer: History from the Inside* (Amherst: University of Massachusetts Press, [1992], c. 1986). On Coetzee, see T. Dovey, *The Novels of J. M. Coetzee: Lacanian Allegories* (Craighall: A. D. Donker, 1988); David Attwell, *J. M. Coetzee: South Africa and the Politics of Writing* (Berkeley:

University of California Press; Cape Town: David Philip, 1993); and D. Penner, *Countries of the Mind: The Fiction of J. M. Coetzee* (New York: Greenwood Press, 1989).

14. 埃斯基亚·玛非雷雷:《黑人和白人》,《新政治家》, 1960 年 9 月, 第 10 期, 第 343 页。

Es'kia Mphahlele, "Black and White," *The New Statesman* (10 September 1960), 343.

15. 恩家布鲁 S. 恩德贝勒:《重新发现普通人: 南非的一些新创作》, 载《重新发现普通人: 南非文学和文化随笔》(约翰内斯堡: 南非作家大会, 1991 年), 第 46 页; 丹尼斯·伊尔松和马丁·特朗普:《1945 年至今海涅曼系列南非短篇故事集》(牛津: 海涅曼教育/联合国教科文组织出版, 1994 年), 第 1~9 页。

Njabulo S. Ndebele, "The Rediscovery of the Ordinary: Some New Writings in South Africa," in *Rediscovery of the Ordinary: Essays on South African Literature and Culture* (Johannesburg: Congress of South African Writers, 1991), 46. See also Denis Hirson and Martin Trump, *The Heinemann Book of South African Short Stories from* 1945 *to the Present* (Oxford: Heinemann Educational/UNESCO Publishing, 1994), 1~9.

16. 对于普林格尔的这首和其他诗歌, 参见: 利奇·里奇编:《托马斯·普林格尔的诗歌创作及其人生素描》(伦敦: E. 莫克森出版社, 1839 年); 以及 E·佩雷拉和查普曼编:《托马斯·普林格尔的非洲诗歌》(彼得马里茨堡: 纳塔尔大学出版社, 1989 年)。

For this and other poems of Pringle, see: Leitch Ritchie, ed., *The Poetical Works of Thomas Pringle, with a Sketch of His Life* (London: E. Moxon, 1839); and E. Pereira and Chapman, eds., *African Poems of Thomas Pringle* (Pietermaritzburg: University of Natal Press, 1989).

107 # 第五章　媒　体

任何人如若想要理解南非社会和政治在近一百年甚至更久远的时期内的发展，都必须认真考虑媒体的作用。政府对电台和其他电子媒体近乎彻底的控制使得报刊成为反对派唯一可以利用的媒介。发挥了巨大作用的纸媒不仅确立了自己较高的声望，也激怒了坚持种族隔离政策的政府，直至 1994 年南非过渡到非种族歧视的民主秩序。国民党政府在控制所有电子媒体的同时，也热衷于严格地监控、审查和取缔报纸，威胁、骚扰、驱逐和监禁新闻记者，因此，毫无疑问，政府完全明白报刊在南非具有重要意义。

报纸和期刊

为了充分理解媒体在当代南非充当的角色，我们必须考察媒体的历史。在非洲其他地区，很可能也在殖民世界的许多地区，纸媒兴起于从殖民统治中争取自由和独立的斗争之中。与这些地区不同，南非纸媒不是从挑战、颠覆和取代殖民秩序的斗争中产生出来的；相反，在很多年里的多数情况下，纸媒都是作为帝国旨在促进和代表白人有产者扩张的商业和金融利益的附庸而发展起来的。1795 年英国占领开普敦之后，他们也带来了第一台大型的印刷机，这台印刷机在接下来的 24 年里只生产两种官方出版物：《开普敦公报》和《非洲广告人报》（周报）。1824 年，著名的开普敦印刷商乔治·格雷格 108
（George Greig），在进行广泛动员并获得了两位开普新移民托马斯·普林格尔（Thomas Pringle）和杰姆斯·费尔贝恩（James Fairbairn）及亚伯拉罕·佛里（Abraham Faurie）牧师的兴趣和支持之后，创立了《南非商业广告人报》。在其计划书中，报纸承诺将致力于对各种问题进行非政治、非批判、无争议的报道。它的首要关注点是贸易和商业，同时也有一些广告投放和文学作品出版。

尽管政府表示反对并担心该报会成为监督性报纸，第 1 期报纸还是于 1824 年 1 月 7 日发行了。但在第 18 期之后，该报停止了出版。它陷入了麻烦，起因是其大肆报道开普敦统治者洛德·查尔斯·萨默塞特（Lord Charles Somerset）的一个诽谤诉讼，该诉讼旨在反对那些控告他贪腐行为的人。格雷格被勒令在一个月之内离开南非。他照做了，但与此同时他在英格兰向殖民大臣大胆进言，最终获准返回南非并重新出版报纸。三年后，该报又一次被总督勒令禁止，因其发表文章抨击当地官员。经过费尔贝恩多次向伦敦呼吁，该报于一年半后的 1828 年 10 月再次解禁。同年，《1828 年新闻法令》也颁布了，法令保证该国新闻业在法律允许范围内享有自由。

1828 年的法令给予了任何拥有必要资金、设备和专门知识的人以启动和经营一份报纸的权利。许多人抓住了这次机会。一些报纸开始在南非的主要城市和地区出现。在开普，早期的出版物包括普林格尔和费尔贝恩的《南非杂志》以及由A. 贾丁（A. Jadine）编辑的《南非纪事和商业广告人报》。1830年，《南非人报》作为一份荷兰语报纸开始挑战主流的《南非商业广告人报》。P. A. 布兰德（P. A. Brand）是一个出身于奴隶主家庭的荷兰人，非常反感费尔贝恩作为自由主义者和传教士对于废除奴隶制的承诺和他在报纸上对布尔人毫不掩饰的敌意。1849年，J. H. 霍夫迈尔（J. H. Hofmeyr）创办了《人民报》，进一步促进了阿非里卡事业。霍夫迈尔是一个卓越的开普荷兰社群领袖，他致力于维持不同的种族身份以及南非两个白人族群之间的和谐关系。

1854年，开普获得自治，同时英语成为了议会唯一使用的语言。结果，尽管在人口上构成压倒性多数，讲荷兰语的布尔人在立法机关中却屈于劣势。在19世纪70年代，《南非人报》和霍夫迈尔的《人民报》的合并为布尔人社群以及对于荷兰语的权利诉求提供了一个更加有效的发声渠道。几乎在同一时间，真正布尔人协会在“代表我们的语言，我们的民族
109 和我们的人民”的誓言下创立。[1]1876年，该协会创立了自己的报纸《爱国者》，该报由雷夫·S. J. 杜·托依特（Rev. S. J. Du Toit）主编，旨在推进南非荷兰语即开普版本的荷兰语的发展和永存，把南非荷兰语当作创建阿非里卡国家的工具。

报纸从开普逐渐传播到南非的其他地区，最早是1844年在纳塔尔创立的《纳塔尔人报》。在这个由英国统治的殖民地，与政府的对立无助于《纳塔尔人报》结交很多朋友，反

而使其在两年之后就陷入困境停止了发行。它的位置于1846年被《纳塔尔观察报》所取代，该报最开始使用双语，但很快就抛弃荷兰语，成为了一份纯英语报纸。《纳塔尔观察报》历经了各种挑战和政权更迭并坚持了下来，最终为自己赢得了南非持续发行的最老牌报纸的美誉。居住在纳塔尔的英国人社群于1854年由G. 罗宾逊（G. Robinson）创立了另一份兄弟报纸《纳塔尔信使和商业航运公报》，其子约翰·罗宾逊（John Robinson）先生后来成为了该报的编辑，并且随后成为了纳塔尔殖民地的第一任首相。在奥伦治河殖民地，很多年里只有一份著名报纸，即1850年创立的双语周报《主权之友和布隆方丹公报》。随着1854年自由州的独立，该报更名为《自由州之友报》。1894年，它成为纯英语报纸，并且重申其摒弃种族、肤色为所有人的利益而斗争的承诺。

在德兰士瓦，第一份报纸《旧移民报》出现在大迁徙20年之后，但却只是昙花一现。1874年，比勒陀利亚的《人民之声》出版发行之后成为了德兰士瓦的第一份主要报纸。直到1922年之前，它都是作为一份荷兰语报纸发行的，但之后也开始使用英语。在种族隔离正式制度化三年之后的1951年，该报被停刊，同其他所有未能支持国民党政策的南非荷兰语报纸一样的命运也降临到了它的身上。在约翰内斯堡，第一份报纸《新闻挖掘者报》在1886年出现。一年以后，一份原本位于格雷厄姆斯敦的报纸《东方之星》搬迁到了兰德，它之后在此地达到了其名称所期待的成为非洲媒体之星的目标，这份报纸就是如今全国最大的日报《星报》的前身。1857年，毕业于牛津大学的国会议员布莱恩·亨利·达内尔（Bryan

Henry Darnell）创办了《开普守卫者报》，这标志着南非最大报业帝国的诞生。在著名的开普政府印务局和国会议员索尔·所罗门（Saul Solomon）的控制之下，该报奉行亲非反英的办报方针。之后财政困难的所罗门将企业中属于他的股份售卖给弗兰西斯·约瑟夫·多默（Francis Joseph Dormer），弗兰西斯曾于 1877 年被所罗门任命为主编，并且有塞西尔·罗兹
110 （Cecil Rhodes）的财政支持，帮助其从所罗门手中夺取了报纸所有权。此后，该报摒弃其亲非立场而成为十足的亲英派。

1876 年，《开普时报》创办，这是南非第一份仅售一便士低价的日报，它也开始削弱《开普守卫者报》的影响力。其他努力生存到 20 世纪末的 19 世纪报纸包括《每日新闻》（1854）、《每日电讯报》（1872）和《钻石场广告人报》（1878）。20 世纪早期的著名报纸之一是《公民报》（开普敦，1915），该报由 D. F. 马伦（D. F. Malan）编辑，后来他成为了南非总理和种族隔离制度的主要建筑师。《公民报》至今仍是南非历史最悠久的阿非里卡语日报。另一个重要的阿非里卡语报纸是《德兰士瓦人报》（约翰内斯堡，1937），由 H. F. 维尔沃尔德博士（H. F. Verwoerd）担任首任编辑，他后来也成为了南非总理和主张种族隔离的重要思想家。直面边境现实生活的先驱者们，如《格雷厄姆斯顿日报》的罗伯特·高德伦顿（Robert Godlonton），也创办了一系列服务型报纸，他们既是报纸所有人同时也兼任编辑，这些报纸的内容、品质、创造力和多功能性为南非本土新闻媒体奠定了基调。1866 年阿古斯印刷与出版公司的建立结束了独立业主兼编辑的时代，迎来了现代化管理型报纸的时代。

南非是当今非洲媒体最发达的国家，拥有超过5000家已注册的报纸、期刊和杂志。而且，种族隔离制度的终结和非种族歧视的多党民主制的引进带来了自由和开放的氛围，每年都有许多新的出版物注册成立。报纸和期刊联合成为报业集团，其中最重要的有阿古斯印刷与出版公司、时代媒体有限责任公司以及南非荷兰语连锁企业纳斯奈尔传媒与皮斯克公司。这四个连锁企业占据了日报读者市场的95%和周刊读者市场的92%。到1991年，相比于南非荷兰语企业控制下的5家日报而言，英语企业控制了14家日报和预计130万读者市场中大约80%的份额（依据发行量测算）。

南非荷兰语同种族隔离（较疏远）的联系并没能为南非
荷兰语报纸吸引到大量的非洲读者。同时英语报纸也没有受到
这一负面联系的影响。相反，它们对种族隔离政府的反对为其
获得了新兴非洲精英读者的支持。例如，在1991年，由阿古
斯集团出版的专门面向城市中产阶级非洲人的报纸《索韦托
人报》，取代了同样由阿古斯集团出版并创下日均219 415份空 111
前销量的当时最大的日报《星报》，这清晰地向所有人昭示出
南非报刊的未来是掌握在黑人读者手中的。只有那些能适时调
整自己，去迎合新兴非洲读者市场需求的报刊，才能在新南非
生存。

英语报纸的有色人种读者较南非荷兰语报纸为多。出版于德班的祖鲁语周刊《太阳》是唯一发行量能达到100 000份的独立报纸，1991年其发行量甚至达到了120 676份。有超过100份省级报纸，多数用双语发行，主要服务于特殊城镇或地区，并关注当地的时事和刊登地方性广告。

过去这些年，基于对报刊在传播信息和塑造公共舆论方面能量的认知，历届南非政府都试图采取措施将报刊牢牢控制在手中。一系列的法律都试图限定报刊的活动范围。1957 年的《防卫法》禁止出版不利于国家安全的信息。1959 年的《监狱法》规定，出版与监狱和囚犯有关的某些信息是违法的。1978 年的一部《警察修正法案》确保了警察的某些行为在媒体中受保护。在这方面最全面的要数 1974 年的《出版法》，它禁止任何被认为是淫秽、色情、亵渎神明、诋毁任一社群、侵犯隐私或可能损害种族关系和国家安全、扰乱法律和秩序的东西出版。1984 年媒体评议会成立，其宗旨是处理对报刊的投诉。1992 年，它收到 89 起案件投诉。最终，在 1986 年 6 月的《紧急状态法令》中，将地方和外国媒体中任何被认为可能是旨在颠覆和破坏的出版物都认定为违法，这是迄今为止对媒体施加的最严厉的限制。新闻记者被明确禁止对反抗事件及针对这些事件的安全措施进行报道、记录和拍照。1976 年索韦托起义之后的十年里，南非经历了其历史上最动荡的时期。种族隔离制度在垂死挣扎，面临国内外双重压力的种族隔离的捍卫者也变得极端绝望。对于南非的报刊，这是最黑暗的日子。

1948 年布尔人主导的国民党胜选之后，英语报纸在整个种族隔离时代成为了实际上的反对派新闻媒体，它们激烈、有效、一致地反对政府有争议的政策和行为。随着国民党夺得议会过半数控制权，议会中说英语人群的声音无可奈何地沉寂了下来，英语媒体成为了南非的正式反对派，被政府厌恶和不断迫害。南非荷兰语报纸所反映的布尔人的观点，团结一致且几

乎无条件地支持国民党政府。直到20世纪70年代末，主要的
南非荷兰语报纸的董事会中还有显赫的布尔人政治家和内阁大 112
臣，使得这些报纸得到了受管控新闻媒体的名声。少数如《人民之声》之类的报纸，虽试图保持中立立场甚或反对国民党，但都因缺少南非荷兰语读者和经济赞助而倒闭。

南非报纸的历史和政治中充斥着种族隔离政府同英语新闻媒体之间爱恨交织的关系，以及反对种族隔离的英语媒体和支持种族隔离的南非荷兰语媒体之间的竞争。这一紧张态势在20世纪70年代和80年代进一步恶化，这一时期非洲人为解放而斗争，激进、暴烈而又不屈不挠地直面种族隔离政权的冷酷、独断和血腥的压迫。甚至一些主要的南非荷兰语媒体也不能免于大环境的影响，在批评政府时在政治上变得更加冒险和大胆。由于越来越病态地无法忍受任何人的反对，种族隔离政府开始对讨厌的新闻媒体和记者进行压制。在1981年5月，《兰德每日邮报》编辑阿里斯特·斯帕克斯（Allister Sparks）被突然解除职务。由于其尖锐的言辞和对黑人读者（当时该报大部分读者是黑人）的偏向，斯帕克斯冒犯了白人社会的利益和读者。受财政困难影响，《德兰每日邮报》在1985年4月关门了。相似的命运也降临到《国民报》编辑哈拉尔德·帕肯多夫先生（Harald Pakendorf）的身上，他的观点被政府和该报董事会认为太过自由主义。同样，唯一的南非荷兰语周报《融洽》的编辑维姆皮·德克拉克博士（Wimpie de Klerk）也被迫在1987年3月辞职。然而，对政府来说，最棘手的挑战来自于相对较新的报业集团，它们被称为另类新闻媒体。[2]

另类新闻媒体

另类新闻媒体是指南非从 1960 年开始兴起的那些站在争取平等和自由的斗争最前沿的报纸、杂志和期刊。它们是另类的，这首先是因为它们并不属于人们熟知的主流或成熟的新闻媒体，后者一般是由主要的新闻媒体组成，通常隶属于报纸媒体联盟。其次，另类新闻媒体事实上几乎没有接受过南非政府和企业的财政和后勤支持，这使其看起来像该国另一类别的媒
113 体。第三，另类新闻媒体的出现代表了一种新的报道社会和政治新闻方式的兴起，这种方式在报道南非的种族隔离政府及其社会、经济、政治状况时通常持直言不讳的批评态度。与任何其他报业集团不同，另类新闻媒体在白人支配的南非把非洲人或者黑人视角引入新闻报道。通过这种方式，隐蔽的不公平待遇得以显现，并且为边缘团体和个人提供了一种表达自身观点的媒介。通过它们的妙笔和大胆报道，种族隔离国家想要压制或淡化的问题就会变成国内和国际的重大问题。通过拓宽公共话语和新闻自由的边界和内涵，它们促成了民族意识的觉醒，并最终导致了种族隔离制度及种族隔离国家的灭亡。基于这种贡献，另类新闻媒体也被称为抗争性新闻媒体。

南非另类新闻媒体的发展可以归结为三个阶段。第一阶段开始于 20 世纪 40 年代并持续到 70 年代中期，但其根源可以追溯到 19 世纪。随着 1884 年约翰·腾戈·贾巴乌（John Tengo Jabavu）于威廉国王小镇创办《原生视点》开始，许多黑人报刊争相试图在混乱的南非殖民地为自己求得一席之地。

20世纪40年代，由于发生了一系列收购、合并和倒闭事件，几乎所有的亲非洲人报纸都消失了。只有少数诸如《真相》（又名《非洲青年之音》）、《民族》（国家）、《泛非主义者》和《非洲北极星》之类的报纸幸存下来，但也只拥有少量忠实的城市读者，而且一般无法影响国家事务。20世纪40、50年代的抵抗运动可以在许多非种族歧视和无宗派的社会主义报纸中寻得踪迹，比如《斗争之声》（1942～1963）和《解放》（1953～1959）。在无休无止的骚扰和警察暴行之下，这些报纸依旧对反对派的政治活动提供了持续关注，直到最后一家此类报纸《火花》于1963年被种族隔离政府关闭之后才沉寂下来。

第二阶段与20世纪70年代黑人觉醒运动（BCM）的发展息息相关。通过它自己的时事通讯和其他不定期出版物，诸如《黑人评论》《黑人视角》《世界》和《周末世界》，以及通过有效传播强调黑人种族自豪感的反霸权话语，黑人觉醒运动成功地提高了各行各业黑人的政治意识。另类新闻媒体历史的最后阶段覆盖20世纪80年代和90年代早期。在南非，联合民主阵线（UDF）及其附属组织在这一最后阶段主导着对
种族隔离的抵制运动。为了动员公众支持其解放议案，联合民 114
主阵线积极拉拢和利用报刊，特别是另类新闻媒体。矛盾的是，虽然有一打或者更多的抗争性新闻媒体在斗争的最后几十年充满活力地萌发和繁荣，并最终见证了南非种族隔离和种族隔离国家的消亡，但却只有其中两份幸存到了21世纪。为了生存，其中之一的《每周邮报》成为外商独资报纸，改名为《邮卫报》。另一家《东开普新闻》则被商业企业所收购。

抗争性新闻媒体的黯然退场不应该使我们低估其所做贡献的重要意义。通过深化政治意识、制造异议、激励一代又一代的积极分子、抵制传统媒体和国家宣传机器的僵化统治、对种族隔离的文化和环境进行严肃质问和强硬挑战，抗争性新闻媒体为南非奇迹做出了重大而持久的贡献。为废除种族隔离制度和种族隔离国家的特定目的而成立的另类新闻媒体，其存在随着这两者的消亡也一同变得多余了。与大多数高效的抗争性报刊杂志一样，另类新闻媒体成为了自身成功的受害者。作为有着明确目标的反叛者，它已经完成了其主要目标，因此除了打包回家以外再没有其他什么出路了。[3]

无线电与电视

无线电

1923 年 12 月 18 日，在南非铁路公司（South African Railways）的赞助下，南非进行了第一次无线电广播。由于战后兴起了无线电热以及双向无线电话（two-way-radio-telephone）设备日益流行，南非政府开始鼓励企业集团申请无线电广播执照。在收到的众多申请中，政府选择了三家企业联合体，这些企业大多是政府企业，被认为足够值得信赖，不至于利用自己的无线广播危害国家安全。所有的单个申请者都被拒绝了。在威特沃特斯兰德，约翰内斯堡市政当局的申请也被拒绝了，这可能是因为其中的某些参议员曾同情 1922 年白人矿工的罢工行动。与之相对的，科学与技术学会协会

（AS&TS）——一个由来自矿业与工业企业的顶层管理人员组成的俱乐部——却赢得了执照。在开普敦，因本市市政当局放弃了这一机会，因此执照最终落到了亲政府机构开普敦半岛广电联合会手中。获得执照的第三家企业联合体是德班公司。这三家广播电台都于1924年开始广播。

想要从无线电听众那里收取收听许可费一直都是一个难
题。与两端通信的无线电话设备不同，无线电接收设备的拥有 115
者是很难定位和追踪的。一厢情愿地呼吁听众自觉支付收听费用收效甚微。由于无法积累资本，同时广告收入也有限，这三家公司的亏损都开始不断增加。到1926年底，约翰内斯堡电台最终停止了无线电广播。政府无视邮政部门的压力，拒绝接管广播电台，因为此时它还没有意识到无线电的经济价值和政治作用。政府转而向I. W. 施瓦星格寻求帮助，他是一位已经在南非保险、戏剧以及电影市场中占据了一席之地、十分成功的美国企业家。1927年4月1日，施瓦星格公司将三家羽翼未丰的电台合并起来，成立了非洲广播公司。但即便如此，施瓦星格应用美洲流行的大规模生产和分配原理的努力却并不奏效，在南非社会和经济环境下，公众对公共广播兴趣索然。陷入僵局的施瓦星格不得不转向政府寻求帮助。最终，在1936年，政府在听取了一个调查委员会的提议以后，建立了南非广播公司（SABC），以接管、发展和管理国内所有的广播事业和相关服务。1936年8月1日，南非广播公司推出了第一档全国性的英语节目。1937年10月，又推出了第一档全国性的南非荷兰语节目。在1948年到1971年期间，人们目睹了南非广播公司的快速扩张和重大转型，它推出了商业频道和甚高频

/调频（VHF/FM）系统，而且建成了一个全国性的广播网，将国内所有的无线电发射机都连接到了一起。

南非广播公司在无线电广播领域的垄断地位一直十分稳固，这种情况直到1994年种族隔离政府倒台才发生改变。在那之后，南非广播公司开始使用20种语言24小时播送广播节目，还提供了7种语言的4档电视节目。它拥有6档全国性的广播节目，这些节目中最顶尖的是南非英语频道（English Radio South Africa）和南非阿非里卡语频道（Afrikaans Radio Suid-Afrika），两者都直到1985年才开始播送商业广告。此外它还有一档叫猎户座电台（Radio Orion）的通宵节目，每天自黄昏播放至黎明。类似的还有极速电台（Radio Allergro），它是一档播放经典音乐的夜间节目。都市电台（Radio Metro）是针对都市中黑人群体的一档24小时的节目，还有第五电台专门用调频台放送面向青少年的节目，同时也用中波和短波向全国各地广播节目。拔尖的商业广播网有2000电台和702电台。全国各地还有一些地方电台，其节目每天由黎明播放至黄昏。其中最著名的有：约翰内斯堡的高原立体声电台（highveld Stereo）、开普敦的好望角电台（Radio Good Hope）、比勒陀利亚的红木电台（Radio Jacaranda）、布隆方丹的奥兰
116 治电台（Radio Oranje）、德班的纳塔尔港口电台（Radio Port Natal）、伊丽莎白港的阿果亚电台（Radio Algoa）以及服务于居住在纳塔尔和德兰士瓦的印度人的商业活动的莲花电台（Radio Lotus）。共有九个地区性商业电台是为黑人听众服务的，它们分别用塞索托语、祖鲁语、科萨语、莱博瓦语、茨瓦纳语、聪加语、斯威士语、恩德贝勒语和文达语来广播。在

1995 年到 2001 年期间，政府共发放了 80 个社区电台的执照，其中共有 36 家到 2001 年已经开始运行。

RSA 电台（南非之声）1966 年成立于约翰内斯堡，用短波无线电向世界各国播放 12 种语言的节目，包括英语、法语、葡萄牙语、德语、荷兰语和南非荷兰语、西班牙语、丹麦语、斯瓦希里语、齐切瓦语、洛奇语以及聪加语。南非之声每周播出时间长达 216 小时，为英语、荷兰语、法语和德语听众提供了学习南非荷兰语的机会。它每年收到的听众来信逾 10 万封，被认为是南非广播公司旗下最为成功的栏目之一，而且也是向外国听众传播有关南非的新闻（在种族隔离时期则是进行政治宣传）的有效途径。南非广播公司每天的听众超过1 300万，它通过 600 多个中波和短波调频向国际国内听众播送节目，从而在种族隔离统治末期争取自由的斗争中扮演了十分重要的角色。南非广播公司曾在很长一段时间里由政府拥有和控制，尽管它有时也会不情愿，但还是坚决地服务于种族隔离政府的利益。随着后者的垮台，南非广播公司同种族隔离政府中其他打算继续生存下去的机构一样，都已经创造性地将自己改造成了建设、推进和巩固南非民主化进程的有力工具。

电视

在南非，电视是一个后来者。在最开始的时候南非政府并不愿意将电视引入国内。它担心电视节目中关于黑人生活状况以及国家安全部门在暴力镇压事件中的镜头，会对白人观众产生急剧影响。在连续多年拒绝引入电视以后，政府终于开始正面回应一个由 P. J. 梅耶博士领衔的委员会的提议（博士曾担

任秘密兄弟会的首领和南非广播公司董事局的主席），于1976年1月5日正式推出了首个电视频道。这个频道每周播放37
117 小时，均分为英语节目和南非荷兰语节目两部分。如今，南非广播公司电视台已经拥有3个电视频道和超过11种语言的节目。第1频道播放英语和南非荷兰语节目；第2频道（CCV-TV2）播放英语、索托语、茨瓦纳语、科萨语和祖鲁语节目；第3频道（NNTV3）播放纪录片、教育节目和体育节目；南非广播公司频道（SABC-TV）的节目在全国范围内超过200个地方台中转播。在南非全国获得观看许可的电视观众超过250万，相较于无线电听众而言，政府在收取这些电视观众的许可费用方面要更为成功。在高峰期，第1频道吸引了超过500万观众，第2频道的观众超过300万，而第3频道记录的在线观众常常超过200万。将这些观众人数综合到一起以后，南非就成为非洲最大的电视收看国之一。

自1978年开始引入之后，广告如今已在电视节目中占据大约10%的时间，这种增长是伴随着南非日益融入全球化世界的进程以及观众数量和文化程度的提高而一同出现的，这些转变在黑人观众中尤其明显。上映的电视节目中有大约半数都是在南非本土制作的，其关注点也是南非。余下的其他节目要么是从国外购买，要么就是同诸如英国广播公司（BBC）或某些大型美国广播电视网合制的。来到南非的游客常常惊讶于南非电视节目中浓厚的西方味道。在南非电视网中，许多流行的西方日间和夜间播出的肥皂剧和情景喜剧都已经变得极为普通和常见。其中最受欢迎的往往是美国的真人秀，那是一些混合了情景喜剧和戏剧的节目。比如《全家福》(*All in the family*)、《曼德》(*Mande*)、《夏威夷神探》(*Magnum P. I.*)、《警界双雄》(*Starsky and Hutch*)、《今日联邦调查局》(*Today's FBI*)、《家族风云》(*Dallas*)以及《玛丽·泰勒·穆尔秀》(*The Mary Tyler Moore Show*)。最近正在热播的有《我们的日子》(*Days of Our Lives*)、《勇士与美人》(*The Bold and the Beautiful*)以及《青春与躁动》(*The Young and the Restless*)等。奥普拉·温弗瑞的脱口秀也大受欢迎。

电视与广播的出现对纸质媒体的影响是灾难性的，后者不得不使出浑身解数以求保持盈利，或者至少是存活下去。电视广告自 1978 年出现之后就开始插足原本由报纸广告牢固据守、固若金汤的地盘。因为电视广告能够向观众直观展示生动的且常常是即时的画面形象，并且能够让观众直接投入到引人入胜的当下剧情之中，所以它开始抢走纸媒的客户，这些客户认为电视新闻更加可信，在传播信息方面也更加高效。为了在电媒的毁灭性攻击下自救，也为了挽回因广告流失而造成的损失，南非最大的六家新闻出版集团联合起来申请执照想要组建自己的电视网。政府最终勉强颁给了它们执照，政府担心授予不是由政府直接掌控或资助的独立团体电视节目播放权会有潜在风
险。1986 年 10 月，M-Net 作为一档付费电视节目正式诞生了。[4] 118

种族隔离时期以及后种族隔离时期的南非媒体

因为一直深知不可违逆供养自己之手的道理，故此南非广播公司——至少直到 1994 年之前——一直都极力避免损害南非种族隔离政府的信任或是触怒后者。在种族隔离极盛时期，无论是南非广播公司自身还是政府和反对派都将其视为种族隔

离政权的喉舌。在这方面，它很少反驳其批评者。在 20 世纪 70 年代中期，当南非政府大肆制造舆论，宣称一场由共产党和其他国际国内的左翼势力联合发起的，旨在反对南非联邦国家和社会的全面战争正在逼近时，南非广播公司在这一场宣传战中发挥着统领媒体战线的作用。虽然南非并没有指导广播电视网政策制定的明确声明，但是敏感的媒体记者们都懂得，最好不要越过掌权的军政要员和拥护种族隔离制度的白人们所能够接受的界线。其实所有人都心知肚明，黑人是被完全排除在广播和电视节目之外的，只有在扮演一些白人为其量身定制的预设角色时黑人演员才能够出镜，比如侍者、女仆、矿工和产业工人、罪犯、流浪汉这一类角色。目光敏锐的编辑、制片人和广播员深知，白人观众并不乐意被以下情景困扰，即关于黑人的可怕处境或是警察在对敌人施暴时的悲惨人物形象和报道。记者、编辑和制片人或出于大意或是受到良心驱使而制作出哪怕稍微令人不安（对不知情的白人观众而言）的节目，都会被解雇，比如凯文·哈里斯制作的关于 1976 年索韦托起义的节目就是一例。遗憾的是，在南非过去发布的众多历史性文本中，只有极少数越过了这一界线。结果，南非电媒错过了一个很罕见的黄金机遇，未能为未来记录下种族隔离行将就木的这一时期内发生的改变着社会的重大事件。而且，由于南非媒体在大多数情况下都出于相似的理由同世界其他国家的媒体相隔绝，因此南非的年轻人被剥夺了了解和目睹这些重大事件的机会，他们只能看到成功逃脱种族隔离国家高效而严酷的审查制度的控制而传播出来的关于这些事件的稀拉拉的片段。

随着种族隔离的结束和民主秩序的到来，南非媒体界获得

了新的动力和活力，开始在巩固和拓展南非奇迹的成果上扮演重要的角色。随着多年的种族隔离枷锁被新生的自由和多党民 119
主制度所粉碎，虽然在黑人中（包括非国大领导下的政府中的显要人物）依旧还留存着对白人主导的媒体机构的真实意图的怀疑，但南非的纸质和电子媒体都称得上是世界范围内最广受尊重的媒体之一。得益于新近获得的活力、勇气和批判立场，南非媒体——搁置其复杂的、大部分是有污点的历史——被视作南非革命成果最重要的支柱之一，尤其是将助益于新南非的非种族的多党民主制以及对于平等和尊崇人权的永不妥协的追求。如今随着更广阔的非洲大陆市场向南非媒体开放，其成长与扩张的潜力将无可限量。

注释：

1. 伊莱恩·波特：《作为反对派的媒体：南非报纸的政治角色》（托托华市，新泽西州：罗曼与利特菲尔德出版社，1975 年），第 34 页。

Elaine Potter, *The Press as Opposition*: *The Political Role of South African Newspapers* (Totowa, N. J.: Rowman and Littlefield, 1975), 34.

2. 关于南非媒体的早期历史以及本节讨论的主要资料来源，参见：《南非 1989 ~ 1990 年：南非共和国官方年鉴》（比勒陀利亚：外交部信息局，1989 ~ 1990 年），第 655 ~ 672 页；伊莱恩·波特：《作为反对派的媒体》，第 30 ~ 49 页；以及柯岩·托马塞利、鲁斯·托马塞利与约翰·穆勒：《南非媒体》（纽约：圣马丁出版社，1987 年）。

On the early history of the press in South Africa and the main sources for the discussion in this section see: *South Africa* 1989 ~ 1990: *The Official Yearbook of the Republic of South Africa* (Pretoria: Bureau for Information, Department of Foreign Affairs, 1989/90), 655 ~ 672; Elaine Potter, *The Press as Opposition*, 30 ~ 49; and Keyan Tomaselli, Ruth Tomaselli, and

John Muller, *The Press in South Africa* (New York: St. Martin's Press, 1987).

3. 关于另类媒体，以及本节讨论的主要资料来源，参见：李·斯威泽：《南非的另类媒体：反对与抗争之声，19 世纪 80 年代~20 世纪 60 年代》（剑桥：剑桥大学出版社，1997 年）；以及莱斯·斯威泽与穆罕默德·阿迪卡里编：《南非的抵抗媒体：种族隔离下上一代人的另类声音》（雅典：俄亥俄国际研究中心，2000 年）。

On the alternative press, and the major sources for the discussion in this section, see: Lee Switzer, *South Africa's Alternative Press: Voices of Protest and Resistance*, 1880s ~ 1960s (Cambridge: Cambridge University Press, 1997); and Les Switzer and Mohamed Adhikari, eds., *South Africa's Resistance Press: Alternative Voices in the Last Generation under Apartheid* (Athens: Ohio Center for International Studies, 2000).

4. 关于南非国家广播的历史，参见：《南非 1989~1990 年》，第 673~676 页；鲁斯·托马塞利、柯岩·托马塞利与约翰·穆勒：《南非广播界》（纽约：圣马丁出版社，1989 年）；以及《南非年鉴 2001~2002 年》（比勒陀利亚：政府通讯与信息系统，2001 年），第 121~133 页。

On the history of state broadcasting in South Africa, see *South Africa* 1989 ~ 1990, 673 ~ 676; Ruth Tomaselli, Keyan Tomaselli, and John Muller, eds., *Broadcasting in South Africa* (New York: St. Martin's Press, 1989); and *South Africa Yearbook* 2001/02 (Pretoria: Government Communication and Information System, 2001), 121 ~ 133.

第六章　艺术与建筑 121

南非社会的多样性可以诠释众多的艺术与建筑形式何以长久地在该国不同地区繁荣兴盛。在南非可以发现很多独具一格、发展成熟且通常独立发展的艺术传统。其中最负盛名的是桑族岩石艺术传统、班图视觉和造型艺术、欧洲艺术传统以及其他新兴的各种艺术和建筑形式，而本章将把这些新兴的东西统一当作当代艺术加以介绍。

桑族岩石艺术

南非通常被认为是世界上岩石艺术最为丰富的地区。除欧洲以外它是被研究得最多的，同时相较于世界上多数地区的岩石艺术而言很可能也是被理解得最好的。现存有大量关于桑族艺术家的民族志文献，其中很多文献是在19世纪收集的，大约与喀拉哈里沙漠的最后一批桑族画师同时期。岩石艺术遗址在非洲南部分布广泛，但是主要分布于东南与西南部，已发现大约两千座岩石艺术遗址，这些遗址里有近15 000幅与桑族有关的画作，其中多为绘画。岩石艺术分为雕刻或石刻与绘画两类。[1]

石刻艺术主要存在于南非的内陆高原，它们或是由刀刻出的硬朗线条组成，或是通过锤击击打石块而形成的凹槽来做成岩画。石刻作品最为集中、最精致的地方位于：自由邦省尤其是博斯霍夫和福尔史密斯地区附近；克莱克斯多普、勒斯滕堡
122 和克鲁格斯多普地区一带的豪登省；开普省的弗雷堡、赫伯特以及金伯利地区。拥有石刻数量最多的单个遗址位于南非以外纳米比亚的推菲尔泉。绘画是在阻隔南非东南部海岸与内陆高地的崇山峻岭间的岩穴中发现的。其最大的集中地位于德拉肯斯堡山脉，在此处非洲岩石绘画达到了技巧上的巅峰，其中一些作品也是世界范围内现存最好的史前艺术的杰作。

绘画与石刻很少同时出现。在南非所发现的数千遗址中，只有不到十处既有绘画又有石刻。在坦桑尼亚与纳米比亚绘画与石刻往往在同一区域中被发现，然而在南非这两者之间有着明显的地理区隔。在南非，石刻主要见于小山丘顶部或其附近的小型岩石以及峭壁的表面，而绘画则主要见于岩棚或是洞穴石壁。但是两者之间的这种几乎是截然不同的地理区分不应当使人们得出结论，认为这两种艺术形式是由穴居的绘画者与山居的石刻者这两种不同的种族或人群创作的。没有证据表明，这种对地貌的适应对于从事狩猎的桑族人的艺术发展与创造有关键性的影响。看来更加合理的推论是，绘画者与石刻者实则是同一群人。他们不在裸露的岩石或峭壁上绘画是因为，这样的画作不能持久保存下来，会轻易被雨水或是其他腐蚀性的天气因素比如阳光、风、沙破坏掉。受到侵蚀、粗糙不平的岩石表面也不太适合作画。同样的，桑族艺术家们大多不在岩棚雕

刻，因为那些砂岩与花岗岩构成的岩棚不适合于进行雕刻；它们的表层未经风雨侵蚀，于是就不能使雕刻部分与原石部分形成鲜明对比。因此，我们可以合理地得出结论，终年迁徙流动的桑族狩猎者们并不受限于他们所生活的地理区域，而是在迁徙之中将他们的艺术融入到不同的地形条件之中。

年表、主题和风格

要为如此大量的南非岩石艺术作品编制精确的年表一直都颇具挑战性。这是因为应用碳同位素分析来确定画作年代几乎是不可能的。迄今为止所确定的年代最早的南非岩石艺术作品位于纳米比亚南部沙漠邻近南非西北边界的地区。在该处发现的一层有机残骸中包含了八片绘画石块碎片（这些石块由当时的人从外面带入岩棚，考古学家将它们发掘了出来），被测定为约公元前25 000年的作品。相似的，在南非德拉肯斯堡山脉一处称作奇迹洞穴的遗址内的一层有机残骸中发现的一块石刻残片，被测定已有超过10 000年的历史。关于岩石艺术的作者，有可能部分早期作品是由游牧的科伊科伊人创作的，在较 123
晚近的时期则是由半农耕的班图语系族群创作的。不过，对岩艺作品的主题、风格及技艺的进一步研究发现，它们中的绝大多数是由桑族狩猎采集者以及他们的祖先乃至于其他近亲族群所创作的，其中许多近亲族群现已消失。

关于岩石艺术的主题，这些作品主要体现在动物，而被猎杀最多的动物又是被体现得最多的。人类形象也很常见并且几乎总是以动态出现，从事着各种活动，比如狩猎、舞蹈、战斗、奔跑、跳跃或是行走。相伴人类形象出现的一般是诸如弓箭、皮袋、挖掘棒之类的物件。像已经灭绝或想象中的动物、人身兽首动物以及其他猛兽之类的神秘生物形象也有出现。最后一类是几何图案、抽象图形、波浪状线条、或规整或杂乱的虚线、地图状的标记以及其他模糊的图标。在津巴布韦的岩石艺术中很常见的植物与树木形象在南非岩石艺术中却极为罕见。风景在岩石艺术中极少出现，只不过有些作品中有德拉肯斯堡山脉，而在这些作品里，德拉肯斯堡山脉表现为图画里的蜿蜒的线条。在许多画作尤其是豪登省与开普省的作品中，岩画上印有手印以作为印记表示各个绘画者为其画作负责。一项针对这些手印的分布与大小的研究表明，从统计学上和解剖学上讲，它们都更近似于布须曼人而非科伊科伊人或班图人的手。在德兰士瓦省北部的一些石刻作品里刻上了野兽足迹。这些刻出来的动物足印——通常与相关的动物画一道——最有可能是设计出来训练男孩们辨别动物踪迹的技艺的，这类知识对他们这些狩猎采集者的生存极为重要。[2]

兼具功能性与实用性的艺术

那么桑族人为什么要创作岩石艺术呢？对于桑族人而言，艺术是兼具实用性和功利性的重要事物。艺术曾与他们的经济与宗教生活方式有着千丝万缕的联系。狩猎是桑族文化的核
124 心，也是大多数绘画的主题与关注点。历经千年，桑族人发展出了一种狩猎仪式，要求族人在外出狩猎前先要将心仪猎物的形状画于沙中。其后举行的系列仪式中将向这些画中的动物射箭。箭头射中画中动物的地方也将是猎人们最终遇到真实猎物时瞄准的部位。由于桑族人从不重复使用或是模仿旧作，因此

每次狩猎都需要一幅新画。有时他们会在旧画之上再作新画，之前有时会毁掉旧画有时则不会。这解释了为何会有数以千计的描绘猎物与猎手的画作装点了遍布南非的数百个岩棚与洞穴。毫无疑问这还只是原有画作中的一部分，因为还有许多作品是画在沙子、兽皮以及其他易腐的材料上的。

岩石艺术作品似乎也曾受到了桑族人宗教信仰的启发。有些绘画描绘了桑族人参与他们传统的康复仪式的舞蹈。在康复仪式中，女人们热烈地歌唱、拍掌，男人们癫狂有力地舞动与呼吸，于是某些具有精神力天赋的桑族巫医就能够进入出神状态或者说是冥想状态之中，并引发出一种能治病的超自然效能（恩拉姆，nlum）在他们体内迸发，恩拉姆接着就表现为巫医流出的汗液、唾沫和鼻血。恩拉姆通过与病人的接触就为个人乃至于群体带来了治愈、康复以及活力。

在桑族人所猎杀、崇拜以及绘画的所有动物中，最为常见的是大羚羊。德拉肯斯堡一处岩棚表面有一幅关于大羚羊群的彩绘，凭借其柔美、热烈、精妙和沉稳的色彩而跻身世界岩画艺术中最为杰出、完美的代表作之列。大羚羊以其优雅的体态、美丽的影形、祥和的举止以及高频度的出现而在桑族人的宇宙观中占有一个独特的位置。大羚羊是他们的歌曲、故事、音乐、舞蹈和艺术中最重要的事物。称赞某人的舞姿神似大羚羊是对其至高的赞誉。据说一个桑族人在神游状态中会步履蹒跚、浑身战栗并且流着鼻血，就如同中了毒箭生命垂危的大羚羊步伐轻浮、蹒跚前行一般。一个桑族人绝不会在没有向其献舞致谢之前杀死一只大羚羊。当采访者问及卡根神（Kaggen）在何处时，一个德拉肯斯堡的桑族人回答说：“我们不知道，但是大羚羊却知道。你有否在狩猎中听闻他的呼声响起而羚羊们忽而齐齐向呼声奔去？他所在之处，大羚羊就驯服如同家畜。”[3]

更令人印象深刻的是，每位艺术家作品都独具特色，这是因为，桑族艺术家绝不抄袭其他艺术家的画作，也很少在不同的洞穴里重复画同一张画。对于桑族人而言，对创作的渴望总是超过装饰。即使是在他们艺术生涯的最后时光里，当桑族人被欧洲殖民者们像对待猎物一般猎杀以确保他们被完全灭绝
125 时，他们也决不允许自己的艺术变得刻板。这一时期杰出的岩画描绘了南非白人开拓团中戴着软帽的男人以及头顶太阳帽身着长衬衫的女人向那些虽徒劳无功却依旧英勇无畏地用弓箭抗击的桑族人开枪射击的场景。在英国步兵与南非白人突击队持续的暴力恐怖下，桑族人慢慢地逐渐失去了他们的土地以及生命，他们也几乎无助地目睹了他们的人口与艺术文化实质上几乎被完全灭绝了。他们虽则在欧洲帝国主义者贪婪的枪口下永久地沉睡了，但是这一批艺术家的灵魂依然在通过他们留在这片曾属于他们的土地上的岩石与山壁上成千上万的声音而诉说着。这是对这一人类已经无可挽回地失去了的生活方式、文化和文明的不可磨灭的永恒缅怀。

班图艺术

雕塑：木雕

同非洲许多地方一样，木雕在南非是作为男性的活动而发

展的。南非各地的专业工匠雕刻各种各样的东西，随当地习惯、需求及专门化的情况而定。一些雕刻工匠因为能够雕刻人物与鼓而闻名；一些精于制作木碗、木臼和其他器皿；另一些则通过雕刻礼器与宗教器物而成名。在许多地方，比如在祖鲁人和一些北索托族群中，手艺人也会被委托制作当地人使用的许多物件，从勺子和瓶子到精工细雕的手杖与头枕。对于这些手艺人而言，顾客的需求往往决定了产品的外观与品种。对于大多数手艺人而言，不同的技能以及市场的力量常常共同决定了雕刻品的数量与质量。

在南非人当中，雕刻品是由独木雕成的，也就是从一整块原木中雕刻而来，但少数受到欧洲木雕技术影响的手艺人除外。木雕原料的选择由成品用途决定。工具与门柱往往使用坚硬的木头雕成，而轻质的木头则用于制作需要随身携带或穿着的面具和其他头饰。对于小型而珍贵的物件比如勺子、烟斗和鼻烟盒，往往会使用木头的暗色芯材，因为它通常是最坚硬的部分。用于雕刻的最主要的工具有斧头（axe）、扁斧（adz）、刻刀以及弯刀。扁斧是最重要的雕刻与刨削原料使其成型的工具。各种型号的扁斧与刀子都使用，取决于雕刻品的大小与复杂程度。有着曲形刀刃的圆凿常被用于挖空大型物体。刀子与 126
凿子常在最后阶段使用，以刮下粗糙不平的地方、雕出精致的细节以及在雕刻品表面刻出简单或精美的饰物。

通常原木还在潮湿时就雕刻了，木头变干时艺人会小心看护，以防开裂。对于多数从业者而言，木雕只是一项业余活动；几乎完全取决于其他关乎生计的事务，比如种植、狩猎以及打鱼。人们在成长于雕工家族时习得了雕刻技艺，间或有优秀的青年雕工被派到家族以外的有声望的雕工那里做一段时间的正式学徒。在大多数社会中，每一位男性都会被希望能够有能力雕刻一些勺子、锄头把手之类的简单物品，而更为复杂的物件，像是占卜用的碗卦以及房门，则是聘请的专业人士的保留项目。

在文达族、聪加—尚加族、索托族以及茨瓦纳族中，直立的人物、动物雕刻品具有不同的功能。最为常见的是用作举行成年礼时的辅助用品，在此过程中孩子们会被教导去理解并尊重社会价值以及性道德。同时被强调的还有婚姻、个体认同群体以及族群团结的重要性。前文所提及的几乎所有族群都会在男孩的成人礼上使用直立的木雕品；只有文达人在女孩的闺房里摆放它们。在茨瓦纳人以及北索托人中，动物木雕的使用十分常见。这些被雕刻成许多形状、大小各异的木雕被用于各种用途。

不同族群之间的雕刻风格往往可以相互区分，尽管并非总是如此。佩迪族以其异常丰满的写实主义人物雕塑而出名，这些人物的头部往往被雕刻成占整个身体大小的四分之一到三分之一。这种风格运用微妙的细节来揭示雕塑人物的年龄与地位差异，这在其他非洲雕塑传统中也有存在，譬如在西非的约鲁巴人那里。生活在北方省的聪加—尚加人以其瘦长的人物雕像而出名：这些人物由短小的头部、细长的手臂、弯曲的腿脚、男人的头环、女人的盘发、突出的臀部、区分明显的生殖器、胸部以及乳房共同组成。由于这些人物形象总是一男一女成对出现，这就表明，这些雕塑品是用于宣传性与婚姻的说教工具。[4] 聪加—尚加族站立人物像的修长风格使得它们特别适合

放于重要人物和头领们的家外面，充作尊贵的标示符号。此类以及其他的站立人偶也被雕刻成战场上的哨兵的形象。最后，127
许多族群在占卜以及治疗仪式上也把木雕人物制作成有关节的木偶。[5]

头枕（headrests）

头枕是南非最为常见的雕刻品之一。多少世纪以来，来自不同族群的艺术家们发展出了成为其族群标志的不同的头枕风格。在聪加族中，人类与动物的形象被用于像柱，像柱上的横档由其中动物背上的木条或木板支撑。以多种方式捆绑或悬挂在底座和横档之间的长条形、扁平的像柱在聪加人中很常见。较受欢迎的动物是有角动物，其中尤以因美丽、优雅和多种多样而著称的大羚羊雕刻为多。牛和山羊形象也会出现。在祖鲁族和斯威士族中，动物形象极少用于像柱，取而代之的是两个或更多方形的支柱支撑起一个被雕刻在中间稍偏下部位的沉重的矩形横档。在斯威士人中，头枕上的横档通常由两只有凹槽且相互分开的支柱撑起。在所有族群中，头枕的不同部位都饰以各种装饰品，这些装饰品有的是绘出的，不过通常是雕刻成的，包括从几何图形、浮雕图案到曲线及交错线条形式的各种装饰图案。经年累月的使用以及长期暴露在家庭油烟之中使许多头枕看上去黯淡陈旧，却也同时保护其免受虫类的侵蚀。[6]

木门、乐器、占卜用碗、鸵鸟蛋容器等物件

在文达族中，大型整木制作的恩格温亚（ngwenya，意为鳄鱼）门几乎是专为酋长雕刻的，他们主要将之用于首府。

相似的，大型半圆鼓（ngoma）也像鳄鱼门一样装饰着V形和菱形图案，点缀以同心圆环，充作酋长造雨神力之贮藏物。装饰着钥匙的木琴在重大宫廷仪式上占据突出位置，也是同样的道理。其他作为权力与地位象征的物件还包括卜卦碗和精心制作的、亮闪闪的权杖。更长、雕工更为复杂的权杖往往由男人使用，不过，有着不同寻常地位的女人，比如巫医和占卜者，也会使用它们。偶尔权杖也会被整个雕满图案，但是通常杖头才是重点，它常常会被雕刻成人头、躯体或是动物形象。在祖鲁族、斯威士族与聪加族中，在杖身雕刻盘旋而上的毒蛇的情
128 况并非不常见。文达族的拐杖顶端往往是一只握着蛋的手的形状。

占卜用碗虽不属于首领们，但是也属于王室艺术的范畴，因为它们的使用与王室是密切联系的。占卜碗主要在文达族中使用，最有权力的占卜者用其为辛戈—文达血统的诸王（kosi）占卜，这样的碗只有10个留存到了现在。基本上占卜碗是一个半球形的浅容器，还有相对宽平的碗沿把中间中空的部分围起来，碗上装饰着代表文达人宇宙观的各种图像与符号，雕刻在碗沿上的图像包括代表特定家族或氏族的动物、代表女人的磨石与梳子、代表男人的长矛，还有预示着年龄与性别的各种卜块（thangu），用来预示年长还是年幼，男人还是女人。在中空的这一部分中，鳄鱼、蜗牛、乌龟或是其他这一类的动物的形象以及首领的标志占据了底部。碗沿的一小部分被留空来作为占卜碗进水的通道。在占卜碗底部周遭的之字图案代表蟒蛇，同时也代表了一个封闭的、被庇护的、自治的政权形象。[7]

其他与民族艺术相联系的雕刻或装饰过的物品包括木碗、刀子、奶桶、杵臼、鼻烟容器以及盘子，在祖鲁族、斯威士族以及佩迪族中，有着光滑内里以及花饰底盘的四脚碟是用来盛放肉食的。在祖鲁族中，用坚固木材雕成、有着几何图案花饰以及黑色纹理、靓丽黑漆的木制器皿用于装盛牛奶、水和其他液体。像手杖、金属刀具的手把以及木质或骨质勺子的柄常常雕以设计精美的抽象图案、动物或人类的形象。性的主题在许多雕刻品中也有突出表现。乳房以及公共三角图案被明显且诱人地雕刻在研钵、手杖、勺子、门楣以及许多其他物件上，象征着生殖力以及对女性、婚姻以及人口再生产对社会的重要性的肯定。

另一民族艺术品是鸵鸟蛋壳水瓶，它在南非桑族人中长久以来都是最重要的水容器。制作一个蛋壳瓶的流程包括先在蛋顶开一个小洞，摇动倒出蛋液，然后清洗内部并用香草除臭，最后用一个小小的芦苇或草制的塞子封住开口。蛋壳瓶由已婚女人制作，她们每人大多拥有 5 到 10 个，单个蛋壳瓶能够储存大约一公升的水。装满水密封起来以后，这些蛋壳瓶在水源充足时会被埋藏起来。历经数月或数年以后，当干旱时再将它挖出来，里面的水依然完好无损。大多数蛋壳瓶都未作装饰，只有少数为方便主人辨认而做了标记。在开普省布恩普拉斯考古发现的可以追溯到公元前10 000年左右的雕饰着几何图案的蛋壳碎片，确证了在该地区带雕饰蛋壳水瓶的悠久历史。在距
今几百万年历史的遗址中挖掘出的蛋壳上发现了动物以及人类 129
的图案。除了储水以外，蛋壳瓶也被用于运输和储存食物、赭石以及颜料。在更晚近的年代里它们有些也会被用作陪葬品。[8]

陶器

通常使用烧制黏土的方式制作陶器的工艺，是将班图语系的族群与也居住在非洲南部地区且历史更加久远的科伊桑族及其他一些族群相区分的文化因素之一。几乎所有南非的班图语系族群都流行使用种类繁多的陶土器皿，它们通常是烧制的，但是偶尔也有例外。相似的，在班图人的影响下，各科伊桑人群也将陶器纳入了他们家用品的一部分。在几乎所有族群中，制作陶器都是女人的特权。似乎在最初是由每家的女人负责制作大多数自家使用的陶器。但随着时间推移，专职化成了规矩，不久来自某些族群的一些妇女树立起了她们擅长制作陶器的牢固的声望。陶罐以及其他相关的陶制容器与物件成为了当地与长途贸易中的关键物品。在一个大多数人都没有机会接触电力的社会中，陶罐的价值非凡，因为它们的透气性质地使其能够保持饮水、牛奶、啤酒以及其他液体的新鲜与凉爽。

这一地区丰富的黏土资源促进了陶器艺术的发展。黏土主要来自沼泽、蚁丘以及河堤，但在有些地方陶器匠可能也需要从别处才能获得黏土与用于着色的颜料。在出产的黏土不能直接使用的地区，沙子和其他的材料就会被补充添加进去。陶罐制作使用的基本工具很简单：一块木头、一只葫芦或是一片用于削刮与平滑陶罐表面与内里的骨头。草秆、贝壳片或是小刀被用于印制或是雕刻装饰花纹。关于陶器制作工艺，他们并不使用陶工旋盘。取而代之的是一块方石、一片旧陶片或是一只旋转的金属碟子或盖子，用作基底。当制作大的陶罐时，陶器匠往往不断绕着它走动、加工以使其成型并最终完成它。[9]

烧制陶器的形状、大小、装饰图案、制作技艺以及风格、 130
类型上的其他成分已经被学者们用于追溯以下事情的年代并确定这些事情：各种陶器的风格谱系、古代文化的传续、人口迁移的模式、不同语言群体的分化以及南部非洲分支繁多又互有继承的班图语系族群之间的互动与关联。长久以来，该地区出现了各种陶器风格、形态、大小以及色彩。文达陶罐通常是圆球状、瓶颈短且开口宽阔。而佩迪族、恩格瓦尼族、卡卡族以及北索托族的家用陶罐则是半球形无颈的。一种带着弧线和三角形的花饰图案被印刻、打磨在罐沿下面一点的肩部并着以红色与黑色。相似的，聪加族陶罐也印刻着 V 形与三角形图案的几何花纹。祖鲁族陶罐通常也是球状无颈的，它们的花饰位于罐腹下方而非罐肩，花饰往往采用树叶或是盾牌之类图案以象征和纪念祖鲁著名的尚武精神。祖鲁陶罐很少使用装饰性的色彩，常常是通体黑色。[10]

欧洲人的到来与新派艺术形式

绘画

1652 年荷兰殖民统治在开普的建立为该区域引入了一种新的绘画传统。欧洲游客、探险家、调查员、科学家、公务人员、商人、殖民者、传教士等各色人士，出于自身兴趣，也为了记录身处的独具特色的环境、为其开创性的经历留下图像资料，而进行了素描或绘画。现存于海牙国家档案馆的一幅关于桌山（Table Mountain）的 1655 年的水彩画，是这些画作中时间最早也最令人印象深刻的作品之一。不过，南非绘画直到19世纪上半叶才形成自己的特色并发展出一种艺术传统。[11]英国人的占领为英国移民艺术家的到来铺平了道路。其中有几个著名的水彩画家：托马斯·鲍勒（1812~1882），一位几乎是自学成才的艺术家，因其具有历史价值的作品以及描绘开普山水与城镇景观的浪漫迷人的油画与水彩画而著名；W.H. 朗施密特（1805~1866），他所描绘的平静的开普敦街景在审美上使人愉悦；还有托马斯·贝恩斯（1820~1875），迁居南非之前他是房屋装饰画匠学徒，这是他职业生涯的开端，他在南非描绘了关于1851~1852年之间卡菲尔人的战斗以及1861~
131 1864年之间维多利亚瀑布探险的十分迷人的艺术场景。其他一些人留下了素描之类的艺术遗产，这些作品虽不在艺术上占有重要位置，但却因其历史价值以及对南非环境浪漫别致的描绘而闻名，这些人包括弗雷德里克·T. 艾恩斯（1802~1887）、亚伯拉罕·德·斯密特（1829~1908）以及H.W. 赫尔曼（1841~1916）。在曾于英国受过训练的导师如乔治·克罗斯兰·罗宾逊（1858~1930）的影响下，素描在很长一段时间里都被认为地位低于油画，因此不是十分适合公开展览。结果虽然这些19世纪的版画家与插图画家绘出了色彩斑斓的画作，并且他们的作品带有强烈现实主义，但在那一时期他们还是被看作画匠而非严格意义上的艺术家。尽管如此，像鲍勒和查尔斯·贝尔（1813~1882）之类的画家还是创作出了许多有价值的素描，展示了他们的艺术才能。

到19世纪末20世纪初，匠人的技艺才逐渐被认可为艺术。在南非绘画发展的这一新趋势中的先驱者之一是扬·恩斯特·亚伯拉罕·沃斯切克（1853～1936），他是第一批自学成才的南非本土画家之一，且在51岁作为会计退休之后才全职投入到绘画之中。他关于南非景物的开创性画作虽然用色单调，却也显示出了艺术家对非洲景物的热爱。[12]

女性艺术家略览

在任何关于南非艺术家的历史略览中，女性总是占有显著位置。其中最早成名的是由一批女性艺术家组成的埃弗拉德团的成员。她们中的一对母女：贝莎·埃弗拉德（1873～1965）和露丝·埃弗拉德·哈德恩（1904～1992）后来非常有名。贝莎在伦敦受过训练且以其后印象派画作的富有画面韵律感的风格而出名。露丝曾于巴黎求学但于1928年返回南非。在写实主义及自然主义画作方面，于1916年来到开普东部的爱尔兰人桃乐茜·凯（1886～1964）做出了长久贡献。她的作品“甜心安妮”（Cookie，Anne Mavata）（1956）是对一位南非黑人女仆深刻有力而又生动鲜活的自然主义的描绘。

还有两位女性画家：厄玛·斯特恩（1894～1966）和玛姬·劳布瑟（生于1886），都生于南非却在德国受过训练，据信是她们将表现主义画派引入了南非。寓居德国十年之后，斯特恩在1920年回到了南非，并迅速赢得了当时最善于运用色彩的画家的盛名。她留下了丰富的作品，包括人物与风景画、静物写生与表现主义画作、蛋彩画和水粉画，以及一些壁画、雕刻、陶器，其中有许多品质上乘、价值极高。然而，她的画作的自然、任意、活力、生气、表现主义以及个人担当，是她那个时代的开普敦艺术界所无法承受的。所谓的专家们在文化 132
上孤立于世界之外，看不到欧洲在20世纪早期的重大进步，抵制了斯特恩的作品。但艺术界对她的批判性忽视并没有能够阻止大众，他们大量涌入美术馆去观赏其作品，并被其活力、慈悲、异国情调的风物、感官上的愉悦、丰富的呈现及其激进主义色彩所吸引。

玛姬·劳布瑟同表现主义画派的联系没有斯特恩那么紧密，但是她在德国表现主义画家卡尔·施密特—罗特卢夫的影响和激励下，发展出了对某种世俗形式的表现主义的热爱，专注于表现土地、生民、动物以及植物。其画作吸引人心的气质、扭曲的形式以及充沛的表现力，显示了其所受的德国表现主义的影响。她没有跟风占统治地位的风景画的主题，从而打破了当时的艺术惯例。她选择了用人物来定义风景而非只专注于风景本身，坚定地将其艺术根植于现实环境之中。在乡村女画家的装束之下，她创作了富有洞察力、寓意深刻的关于麦地、帮工、在农场耕作和收获的农夫、在小屋中的渔夫、狗、猫以及其他取材于乡村生活的场景的画作。在一个习惯于将艺术与自然风光、庄严的三角屋以及名人肖像联系在一起的社会中，劳布瑟专注于平凡的问题、场景和日常的生活、劳作，她对平静生活以及对动物、植物的不同寻常的热爱，她在作品中表现出的真情流露，以及她对她周围自然世界的认同，既打动人心，又具革命性。[13]

对于本土的、造访的以及移居在此的画家而言，南非自然环境的独特性与显著性使他们感到非同一般，于是风景画成为了南非艺术中占统治地位的主题。1936 年在约翰内斯堡的帝国展览会上，罗沃思、普劳斯、基贝尔、斯特恩、普雷勒尔、劳布瑟以及展览会上的其他艺术家创作的南非艺术作品受到了广泛好评，标志着这些艺术家的作品的成熟，并且获得了国际认同。两年以后的1938年，由沃尔特·巴蒂斯以及格雷瓜尔·布恩泽尔领衔的一群青年艺术家组成了新锐团（the New Group）。新锐团被看成应对南非艺术家协会的反变革性势力的另一种挑战性力量，在全国范围内组织了演讲与展览，团结、激励和支持了一大批新生代艺术家，并以画作换来生活用品。在巴蒂斯的指引下，新锐团逐步提高了总的艺术水平，坚持了专业的艺术标准，并培养了大众对艺术更加浓厚的兴趣。
最为重要的是，新锐团强调，在所有表述、发展独特的南非艺 133
术流派的运动中，桑族先人的岩画都是必要的基础。[14]

自20世纪60年代以来，随着沙佩维尔警察开枪事件以及瑞弗尼亚叛国案（the Rivonia treason trial）的审判和定刑这些事件的发生，南非变得日益疏离于国际社会。结果南非艺术也开始从著名展览中退出。随着种族隔离政策变得越来越高压且对政治异见的日益严厉，许多艺术家都感到难以容忍这种气氛从而开始主动流亡。那些留下来且刻意避开政治或公开反抗话题的人则开始接受政府和经济组织的赞助。在那些年里，形式主义、几何抽象画作以及抽象派画作盛极一时。

雕塑与陶瓷

荷兰殖民者住在农村，主要从事农业，没有提供一个有益于艺术繁荣的环境。在早先的年代里，支撑雕塑传统所必需的经济赞助与美学品味也同样稀缺。南非的欧洲雕塑传统最早可以追溯到18世纪下半叶，当时特别重视宗教性装饰。这一发展与安东·安内斯（1754～1822）的艺术生涯紧密相关。安内斯出生于德国，在弗莱堡成长的过程中接受了作为艺术家的早期训练。他于 1777 年来到开普，开始为东印度公司工作，此时他仅仅是一个木匠。但是不久，其艺术天赋开始显露出来。1783 年他得到了第一个任务，路德会会众请他去装饰教堂里的风琴台。更多的工作随之而来。安内斯在 1786 年成为了公司的首席木匠。1805 年他开始讲授艺术课，1814 年他成为了自由木匠技艺学校的首任校长。两年以后，他的学生们的作品成为开普举办的首届艺术展的主题。安东最重要的作品是摆放在开普敦路德会教堂里的雕刻精美的巴洛克风格布道台。他为路德会所做的工作给荷兰归正会留下了深刻的印象，因此他们也在 1788 年委托他为归正会在开普的教堂制作一张考究的布道台。[15]

在 20 世纪上半叶，雕塑艺术被一群移民艺术家以及受过外国训练的南非艺术家所统治。其中三位在 20 世纪 20 年代尤为突出：伊万・米特福德・巴伯顿（1896～1976）、玛丽・斯
134 坦贝克（生于 1899 年）以及科特・斯坦伯格（1905～1982）。这三位艺术家各自的作品清晰地反映出当代的关注点以及在非洲雕塑和雕塑主题中欧洲趣味的增加。

现代非洲雕塑家

斯坦伯格创作了许多献给阿非里卡民族主义英雄的纪念碑，受到了高度赞扬，他的成功显示出具象派艺术的流行。当时欧洲人对非洲主题雕刻品的兴趣与日俱增，欧洲市场不断扩大，非洲农村雕塑家借助于由此提供的经济机会，积极投身到旅游工艺品的生产之中。受过教会教育且在教会学校学习过木

雕技艺的非洲人也开始制作宗教雕刻品，以满足教会客户在宗教及仪式上的需要。其中最著名的是欧内斯特·麦克巴，他于1929年创作的“圣母玛利亚”黄木雕像在很多年里为斯威士兰曼齐尼的圣灵修女院增添了荣耀。还有乔布·柯卡娜（生于1916年）在1956年为伊丽莎白港的圣主大教堂雕刻的红木耶稣受难像。这两位艺术家也为满足游客市场而雕刻过一些非洲主题的木雕。在非洲民族主义意识日益增长的时期，麦克巴坚决抵制了艺术民粹主义并坚持迎合白人客户。他开始制作更加程式化的雕像，直到1938年移居巴黎，在那里经历了一段短暂的抽象派作品创作之后，他彻底放弃了雕刻。相似的，定居于津巴布韦的柯卡娜继续用自然主义的风格去创作宗教与世俗的雕刻，并在为满足旅游产业而必须大量生产的巨大市场压力下成功地维持了高技术水准。

在更晚近的年代里，西方对于被认为是粗犷、原始以及异国情调的事物的持久着迷为非洲艺术家为旅游产业而生产雕刻品和其他艺术品提供了新的刺激与动力。自20世纪80年代中叶以来，一些由政府资助的机构，如蒂提克（由文达发展公司设立）以及其他位于都市中心区的商业美术馆，开始组织当地以及乡村的艺术家们转向旅游工艺品市场，鼓励并引导他们专注于创作被认为是在旅游市场热销的某些艺术品种。当艺术家们随之用同一主题创作多个版本时，批评者就反复谴责商业主义渗入雕塑产业，阻碍了创新及前沿独创性，于是原创性与创新性同大批量生产与利润这两方面之间的潜在矛盾开始浮
现。许多乡村艺术家不得不有意模糊传统与现代以及非洲与西 135
方之间的清晰而又常常重合的边界线，他们开始受到南非艺术

学者的认可。下面就介绍其中某些我们所熟知的艺术家。

纳尔逊·穆库巴（1925～1987）在文达乡下提沙库玛的路德教会的影响下长大。他通过在一位年长的男性亲戚那里做学徒这一传统方式获得了艺术训练。在约翰内斯堡做了一段时间的木匠与电工之后，他于1958年回到了家乡并从事雕刻，制作木碗、磨谷物的杵臼、用于酋长宫廷的半圆鼓（ngoma）以及在妇女成人仪式上使用的人偶（matano）。1981年在新成立的文达人黑人之乡（homeland）首府开放的一家俱乐部创造了一个新的旅游艺术市场，因为去新首府的道路离提沙库玛很近。穆库巴抓住这一新机遇在路边设立了一个货摊，将其雕刻品卖给过往的游客和感兴趣的人。在许多年里，蒂提克等商业美术馆一直在请求帮助穆库巴出售雕刻品，穆库巴对此都不信任并拒绝了。但是在两个世界之间穿行的心理压力对于艺术家来说显然过大。1987年他最终屈服并和蒂提克签订了一份销售合同。一个月以后，他自杀身亡。

诺里亚·玛巴萨（生于1938年）同穆库巴一样是一位文达艺术家，以模仿用于文达女性成人仪式上的木偶而创作的黏土人偶开始了她的事业。她也接受当地政府的委任，制作用于教导乡村妇女母乳喂养以及适度卫生重要性的黏土人偶。不久之后，作为对她自称已经接受的想法的回应，她开始制作标准模型的警察、战士、商人以及其他取材于南非日常生活元素的站立式人偶。这些作品在私人以及公共收藏者中的广受欢迎，使得古德曼艺术馆在1986年将所有这些人偶集合成了一个系列，按照其等级排列并拍了照片。在南非1986年政局动荡的氛围下将这些人偶聚集到一起，这些人偶就被强加上了非艺术家初衷的政治意味。另外与先人景愿相联系的一种精神危机使得诺里亚放弃了黏土造型。她转向了木雕，这在一个将木雕作为男性特权的社会里是革命性的一步。但是没有人可以质疑她宣称指引她的先贤的话，她用一种最非凡的方式如此大胆地打破了性别与男权的界限。受到对于纳塔尔 1987 年一场洪水的电视报道的启发，她创作了巨幅的、震撼人心的雕刻“杀戮Ⅱ”（Carnage Ⅱ），加入了鳄鱼、爬虫、性、母亲、巫术以及亲属的形象，融入了文达先祖的图腾传统。她的雕刻“鼓之轰鸣”（Ngoma Lungudu）描绘了一群筋疲力尽的妇女围绕着 136
一只巨大的成年仪式上用的圆鼓起舞、旋转。虽然这一景象表面上是描绘文达族英雄辛戈（Singo）迁移的故事，但它看起来也是对男性权威的压迫和控制的质疑。

毫不奇怪，白人雕塑家也没有免于受到非洲文化传统的影响。布鲁斯·阿诺特的青铜雕刻“神兽”（Numinous）清晰显露出桑族岩石艺术的影响。安德鲁·博塔的作品受到了祖鲁族手工艺与建筑艺术的影响，詹臣·舍恩菲尔德也受惠于反映了南非班图族宇宙观的画像艺术。[16]最终，种族隔离的结束以及随后南非对外部世界的开放促进了极富生机的艺术传统的发展或者说新生，以满足彩虹之国增长迅猛的旅游产业的需求。创作黏土器皿、色彩斑斓的草篮、彩绘葫芦瓶、铜制品、珠子项链和手链、各种饰以珠子的棍子、瓶子、玩具以及其他容器的新旧艺术种类激增。这些种类的艺术品主要由妇女生产，她们同时也希望能增加额外收入，以供养家庭——在工业化与现代化的南非，农村家庭主要由女性当家作主。恩德贝勒族妇女的产品受到了游客们的特别青睐，因为她们使用炫目的色彩以及

137 各种各样有条理的几何图案来夸张地装饰她们的衣物、家用物品以及房间的墙壁，这也许是对其所宣称的一种独特而真实的文化身份的外显化表达，这一身份在种族隔离并且是白人统治的1994年之前的南非曾受到暴力且隐秘的威胁。[17]

本土建筑

科伊桑建筑

科伊桑人是南非最早的居民，同时也是南非最早的建筑师。科伊桑人以前是狩猎采集者，他们成群结队地在南非广阔而人口稀疏的地带游荡，追寻着众多猎物。在这些早先的日子里，他们似乎居住在洞穴或者岩棚中。在清除了这些住所处的腐烂沉积物并打扫干净，使其能够使用、适于居住以后，这些流动的居民不用花费太多的劳力与材料就能整理好他们初步的住所，而后逐步调整以适应其居住所需。偶尔，他们会在岩棚或是洞穴出口掩盖着石块、石板或是用芦苇、植物或捆扎的草绳制成的门户。桑族人会在许多居住过的岩棚表面留下壮观、美妙的画作，其中许多因为它们的美丽和艺术、美学以及历史
138 价值而闻名遐迩。岩棚尤其适合雨季居住。在干燥的夏季，或是在天然岩棚既稀少又难以到达的地区，桑族人会建立起临时住所。桑族小屋的建造是将树枝和小树绑成一个直径大约五英尺的圆圈并植入地下，顶端向内聚拢且用草绳、树皮纤维或是泥料涂层将其闭合到一起形成一个穹顶，使其外表呈现蜂巢状的架构。而后整个顶端架构内会水平交织着较小的枝条，在这

些枝条上再覆盖一层或数层粗糙的茅草屋顶，这几层茅草会附在一起并通过一个芦苇绳网联结到蜂巢状结构中去。大块的木材被放在小屋的顶部，以防止屋顶被风吹散或是刮走。

另一种由桑族人设计和建造的建筑物是将一片牢固的半圆形芦苇席子系在两排插在地上的木桩顶端，形成一个开放式的通道式住所。为了使住所内免受风雨，另一面半拱形的席子被作为挡板加上，遮掩住通道的一头，于是住所就有了一定私密性。盖顶两侧的两排直立木桩用作收纳弓箭、皮袋、乐器和其他财物的支架。因为席子经久耐用，苇席做成的住所易于拆卸、卷起、搬运、在下一住处重建，这种挡板住所特别适合于游牧生活。

建筑风格、开口大小以及对住所的修整都随天气而变化。在雨季中，小屋的开口常常是背风的，避开来风的方向。在科伊桑族中，基本上是女人负责建筑物的设计和施工。她们也砍伐和整理树枝和草料。选择营地则是酋长的特权，他在自己要建造小屋的地方动工，以此宣告他选取了此处充作营地。之后他的追随者也会选择这些地点建立小屋。一个村庄往往是围绕一棵树作为中心建立的，这棵树会被视为这一群体的社会和政治支柱的象征。树所在的地方就是酋长第一次生火的地方，之后这堆火会作为火种传给村子里其余的人家。树所在的地方也用作男人们碰头和整个群体跳舞的地点，同时还是将酋长及其兄弟的小屋与村中其他人区分开来的标志，村子里其他人的居所通常呈半圆弧线状分布在树的对面。

同桑族人一样，科伊科伊族牧民也发展出了一种适合其游 139
牧生活的建筑风格。为了适应牧民常常为了寻找青草牧场而迁移的需要，他们的居所常常重量轻、体积小、便于搬运、易于组装、可用牛车运输。他们的小屋与桑族人的类似，但规模更大，构造更复杂，样式往往更耐用。一座典型的科伊科伊族小屋由 20 到 60 根去皮的树枝或去掉枝叶的小树组成，它们被垂直插入地下约 1 英尺深，呈直径在 10 到 15 英尺之间的圆形。接着使这些已固定好的小树向着顶部呈放射状聚拢，然后再用绳子、泥料或是牛粪将这个顶闭合，制造出一个半圆形的框架。在水平方向上用小树把直立的小树箍起来，越接近屋顶，水平方向的小树就越小。同时直立于水平的幼树之间的交叉点再由芦苇绳或是可重复使用的皮条牢系在一起。在此之后，整个屋顶架构再覆盖上由女人们用柏树皮纤维编织而成的席子。女人们有时会将成捆的芦苇浸泡在不同种类的粘稠的粪泥或山羊尿中，以此来给席子染色。

用来制作席子的芦苇主要是在河床以及沼泽地找来的。较粗较软的称作麦特杰斯苟德（matjiesgoed）的芦苇要比较细较硬称作别塞斯（biesies）的芦苇更受欢迎。这些芦苇通常一棵棵采割，然后捆到一起，任其干燥数月，在此期间它们的颜色由深绿转为金黄。芦苇一旦变干，就浸泡一夜，按长度分类，然后用锥子将其编织，并利用芦苇根变化出不同的图案。连续多层覆盖上席子的结果是造出一个蜂巢状的小屋，它既能够承受多雨的雨季——此时芦苇吸水膨胀从而不渗水，又能够承受炎热的旱季——此时芦苇收缩使得微风足以透入。喀拉哈里沙漠以及科伊桑地区的持续干旱导致芦苇稀少，进而导致在许多地方科伊桑族半圆形结构屋顶现在覆盖着树皮、平摊着盛食用油和石蜡的金属盒子、防水的塑料薄膜或是波形的铁皮。[18]

班图建筑

已有的证据显示，南非最早的班图语族群全都修筑蜂巢状的房屋，虽然各个族群之间的建筑构造互不相同。其中两类蜂巢状居所显得比较常见。两者之间的主要区别（但并非唯一差别）在于屋顶的处理方式不一样。第一种班图建筑类型在茨瓦纳、南索托以及滕布地区很普遍，它由一圈直立的小树组 140
成，并呈放射状地在顶部汇聚或是交叉，使其呈现锥形蜂巢状外表。然后垂直的幼树结构再由与地面平行且直径向上递减的圆箍捆扎和加固。索托人会在树干的顶部聚合点用一个结实的环扎紧从而造出一个尖顶。而在科萨族，由于小树是在顶部交叉重叠，因而屋顶会更圆一些。在许多情况下，会有一个通过多重拱门构造出的大约半米高的入口通道，将小屋延伸成壶状。

第二种班图建筑类型以祖鲁族为代表，在一些纳塔尔人、开普恩戈尼人的族群以及斯威士人里也很常见。把幼树垂直插入地下，围成圆形，也把幼树从圆圈这一边向另一边弄弯而形成拱形，如此这种建筑结构就形成了。这些连续的拱形越靠近框架中央，拱形就越大，而这些拱形与另一系列排列得更紧密的拱形呈直角交叉——对于这另一系列的拱形，同样越靠近圆形的两端，拱形就越小。在斯威士人中，第二层幼树屋顶不像祖鲁人的那样紧密。在这两层拱形幼树圆顶相交的每一个点，都会用草绳或芦苇绳紧紧绑在一起。下一步就是在这复合型的屋顶（祖鲁语里称作 izintungo）上再盖上草顶。这可以用许多种方法来做。其中之一是将草席重叠铺在屋顶并用绳子将其绑在拱形小树上，之后再铺上一张盖满草的由草绳或柔韧枝条编成的网，最终完工的屋顶会像一个巨大的发网一般。在另外一些情形下，会先用编好的草绳将茅草顶缝到框架上，然后再把草席盖到屋顶上。在大多数时候，框架下面靠近地面的地方会环绕着一条粗草绳，它将会被牢牢系在框架上，距离地面 3 到 4 英尺。以此处为基线（umphetho），其他的草绳（izintambo）以 6 英寸的间隔竖直贴在凹陷处并向屋顶延伸。之后，再将一列排列紧密且平行于地面的草绳与这些竖直的草绳（izintambo）在其交叉处打结联合到一起。到这一步屋顶就完工了，此时屋顶从下到上已环绕上了一系列逐渐变小的同心环。

祖鲁人知道他们能用的各种原材料的属性及缺陷，这就导致了高度的专门化，即用七种不同种类的草筑造蜂巢小屋，每一种草都按照其被认为最合适的方式发挥了专门的功能。竣工后的小屋拥有同心形的草绳结构和尖顶，因而显得美丽非凡，特别养眼，而且是南非本土建筑中的最佳典范之一。在绝大多
141 数情况下，都由男性负责建立好幼树屋顶，而编制草席以及茅草屋顶的工作则专属女性。修整地面的工序包括首先铲出一个轻微凹陷的空间，而后再在其中铺上抹泥的扁平石板，并用大块的鹅卵石将石板磨平。黏土以及牛粪的混合物或是公牛血与油脂将被涂抹在地板上，以使其光滑且坚固。

一座典型的祖鲁小屋分为两个区域，男人的区域在右侧且是入口所在，而女人的区域则在左侧。炉灶是一个圆形凹坑，周边砌高，大致位于入口与小屋背面之间三分之一处。炉灶处的凹坑用来放置圆底烹饪锅。在小屋背面正对入口的地方是一

个隆起的平台或是弧形的、黏土形塑的土堆，被称作昂萨摩（umsamo），建屋之初就在其下埋藏着强效药物，同时它也被用作储存烹饪用具和其他家用物品。因为牛棚中有着最重要的财产——牛，同时也为收获的玉米提供了存储空间，因此它成了家中最受关注的地方并且独属于男人的统辖之下，也唯有男人死后才有资格葬在牛棚处。女人以及孩子则埋葬在牛棚之外。一个由一列石板掩盖着的、葫芦状的凹坑藏在牛棚地面之下，涂抹着牛粪和黏土，用作储存玉米的地窖。[19]

支撑结构的石屋

在茨瓦纳和南索托、菲特拉、普提以及歌雅等族群中，被称作里法拉（lifala）或里波皮（libopi）的支撑结构的石屋都有分布。它们是用球状玄武岩石块、未修理的石板和大块砂石建成的蜂巢状小屋。支撑结构小屋通常呈圆形，其单墙的平均基础厚度约为 2 英尺 6 英寸，随着高度的抬升稍稍向内倾斜，墙顶留出一个直径约 18 英寸的开口。开口用一块平坦的大石板闭合，或是用四块平石板外加一块填补其间空隙的平石板来闭合。通常会将大量的碎石铺在这一块或是这几块石板上，让石板坚实地与小屋结成一体。小屋的入口是一个低矮的、大约 2 英尺高 1.5 英尺宽的开口。为了阻挡大风、狮子以及其他野生动物，这个开口是由一整块从内部推拉或滚动的平整石板来闭合的。支撑结构的小屋通常都很小，内部地基直径在 5 到 7 英尺之间，高度 4 英尺。门口很少超过 4 英尺高和 3 英尺宽。

支撑结构小屋的规模之小引发了对其是否为人类居所的诸 142
多质疑，尽管进一步的证据已经证明了确是如此。应认识到的关键一点是，当时他们以粗糙的石块支撑房屋的技术尚处于初级阶段，这严重限制了此类房屋的可能大小。为了满足对更多生活空间的需要，他们也使用平整的玄武岩石块建造第二种支撑结构的小屋。这些小屋的基座直径为9英尺，屋体高度6英尺，墙体微微升至4英尺高，接着墙体幅度较大地向内倾斜——只要支撑结构允许，墙体上方会留下一个尽可能大的由长条玄武岩长石板闭合的开口。再将碎石以及陶瓷碎片铺在上面，于是就造出了一个平顶房。有时候，可以在某一条轴线上加长支撑结构的小屋，形成内部长度长达16英尺或更多的椭圆形房屋。

另一个南索托族群翠宁族也建造支撑结构的小屋，称作瑟波皮（sebopi）。这些小屋由泥块而非石块建成。它们的基座直径为8英尺，高5到7英尺。翠宁族支撑结构小屋的墙体为圆锥状，墙体向上升起时也轻微向内倾斜，屋顶中间留有开口，以平整的石板覆盖。一条高度为3到4英尺或更矮的通道是小屋入口。支撑结构的泥砖屋常常会在内外墙面都涂上黏土与牛粪混合物作为装饰。在普提人、文德人以及恩滕德人（一个科萨族群）中，仍在建造用于谷物储存、家禽饲养、养猪和做饭的类似小屋。[20]

圆顶筒状房屋

沃尔顿和弗雷斯库拉对南非班图建筑进行的长期细致的研究表明，南非本土建筑发展的新阶段应是与圆顶筒状房屋相联系的。圆顶筒状房是由蜂巢状圆顶演化而来。在后者，圆顶直接被建在了地上；而前者的蜂巢状屋顶则是建在一个由木材、树排、泥块、牛粪或是这些材料中的所有或部分混合制成的筒鼓状墙体之上。这种圆顶筒状房的发展看起来应是诸多社会与环境的偶发因素共同导致的结果。为了防止和减少火灾的危险，也有必要将屋顶抬升到地面以上。由泥浆、牛粪加强的更高的圆筒状基底增强了结构稳定性，同时也保护小屋墙壁表层
免受雨水冲刷。人口的增长导致建筑用草的短缺，使得其他替 143
代材料尤其是泥浆的使用成为必要。最后，圆顶筒状房有着更大的门户以及更高的内部空间，使得进出房间以及进行内部活动都变得更加方便。此外，透光性与透气性的增加使得在各面墙上安装窗户变得更加方便，这一特征对于那些寻求更加精致的生活方式的人们而言尤其具有吸引力。

锥顶筒状房屋

看起来应该是圆顶筒状房屋的结构局限性导致了锥顶筒状房屋的发展，后者不像圆顶筒状房屋那样只局限于祖鲁族内，而是扩散到了南非许多的地方。它由筒状的墙体及圆锥状的屋顶组成，且有一个广为人知的南非荷兰语名字——荣达维尔(rondavel)。其墙体的建造与圆顶筒状房在结构上类似，虽然其广泛的起源地导致其风格也极为多样。通常墙体是由一列直立的木桩组成，这些木桩排列紧密，再用小树把这些木桩捆成篮子状。为了使成品更加光滑规整，最终的锥状结构填充了泥土并抹上了牛粪。在更晚近的时候，它可以由石头、草皮、黏土、烧制或晒制的砖块、混凝土或是这些材料中的两种或多种混合来建造。

当筒状墙体是由坚固的材料譬如泥浆或是泥浆、牛粪和木

桩混合到一起建成的时候，则房顶往往是直接在墙体上建造。在其他情形下，当墙体只是由木桩或小树制成时，就很难在原位上再建造锥形房顶了。这种情况下，屋顶要先在地面上单独建造，然后再抬升到合适的位置，并通过各种方法与筒状墙体外围的一圈木桩牢牢契合到一起。小屋的入口有时候由一个走道来充任，这个走道可以用一堵外部的墙体或石块来打开或部分闭合。整个房屋布局可以是单独一间或是用各种方式再分隔，使得每个房间都具有特定的或多样的功能。在大多数情况下，圆锥状屋顶都有一根支撑顶部的中央承重梁木，在屋顶结构和茅草顶完工以后它可以留下也可以移除。有时候，随着房屋直径的增加，就必须用中央大梁支撑来维持房顶木桩的联结，中央大梁也就具有了作为中枢来划分和组织房屋内部格局的附加功能。

144 锥顶筒状房代表了圆顶筒状房模式之后的重大进步。其门户更加稳固和高大，高度很少低于1600毫米。在一开始就保留了广泛用作通风口的窗户且没有遮蔽物。随着时间推移，更多现代化的东西比如嵌入式玻璃板、带铰链的木质百叶窗以及钢质屋架都已较为常见。屋檐也被证明是这些房屋的必备部分，发挥着保护墙壁免受雨水冲刷的重要功能，但有时屋檐也会向墙外延伸出一段遮掩住走道区域，使其成为走廊或多功能区域。锥顶圆筒状房屋看起来最早是在茨瓦纳、文达以及其他密切关联的族群中发展起来的。它被佩迪人、索托人、斯威士人和祖鲁人广泛采用并加以改进，这似乎是与 19 世纪上半叶及其后的弃土运动（mfecane）引起的人口大迁徙相关联的。在所有它传播到的地方，都发展出了许多种类的风格。

在茨瓦纳人那里，涂着泥料和牛粪的圆筒状墙壁被一圈直立的木桩包围起来，以支撑已在地上建造好再吊摆上去的圆锥状屋顶。圆筒状墙体自身并不足以支撑屋顶，因而在多数情况下底层墙体上端与屋顶之间会留有一定的空间。佩迪人和南索托人以使用纯石料建造圆筒状墙体而闻名。塔翁人使用边沿斜切过的草皮块来建墙，然后再抹上夹着鹅卵石的泥浆，以创造出复杂的设计。[21]

乡土建筑的现代化转型：锥顶立方体房屋 145

虽然锥顶筒状房屋仍然是南非最典型且传播最广泛的本土建筑，但是现代社会的压力导致了乡土建筑的转型，以适应社会、经济、人口以及技术环境的改变。于是他们就改造房屋，使之适合于摆放批量生产出来的家具、家用品——这些家具和家用品通常都呈直线和九十度直角，同时不断增加的人口也导致了对易于扩展的结构的需求。由于在大多数乡村社会中本土建筑都历经了数个世纪的演化与适应，并且反映了社会与文化的价值与规范，因而存在一种明显且可以理解的对于从基本的传统规范中彻底背离的抵触情绪。然而，改变是不可能被完全阻止的。最终，圆形或球状的房屋样式开始无可奈何地被淘汰，最开始是八角状而后是六角状房屋开始取而代之，虽然它们也还保留着圆锥状的屋顶。在结构上，锥顶筒状房屋的新特点在于其更具功能性的地面设计和更高效的空间使用，从而能够容纳现代的家用品。

锥顶筒状房演化的新阶段是锥顶立方体房屋的发展。与前者相比，立方体样式在结构上遇到的主要挑战在于，其屋顶需要呈九十度的角。科萨族试图解决这一问题，于是就催生了一种卵状椭圆形房屋设计的应用，这种建筑结构的各边呈直线，但墙角为圆弧状，用一个加建的茅草顶矩形房间或两面竖直的前墙和后墙将两座锥顶圆筒状小屋联结在一起。在有些情况下，三或四个锥顶圆筒屋也可以由墙体联结到一起，从而组成一个更大且更易扩展的房屋架构，中央方形区域被用作起居室，而各角落的圆筒屋则用作卧室或储物间。尚不清楚锥顶筒状房屋是何时向锥顶立方体演变的，但似乎应不会早于 19 世纪 30 年代，现有证据显示在这一时期传教士与志愿拓荒者正在建造方形架构的房屋。

随着钻石与黄金挖掘热的兴起，有更多的非洲人迁入了城市。他们开始建造拥有方形和矩形几何状的地面架构的房屋，这部分是受欧洲统治者和传教士的影响，部分则是出于对立方体房屋样式具有在结构和功能上的优势这一事实的承认。立方体或是矩形样式房屋的主要优点在于，它是迄今为止所发现的最易于扩展的房屋样式。[22]

146 在南非的有色人口和马来人社区中，结构上模仿欧洲样式的矩状房屋最开始都相差无几。然而随着时光流转，这些房屋都发展出了各自的特征，这是对社会、技术以及环境创造性适应的结果。观察开普敦马来社区的房子会发现，它们大部分都是简易的矩形平顶住房，通常都饰以标准的护墙与檐口、螺旋状的烟囱及扇形灯饰的门口。屋顶往往是由镀锌铁皮制成。在现代社会，由于波状铁皮屋顶便于使用，且马来生意人以及在矿区和工厂工作的有色人口和其他村民都相对富裕，合适的茅草材料的相对缺乏也使他们更倾向于购买铁皮屋顶，所有这些原因促使方正铁皮顶房屋成为了卡鲁村庄中最常见的样式之一。

在西北省、自由邦省以及非洲乡村都很常见的高墙平顶屋标志着乡村建筑发展的一个顶峰阶段。在这种建筑中，墙壁抬高，以至于足可称之为建筑的主体性部分，而屋顶则被隐藏起来，几乎看不到。另一方面，对于有色人口和其他居住在开普海岸的渔民而言，他们更喜欢的是由泥料、碎石、芦苇建成的，糊着黏土或纸板，有一个常常是建在夹墙上的茅草屋顶的房子，屋顶一侧局部形成屋脊如狼踞坐。从开普出发一路向东，到莫塞尔湾，再到普利登堡湾和博兰，碎石与泥料的主导地位逐渐被偶尔会抹上泥浆的木墙、木板所取代。几乎在所有地方，有色人口的乡村房屋上都有标志性的巨大石头烟囱，它们最开始用作开放式炉灶和烤炉，但后来与火炉配起来用作厨房。[23]

欧洲建筑

开普荷兰风格

最早仿照欧洲风格的建筑是赞·范里贝克 1652 年在开普建造的。那是一座用荷兰运来的木材建成的木质堡垒，因为其承受不了开普严酷的气候，而不得不在次年新建了第二座覆盖
着草皮墙的堡垒。从荷兰引进砖块以及其他建筑材料的尝试被 147
证明是失败的，而且在后勤运输上也极为累赘。里贝克寻找本土黏土资源获得成功，但是这些黏土质量较差，只有十年的使

用寿命。在没有找到其他替代物的情况下，殖民者不得不开始使用当地黏土。最开始房子和仓库的屋顶都带有台阶状或水平的底边，嵌入小台阶或山形墙之中。正门开在长墙的正中间，由另一面山形墙掩着，而不像当时建在荷兰本土的那样开在短墙上。失火及纵火问题使得荷兰东印度公司在1660年将全部房顶都换成了倾斜的瓦片顶，紧紧覆盖在用本地木材加工成的木板制成的建筑架构之上。

到了1662年，带着金色瓦片顶的红砖山形墙建筑开始在小小的开普定居点涌现出来。使用草皮、板条，并铺设、覆盖着大丛芦苇的村舍同样在大地上星罗棋布。然而很快殖民者们就清楚地认识到，在南非复制经过微调甚至没有调整过的欧洲建筑模式是经不起时间和气候考验的。在南非东南部的暴风雨和恶劣气候反复侵袭之下，砖块开始被侵蚀并掉落出来，只留下防护用的泥灰涂层，同时瓦片顶也开始漏水，这导致了一些建筑的坍塌。作为应对措施，殖民者转而大量焚烧贝壳，以收集石灰涂料用于保护砖墙免受进一步侵蚀，并最终在建筑表面大部分都覆盖上了一层这样的防水涂料。类似的，瓦片顶也盖上了一层沥青涂料来隔绝雨水并保护其不受破坏性气候因素的影响。这就是之后被称作开普荷兰风格的建筑的开端，它凭借白墙与山形墙房屋而成为最有名的南非建筑种类之一。

跟风同时代荷兰的大庄园式房屋，这些早期的开普荷兰式房屋由一个作为主起居室（voorhuis）的中央大厅和环绕中央大厅的其他房间组成，包括餐厅（gaanderij）和一间会客室。餐厅通常正对着庭院；餐厅旁坐落着车房和仆人房。出于对失火的恐惧，在1936年颁布了一项禁止使用茅草顶作为屋顶的

法令。结果，在开普发展出平顶建筑的传统，其屋顶建造工序
包括先是在木条、木板上铺上经过焚烧、碾碎的碎石，涂上贝
壳灰涂层，再用沥青或鲸油防水，最后铺上黏土瓦片。街边的
建筑常常建在一个基座上，有着平整过的前庭和红砖台阶，还 148
有作为装饰的异国情调的护墙设计和木工。房子常常有一两层
楼，这取决于主人的经济地位。最早的毛玻璃方格窗户是
1663 年引进的，但直到很多年以后它们才被广泛采用。

虽然用色五花八门，但外墙最主流的颜色还是白色，木器则主要使用深绿色。为了适应夏季的炎热，房子采用了厚厚的外墙、木板做成的天花板、黏土瓦片顶以及暗色的内部设计。开普的乡村建筑样式很多，取决于当地的资源以及房屋的用途。制酒以及种小麦的农户都建造长房子，最典型的是有侧室的矩状、L、T、V 以及 H 状的房屋，它们依旧以一堵位于前门后的主墙为中心。养殖牲畜的农户青睐的建筑样式是帐篷状、有着矮墙的开普风格房屋（kappstylhuise），它有着陡峭的茅草顶，由一两个房间组成。当 L. M. 蒂博，一位法国人且是南非第一个受过专业训练的建筑师，在 1783 年第一次到达开普时，就将法国新古典主义风格引入到了南非公共建筑之中。这一传统拥有众多的著名建筑，其中之一是好望角的共济会兄弟会馆，始建于 1801 年间而后在 1892 年重建。[24]

英国人的到来与折中式建筑的发展 149

英国殖民者在 1795 年的到来，以及英国统治在 1806 年的确立，开创了乔治王和摄政王时期风格的时代。这些房子精巧、匀称的二层、两间屋进深的矩形砖房和农舍有着倾斜的屋

顶、山墙、屋后的屋檐，也常有对称的前庭和走廊。虽然这种设计在英国人到来以前就已经引入南非，但具有大厅或前后贯通的走廊及各具有特定功能的诸房间的建筑设计则主要是由英国人推广开来的。1820 年到达东开普的4 000名英国殖民者进一步加强了英国的影响力，在他们的努力下成功地建造了模仿英国乡村建筑样式的矩形、原石建造、围以卫墙的农舍。在格雷厄姆斯敦和伊丽莎白港依旧可以发现若干这样的建筑样式的例子，许多后期殖民者曾在此定居。虽然英国殖民者出于实用和审美上的原因拒绝了许多本地建筑传统的元素，但是他们也不得不部分采用了这些元素。说荷兰语的殖民者反过来又将英国风格同本地模式结合到了一起。结果就产生了风靡一时的十九世纪早期开普建筑模式这样一种混杂的建筑风格。[25]

随着南非白人先驱者们（voortrekkers）为了反抗英国人在开普的统治而向北移民，开普荷兰风格也传入了内陆。建于 1838 年的彼得马里茨堡城中的使用木材与灯芯草建成的瓦顶简易房屋，以及众多巴洛克风格的公共建筑，都是这一运动的伴生品。于 1849 年至 1852 年之间抵达纳塔尔的近5 000名英国移民的到来，以及他们选择彼得马里茨堡作为纳塔尔省首府的决定，进一步增强了英格兰或是英国式风格在这一区域的传播。他们使用当地可获得的材料，建造的房子具有编条与涂层结构、由抗白蚁的红木梁支撑、涂着石灰且刷洗过的墙壁以及最后会涂上粪便与公牛血混合物的由泥料或蚁冢泥制作的地板。这些房子的独特之处在于其倾斜的或塔状的屋顶，以及常常是由木桩支撑的长条状或环绕状的走廊。长廊保持了外墙的干爽，使得空气易于流通，赋予建筑淳朴和独特的外观，提供了额外的生活空间，还可以作为待客和娱乐的场所，这是创造性地适应纳塔尔沿海区域的亚热带气候的结果，且与英国在印度与澳大利亚的殖民地建筑类似。

在德班建有部分南非最早和最美的印度教庙宇。庙宇的建材最开始是使用编条和泥料，之后则是木材和钢铁，这些材料在同时期殖民地的维多利亚风格中很时兴。庙宇向轴设计、东西朝向且供奉着引人注目、色彩艳丽的水泥制神祇塑像，有超过 70 座这样的庙宇留存了下来，它们是南非印度建筑中规模虽小却生机勃勃的杰作。

由于金伯利的钻石矿和威特沃特斯兰德的金矿的发现而引 150
发的繁荣，打开了南非建筑史的新局面。工业时代的新材料，比如铸铁、波纹铁还有水泥，登上了舞台中央，使得许多种类的建筑尝试变得可行。19 世纪 80 年代建筑的特征是装饰日益增多，其中山形墙、圆顶屋、天窗、尖顶和尖顶装饰的应用都在增长，这是因为建筑师和工程师经历了佛兰德、哥特、巴洛克、维多利亚、拱形建筑、古典主义、新古典主义风格的混合过程。约翰内斯堡的埃克斯坦建筑利安得大厦，还有布隆方丹的议会建筑，都是这些年中折中却又极具革新性的建筑物的杰出代表。

建筑界的偶像：赫伯特·贝克、诺曼·伊顿以及路易斯·L. 卡恩

第二次布尔战争的结束为南非所有港口和要塞城镇带来了新一轮的繁荣和重建。开普敦、德班还有彼得马里茨堡都新建了市政厅。在布尔战争之后德兰士瓦省的重建引来了一位

（当时相对并不有名的）国际著名建筑师赫伯特·贝克，他外表坚毅且对古典建筑惊人地迷恋。贝克在英国工艺品运动中受过训练，以使用科皮斯当地的石头筑墙以及用木瓦和暖色的瓦片建造屋顶而出名，他统治了20世纪初期的南非建筑界数十年。贝克最著名的设计有金伯利的英雄纪念碑（1904～1905）；比勒陀利亚火车站（1908）；以及坐落在一座能够俯瞰比勒陀利亚的小山上，用结合了文艺复兴与开普荷兰建筑元素的折中古典主义风格建成的砂岩质地的联合建筑群（1910～1913）。

后布尔战争时代的南非白人建筑师中最著名的两位是维南·亨德里克·洛和杰拉德·穆尔代克，他们在设计许多荷兰新教教堂时融入了混杂的历史风格。穆尔代克的南非白人先驱者纪念碑（1936）毫无疑问是南非最为宏伟的纪念碑。

诺曼·伊顿（1902～1966）的作品确立了他作为20世纪南非建筑师中最伟大艺术家的地位。作为贝克与利思的学生，他更多是一个浪漫主义者而非理性主义者。他进一步发掘使用了本土资源，比如木材、石材、茅草顶还有手工材料如陶器与砖块。他的有机结构建筑采用大理石构架的表层及青铜色、悬
151 檐和位于高层建筑窗户之间的遮阳板等元素。这些独特元素的糅合，显示出他对于那些将要居住在他的建筑之中的人们的需求的卓越感受力。被吉萨的埃及大金字塔所折服，他逐渐开始对非洲着迷，并开始孜孜不倦地工作，以求将他反复描述的美丽的非洲气质注入到非洲大陆上最西方化也是最保守的建筑传统之中去，直至其离世。[26]20世纪60年代，在美国受过训练的建筑师——尤其是宾夕法尼亚大学路易斯·I·卡恩的学

生——主宰了南非建筑界。他们的设计通过严格的几何排列以及浅色表面的砖墙和混凝土的使用来达到空间、形式和材料的统合，从而创造出一种整合的、强有力而灵活的风格，并因此闻名。[27]

随着种族隔离制度的终结、民主政治的引入以及越来越多的南非黑人获得经济和政治权力，继续毫无保留地接受外来的、国际化的现代主义模式的合适性正日益受到质疑，结果以黑人为主的新的统治精英们开始命令建筑师们设计能够彰显他们的抗争事迹，且反映出他们的非洲文化身份的价值的建筑物。随着本土建筑的不断消失以及占统治地位的西式建筑——比勒陀利亚附近的南非白人先驱者纪念碑是其最使人难忘的代表——被绝大多数人看作压迫与种族歧视历史的纪念碑，因此就需要发展出一种具有地域适应性、适合气候和地形、外观上易于为大众接受、包含独特的美学意味、有文化内涵的建筑风格，其重要性再怎么强调都不过分。[28]

注释：

1. 关于桑族岩石艺术的主要信息来源是艾力克斯·R. 威尔科克斯：《早期非洲文化：南非的史前艺术》，载《世界艺术百科全书》，纽约：麦克格雷—希尔图书公司，1966 年，第六章，第 37 ~ 53 页；伯查德·布连提杰斯：《南非岩石艺术》，伦敦：J. M. 登特及森斯有限公司，1965 年，第 5 ~ 23 页；大卫·李维斯—威廉姆斯，《发现南非岩石艺术》，开普敦：大卫·菲利普出版社，1990 年。

The major sources for the information on the rock art of the San are Alex R. Willcox, "*Paleo-African Cultures: Prehistoric Art in Southern Africa*," in *Encyclopedia of World Art* (New York: McGraw-Hill Book Company, 1966), xi, 37 ~ 53; Burchard Brentjes, *African Rock Art* (London: J. M. Dent &Sons Limited, 1965), 5 ~ 23; David Lewis-Williams, *Discovering Southern African Rock Art* (Cape Town: David Philip, 1990).

2. 威尔科克斯:《早期非洲文化:南非的史前艺术》,第 46 ~ 53 页;A. R. 威尔科克斯:《德拉肯斯堡的布须曼人和他们的艺术》,温特顿:大卫·菲利普出版社,1992 年,第三次修订版。

Willcox, "*Paleo-African Cultures: Prehistoric Art in Southern Africa*," 46 ~ 53; A. R. Willcox, *Drakensberg Bushmen and Their Art* (Winterton: Drakensberg Publications, 1990, 2nd rev. ed.); and R. Townley Johnson and Tim Maggs, *Major Rock Paintings of Southern Africa* (Cape Town: David Philip, 1992, 3rd rev. ed.).

3. 莫妮卡·布莱克门·维索纳:《南部非洲》,载维索纳、罗宾·波伊纳、赫伯特·M. 科勒以及迈克尔·D. 哈里斯等人:《非洲艺术史》,纽约:哈里·N. 亚当斯出版公司,2000 年,478 页。也参见文尼康贝:《大羚羊之民:德拉肯斯堡布须曼人的岩画》,彼得马里茨堡:纳塔尔大学出版社,1976 年。

Quoted in Monica Blackmun Visona, "*Southern Africa*," in Visona, Robin Poynor, Herbert M. Cole, and Michael D. Harris, et al., *A History of Art in Africa* (New York: Harry N. Adams, Inc., Publishers, 2000), 478. See also Vinnicombe, *People of the Eland: Rock Paintings of the Drakensberg Bushmen* (Pietermaritzburg: University of Natal Press, 1976).

152 4. 阿尼特拉·内特尔顿:《南非:直立的木雕人物》,《艺术辞典》,纽约:格鲁夫辞典公司,1990 年,第一卷,第 416 页。

Anitra Nettleton, "*Southern Africa: Free-Standing Wood Figures*," *The Dictionary of Art* (New York: Grove Dictionaries Inc., 1996), vol. 1, 416.

5. 内特尔顿:《南非:木雕》,《艺术辞典》,第一卷,第 414 ~ 417 页。同时参见 E. 兰金:《木雕形象:20 世纪南非雕刻史的方方面面》,约翰内斯堡,A. G. 出版社,1989 年,卡特事务所。

Nettleton, "*Southern Africa*: *Wood-carving*," *The Dictionary of Art*, vol. 1, 414 ~ 417. See also E. Rankin, *Images of Wood*: *Aspects of the History of Sculpture in 20th-century South Africa* (Johannesburg, A. G., 1989, exh. Cat.).

6. 桑德拉·克洛珀:《头饰(isigqiki)》,载约翰·麦克:《南非:艺术与文化》,牛津:牛津大学出版社,2000 年,第 172 ~ 173 页。

Sandra Klopper, "*Headrest* (*isigqiki*)," in John Mack, *Africa*: *Arts and Culture* (Oxford: Oxford University Press, 2000), 172 ~ 173.

7. 阿尼特拉·内特尔顿:《占卜碗(ndilo)》,载麦克:《南非:艺术与文化》,第 188 ~ 189 页;《文达》,载《艺术辞典》,第 32 卷,第 154 ~ 155 页。同时参见:阿尼特拉·内特尔顿:《修纳人与文达人的造型木雕》,威特沃特斯兰德大学未发表博士论文,1984 年。

Anitra Nettleton, "*Divining Bowl* (*ndilo*)" in Mack, *Africa*: *Arts and Cultures*, 188 ~ 189 and "*Venda*," *Dictionary of Arts*, vol. 32, 154 ~ 155. See also her "*The Figurative Woodcarving of the Shona and Venda*," (unpublished Ph. D. thesis, Johannesburg: University of the Witwatersrand, 1984).

8. 林·沃德利:《水瓶》,载麦克:《非洲:艺术与文化》,第 180 ~ 181 页;克洛珀:《祖鲁》,载《艺术辞典》,第 33 卷,第 723 ~ 725 页;亚历克斯·扎卢米斯:《祖鲁部落艺术》,照片由伊恩·迪福德拍摄,开普敦:阿玛祖鲁出版社,2000 年。

Lyn Wadley, "*Water Bottle*," in Mack, *Africa*: *Arts and Cultures*, 180 ~ 181. On domestic arts, see: Klopper, "*Zulu*," *Dictionary of Art*, vol. 33, 723 ~ 725 and Alex Zaloumis, *Zulu Tribal Art*, photographs by Ian Difford (Cape Town: Ama Zulu Publishers, 2000).

9. 玛格丽特·肖:《物质文化》,载 W·D·哈蒙德—图克:《南非说班图语的民族》,伦敦与波士顿:劳特利奇与基根·保尔出版社,1974 年,第 116 ~ 117 页。

Margaret Shaw, "*Material Culture*," in W. D. Hammond-Tooke, *The Bantu-Speaking Peoples of Southern Africa* (London and Boston: Routledge and Kegan Paul, 1974), 116 ~ 117.

10. 内特尔顿:《南非:陶器》,载《艺术辞典》,第一卷,第417 ~ 418 页;A. C. 劳顿:《南非班图陶器》,载《南非博物馆拾遗》第 49 卷,1967 年,第 1 ~ 440 页。

Nettleton, "*Southern Africa: Pottery*," *The Dictionary of Art*, vol. 1, 417 ~ 418 and A. C. Lawton, "*Bantu Pottery of Southern Africa*," *Anal of South African Museum*, 49, 1967, 1 ~ 440.

11. 南非绘画与主要画家的简要历史主要来源于汉斯·弗朗辛:《南非艺术三世纪》,约翰内斯堡:唐科出版社,1982 年,第 253 ~ 323 页;露西·亚历山大:《南非:绘画与素描》,载《艺术辞典》第一卷,第 107 ~ 110 页;埃斯米·伯曼:《南非绘画的故事》,开普敦:巴尔克马出版社,1975 年。

The major sources for the following summary history of painting and leading painters in South Africa are Hans Fransen, *Three Centuries of South African Art* (Johannesburg: Donker, 1982), 253 ~ 323; Lucy Alexander, "*South Africa: Painting and Drawing*," in*The Dictionary of Art*, vol. 1, 107 ~ 110; and Esme Berman, *The Story of South African Painting* (Cape Town: Balkema, 1975).

12. 弗朗辛:《南非艺术三世纪》,第 257 ~ 262 页。

Fransen, *Three Centuries of South African Art* , 257 ~ 262.

13. 弗朗辛:《南非艺术三世纪》,第 285 ~ 289 页。

Fransen, *Three Centuries of South African Art* , 285 ~ 289.

14. 弗朗辛:《南非艺术三世纪》,第 292 ~ 323 页;亚历山大:《南非:绘画与素描》,载《艺术辞典》,第 107 ~ 110 页。

Fransen, *Three Centuries of South African Art*, 292 ~ 323; and Alexander, "*South Africa: Painting and Drawing*," in*The Dictionary of Art*,

107 ~ 110.

15. 关于安内斯与沃马，参见：弗朗辛：《南非艺术三世纪》，第95 ~ 104 页，第 325 ~ 329 页；德·博斯达里：《安东·安内斯：南非首位雕塑家》，开普敦：1954 年。

On Anreith and Wouw, see Fransen, *Three Centuries of South African Art*, 95 ~ 104, 325 ~ 329; and De Bosdari, *Anton Anreith, Africa's First Sculptor* (Cape Town: 1954).

16. 要更充分地考察这些以及其他南非现代先锋雕刻家与雕塑家的生涯与成就，并了解本节讨论的主要来源，参见：内特尔顿：《家即是艺术所在：六位南非乡村艺术家》，载《南非艺术》，2000 年冬，第26 ~ 39 页，第 93 ~ 94 页；以及伊丽莎白·兰金：《南非：雕塑》载《艺术辞典》，第一卷，第 111 ~ 113 页。同时参见内特尔顿与哈蒙德·图克合编：《非洲艺术在南非：从传统到乡镇》，约翰内斯堡：唐科出版社，1989 年；维索纳：《南部非洲》，载《艺术史》，第 484 ~ 487 页。

For a fuller exploration of the careers and achievements of these and other pioneer modern African carvers and sculptors, and the major source for the discussion in this section, see Nettleton, "*Home Is Where the Art Is: Six South African Rural Artists*," *African Arts*, Winter 2000, 26 ~ 39, 93 ~ 94 and Elizabeth Rankin, "*South Africa: Sculpture*," *Dictionary of Art*, vol. 1, 111 ~ 113. See also Nettleton and Hammond-Tooke, eds., *African Art in South Africa: From Tradition to Township* (Johannesburg: Donker, 1989); and Visona, "*Southern Africa*," in Visona et al., *A History of Art*, 484 ~ 487.

17. 彼得·马基班那与桑德拉·克卢佩尔：《非洲文艺复兴》，开普敦：斯特罗伊克出版有限公司，2000 年，第 129 ~ 160 页；詹姆斯·沃尔顿：《恩德贝勒》，载《各国本土建筑百科全书》，第三卷：《文化与栖息地》，保尔·奥利弗编著，剑桥：剑桥大学出版社，1997 年，第2162 ~ 2163 页。

Peter Magubane and Sandra Klopper, *African Renaissance* (Cape Town:

Struik Publishers Ltd. , 2000), 129 ~ 160; James Walton, "*Ndebele*," *Encyclopedia of Vernacular Architecture of the World*, Vol. 3: *Cultures and Habitats*, ed. Paul Oliver (Cambridge: Cambridge University Press, 1997), 2162 ~ 2163.

153 18. 关于科伊桑族及相关族群的建筑传统，参见：弗朗哥·弗雷斯库拉：《南部非洲乡土房屋：南非农村黑人建筑、住宅样式和建设调查》，约翰内斯堡：拉文出版社，1981 年，第 33 ~ 45 页以及 J. 沃尔顿：《非洲村庄》，比勒陀利亚：范·斯海克，1956 年。

On the architectural traditions of the Khoisans and related groups, see Franco Frescura, *Rural Shelter in Southern Africa*, *A Survey of the Architecture*, *House Forms and Construction of the Black Rural Peoples of Southern Africa* (Johannesburg: Ravan Press, 1981), 33 ~ 45 and J. Walton, *African Village* (Pretoria: Van Schaik, 1956).

19. 关于祖鲁与斯威士建筑，参见：沃尔顿：《本土建筑》，载《南非标准百科全书》，开普敦：纳索有限公司，1970 年，第一卷，第534 ~ 545 页。

On Zulu and Swazi architecture, see Walton, "*Architecture*: *Vernacular*," in *Standard Encyclopedia of Southern Africa* (Cape Town: Nasou Limited, 1970), vol. 1, 534 ~ 545.

20. 关于支撑结构房屋，参见：弗雷斯库拉：《南部非洲乡土房屋》，第 22 ~ 26 页以及沃尔顿：《建筑：本土》，第 538 ~ 540 页。

On the corbelled houses, see Frescura, *Rural Shelter in Southern Africa*, 22 ~ 26. and Walton, "*Architecture*: *Vernacular*," 538 ~ 540.

21. 关于圆顶与锥顶筒状房屋，参见：弗雷斯库拉：《南部非洲乡土房屋》，第 45 ~ 74 页。

On the dome and cone-on-cylinder houses, see: *Frescura*, *Rural Shelter in Southern Africa*, 45 ~ 74.

22. 关于班图建筑传统，以及这一部分讨论的主要来源，参见：弗雷斯库拉:《南部非洲乡土房屋》,第 33 ~ 84 页,它是对非洲乡村本土房屋样式有趣且图文并茂的考察。同时参见:沃尔顿:《建筑:本土》,第 534 ~ 545 页。

For Bantu architectural traditions, and the major sources for the discussion in this section, see: Frescura, *Rural Shelter in Southern Africa* , 33 ~ 84, a fascinating and richly illustrated exploration of African rural and indigenous house forms. See also Walton, "*Architecture*: *Vernacular*," 534 ~ 545.

23. 关于开普马来和高原房屋,参见:弗朗辛:《南非艺术三世纪》,第 101 ~ 109 页以及沃尔顿:《南非的农场与村庄》,比勒陀利亚:范·斯海克,1965 年。

On Cape Malay and "highveld" houses, see Fransen, *Three Centuries of South African Art*, 101 ~ 109 and Walton, *Homesteads and Villages of South Africa* (Pretoria: Van Schaik, 1965).

24. 关于开普荷兰建筑,参见:C. 德·博斯达里:《开普荷兰房屋和农场:他们的建筑和历史》,开普敦:巴尔克马出版社,1964 年;弗朗辛:《南非艺术三世纪》;沃尔顿:《开普旧农场》,开普敦:休曼与罗素出版社,1989 年。同时参见:德里克·贾法与维维安·贾法:《开普荷兰》,《英国殖民地》,《英属纳塔尔》以及《殖民地:开普》,载《世界各国本土建筑百科全书》,第 3 卷:《文化与栖息地》,第 2150 ~ 2160 页。

On Cape Dutch architecture, see C. De Bosdari, *Cape Dutch Houses and Farms: Their Architecture and History* (Cape Town: Balkema, 1964); Fransen, *Three Centuries of South African Art*; and Walton, *Old Cape Farmsteads* (Cape Town: Human & Rousseau, 1989). See also the entries on southern Africa architecture titled "*Cape Dutch*," "*Colonial British*," "*British Natal*," and "*Colonial*: *Cape*," by Derek Japha and Vivian Japha in*Encyclopedia of Vernacular Architecture of the World*, Vol. 3: *Cultures and*

Habitats, 2150 ~ 2160.

25. 关于18世纪后期及其后英国人的到来引起南非建筑模式的变革与转变的历史，参见罗德尼·哈伯：《南非：建筑》，载《艺术辞典》，第32卷，第104 ~ 107页；弗朗西斯科·N. 阿诺尔迪：《南非：殖民时期与现代时期》，载《世界艺术百科全书》，第8卷，第144 ~ 147页；R. 卢科克：《南非十九世纪早期建筑：对1795 ~ 1837年两种文化互动的研究》，开普敦：巴尔克马出版社，1963年；G. E. 皮尔斯：《十八世纪南非的建筑》，开普敦：巴尔克马出版社，1968年。

On the history of the innovations and transformations effected in architectural forms in South Africa by the advent of the English during the last decades of the eighteenth century and after, see Rodney Harber, "*South Africa: Architecture*," in The Dictionary of Arts, vol. 32, 104 ~ 107; Francesco N. Arnoldi, "*South Africa: Colonial and Modern Period*," in*Encyclopedia of World Art*, vol. xiii, 144 ~ 147; R. Lewcock, *Early Nineteenth Century Architecture in South Africa: A Study of the Interaction of Two Cultures*, 1795 ~ 1837 (Cape Town: Balkema, 1963); and G. E. Pearse, *Eighteenth Century Architecture in South Africa* (Cape Town: Balkema, 1968).

26. 克莱夫·M. 奇普金：《约翰内斯堡风格：19世纪80年代到20世纪60年代的建筑与社会》，开普敦：大卫·菲利普出版社，1993年，第287 ~ 293页。

Clive M. Chipkin, *Johannesburg Style: Architecture and Society*, 1880 ~ 1960s (Cape Town: David Philip, 1993), 287 ~ 293.

27. 关于20世纪早期贝克、利思、伊顿以及其他著名建筑师，参见哈伯：《南非：建筑》载《艺术辞典》，第104 ~ 107页；弗朗森：《南非艺术三世纪》，第209 ~ 251页；D. E. 基利：《南非建筑导引》，开普敦：蒂明斯，1971年；奇普金：《约翰内斯堡风格：19世纪80年代到20世纪60年代的建筑与社会》，第37 ~ 69页，第81 ~ 137页，第287 ~

303 页。

On Baker, Leith, Eaton, and other notable architects of the early twentieth century, see Harber, "*South Africa*: *Architecture*," in *The Dictionary of Arts*, 104 ~ 107; Fransen, *Three Centuries of South African Art*, 209 ~ 251; D. E. Greig, *A Guide to Architecture in South Africa* (Cape Town: Timmins, 1971); and Chipkin, *Johannesburg Style*: *Architecture and Society*, 1880 ~ 1960s, 37 ~ 69, 81 ~ 137, 287 ~ 303.

28. 关于南非对新型建筑需要的富有洞察力的论述，参见：萨宾·马歇尔与布莱恩·卡尼合著：《新南非建筑：融合的机会》，比勒陀尼亚：南非大学出版社，2000 年，156 ~ 183 页。

For a perceptive articulation of the need for a new architecture for South Africa, see Sabine Marschall and Brian Kearney, *Architecture in the New South Africa*: *Opportunities for Relevance* (Pretoria: University of South Africa, 2000), 156 ~ 183.

155 # 第七章　饮食与传统服饰

饮食与服饰的汇聚地

南非拥有众多的种族、族群与文化，是许多饮食传统、服饰风格以及各种习俗的汇聚地。由一开始的土著科伊桑人和说班图语的人群，扩展到后来长久居留下来的各种来自非洲内陆、欧洲、亚洲以及美洲的移民群体，南非见证了种类繁多的饮食与服饰传统的发展。

科伊桑人的生计

作为南非最早的居民，科伊桑人的生计主要依赖于狩猎与采集，条件允许的话也会辅以打鱼。采集得来的昆虫、海贝、野生浆果以及其他的水果基本已能够满足日常饮食需要的分量，虽然在方便或是可行的时候男人也会从事采集，但这通常是专属于女人的工作。对这一地区数量丰富的野生动物的捕猎提供了优质的蛋白质来源，而狩猎则是男人专属的特权。养牛与农业种植出现得较晚；两者似乎都与使用铁器、制作陶罐、种植食物以及养牛的说班图语的族群的到来有某种关系，而他们的先驱早在13世纪就已经来到南非地区。

班图饮食传统 156

牛奶与酸奶（emasi）

直到18世纪中叶，牛奶仍是班图牧民最重要的食物。[1]班图人的牛奶由自己最宝贵的财产奶牛供应，他们极少会将之宰杀食用。只有病弱、年老和将死的奶牛才会遭受降格为班图人餐桌上的肉食的命运。土著民会用他们的牛奶（偶尔也会用奶牛）从从事狩猎—采集的邻居科伊桑人那里换取有价值的东西，比如猎物的肉以及水果，后来，又与自16世纪初期开始经常造访且在南非沿海地区进行贸易的欧洲人交换未经加工或加工过的金属物件与其他货物。在很长一段时间里，牛奶都是营养品的主要来源，鲜奶和酸奶都为人们喜爱。酸奶是一种价值极高的食材，这主要是因为它实用、使用广泛。制作酸奶的步骤包括首先要将鲜奶倒入某种容器内，较理想的容器是在底部有开口的葫芦和皮袋壶，然后放置不管直至其凝结。容器的天然材质会影响最终成品的口感。当牛奶凝结到足够的浓度时，就打开容器底部的开口让乳浆慢慢流出，乳浆可以直接饮用，然后把酸奶或者说凝乳放起来，以后可以用木勺取出来直接食用，也可以转化成各种各样的奶制品和甜点。

作为游牧民族，牛奶是班图人日常饮食中的重要组成部分。鲜奶主要来自奶牛，山羊与绵羊产奶很少。除了婴儿、小孩以及老人以外，人们并不喜欢喝鲜奶，更受欢迎的是酸奶。关于酸奶的饮用还有一套规矩和禁忌。通常某人只能饮用自家人家里产的酸奶，自家人的含义是与母亲同一族名的人。饮用自己有可能与之联姻的人家的酸奶是被严格禁止的。比如女儿可以终身饮用父母家牧群产的奶，但直到她生下第一个孩子以前，她都不能处置或是享用夫家的或丈夫的牧群产的奶。有时候，女方的父亲会从自己的牧群中取出一头奶牛送给女儿作嫁妆，这样她就可以专门为自己采奶了。在生下头胎以后，她就摆脱了这些规矩的限制，在丈夫的允许下可以享用他的牧群产的奶，在多数情况下，丈夫会象征性地送给她一头奶牛（lipakelo）作为礼物，这样她就能自己采奶制作酸奶了。当月经来潮时，女孩与妇女们被要求禁食酸奶，但是可以在为男人和家庭准备食物时使用酸奶。在生育或流产以后的一个月内妇女都被禁止饮用酸奶，而寡妇则更是被要求终身不能饮用酸奶。男人们可以在牛棚门口享用酸奶，但是女人们在公众场合食用酸奶是被禁止的，因此只能在自家屋子里独自享用。

157 粥

虽然牛奶一直都是一种重要的食物种类，但是其主导地位已经被玉米或小米做成的粥所取代。在最开始的时候，由妇女所种植的小米就已经是常见的农作物，直至今日仍有许多人视小米制成的粥为最爱，即使是美洲印第安人的玉米传入以后也没有改变，而玉米伴随着欧洲人的到来在该地区有了更广泛的传播。小米和玉米在餐桌上占据了如此重要的地位，以至于如果一户人家没有用它们熬制的粥就会被认为吃不上饭，即使拥有再多的其他谷物也无法改变这一看法。有许多方法可以加工玉米和小米，其中有两种是最常采用的，它们都由妇女来操作。第一种方法是将干燥后的谷物放入臼中用杵棒碾碎或捣碎，中空的臼体是由木材、石头、金属或陶瓷制成的，有一个自带的基座或是放置在三到四尺高的底座上。第二种方法是用两块石头碾压谷物，直至达到适合它所要用于制作的食物所需的粗细程度为止。当要用于婴儿的食物时，谷物会被加工得十分精细，用来制作一种斯威士人称作银恩波（inembe）的稀粥。有时干燥的谷物上会再洒上水来使碾磨过程更加舒畅。潮湿新鲜的谷物一般要碾碎或者磨碎，而干燥的谷物则是捣碎或磨碎。通常在磨石的底部会放置一张编织细密的席子、篮筐、皮革或大片树叶，用以接住磨碎的谷物，然后再用浅篮筐、布或是筛子筛取碾碎或磨碎后的谷物。如今，机械化的磨粉机或碾磨机已能够对谷物进行更加精细的粉碎加工，但是这两种传统的方法依旧在被继续沿用，尤其是在一些乡村区域更是如此。

在南非班图人手中，粥变成了一种万能的食品。作为最重要的主食，其用途十分广泛。为了保持鲜美，斯威士人在玉米刚刚收获捆扎，尚未从植株分离储存的时候就将其加工至半熟，在需要的时候再取出烹饪至全熟。烤熟的谷粒在很长一段时间里都可以食用，因而成为长途旅行时青睐的食物，在前殖民地时期以及战火纷飞、难以生火做饭的时候也大受欢迎。粥可以用多种方式烹调。有些人喜欢把它做成干脆爽口的样子，比如祖鲁人就是如此。但是大多数南非人都更偏好软和、顺滑、浓稠的玉米粥。玉米粥里面还可以加入各种各样的肉汁、肉类、蔬菜、水果和其他的佐料以调出各种口味。其中最美味的搭配之一是文达人的国王粥（koningpap），它是用最好的白玉米粉不加盐做出来的，这些玉米粉都是用水浸泡、碾碎且经过数次筛选得来的。国王粥的绝佳搭配是一种煨饼，它是将牛肉与鸡肉放在陶罐中与干豆子、碎玉米一起烤出来的。这种煨饼中有时还会加入绿玉米和碎坚果来增加风味。尤门库寿（Umngqusho）是一种混杂的菜肴，做法是将干玉米粒、荷兰豆、土豆、黄油、洋葱、辣椒还有柠檬一起煮至酥软，据说它
158 是纳尔逊·曼德拉的最爱。[2] 被称作西嘟嘟（sidudu）的南瓜玉米羹是斯威士人最受欢迎的美食。在斯威士人中，所有浓稠的粥都统称为希诗瓦拉（sishwala），其中特别浓稠的一类则称为因格晚卡（ingwanqa）。用玉米或小米做成的稀粥称作丽舍拉（lishela），只使用小米做的则叫作礼菁及—勒曼提（lijingi lemanti）。

蔬菜与辅食

为了丰富粥的味道和满足不同口味和饭量的需求，人们会往粥里面加入各种绿色蔬菜一起烹煮，或是将蔬菜单独烹调作为辅食。为了让粥更为可口，也会加入以各种方式搭配的蜂蜜、香草或是植物和蔬菜的榨汁。有很多政府项目试图通过认真记录和宣传富含蔬菜的菜肴在营养上的益处，以鼓励男性像妇女那样常吃蔬菜，摒弃蔬菜是女性食品的偏见。

肉食

肉食（牛肉比较少见）是班图人最喜爱的美味，它有三

个主要来源。第一类是山羊、绵羊、鸡以及猪这些家畜。不像牛，这些牲畜事实上没有受到禁止宰杀的禁忌的限制。第二类肉食来源是野生动物，虽然现在捕猎的规模已经很小，但即使是在政府的限制之下，对它们的猎杀也从未间断过。野兔以及种类繁多、无所不在的南非鹿和羚羊也是广受欢迎的美味。经过批准，也可在南非的许多私人和公共保留猎场中屠宰野生动物，这也使得种类丰富的野味菜肴得以供应，比如鳄鱼、大象、鸵鸟和大羚羊烹煮成的佳肴。第三类是价值高昂的牛肉。只有在非常特殊的宗教、经济以及政治场合下才会宰杀牛，比如婚礼、重大的祖先祭祀和献祭仪式、由首领主持的收获节日以及年度的或周期性的男女成年礼。

蛋白质的另外一些来源是小型动物、蚱蜢和蝗虫之类的昆 159
虫、红红绿绿的毛虫以及飞蚁，将它们烤至酥脆或用其他方式加工成小吃或佐料。鸡蛋，偶尔也有鸵鸟蛋，都可用做菜肴。虽然吃鱼肉的人不多，但是像聪加人这样的沿海或沿河的部族也会将其制成干鱼食用。

虽然女人和孩子的食物受到了比男人更多的限制，但是拥有肥胖或丰满的妻子对一个丈夫来说也是莫大的荣耀，因为这体现出了丈夫的慷慨和大方，这样的男人往往很容易就能够再纳娶到更多的妻室。热情款待陌生人，即使是当双方素不相识且主人家中清贫时依旧如此，是一项难能可贵的传统。孩子们从小就被教育，没有什么行为比不能或者不愿去分享自己拥有的东西——尤其是肉食——给别人更加可鄙的事情了。男性客人会被单独招待或是与家中男主人共同进餐，女性客人则与家中其他女人一起进餐，而且要协助她们准备食物。当天气晴好时，烹饪往往是在室外进行的，而当地晴天是很常见的。通常每个主妇都有她自己的厨房，也就是她生火的地方。尽管如此，不管是在都市中心还是边远乡村，煤油炉、燃气与电力炊具都已经开始广泛使用。

烹饪用具

如今被使用的器皿种类繁多，比如鸵鸟蛋壳瓶、雕刻木碗以及进口的玻璃与陶瓷器皿。最常见的烹饪用具是烘焙陶罐，它种类丰富，有针对专门的、各不相同的用途的设计，比如用于运输与储存水、酿造与保存啤酒、烹煮粥或调料以及储藏干豆子和脱水的蔬菜，而这只是其中一部分而已。另外一种用途广泛的材料是形状各异、质地坚硬、外壳光滑的葫芦果实，在女人的巧手中它们变成了葫芦、碟子、水瓢、长柄勺、长颈瓶、杯子还有在家庭生活中发挥着众多功能的瓮。牛角除了可用于储存药物和充当乐器（喇叭）等功能，有时也制作成男孩子们在田野里放牧时常用的水壶。贝壳器皿包括蜗牛壳会被制成吃粥用的勺子，干的甜瓜皮与南瓜皮被用作喝稀粥的勺子，佩迪族的男孩子们将乌龟壳放在牛棚边上作为盛粥的碟子。木制器皿几乎都是由男人们雕刻的，包括有提手的圆锥状水壶、尖端分叉的搅拌棍、有脚或无脚的矩状和椭圆状托盘、大大小小的用来进食或装盛食物的瓢以及各式或深或浅的环状或凹陷的餐碟。由男女合作或单独制作的柳条编织器皿包括：用于筛选谷物的边沿厚实的圆形筛子、过滤啤酒用的芦苇做成的窄袋子、用草或芦苇编的垫子以及不同尺寸与形状的或轻或重的草篮。虽然所有这些东西依然在被使用，但它们几乎都用

作了旅游商品和复古玩物，这也确保了它们继续作为南非人的 160
一个主要收入来源而被持续生产着。进口或本土生产的金属、玻璃同陶瓷物品可补充并且往往也替代了传统的烧制、雕刻或编织器皿，它们事实上已经成为了南非家庭中的常用品，从最偏远的村庄到最城市化的市中心都是如此。

饮料

南非有两种类型的饮料：高酒精含量饮料与低酒精含量饮料。两者都包含了丰富的饮料品种，而且几乎全都是用小米或玉米酿成的。在20世纪上半叶引入的小麦在其产区也被广泛用于酿造饮料，但人们偏爱的原料依旧是小米或高粱。祖鲁人至少会酿造四种低酒精含量饮料：尤库库（umcuku）是将简单碾碎、煮熟后的玉米与啤酒渣一起发酵制成的；依稀巴贝（isibhebe）是将玉米稀饭或称卡菲尔玉米粥同发芽的卡菲尔玉米一起发酵制成的；伊格维尔（igwele）是将碾碎的玉米或谷物，混合着白开水，同发芽的谷物一起发酵制成的；还有阿玛稀渥（amahewu）是将粥与小麦粉一起发酵而成的。佩迪人用梅脱歌（metogo）这个词统称自己的六种低酒精的发酵饮料。人们在上午的那几个小时或夜晚入睡前饮用这些温和的酒精饮料，认为它们能提神、富含营养、养胃且对身体健康有益，它们是长途旅行中的点心，也是在田间或矿上辛勤劳作时理想的营养品。这许多种类的低酒精发酵饮料中也包括布甲瓦（bjalwa），由佩迪人酿造；还包括阿实瓦拉（utshwala），由斯威士人酿造。

祖鲁人和聪加人居住在东开普的掌状区域中，他们将用于酿酒的水果榨汁，当作一种甘甜、低酒精的饮料直接饮用，或是将其发酵后制成酒水再饮用。在茨瓦纳人中，人们有时会在啤酒中掺入蜂蜜酒。有时人们会在高酒精含量的饮料中加入一些季节性的水果，像是圆金柑（Sclerocarya caffra）和成熟的刺梨（Opuntia megacantha）。与温和适度、酒精含量较低的高粱啤酒不同，富含维生素 C、气味芬芳、香槟风味的水果啤酒则因为其易于上头、高酒精含量、具催情效果而受到欢迎，并不是因为它们本就很少具有的某种营养价值。

在大多数南非族群中，啤酒并不总是被视为饮料，而是被当作食物和一种必备的主食。其富含碳水化合物及多泡沫的质
161 地使其成为了卡路里和维生素 B 的一大来源。在冬天收割季节，许多人几乎完全依赖饮料过活，但年轻妇女和孩子历来都不被允许饮用酒精含量最高的那一类饮料。绝大多数情况下，都是女人负责酿酒，但酒类最大的消费者却是男人，因此佩迪族有句老话：“女人酿酒，男人是酒罐子”（Monna ke phafana ya bjalwa，mosadi ke moapei wa bjalwa）。[3] 虽然人们消耗掉了大量的酒水，但高酒精含量的饮料并不常见。除了其营养性、药用价值、有益健康以及麻醉作用以外，啤酒，尤其是玉米和小米酿造的啤酒，在社区中扮演了非常重要的社会与仪式角色。在重要的饭局、家庭或公共宴会、生日或结婚庆典、成人仪式、酋长就职等人事变动或通过仪式（rite of passage）、世俗或宗教的典礼和节日、祖先招魂和祭祀等仪式中，酒都是极受重视、不可或缺的部分。

现代化对南非的啤酒生产产生了重大的影响。进口洋酒通常比南非传统饮料含酒精量更高，它们的传入扩大了高酒精含

量饮料的饮用人群，也使得处在混乱无序、世态炎凉的种族隔离之下的南非社会中的人们开始借酒浇愁、醉生梦死。为了加快发酵速度而在玉米糊和高粱混合物中再加入红糖的工艺，在提升了成品中的酒精含量和易醉性的同时，也减少了啤酒的营养价值。殖民地时期和后殖民地时期南非的经济压迫（比如用于放牧和耕作的土地短缺）和现实需求（比如新的税费）导致男人们开始离开农村成群结队地流入城市，在矿场和工厂中寻找工作。随着作为家庭支柱的男人的离开，留守的女人们独自承担起了家庭生产和照看孩子与老人的责任，只能得到偶尔才有的男人们从城里打来的汇款的支撑。孤独苦闷时，女人们会去酿酒的人家里或是酒吧寻求其他女人作伴。众多用于限制女人饮酒的传统规范开始被抛诸脑后，因为女人们已经成为了一家之主和乡村社会中的规则制定者。虽然喝酒会导致身体的虚弱与迟钝，但是女人喝酒还是成为了平常的事情。南非种族隔离政府对地方酿酒的禁止只是导致了非法酿酒大为增多，合法但酒精含量更高因而也更有害的洋酒广为饮用。有一些布道教会宣传反对饮用酒精饮料，而独立教派和非洲本土教会则劝告人们不要饮用任何发酵饮料。从 20 世纪 90 年代中期到后期，一些穆斯林群体发起了一系列反对在悲观情绪日益增长的种族隔离的南非社会中滥用酒精和毒品的激进运动，引起了国际国内的轰动。

开普的食物与居民点 162

1652 年第一个欧洲居民点在好望角建立，它最初是为了满足为水手和商人们提供稳定的淡水和食物的需求而设立的，这些人的航线跨越大西洋与印度洋往返于欧洲与东方之间。这个新的居民点一开始并不是为了成为永久居留点或殖民地而设立的，它唯一的目标就是为过往的欧洲船只提供淡水和其他补给。当水手们到达开普时，首先映入眼帘的就是一个坐落在薄雾笼罩的平坦高地上的居民点。因有感于这一居民点的使命是为海员提供补给以继续他们前往或离开东方的航行，这些早先的海员和开拓者们称这一平坦的高地为桌山，而覆盖其上的白雾则被称为桌布。位于山脚下的海湾被命名为桌湾。堡垒建立以后，开拓者们面临的第一要务就是整理出一片菜园子，尝试看看以下这些来自他们荷兰老家的果蔬能不能生长：红薯、菠萝、西瓜、南瓜、葫芦、黄瓜、萝卜、葡萄、橙子、柠檬以及其他的水果。当这些果蔬还在发芽的时候，拓荒者们经常会大量食用各种在开普找到的可食用的野生浆果和其他植物。开黄花的酢浆草是其中之一，它含有格外丰富的维生素 C，咀嚼其根茎或将其加入食物中能够很好地治疗坏血病，而这种病正是那一时期海员们致死的罪魁祸首。在一位士兵因食用野生扁桃仁致死以后，拓荒者们发现扁桃仁中含有的致命毒性物质（氢氰酸），可以通过在食用前将其在水中浸泡一段时间或是像科伊桑人那样将其烤炙而得到中和。

经历了起初的恶劣天气与生产上的令人失望之事，开普不久之后便发展成了可以给定居者和访客们带来快乐和营养的似美丽花园般的胜地。扬·范·里贝克是移居开普的第一批人的指挥官和头领，他的日记表明，到居民点建立第 15 年的时候开普已经能够生产数量可观、质量可与荷兰本土媲美的种类丰富的水果与蔬菜。其中著名的有菠菜、莴苣、萝卜、菊苣、红

球甘蓝、黄甜菜、甜菜根、胡萝卜、欧洲防风草、花椰菜、甘
蓝、山萝卜、南瓜、胡瓜、脑瓜、洋蓟、西瓜、哈密瓜、茴香
还有辣椒。不同种类的豌豆、黄豆以及其他的豆类也有种植。
柑橘、香蕉、橄榄、栗子、李子、苹果、樱桃、胡桃、温柏、
番石榴、杏子、枸杞以及桃子的种植也取得了不同程度的成
功。同样获得极大成功的还有种植葡萄的尝试，各种葡萄在开 163
普迅速繁衍开来。1659 年 2 月，开普推出了它的自制酒，这
为南非酿酒业打下了基础，自那时起直至现在，南非酿酒业都
在以不同程度的成功和获利而发展壮大。开拓者们也尝试种植
谷物与水稻，经过了一段时间并没有取得成功，因此他们就不
得不依赖于进口大米、干面包或船上的饼干。

对于鲜肉的需求得依靠开普水域中丰富的鱼类与龙虾来提
供。这是因为在早期的时候拓荒者们的捕猎方法低效且笨拙，
所以大量的大型猎物暂时还不能像后来那样转变成餐桌上的美
味。只有那些易于捕杀的猎物，像是豪猪、海鸥、企鹅以及圆
齿龟，才会出现在开普的餐桌上。当发现企鹅蛋是可以食用的
之后，这些拓荒者们随即将之纳入了他们的菜单。在经历了这
段最初的困难时期以后，各品种的欧洲牛、绵羊、猪、兔以及
山羊开始在开普被饲养起来，以补充甚至是取代来自科伊桑人
的低效且不稳定的肉类供应，他们通常会出于文化与经济上的
原因而不愿卖掉自己的家畜。平均每年有6000名海员在开普停
留以补充食物、饮料等营养品，因此制作食物成为了这个新居
民点的基本职能。由于正好处在欧洲与远东航线的中间点，开
普发展成了各种烹饪传统的汇聚地，荷兰、法国、意大利、英
国、德国还有马来西亚的饮食习惯都发挥了各自的影响。在这 164

众多的烹饪习俗中，历史最悠久、影响最深远的非马来人的饮食莫属。

开普马来人的烹饪

马来人这个术语其实多少是带有误导性的。它不仅仅是指称来自马来西亚的人，也涵括了来自东亚与中东的族群与人群。处于这一范畴之内的人群包括印度人、印度尼西亚人、马来西亚人以及其他来自爪哇岛、苏门答腊岛、东印度群岛以及中东的人。由于来自马来西亚的人在事实上占据了大多数，并且他们中的绝大多数都说马来语且都是穆斯林，结果大家将那些人都统称为开普马来人。开普马来人是区分于开普有色人口的，后者是指由白人男性与来自科伊桑人、马来人还有非洲人中的非白人女性发生性关系而产下的后代。开普有色人口一直都认同他们的欧洲领主和父系家族，并且学习他们的文化与宗教，但是后者却从没有真心真意地把他们看作同胞。另一方面，开普马来人也努力保持其独特的身份认同，且顽强地保持自己的宗教、语言与烹饪传统。本节描述的饮食习俗指的即是开普马来人而非开普有色人口的习俗。

第一批马来人是随着首批欧洲拓荒者来到开普的。大多数的印度尼西亚人与马来西亚人是在 17 世纪晚期作为奴隶贩运到开普的。有一位作家描写到，作为奴隶中的佼佼者，他们是身怀某种技能来到开普的。除了是专业的船长、水手、乐师、园丁和渔民以外，他们还是十分出色的厨师。因为是荷兰人手下的第一批园丁、渔民、酒窖看护以及厨师，很多马来男人和女人成为了这一新居民点烹饪艺术的属性决定者与方向指引

者。在此过程中，来自以善于烹饪而闻名的国度的马来人脱颖
而出，在开普与南非的饮食界留下了不可磨灭的印记。我们将
南非的香辣菜肴都归之于马来人的缘故，因为是他们负责从东
方运送以下这些美味的调料到开普：姜黄、吉拉（枯茗籽）、
小豆蔻、八角、八里夏普（茴香）、巴伊亚（小茴香）、鲜姜
和干姜、胡荽、大蒜、藏红花、硝石、淡菜、辣椒、芥菜籽、
芳莎丽叶、罗望子以及品种繁多的咖喱食品。此外，他们也将 165
本地土生的一些植物比如柑橘与柠檬的叶子、酸辣酱还有干杏
仁转换成调料。对于任何想要体验马来烹饪之美妙的人而言，
登门造访马来人的最佳时间是在为期30天的穆斯林斋月禁食
期结束的时候，通常紧接着马来人的莱巴兰节（labaran）就
开始了，节日期间有盛大的宴会。

作为出生在渔民天堂之中的渔民，又精通于在温热的气候条件下保存鱼肉，马来人为鱼肉与蔬菜的保存与腌制技术做出了长远贡献。这一技能，甚至超越了他们制作其他菜肴的专业知识，帮助其从海员们那里获得了牢固的声望和尊重，这些海员常年航行于大西洋与印度洋上，饱受坏血病的折磨。在马来人的手中，许多开普的普通鱼类，比如竹荚鱼、马鲛鱼、双帆鲈、鲑鱼、美洲西鲱、鲷鱼、海鳊、胭脂鱼和鳕鱼，变成了各式各样美味且广受欢迎的菜肴。由于开普有丰富的鱼类供应，马来人很轻易就能找到活儿，但因为本地对鱼类的需求有限，所以他们调整了烹饪技术以满足自己捕捞的大量鱼类的保鲜的要求，从而方便出口或在将来食用或贩卖。他们发展出了两种方法来保存他们捕捞的鱼类。第一种方法是快速地将鱼剖开洗净，用盐腌制，炖熟，然后再通过烟熏或暴晒使其干燥，晒鱼

的时候会将其摊开用绳子串起来，使其像洗过的衣服那样在阳光下随风摇摆。干杖鱼是开普最受欢迎的鱼，同时也是两道受欢迎的南非佳肴思慕尔—维斯（smoor-vis）和戈斯慕德（gesmoorde）的原材料。经过腌制和干燥的鲱鱼、竹荚鱼、灰鲻鱼以及其他更小型的鱼类被统称为博肯姆（bokkems，源于荷兰语词汇 bokking，意为鲱鱼或烟熏鲱鱼），成为了一种广受欢迎的美食，尤其是对于远离这一地区且没有稳定的新鲜鱼类供应的人群而言更是如此。

在赢得了同坏血病的战争以后，开普马来人随后又发展出了更多的佳肴，其中的许多菜式都已进入了南非最具盛名的国菜之列。它们中最有名的莫过于咖喱肉末、索萨蒂斯（sosaties）和布雷迪（bredie）。南非有多少马来人家，就有多少种制作这些美食的方法。作为一种肉末馅饼，咖喱肉末的大受欢迎使其享有了作为南非国菜的崇高地位。制作咖喱肉末的原材料包括切碎的羔羊肉或牛肉、浸过牛奶的碎面包、搅匀的鸡蛋、黄油、细细切碎的洋葱、姜末、碎扁桃仁（非必备）、大蒜、咖喱粉或马沙拉以及姜黄。最后再淋上糖水或罗望子水，以调制出特别的风味。第二种南非佳肴是索萨蒂斯，来自马来语中沙爹（sate）一词，意为五香酱料，还有赛沙爹（sesate）一词，意为肉或肉串。不同于咖喱肉末必须要在家中烹饪和食用，索萨蒂斯是一道更为便利的美味。因为原料可以在其酱汁中保鲜数日，所以它能够被带到任何地方烹调，这也使得它成为了受到特别青睐的户外菜肴。第三种美食布雷迪是以肉和蔬菜为原料，经过精心调配、炖煮而成的一道菜肴，它虽不是最有名的，但在南非也是开普马来人中非常流行的馈

赠食品。布雷迪这个词在马尔加什语中的意思是菠菜，马尔加什语是居住在马达加斯加岛附近岛屿上的族群的语言，他们大 166
多数都把自己遥远的出身追溯至印度尼西亚人，这也再一次确证了这道菜起源于东方。此外，马来人还有伴随着主菜一起上桌的众多配菜、沙拉和调味品。其中最常见的是丝蕾艾（slaai），一道将蔬菜切条或斩碎做成的小菜；还有珊贝尔（sambal），是将冷冻过的水果和蔬菜碾碎并加入香料做成的配菜；还有丰富多样被统称为埃特加（atjar）的腌菜。其余还有用经过浓烈调味、烹煮的蔬菜或水果制成的酸辣调味酱；布拉齐格斯（blatchangs），是一道用晒干且拍碎的凤尾鱼和蔬菜、糖混合制成的调味酱；柯西司特（koesister），是一种加香料的麻花状面点，也是南非厨房中最油腻、最美味的点心之一。还有孩子们喜爱的特姆蕾特杰（tameletje），是用溶化的焦糖与蔬菜做成的甜点。在一本联合国于 1951 年发布的各国食谱中，用黄米和葡萄干制成的咖喱肉末被选为南非菜肴的代表，这也佐证了马来人在南非独特的饮食传统的确立与发展过程中所发挥的决定性作用。

法国胡格诺派与开普的造酒工业

法国人对开普饮食的影响仅次于马来人。第一批法国胡格诺派教徒于 1685 年到达开普，此举是为了逃避法国国内对他们的宗教迫害。因为早在 18 世纪法国烹饪革命发生以前他们就已经离开，且居住分散易受荷兰人的同化，所以他们对开普饮食的影响较小。法国人被认为具有许多烹饪技巧，如使用香草巧妙地使食物入味、调料用得较少以及会析出食物中多余的油脂。他们还始创了南非的上菜顺序，最开始上汤菜，然后是主菜，最后再上蔬菜、水果或是糕点，而不是一股脑全端上来。他们还以使用面包屑来给自己的调料增稠而闻名。更重要的是，胡格诺派教徒们来自于世界上最负盛名的酿酒之乡，是他们奠定了南非造酒工业的基础，后者在 18 世纪早期开始声名鹊起。精选最好的葡萄制成的南非红葡萄酒，从雷司令（Riesling）、索维尼翁（Sauvignon）和克莱雷特·布兰奇（Clairette Blanche）到解百纳（Cabernet）、艾米达吉（Hermitage）、彭塔克（Pontac）以及各种品诺（Pinot）葡萄
167 酒，都属最受世界各地鉴赏家追捧的酒类之列。由南非在 1925 年独创的、别具一格的带水果芬芳的紫红色品诺塔吉（Pinotage）葡萄酒，已经赢得了许多国际大奖，最近一次是在 1997 年法国举办的葡萄酒公开赛（Vin Expo Competition）上获得金奖。[4]

特里克布尔人的主要食物与特产

为了反抗英国人的入侵、征服、奴役以及其他暴行，开普的荷兰移民在大迁徙运动（the Great Trek）中向北方迁徙。这一北进运动使他们与居住在内陆的非洲族群有了更亲密的接触。由于远离了开普的地中海气候，特里克布尔人（Trekboer）们不得不依赖于各种当地的农作物、水果和蔬菜维生。他们出于迫不得已而成就了佳事，发展出了新的烹饪方法。他们种植玉米，并称其为 melie，非洲人很快也将之引进并称为 mealie。玉米很快就成为了非洲人的主食之一，并在特里克布尔人的调制之下成为了上得了台面的食物，而特里克布尔人当初之所以

能够存活下来，也正是得益于他们使用各种方法、发挥自己的能力，创造性地使用了玉米这种用途广泛的食材以满足自己的基本饮食需要。

干鱼做成的菜，比如罐头鱼、红烧杖鱼、鲻鱼，在广袤的内陆地区成为了便利又实用的食物。至于肉食，特里克布尔人同非洲人一样不愿意宰杀食用自己拥有的为数不多的奶牛；替代的方法是转而猎杀非洲大草原上数量丰富的野生动物，再将其烤熟或煮熟，制作成多种多样的野味佳肴。其中最常见的一种是农夫香肠（boerewors），它是将碎肉与美味的调料混合制成的。还有一种是比尔通（biltong），这个词是由两个阿非里卡语的单词组成的：bil 和 tong，意思分别是臀部与舌头，因 168
为它用舌头状的精瘦或熏过的牛肉、羚羊肉或鸵鸟肉做成，这些肉先要在阳光下晒干，然后冷冻备用。三脚铁锅炖菜（potjiekos）指的是将野味、羊排之类的食物放入三脚铁锅内，支在火上烹煮。特里克布尔人从非洲人那里学会了将白蚁的蚁丘挖空用作面包烤炉。[5]

传统的非洲服饰

最初的时候非洲所有的衣物都是用植物、动物皮毛以及经过击打加工的兽皮制成的，但随着手织与机织的棉布与其他衣料的出现，导致了服装材料和样式的深刻变革。对于非洲人和各部族的人而言，服装修饰和定义了一个人。一个男人或女人的着装直接反映出他或她的年龄、性别、地位以及族群。虽然个人也有自由选择的空间，但是人们怎样着装是要受到社会广泛且细致的规范限制的。通过服饰的差异，男人与女人、男童与女童、已婚者与未婚者、未成年人与幼童、元老与新手、未成年人与青年人、准妈妈与尚在尝试受孕的女人、已有子嗣的妻子与尚未生育的妻子、平民与酋长、占卜者与普通人等，都得以区分开来。

在大多数情况下，这些社会的规定涉及某人着装的颜色。比如在祖鲁族中，白色代表纯洁、道德与性。因此，只有青春期的少女才能穿着白色的衣服，因为在技术层面上她还是一个处女，已婚女人则是绝对禁止这样穿着的。白色也代表着美丽，黑色则代表着丑恶，这导致人们总是避免穿黑色衣服，除非是参加其所爱的人的葬礼。在有人去世或其他相似的悲剧发生之后，黑色药物被规定用于增强丧失亲人者的身体，防止更多的人死亡。白色药物也会一道备好，用以抵消黑色药物的副作用。

下文各节将以祖鲁语族群为中心，同时兼顾其他族群，来探讨南非传统服饰的本质与模式。在青春期以前，无论男女都穿得很少。当小孩子还在襁褓之中或尚在学步的时候几乎是全
169 裸的，虽然会在腰部围上一串珠子或一条草绳（在斯威士称作 luqhotfo）编成的腰带，但也主要是起装饰的作用。通常小孩的头发都会剃光，只留下头顶那一小撮（祖鲁语称作 isiguqa）。当小孩子快要到青春期的时候，会在腰部系上一块3英寸见方或更大的编珠布以遮挡生殖器。女孩子的这块遮羞布叫做伊希格吉（isigege）或优本德尔（ubendle），它是用优本德尔植物的叶子编成的。如果女孩子被认为是纯洁的且从未接触过性，那么她可以继续裸体直到进入青少年时期，又或者

她如若愿意也可以选择在肩胛上缠绕一圈白色亚麻布，白色是她们在纯真年纪里唯一允许使用的颜色。

在斯威士，会给将要进入青春期年龄的男孩一个龟头套（umncatfo），它是用一种特殊的葫芦、木头、果壳甚或是动物角制成的。当男孩子正式进入青春期年龄以后，会收到一条用动物尾巴制成的短裙，或是做工粗糙、未经加工的小牛皮半圆形遮羞布（ibeshu），它被切割成许多会随脚步而摆动的皮条。在青春期，当其乳房开始发育以后，女孩子被允许拥有伴侣，但她们还不能开始真正的性关系或结婚。在女孩子接近结婚年龄时，她会将自己的白色衣物换成红色的，此时她既可以选择佩戴白色项链也可以佩戴红色的。此时她已接触到性，因此被禁止再穿白色衣服，但也不能穿着专属于已婚妇女的斑点衣物。

总体说来，女人的基本服饰包括围裙、斗篷和裙子。围裙通常较短，饰着用串珠或五颜六色的植物叶子制成的流苏，南索托族就是一个例子。最早的时候围裙是由皮料制成的，但现在则大多是使用手织或机织的布料。裙子的样式同样种类繁多。通常它包括一件较大内衣，包裹着臀部，一块小围裙覆在内衣上面悬挂下来。在祖鲁人和聪加人中，斗篷也可以改造成宽松的裙子，或是由两块或相连或独立的皮片组成，它们分别遮掩住了女人身体的前后部分。抹胸并不多见。事实上抹胸是罕见的，因为大多数女人在结婚以前都是袒胸露乳的。在广泛使用抹胸的地方，尤其是在最早同欧洲人直接接触的科萨族，抹胸应当是受传教士的影响以及对批评这种裸露行为不道德和不体面的说教妥协的产物。基本上抹胸是将布条在胸部经腋下缠绕，然后再在脖子后面打结固定的；或是将一小片皮料或饰有串珠的珠布或松或紧地裹在乳房上。

170 在结婚以后，祖鲁族妇女会穿着伊希达巴（isiduaba）或伊西可哈卡（isikhakha），这是一种重叠的毛皮短裙，用动物皮条将之绑在腰上，上身则穿着她在未成年时期的老伊希格格斯（isigegs）上衣。在她生育头胎前，以及在之后每一次怀孕的时候，女人都会穿着一种加工好的雄鹿皮斗篷（叫做 sisdiya 或 ingcayi），有时会饰以黄铜小球串成的流苏（ndonde），斗篷缠绕在其腋下并且在背部打结，从而遮掩住了腹部以及胸部。已婚妇女必须时刻遮挡住胸部，除非是在家中或是牛棚里，但是也绝不能在公公面前裸露胸部。条件允许时，孕妇的围裙会用羚羊皮制成，以求为腹中的胎儿带来优雅与力量。无论其衣服或裹体物的形状与样式是怎样，其配色可以是任何单一颜色或多种颜色混杂而成，但绝不能用白色搭配纯红色。在特殊场合或节日，妇女可以穿着宽松的皮袍（ingubo）或是一件色彩绚丽的串珠衣服，这种衣服从她的肩部披落直至膝部，且依据主人的身份不同可能会一直覆盖到脚上。地位较高的女性的这种衣服款式会在背后饰以加长的布条，一直延伸到脚面以下两码的地方，形成一个维多利亚样式的拖行裙裾。恩德贝勒妇女身穿的长裙明确地显示出其已婚的地位。在夜晚，皮袍会被用作小孩子的抱褥，多毛或饰珠的一面露在外面。

除了一些科萨族群以外，男性赤身裸体而不穿戴阴茎护具也不遮掩包皮的情况很少见。遮掩腰部的衣物（斯威士人称作 emahiya）或围裙（通常是围在腰上）则很常见。斯威士的男人有时会通体只着两块皮裙，一块在前（amajobo）一块在后（emabeda），两者都像爱玛西亚（emahiya）一样在臀部右侧打结，有时这两块皮裙覆盖在遮掩腰部的衣物上。男人如果在他的牛棚以外不穿阿玛约伯（amajobo）裸露下体会被认为是不当的，这块皮裙有时会大到足够包裹住他的整个腰部。在所有族群中，除非是天气严寒，否则人们在腰部以上往往不着一物。为了保暖，男人在上半身裹上一件叫做斯诺科蒂（sinokoti）的皮斗篷，如果是用羚羊皮、牛皮或山羊皮制成，则叫做斯普卡（siphuku）。在晚近的年代里，皮袍已经逐渐被布衣和毛毯取代，毛毯是从右肩往下绕过左腋缠绕的。在成年以后，祖鲁男人会舍弃青少年时期的尤莫特沙（umutsha），换上较大的装束，前胸的围裙用小动物的毛皮制成，后背是用未加工的香猫皮条做成的短裙。如果条件允许，祖鲁男人也可穿着奎比洛（qubulo）服，用于氛围和缓而庄重的奎比洛（qubulo）舞会，这种舞会常常是伴随着婚礼庆典和年度全民欢庆水果丰收的节日一同举行的。这种服饰由称作银丝曼戈（insimango）的猴子尾巴制成的三条围裙组成，它们分别围在臀部、腰部和肩膀上。同祖鲁人与科萨人不同，文达人和索托人并不佩戴阴茎护具，而是用一条三角皮裙来遮掩身体，围裙在腰部分叉，然后将正面部分位于两腿正中间的那一点同后背两个端点连到一起，这就形成了一种最高效的下身装束并取代了曾经普遍使用的阴茎护具。 171

节庆装束与服饰

节庆装束与服饰因性别、年龄而不同，有时各种职业之间也不尽相同，并且通常不同族群之间也不一样。年轻的小伙子在进入成年期的成人典礼上会穿着制作精美的服饰，这种衣服由棕榈树叶、草或其他植物制成，以隐藏他们的身份并显示他们即将成年。班特渥恩（Bantwane）和佩迪女孩子在举行成年礼仪式之前会主动放弃她们的日常着装，以此象征性地终结自己的童年。用草制作的精美的衣服、戒指、腕带、脚环以及其他的植物服饰象征着转变，并确立了她们未来作为母亲与妻子的角色。年轻的索托姑娘们会先进入一个名为芭乐（bale）的成年仪式培训学堂，学习在自己半裸的身体上涂抹陶土或砂石粉末以增白，还会穿戴珠子面罩、陶珠、编制的戒指、草绳腰带以及羊皮或布料围裙。

一场祖鲁族的婚礼成员包括一位满身珠饰的新娘和超过一打的少女伴娘，伴娘们的珠饰较少，她们会护送新娘到达新郎父亲家。恩德贝勒族的婚礼则是另一番景象，它只包括两位当事人：一是新娘，她披着她在订婚期间新制的婚礼珠袍和饰品，二是伴娘，通常是由新娘的外甥女或是新娘最年长的姐姐的长女来充任，她会陪护新娘去新郎家。到达这个未来的家以后，新娘会被领进屋子里的铺着席子的隔间里，这间屋子很可能就是她以后居住的屋子。从上到下都裹在红毯里的新娘会在这里接见来宾和贺喜者。这些结婚仪式结束以后，结婚不久的新娘在特殊的场合下（比如她儿子的包皮割除仪式），可以穿着她设计精巧的羊皮袍子外套，它通常是红色的，白色的肩部镶着许多珠子，分为前后两部分，且两边都有裙裾。

战士们也可以通过在他们日常着装中附加装饰来得以区分，比如科萨战士的鹤羽头饰、祖鲁战士色彩斑斓的各式羽毛饰件以及恩德贝勒战士和索托战士的鸵鸟羽毛和其他羽毛饰品。占卜者或巫师是身居统治地位的女性，因此常常身着典型的已婚女人的服饰，人们不会认错她们，因为她们穿着复杂精致的着装和标志物，包括饰珠的满头发绺、动物皮毛制成的胸带、蛇皮、晾干且充满气体的牺牲动物的膀胱、脚环和腕套，还有用神圣的羚羊或奶牛尾巴加工成的配饰。占卜者的服饰中红色、白色与黑色的珠子占据了主导地位，因为这些颜色通常 172
是与她们常要保持通灵的祖先相联系的颜色。在许多地方，穿着豹皮斗篷是王室的特权，但在科萨族大象尾巴才是王室的标志。[6]

饰品

在南非的各族群中，饰品同服装是不相分离的，将它们当作是一个整体反而更合适。装饰是从头部开始的，人们投入了大量的精力去思考怎么装饰头发，从童年到青少年再到成年时期都是如此。各种各样的发型都被发展出来：有将整个头部都剃光只在头顶留下一丛毛发的（isiguqa）；有放任头发生长不管的（isihiuthu）；有将头发编成三条长辫子的（isiyendane）；还有将头发润滑、编织然后再用细绳扎起来的。女孩子们有时会将刘海留长到覆盖住额头以方便佩戴珠子（isicelankobe），或是将头发剪短且拍打以形成卷发和碎发覆盖头部。另一方面，男孩子会将头发梳成直立蓬松状，或是将头发编织成中间一列高耸、两边几列疏散的样式，以方便自己添加譬如羽毛和花朵之类的各种东西。插在祖鲁男人头发中的鹤羽是为了向未婚的姑娘献殷勤，而头插花束则被认为包含了某些能够滋生爱恋激情的东西。

带有饰珠的头发样式可以做成各种发型，对于女孩子而言更是如此。当年轻的祖鲁女人快要结婚的时候，她开始蓄起高高的赭色顶髻（isicholo）以表示自己属于已婚女人。为了做出这样的发型，头发必须先要用草绳编成辫子以使其顺直。之后，再使用纤细的绳子将头发捆扎并用酸奶和红赭色颜料的混合物涂抹，这样头部中间的头发就绑到了一起且有了润滑，剩下的头发则全部剪掉。还有一种时兴的方法是将眼睛上面的几绺头发留下来，并在环绕着眼圈的头发上饰以珠子和黄铜戒指。在顶髻或向上耸起散开的头饰之下，（在她第一个孩子将要出生之际以及与丈夫的男性亲友们见面时）女人会搭配以五颜六色的衣带、珠饰或是灯芯草，以显示自己对丈夫和公公婆婆的尊重。为了堆高发髻，女人们会放任头发生长并经常重新编织。在订婚那天蓄起来以后，这一发髻直到她丈夫去世以前都不能剪短。如果有女人在没有亲人逝世的情况下剪掉发髻，那就是在向其丈夫释放一个明显而又带有侮辱性的信号：她在盼着他死呢。有许多样式的发髻被发展出来，包括属于在城市工作没有时间打理头发的人的可以拆解的发髻。恩德贝勒的年轻女孩都留光头，只留下几丛头发，这是为了便于搭配衣服，间或也为了表示她正在热恋中。

173 在许多地方，已婚男人会在头上饰以色彩明艳的羽毛。在祖鲁人和斯威士人中，已婚男人会佩戴头环，它是一种用植物或其根茎的纤维制成的小环，编好以后先在其表面涂上蜂巢中的黑色蜂蜡，待其干燥后再在其中饰以石子与树叶，使其外形光滑美观。作为男子气概的象征，男人们总是佩戴着头环，只有在妻丧期间才会取下来以示哀痛。摘下一个男人的头环甚或是一时恼怒抓住他的头环都是一种极大的冒犯行为，是对其男子气概的侮辱，也是对准许男人佩戴头环的首领权威的挑战。其他头饰还包括滕布和科萨女人佩戴的饰以很多珠子的皮帽、已婚巴卡妇女戴在前额上的珠块、祖鲁女人佩戴的象征着多年婚姻的高高的头巾、蓬多女人佩戴的象征着婚姻的珠饰头环、恩特瓦纳女人佩戴的头盔状的帽子还有南索托人的有边沿的或无边但尖尖的圆锥状帽子。

各个部族使用的化妆品多种多样，但最常用的还是油脂，它能够使身体看起来光亮又健康。在科萨、滕布、索托、文达与祖鲁等族群中，将黄油和红赭色颜料混合制成的一种油脂被广泛用于皮肤美容，还被用作仪式受膏涂在处于人生转折阶段的个体身上。在没有事先仔细涂抹上这种涂膏并在身上喷洒浓香的粉末之前，没有任何一个祖鲁的年轻男人会踏上求偶之旅。还有一种将酸奶与红赭颜料、油脂与芦荟叶子的灰烬、炉灰、木炭、锑、白赭颜料与黄赭颜料以及石墨混合在一起制成的涂膏，它是诸多既可以用于涂抹头发又可以用于装饰身体的化妆品之一。只有少数族群施行割礼，而且文身也是不多见的。祖鲁人以替孩子打耳洞的方式赋予他们智慧并使其长大成人而闻名。而蓬多人会在孩子的脸上刻上细小但复杂的图案，以此祈求祖先灵魂的安息。

在玻璃珠还没有传入之前，有许多种类的材料被用于制作随身饰品。其中有名的包括用于制作项链和手镯的芦苇、木头和各种根茎；贝壳和蜗牛壳；用于串绳、臂环和头饰带的动物的爪子、皮毛、骨头和牙齿；还有可以用作多种饰品的象牙和犄角。金属物件，比如铁和铜，以及更加常见的黄铜和黄铜丝都被用于制作手环或脚环。南非珠子的首要来源地是东非的斯瓦希里城邦，阿拉伯人以及后来的葡萄牙人都在这里进行贸易。这也解释了为何珠子的使用最先是在南部非洲的北部区域兴起的，而非南部区域。紧接着，开普的欧洲生意人就开始向
174 内陆贩运珠子，这也使其在南非更加普及。不久以后，珠子就成为了大多数南非非洲人最重要的首饰和衣饰物件，他们将其塑成各种精致的饰品，并编织或绣进漂亮的珠制品、皮料或布料中去。

用于日常使用和节庆场合的饰品都是由男童与女童共同制成的，但女童通常做得更加精细。最为常见的饰品是大大小小的珠链，它们的规格、形状、成色以及样式各不相同，被佩戴在前额、脖子、手腕上，绕过肩膀和胸部，环绕腰部、臀部和脚踝，或是吊在耳朵和头发上，像是垂饰和辫子一样。在科萨、佩迪和祖鲁女人佩戴的饰物中，最令人印象深刻的
175 是色彩斑斓、网孔状的珠子项圈。在祖鲁人和其他南非族群的人手中，珠子被赋予了表达力，它们能够持久地自我表达。求爱的信息通过珠子编码、传送并解译，某人佩戴的珠饰或珠块显示了他或她的年龄、社会和婚姻地位以及从属的族群和宗教。不同形状、图案、大小、样式和风格的珠饰是如今南非最受欢迎的出口商品。它们所传递的爱、美丽、希望、快乐、勤劳、多样化以及兄弟之情都具有普世性，因而在遥远的异国他乡赢得了众多的共鸣。在许多方面，无论是对黑人还是白人、该国公民或是游客，制作精美的珠饰都已成为了新南非共同的标志。

传统欧洲服饰

开普及其周边地区的时尚和服装

南非一直紧跟欧洲服饰风格的性质和样式的变革脚步，并同时对其进行了本土化。开普和欧洲之间交流的不便导致了南非服饰的风格总是落后于欧洲一两步。第一批白人移居者服饰的典型代表体现于现存的玛利亚塑像，她是第一批到达开普的欧洲移民的首领赞·范里贝克的妻子。在这座塑像中，她身着紧身上衣，前胸宽大，在后背打结，饰以斜束穗带且将其汇聚在腰际。她的配饰包括一只小礼帽和布质围颈，这只围颈包着蕾丝花边，倾斜着绕过她的脖子并遮掩住她的肩膀。这些围颈通常由丝巾或亚麻布做成，领口通常开得较大，可以是 V 形、圆形或方形的。裙子常常是宽松的且在腰部收紧或打褶，其颜色与材质随衬裙的不同而改变。秀发顺直披于脑后，用一方丝巾扎紧，在室内会戴一只花边白帽子将其盖起来，在室外则是戴一顶紧凑的黑帽子。

在里贝克的时代，男士的标准外套是军装，其下摆垂到臀部、后背与两侧开缝、前排紧扣且衣领宽大。这种衣服要么是宽松肥大的长袍，要么就是干练短衫（收短至腰部以更多地显露出里面的衬衫），再搭配以衬衫，男士们可以从以下三种下装中任选其一来搭配上衣：修长宽松型裤子，通常将膝盖以下的部位都裹进长袜状的绑腿和布片中；管状、修长、宽松且下垂、短裤状的裤子，在膝盖部位很宽松，常常在腰带部位绣

以金色或黑色的穗带；最后一种是开缝的裙子或苏格兰短裙式
176 的裙状裤子，常常是在边沿用绑带或绳束将之收拢。男士们将自己的发型设计成披肩发，面孔围在卷发之中。帽子是由软毛毡制成的，帽檐宽大，有时会饰以羽毛或绶带以增加美感。小男孩与小女孩都会像受尊重的成年人那样穿着，而且不论男女都围着围裙。佣人的装束仿照她们的女主人，但她们常常只能满足于穿着落后潮流好几步的旧衣服。

开普马来人中的男性与女性、自由人与奴隶，都以其绚丽多彩的着装而出名。女人们用椰子油来涂抹秀丽的黑发，然后将其在脑后盘成一圈用一支金钗固定住，同时在面颊上留下一绺卷发。无论男女都穿着木凉鞋（kaparrings），男人会在自己的光头上围上色彩明艳的头巾，然后往往会再戴上宝塔状的藤条帽子，这种帽子是伴随着他们的先祖从东方传来的。

17 世纪后期的开普见证了法国胡格诺派教徒的到来，也目睹了无领衬裙的出现（通常是蓝色的），还有在膝盖以下用带扣绑紧的紧身马裤的流行。这些新的衣物有着亚麻材质的衣领，不可或缺地搭配着假发，普遍也配上三角帽，这身装束即使是到了 18 世纪的大多数时候也依旧在时尚中保持了统治地位。如同开普马来男人构成了奴仆阶层中的多数人，开普马来女人也将自己塑造成了杰出的刺绣工和编织工，为其女主人和丈夫制作出了精美的服装。

19 世纪经历了诸多的变更，但简单的样式和典雅的品味在该时期一直都是最经久不衰的时尚特征。当 1820 年英国移民来到南非的时候，裤子已经出现而且日后成为了主导性的潮流。层层叠叠的外套以及项链状的领结也已经成为时尚。从

19 世纪 30 年代开始由开普往北迁移的特里克布尔人随身携带着自己的夹克、裤子、衬衫、围巾、紧身衣和帽子。由鼹鼠皮、雄鹿皮和小牛皮制成的衣服，以及由稻草或海狸皮制成的高级帽子也并非不常见。女人们则携带着自己的用整块布料制成的袍子、亚麻材质的宽松裙子以及有很多分层的衬裙。阔边女帽成为了这一时期特里克布尔女人们所穿戴的最具代表性的服饰。这种帽子由多重丝布和亚麻布制成，全凭手工将其熟练地缝到一起，能够有效地保护脸和脖子，它将穿戴者的面部包裹起来，从而保护她的脸部免受大草原风沙的侵蚀。这一较早 177
时期的衣物绝少有能够留存下来的，因为人们会一直穿着它们直到完全穿坏，但现存的 19 世纪晚期和 20 世纪早期的肖像画出版物还是显示出了这一时期典型的时装样式。[7] 到了 20 世纪中期，服装变得更短、更无顾忌、更前卫、更暴露，随着通信和旅行方式的发展，时尚开始从本土文化的外在表达变成一种跨文化之间互动的全球化现象。

欧洲服装的扩散：采纳与改造

从 17 世纪中叶开始，欧洲人到达南非并定居下来，导致众多非洲族群的社会生活发生了深远改变，因为两者在之后有了直接的接触。很可能其他任何一个物质文化领域的变化都没有服装风格和样式上的转变更加戏剧化和明显。最初，随着棉线的传入，非洲人开始用布料取代树皮、芦苇、草、兽皮和珠子来制作传统的服饰。在有些情况下，人们也会在新传入的棉布衣服里面或外面继续穿着皮质衣物。但在大多数情况下，由于受到传教士和其他欧洲人在教堂和学校中的影响，全新的服装风格出现了。

这些新的服装风格往往是对欧洲样式的模仿，但也可以辨别出本土创造力和适应性元素的存在。在开普的恩古尼人、恩德贝勒人和科萨人中，男人们开始用羊毛袍子取代斗篷，而他们的女人则采用了素色的棉布单子和毯子，将其染成红色、橙色或是淡蓝色，然后再改制成女孩子们的短裙和已婚妇女的及膝长裙。在蓬多族中，白色最开始代表着哀伤，但在经过了一场对某位重要首领的非同寻常的漫长哀悼之后，女人们发展出了对白色的新品味，她们通过将白棉布单子染成淡蓝色以使其色彩明丽且更显洁白，并将其用于制作礼服。惊叹于欧洲人的医院分发给怀孕的非洲妇女穿着的孕妇装之舒适贴身，恩特瓦纳等族群的妇女将这些孕妇装进一步改造成了时髦的日常服饰供已婚妇女穿着，象征着妇女旺盛的生育力。在这种宽松的长袍下面，恩特瓦纳妇女（尤其是乡村妇女）还会穿着她们传统的铲状小羊皮背心和其他衣物，或是身着饰珠的皮裙。[8]

科萨、滕布和姆蓬多族的妇女们纷纷效仿，也采用了许多杰出的欧洲服饰。除此之外，她们常常会搭配上赭色胸衣、饰穗裙子、围裙以及（例如在科萨妇女中）色彩绚丽的头巾，使着装者显得鲜明靓丽、庄重高贵且能够吸引眼球。祖鲁人最
178 中意穿着染成黑色或棕色的材质光滑的衣服，以取代他们之前的皮袍。文达人与聪加人采用了同样的服装样式但却更偏爱有条纹的款式。南索托女人一直保留着她们所采用的 19 世纪的宽大、长及脚踝、有收束的裙子，并搭配以衬裙、短上衣和披肩。索托女人一直坚持在数层棉布衬裙内再穿着合股纤维制成的短裙，这种短裙是她不可或缺的，因为它象征着女人味。同

科萨男人一样，索托男人对欧洲人的羊毛毯子十分感兴趣。羊毛毯子最早是由德国商人在19世纪早期从巴厘引进的，它一直都是流行的受欢迎的衣物。毛毯披风，尤其是色彩斑斓、有竖直条纹的样式，同样成为了恩德贝勒女人们最爱的衣物。索托人和恩德贝勒人对羊毛毯子或者说维多利亚毯子的需求如此旺盛，以致英国人发展出了一个高利润的行当，专门为南非市场制作这类商品。

欧洲着装风格的出现和流行，并不意味着人们就不再穿着传统样式的服装了。这种改变在城市地区更加急剧、明显。事实上欧洲的影响是如此无所不在，如今在南非的城市中已经很少能够看到身着传统服饰的人了，但在其他非洲国家，比如加纳或尼日利亚，尚未出现这种趋势。但是在乡村地区，传统服饰（通常也加入了现代化的改进）得以挣扎着存留下来。在许多地方，反对种族隔离和欧洲统治的持久运动导致了传统形式的复兴，无论是在仪式上还是在服饰上都是如此。当在比勒陀利亚出席一场针对他的原瑞弗尼亚叛国罪庭审时，尼尔逊·曼德拉身着全套传统的、作为科萨—滕布皇室家族中的王子之一应穿的豹皮皇室装束，震撼了整个法庭的观众，给他们留下了深刻印象。在近年来，尤其是种族隔离政策废止和新的民主南非建立以来，对文化真实性的探求导致南非新生代的精英们从其他非洲文化中广泛采用了各种流行的服饰。阿散蒂人的肯特服饰（kente）、约鲁巴人的艾格巴达服饰（agbada是一种大长袍）和豪撒人的旦丝奇（dansiki）服饰都成为了可供南非各种族、族群选择的服装。

非洲人对欧洲所做的更重要和更具普遍性意义的借鉴是对

其他经典服装款式的引入，比如男人的衬衫和长裤，女人的裙子、女装衬衫和礼服。再加上西装、外套和领带，这些都已经成为了大多数南非人最常见的正式和非正式的穿着了。在矿山与工厂，在农场与街道，在乡村与城市市场，以及在所有社会与文化群体中，不可否认这些欧洲款式无所不在、风靡全国。
179 欧洲风格服装在这个国家随处可见，这也清楚地表明已经可以将它们看作南非的传统服装样式了。与此同时，为了适应新社会的崛起，旧的本土服装样式的复兴、新的服装款式的研发以及对新旧款式进行糅合的尝试从来未曾消退。在 2001 年，南非举办了世界小姐大赛，这和其他一系列事情都共同表明，南非又回到了充满生气、瞬息万变且联系紧密的国际时尚界版图之中。

注释：

1. 有关班图饮食传统的更深入探讨及后文的主要信息来源，参见：玛格丽特·肖：《物质文化》，载 W. D. 哈蒙德—图克编：《南非说班图语的民族》，伦敦与波士顿：劳特利奇和基根保罗出版社，1975 年，第 99 ~ 101 页；P. J. 奎恩：《佩迪人的食物与饮食习惯，着重于各种食物的识别、分类、准备和营养价值》，约翰内斯堡：金山大学出版社，1959 年；A. T. 布莱恩特：《白人尚未到来之前的祖鲁人》，彼得马里茨堡：舒特与舒特出版社，1967 年，第 264 ~ 295 页；布瑞恩·A. 马威克：《斯威士人：关于斯威士兰保护领地原住民的人种志记述》，伦敦：弗兰克·卡斯 & 出版有限公司，1966 年，第 77 ~ 80 页；艾琳·詹森·克里格：《祖鲁人的社会系统》，彼得马里茨堡：舒特与舒特出版社，1965 年，第 53 ~ 60 页，第 383 ~ 387 页；以及维达·赫德和莱斯利·福尔：《南非烹饪界：历史与现状》，开普敦：非洲书籍出版社，1970 年，第 471 ~483 页。

For a fuller discussion of the Bantu culinary traditions and the major sources for what follows, see Margaret Shaw, "*Material Culture*," in W. D. Hammond-Tooke, ed., *The Bantu-Speaking Peoples of Southern Africa* (London and Boston: Routledge and Kegan Paul, 1975), 99 ~ 101; P. J. Quin, *Foods and Feeding Habits of the Pedi with Special Reference to Identification, Classification, Preparation and Nutritive Value of the Respective Foods* (Johannesburg: Witwatersrand University Press, 1959); A. T. Bryant, *The Zulu People As They Were Before the White Man Came* (Pietermaritzburg: Shuter and Shooter, 1967), 264 ~ 295; Brian A. Marwick, *The Swazi: An Ethnographic Account of the Natives of the Swaziland Protectorate* (London: Frank Cass & Co. Ltd., 1966), 77 ~ 80; Eileen Jensen Krige, *The Social System of the Zulus* (Pietermaritzburg: Shuter and Shooter, 1965), 53 ~60, 383 ~387; and Vida Heard and Lesley Faull, *Cookery in Southern Africa: Traditional and Today* (Cape Town: Books of Africa, 1970), 471 ~483.

2. 《观光指南：南非》，伦敦：APA 出版社，2000 年，第 110 页。

Insight Guide: South Africa (London: APA Publications, 2000), 110.

3. 奎恩：《佩迪人的食物与饮食习惯》，第 255 页。

Quin, *Foods and Feeding Habits of the Pedi*, 255.

4. 有关法国胡格诺派教徒以及开普造酒工业的发展，参见：劳伦斯·范·德·普司特：《第一次捕获大羚羊》，纽约：威廉·莫罗出版有限公司，1978 年；《非洲烹饪》，纽约：时间与生活出版社，1970 年，第 153 ~156 页；雷娜塔·库切：《南非饮食传统》，开普敦：C. 斯特鲁克，1977 年，第 28 ~43 页。关于品诺塔吉造酒工业，参见：《观光旅游指南：南非》，开普敦：DK 出版公司，1999 年，120 ~143 页。

On the French Huguenots and the development of the wine industry at the Cape, see: Laurens van der Post, *First Catch Your Eland* (New York:

William Morrow and Co. Inc. , 1978); *African Cooking* (New York: Time-Life Books, 1970), 153 ~ 156; Renata Coetzee, *The South African Culinary Tradition* (Cape Town: C. Struick, 1977), 28 ~ 43. On the Pinotage wine industry, see: *Eyewitness Travel Guides: South Africa* (Cape Town: DK Publishing Ltd. , 1999), 120 ~ 143.

5. 有关荷兰人与特里克布尔人对饮食界的贡献的更深入的讨论，参见：普司特：《第一次捕获大羚羊》，第 147 ~ 212 页；《非洲烹饪》，纽约：时间与生活出版社，1970 年，第 173 ~ 199 页；雷娜塔·库切：《南非饮食传统》，第 28 ~ 43 页。同时参见麦纳·罗森和莱斯莉·隆所写的颇有名气且含有丰富插图的烹饪书：《南非美食与佳酿》，匹兹堡：多兰斯出版有限公司，1997 年，书中包含了多种传统的南非食物。欲简要了解传统的食谱，参见希尔达贡达·达基特：《传统南非烹饪》，纽约：神马泉图书公司，1996 年。

For fuller discussions of the Dutch and Trekboer culinary contributions see: Post, *First Catch Your Eland*, 147 ~ 212; *African Cooking* (New York: Time-Life Books, 1970), 173 ~ 199; Renata Coetzee, *The South African Culinary Tradition*, 28 ~ 43. See also the notable and richly illustrated book of recipes by Myna Rosen and Lesley Loon, *South African Gourmet Food and Wine* (Pittsburgh, Pa. : Dorrance Publishing Co. , Inc. , 1997), which included several entries on traditional South African food. For a compendium of traditional recipes, see Hildagonda Duckitt, *Traditional South African Cookery* (New York: Hippocrene Books, 1996).

180 6. 有关非洲传统服装样式以及这一部分讨论的主要文献来源，参见：芭芭拉·泰瑞尔：《南部非洲部落居民》，开普敦：T. V. 布尔平出版社，1976 年；泰瑞尔：《班图服饰》，载《南非标准百科全书》第 2 卷，第 72 ~ 77 页；肖：《物质文化》，载哈蒙德—图克编：《班图语族群》第 101 ~ 103 页；布莱恩特：《祖鲁人》，第 132 ~ 73 页；马威克：《斯威士》，第 84 ~ 86 页；克里格：《祖鲁人的社会系统》，彼得马里茨堡：沙特尔与舒特尔出版社，1965 年，第 370～382 页；桑德拉·克洛泊：《祖鲁》，载《艺术辞典》，第 33 卷，第 723～725 页。

On African traditional dress forms and the major sources for the discussion in this section, see Barbara Tyrrell, *Tribal Peoples of Southern Africa* (Cape Town: T. V. Bulpin, 1976); Tyrrell, "*Bantu Costume*," *Standard Encyclopedia of Southern Africa*, vol. 2, 72～77; Shaw, "*Material Culture*," in Hammond-Tooke, ed., *The Bantu-Speaking Peoples*, 101～103; Bryant, *The Zulu People*, 132～173; Marwick, *The Swazi*, 84～86; Krige, *The Social System of the Zulus* (Pietermaritzburg: Shuter and Shooter, 1965) 370～382; and Sandra Klopper, "*Zulu*," in *Dictionary of Art*, vol. 33, 723～725.

7. 特鲁迪·凯斯特尔：《历史服装》，载《南部非洲标准百科全书》，开普敦：NASOU 有限公司，1970 年，第 3 卷，第 453 页。欲了解更多关于欧洲服装样式在南非的发展历史，参见两部图文并茂的书籍：A·A·德福：《往昔着装：南非服装的历史》，开普敦：珀内尔出版社，1972 年；D·H·斯特拉特：《南非时尚，1652～1900 年》，开普敦：巴尔克马，1975 年。

Trudie Kestell, "*Costume, Historical*," in *Standard Encyclopedia of Southern Africa* (Cape Town: NASOU Limited, 1970), Vol. 3, 453. For additional information on the historical development of European dressing styles in South Africa, see two well-illustrated accounts: A. A. Telford, *Yesterday's Dress: A History of Costume in South Africa* (Cape Town: Purnell, 1972) and D. H. Strutt, *Fashion in South Africa*, 1652～1900 (Cape Town: Balkema, 1975).

8. 泰瑞尔：《南部非洲部落居民》，第 70～78 页，第 165～174 页。

Tyrrell, *Tribal Peoples of Southern Africa*, 70～78, 165～174.

181 # 第八章　性别角色、婚姻与家庭

亲属与婚姻制度居于南非文化的核心。传统的社会与政治系统正是围绕着这两种制度构建起来的。伴随着欧洲殖民主义、基督教、西式教育、工业化、都市化以及劳动力转移而来的现代化的压力导致了南非社会的重大转变，但是亲属与婚姻制度依旧在决定人际关系、族群间关系、社会体制的结构与管理以及塑造南非人的社会认同与文化意识方面占据着重要的位置。亲属关系建立在生理上的血统关系的基础之上，是建构社会关系与社会组织的道德基础。在过去，通过亲属关系，个体与家庭不管身在何处，都作为亲人、同一氏族成员以及共同祖先的后裔而联系起来，现在主要通过血缘、婚姻以及收养联结到一起。[1]

婚　姻

在南非人中，婚姻是很重要的制度，整个社会结构围绕着它转。通过婚姻，亲属关系得以确立和加强。婚姻的最基本功能是生育后代，以确保代际繁衍和宗族延续。另外，通过婚

姻，人们性欲的发泄、进行生理上的亲密行为、获得心理上的安抚以及结伴生活的需要都得到了缓解和满足。在南非说班图语的诸族群中，通常遵守着关于婚姻的三条基本规矩。第一条，虽然一个女人只可以在一段时间里有一个丈夫，但是男人却只要确有需要且拥有足够财富，就可以在任何时候拥有超过
一位的妻子。第二条，婚姻采取从夫居的形式，妇女婚后到丈 182
夫家或丈夫父亲家或丈夫弟兄家与丈夫生活。第三条，在新郎家的彩礼（lobola）——通常是以送牛的形式——尚未送达新娘家以前，他们的婚姻会一直被认为是不合法的或不圆满的。[2]

配偶的选择

因为婚姻在联结家庭与家庭、宗族与宗族方面的重要作用，并且能够在更广大的社会系统范围内将它们联合成一个整体，因此配偶的选择是绝不能轻率的。有许多广为接受、被严格遵循的规矩用来决定谁与谁可否结婚，以及与哪些氏族可以通婚，这通常是建立在宗族关系以及文化惯例之上的，而不是基于地缘关系。恩古尼族的规矩是氏族外婚制，意味着任何来自男孩父母某一方的氏族或是同姓的姑娘都坚决不列入配偶的考虑名单之内。这也意味着其配偶常常是素未谋面的陌生人，没有血缘关系，而且是来自另外的世系群，但地域的远近倒没有什么关系。不过，有时候被选中的配偶可能就是从邻近的人家里选取的，是与自己的父系氏族没有直接血缘关系的童年玩伴。另一方面，在索托人与文达人中又有另一套规矩。他们不那么强调外婚制，交表（舅舅或是姑姑的女儿）或是平表（叔伯的女儿）之间的婚姻很常见。

几乎在非洲每个地方，叔伯的女儿在亲属称呼上都称作姐妹，而与自己的姐妹结婚会被视作等同于乱伦。因此，索托—茨瓦纳人实行的与阿拉伯的贝都因人一样的平表婚，在非洲是十分独特的。对索托人和茨瓦纳人而言，族内通婚能够帮助人们将彩礼（bogadi）留存在家族以内。然而，这种婚姻还包含了更加深远的影响。这些夫妻结合的稳定性与长期性因为以下事实而得以增强：这些婚姻中的双方自幼都相互熟知，且在同一家族中生活长大。同自己的姐妹离婚显然要比同一个原本陌生的人离婚更加困难。然而另一方面，平表婚也阻绝了夫妻双方以婚姻为基础、建立并巩固新的社会关系，以及与不同氏族、族群还有更广大的社会体系联盟的机会。在实行交表婚的
183 地方，交表婚不是强制性的，不过人们还是希望交表亲之间通婚。交表婚比平表婚更具灵活性，因为婚姻伴侣来自自己的世系群之外。在父系社会中，舅舅的女儿以及姑姑的女儿都属于自己家族以外的其他家族，因此可以作为自己的结婚对象。[3]

交换彩礼的重要意义

当女儿离开娘家成为别人妻子的同时，也在嫁女儿的家庭里造成了某种空缺。要填补这一空缺，就要求新郎家补偿新娘家因嫁女而损失的陪伴、劳务以及生产劳力。在一些非洲社会中这种补偿的实现方式，是通过将新郎的姐妹尤其是家中的亲姐妹嫁予新娘家中合适的男性。在其他地区，或是当新郎家适龄的姐妹不能用来交换时，新郎和他的兄弟们可以为新娘家提供其他相称服务。几乎在所有南非社会中，这一补偿都是用物质赔偿的方式来进行的，或称彩礼给付，这在恩古尼人中称作

洛玻拉（lobola），在茨瓦纳人那里称作博噶迪（bogadi）。传统上的彩礼是用牛来充当的，通常不会超过八头，但王室成员、其他显贵以及富有的男性的彩礼会更为丰厚。如今在乡村地区送彩礼的行为依旧在继续，然而城市居民已经很少或几乎没有接触过牛，因此他们会用现金来充当洛玻拉。然而在将牛转换成等价现金以后，其数额对于大多数城市工人而言依旧是一笔高昂的款项，需要积蓄数月或数年的收入。

彩礼给付相较于其他婚礼仪式而言是至关重要的一环，因为它赋予了婚姻合法性，而且还有效地将女人的一些重要的权利从她的父亲或监护人那里移交到了她的丈夫和丈夫家庭的手中。被移交的权利可以分为两类，第一类是女人作为妻子的权利（rights in uxorem），这包括与之发生性行为的权利，现在这项权利专属于她的丈夫、其家人以及任何他们指定或许可的人。这一类权利还包括支配她的劳力和生产力用于家务以及农活的权利。第二类权利与女人的生育能力有关。这些生育权利（rights in genetricem）使得丈夫及其家人可以合法地拥有妻子在结婚期间所生育的所有孩子。这一权利只有在离婚时才能终止，离婚时新娘家通常要将彩礼返还给丈夫家。有许多流行的谚语可以佐证牛在使婚姻合法化以及赋予后代社会地位方面的核心作用，比如恩古尼人说的：“牛为孩童父”（Cattle beget children），或是祖鲁人说的，孩子们是“诞于牛腹中”（born through the cow）。[4]

婚姻类型以及婚姻习俗 184

通过交换牛而导致的所有权的转换是有效力的，这明显地表现于以下事实：无论一个女人所生孩子的真实父亲或者说生理上的父亲是谁，只有女人的合法丈夫——无论是死是活，是否有生育能力——才会被视作孩子的社会性父亲。因此，妇女与他人通奸生下的孩子属于妇女的合法丈夫。她的情人于法律于情理都无权索要这一非法关系的产物，反而还可能被强制为侵犯另一男人或家庭的权利而支付罚金。同样道理，一个地位高的男性可以要求他的任何一个男性亲属与自己的妻子交合让她生育。这种结合产生的后代归属于丈夫，丈夫被看作孩子的父亲。弟兄的作用仅仅是生理上的作用，单纯是为了帮助他没有生育能力的亲属。当丈夫常年外出务工不在家中时，为了维持妇女生育能力、履行婚姻的一项重要义务，妻子以习俗许可的方式与他人交合而生下孩子，社会并不禁止丈夫家庭欢迎新生儿的到来。有必要注意到，在所有这些事务中，着重点并不在于个人而是在于家庭。婚姻最基本也是最重要的性质是两个家庭之间的一种结合，而非只是两个相爱的人的结合，即使爱情与个人的选择也并不总是被忽略的。一对男女的结合就在家族内新建了一个家。新家一旦建立起来，就绝不能让它垮掉。为了确保这一点，人们设立了各种保障措施。第一道重要保障是彩礼，在确认婚姻解散时必须返还彩礼。这一要求所造成的复杂性后果迫使家族中的所有成员都积极去巩固和维护这一段婚姻关系，以避免家族财产的损失。男方家庭会尽其所能让新娘感到受欢迎和舒适：提供给她一个起居间、一块或数块农田、用来采奶的奶牛以及终身的保护，并且确保她的性需求以及生育的需求得到满足，这些通常是由她丈夫来做的，但是当她丈夫个人在所有这些方面中的任何一项上没有能力尽到义务时，也会由家族中的其他人来帮忙。

当出现新娘被发现不能生育的情况时，来自其娘家的姐妹或是其他女性亲属会被委派来给她送子，具体的办法是先让她的姐妹从她丈夫那里受孕，然后生下来的孩子会将不能生育的这位妇女认作他们的妈妈。当女方的家族无法派出这样一位代孕的女人时，他们可能会被要求返还彩礼给男方家族，这份彩礼会被用于再纳一门侧室，而侧室生育的孩子在法律上则归属于不能生育的正室。在祖鲁人和茨瓦纳人中，如果代孕的女人是来自妻子娘家的话，那就不需要给彩礼。在洛维杜人和南索托人那里，如欲圆满地迎娶侧室，则需支付只稍低于迎娶正室时之数量的整份彩礼。当遇到妻子还没有为夫家生育子嗣就已 185
经去世的情况时，新娘家族就有义务再派一个替代的妻子过去（通常是身故者的姐妹）“以重建业已坍塌的家”。[5] 在祖鲁人中，当已故妻子已经生育多于两个孩子时，那她的娘家如若不愿意的话，就没有义务再派一个替代的妻子或是返还彩礼了，因为有理由认为她在生前已尽到她生育的义务了。另一方面，在南索托人和洛维杜人那里，已婚妇女没有留下任何子嗣就已身故的情况并不能迫使她的娘家再派遣一位替代的妻子，除非他们自己心甘情愿，即便如此他们也可以要求男方再为第二位新娘支付全额的彩礼。这些措施通常旨在维护通过婚姻而产生的家庭联合体的延续，而且它们在譬如祖鲁、聪加和文达一类的社会中会被摆在一个突出的位置上。在这些族群中，姐妹同夫婚姻（即一个男人同两个或更多姐妹结婚的婚姻）被认为是更有弹性的，因为姐妹与表姐妹相较于没有亲缘关系的妻子们而言被认为更有可能和睦共处。当然，姐妹同夫婚姻里的每一个妻子都建立起自己的家，独立于其他妻子，妻子们排位的依据是各自嫁入家族的早晚顺序，而非根据与自己的姐妹妻子的相对年龄。

相似的，丈夫的死亡并不必然带来婚姻的终结。除了科萨人、滕布人以及一些南索托族群以外，在大多数情况下，已逝丈夫的近亲，（通常是他的某位弟弟、侄子或某女性亲属的儿子）会承担起为其遗孀提供家务、经济以及情感支持的义务。最重要的是为逝者抚养小孩。依据不同的情况，女人可能仍然呆在她前夫的屋子里，她的第二任丈夫（levir）会周期性地造访和帮助她，但她也可能直接搬到第二任丈夫家中。无论是哪种情况，再婚以后女人产下的孩子都属于已逝的丈夫且将其视作父亲（pater）。履行义务时，第二任丈夫会确保原先一段婚姻的连续性，并遵守通过交换彩礼而缔结的婚姻是两个家族之间的联结而不是两个个体之间的结合这一准则。因此，夫妻双方中的任何一方的死亡都不需要拆散家庭之间的联结。如果遗孀离开前夫的家族与一个同丈夫或其家族没有关系的人同居，则会被认为是不恰当的，并会因此受到控告。对于一个已经为其丈夫生育了许多孩子或是已过了生育年龄的妇女，可以不遵循寡妇需与亡夫兄弟结婚的规矩（the levirate laws），除非是
186 她为了自身利益而渴望遵循这些规矩。在这样的情况下，女人会留在她原来丈夫的房子里，在这里她会受到自己最年长或最年幼的儿子的照顾，或是由任何一个继承了亡父房屋的儿子来照料。

在有些情况下，比如在祖鲁人那里，当一个有影响力且富有的男人没有子嗣，或是已经订婚却在尚未结婚的情况下就已

逝世，那么他的亲兄弟或同父（母）异母（父）的兄弟可以用他的名义找到并且迎娶这位同他订婚的女子，或是再另娶其他女人，也以他的名义生下孩子，这样就为他养育了一个继承人。而这个新娘就成为了缔造新家园的主角。这个家以逝者的名字命名，在家里新娘和她的孩子们被授予了如同他们的父亲在世时所应得的所有权利和特权。这种在祖鲁人中称作“优酷维萨”（Ukuvusa），在佩迪人中称作“特索萨—蕾娜—拉—莫胡”（tsosa leina la mohu，意思是“以逝者命名”）的婚姻，很少见，主要是在贵族以及显贵的人中举行，因为在这些人中子嗣和继承权是极为重要的。

女人同女人的婚姻也为南非一些社会所采用，这是为了确保在没有儿子或丈夫早亡的情况下，家庭依旧可以继续下去。在南索托人那里，一个富裕但没有子嗣的寡妇可以选择娶一个女人，这样就能将这个女人纳入家中，并让这个女人生个儿子，为亡夫及其遗产找到继承人。洛维杜人中的寡妇如若无子，可以动用嫁女儿得来的牛群去迎娶一位妻子，并希望由此得到一个儿子来继承亡夫的房子。最复杂的女性婚姻的例子是洛维杜祈雨女王的婚姻，由于她拥有作为至高统治者的地位以及作为祈雨女王的神力，所以许多臣民以及王国内外渴望得其垂青的人会向她进贡众多妻妾。这些贡女很多都是女王下属领地里的头人的女儿。她们中的一些人又会被派到各个领地里去做头人，或是下嫁给头人，又或是赏赐给王国里其他渴望得到女王垂青的臣民。她们发挥了一项重要的政治功能，即在女王同其治下的各个领地以及臣属的各族群之间建立、加强姻亲关系和政治纽带。不过，这些女人有些也会留在王室里，为女王生育孩子。当然，这些孩子的父亲都是经女王圣意指定或首肯来行夫妻之事的男人。

在祖鲁人和文达人中，由于父亲膝下无子而继承了父亲财产的女儿们，可以动用其继承的牛群来为自己娶妻，通过这种方式，她们就可以为亡父家里培养出一位男性继承人了。在洛维杜人和文达人中，女人如果是通过做生意发了财，或是因从
187 事占卜而变得富裕的话，就有权动用自己的财富迎娶妻子。虽然在这一婚姻中产下的孩子可能会随富有女人的丈夫的姓氏（他也最可能是他们的真实父亲），但最终他们和自己的母亲一样都从属于富有女人的家庭，她才是女性丈夫，且对孩子们拥有法律上的权威。在有些情况下，女性丈夫会为她的妻子指定一位情人，这个情人通常是从她已逝的丈夫或是他父亲的亲属中挑选，但在这一结合中产下的孩子归属于这位女性丈夫和她死去的丈夫，这位亡夫依旧被视作是这些孩子的父亲。[6]

婚礼的程序及庆典

在几乎所有的南非社会中，对孩子生物学意义上的父亲（genitor）和社会意义上的父亲（pater）都有明确的区分。社会意义上的父亲是为新娘支付了彩礼的人，这与谁才是孩子生物学意义上的父亲并不必然相关。根据这一原则，也就可以理解女人为何可以通过女性婚姻成为真正的或者说社会意义上的父亲。在各个族群之间，决定彩礼的数量多寡、支付时间以及支付方式的程序各不相同。在恩古尼人那里，支付彩礼的数量取决于双方家庭的协商结果。彩礼无需在婚前付清，在实际操作中常常采用在结婚以后的数年内一小笔一小笔分期支付的方

式。在诸如佩迪人等大多数索托族群中，对彩礼数量讨价还价是不可思议的事情。新郎家会在同新娘家私下商议以后，提出自己所能够承担的、自认为公平的彩礼数额，并且这些承诺的东西在婚礼举行之前必须全部兑现。虽然两家联姻在一开始通常是由男方的父母主动提出，但事实上也还有许多其他的协商 188
方式，比如在科萨族就常常是由女方的父母主动提亲。对于祖鲁王室而言，代表女儿同合适的男性家庭接触是一项传统。在北恩古尼人中有一种为人们所认可的习俗，称作优酷巴勒卡（ukubaleka），即允许一个女孩子在得到恋人或自己父亲的首肯后，或是出于自身的强烈意愿，主动到她想要嫁入的男子家里去。

在不同族群之间，怎样以及何时才算完结一桩婚姻也是不同的。笔者只描述其中两种主要的形式。对于索托—茨瓦纳人和文达人而言，问题的关键在于彩礼是否交付完毕。这一交付仪式是在新娘父亲家中进行的，并且十分热闹隆重。相较而言，之后将新娘送往新郎家中的仪式受到的关注就少得多了，而且在实际上并没有什么庆典仪式。

另一方面，恩古尼人婚礼的重点则在于新娘、新娘一方的人及其父亲的家，通常重要的庆典都在她父亲家中举行。婚礼达到圆满的顶点是在送新娘的时候，这一过程相较于运送彩礼到其父亲家中所包含的庆典和活动要丰富得多，后者常常在婚礼结束很长时间以后才会进行，并且几乎没有或很少有仪式上的讲究。在科萨族，婚礼的过程包括一个叫做优酷瓦拉（ukuthwala）的环节，新郎会在朋友们的帮助下将新娘抢走。当新郎家觉得新娘家协商婚事时拖拖拉拉时，也可以这样做。

在这之后，这两个家庭会再聚到一起商量应当交付给新娘家的彩礼的分量。在临近结婚年龄的时候，恩古尼的女孩子有一种特别的权力，即可以自由挑选爱人，且可以主动到男方家中求爱，同时她的家人也会向男方施压催促其尽快交付彩礼。但是，在索托—茨瓦纳人中则是由男子或其父亲来挑选新娘，到女方家中登门提亲，同时他们也会催促新娘家人抓紧完成新娘过门的程序。

这两个族群之间的鲜明对比还表现在以下事实中：在恩古尼人的婚礼庆典上发表主旨演说的是新郎的父亲，而在索托—茨瓦纳中则通常由新娘的父亲来主导婚礼。这种差异还在一种使婚约神圣化的重要仪式中表现出来，即如何宰杀以及使用牛的内胆。在恩古尼人中，是由新郎的父亲来宰杀公牛，然后将
189 牛的胆汁涂在新娘的身上，并给她佩戴牛的胆囊。在索托人中，只有新娘的父亲才拥有献祭公牛的特权，而新郎则要在身上涂抹牛胆汁。

恩古尼人与索托—茨瓦纳人之间的这种鲜明的差异，可以看作是两者婚姻系统之间本质不同的伴生品。在交表婚姻十分常见的索托人和文达人中，新娘往往就是新郎的女性亲属，他和家人对她自幼就已熟知，因此新娘入住新郎家中之后就不会像恩古尼新娘一样痛苦了。在恩古尼人那里，交表婚是被严格禁止的。新娘通常是一个陌生人，或者至少与她的丈夫没有已知的亲属关系。虽然她在丈夫家中会受到礼遇，但却依旧会被有所保留地视作一个必要的外人。为了突出她作为一个陌生人的本来地位，家人会强制她遵守对公婆规避礼让的一些现成规范，尤其是对公公更需严守规矩，因为对公公而言她始终是一

个潜在的危险——他们并没有血缘关系，而她又是一个颇具吸引力的女人。新娘不能使用任何包含了公公名字音节的词汇，必须避免和公公共处一室，且绝不能在他面前裸露乳房。新娘必须要特别献祭一只山羊，以解除她作为一个陌生人不可享用丈夫家中酸奶的禁忌。这一仪式也标志着她开始了完全融入丈夫家族的过程，同时奠定了她死后有权享受后辈们祭拜的地位。[7]

婚姻的稳定性与弹性

南非社会中婚姻的稳定性和低离婚率引起了许多学者的注意。有些学者将这一现象归因于交付的彩礼，因为在离婚时是要将其追讨回去的。彩礼交付在圆满的婚姻关系中扮演着重要角色。但是只将这种交换当作是一项纯粹经济意义上的买卖，则不免太过扭曲和尖刻，毕竟妻子并不是商品。彩礼给付在确立了妻子的权利以外，还同时赋予了其所生育的孩子合法的社会地位，且有了权利继承他们父亲的房子。通过交付彩礼这一举动，新郎的家人也象征性地表明了新娘对他们而言是何等珍贵。男人们被鼓励要善待他们的妻子，在现代的南非更是如此，因为如果他们被判有虐待、性剥夺或其他伤害伴侣的行为，除了会失去妻子，也可能被强制剥夺向妻子索回彩礼的权利。

在所有这些社会中，婚姻都是走向社会性成熟的至关重要 190
的通过仪式（rite of passage）。婚姻是每一个男男女女都必须要奋力拼搏以求达到的终极目标。每一个成年的男性或女性如若想要在社区中获得尊重与荣誉，婚姻也是他们必须要拥有的东西，因为这是必不可少的被认可且体面的社会身份。通过婚姻才完全进入成年。未婚者会被认为不能承担起成年人的责任。只有精神残疾或肢体残疾的人才允许终身不娶，其他无论是不孕不育还是性无能都不足以成为不结婚的理由，因为生理意义上而非社会意义上的父母才是婚姻的重点。虽然在这些社会中都有干预离婚的机制，但却很少会用到。以上所有这些要素结合在一起，首先是为了确保无论夫妻之间的争吵有多严重，都不至于导致婚姻契约的破裂，因为这契约是由两个家庭而非只是两个个体共同缔结的。与此同时，所有人（包括夫妻双方）都会共同努力以确保问题得到解决、达成和解，而非拆散这一段关系。

婚姻与家宅体系

家宅几乎是所有南非班图族群的基本居住单元。作为宏观社会的微观缩影，家宅之内有一个自我包容的社会、自给自足的经济系统以及自我控制的法律单元，在其范围以内个体经历着所有生活与生存的重大事件和周期。作为婚姻基本职能的生养、教育、对孩子进行社会化、种植庄稼、饲养牛群、制作珠饰和衣物、建立并维持夫妻和亲属关系、为死者举行最后的通过仪式以及祭祀祖宗的仪式，还有许多其他旁的事情，全都是在家宅内外进行的。家中的主人就如同村子的首领或是王国的国王一样至高无上。在自己家中他主持着公正，且对所有与家中成员有关联的事务都有权干涉。

亲属的重要性

亲属关系为社会互动和更广泛的个人之间以及族群之间的

联系提供了最基础的条件。最主要是（虽非必须是）建立在血缘与婚姻之上的亲属关系，为重要的道德、宗教以及法律上 191
的权利与义务提供了基础。虽然亲缘与血缘联系紧密，但它们并不是同义词，两者几乎不能相互替换。亲属关系是指人们通过生理上的血统以及婚姻建立起来的关系。而血亲则只是亲属关系中社会性的一面，专指通过家庭中父系的或母系的关联彼此认同或联系到一起的亲属。在父系血亲中，代际传承和族群延续都是通过父子相继实现的，这也是除了聪加人以外的所有南非社会的规范。在聪加人中，会先在父辈的兄弟之间先行继承，而后再进行代际的继承。亲属关系有三种主要的类型，分别是父系血亲（agnatic）、母系血亲（uterine）和姻亲（affinine）。虽然生理血缘上的联系在决定个体之间是否为亲属时十分重要，但这也并非是不可变通的。当人们通过领养、委托或其他的方式结合成为一家人时，即使他们之间没有生理上或婚姻上的联系，相互之间也会将对方认作亲人。他们认为自己属于亲属，或者他们被别人接纳为亲属，这要比单单血缘上的认同更为重要。在这个意义上，亲属关系在本质上和功能上就是一个社会关系的系统。

几乎在所有南非社会中，由父亲、母亲和孩子组成的核心家庭都是亲属系统的基础，由此衍生出丈夫与妻子、父亲与儿子、父亲与女儿、母亲与儿子、母亲与女儿以及儿子与女儿之间这些最基本的关系。乱伦禁忌几乎是一项普世的禁忌，它禁止父母与子女以及兄弟姐妹之间发生性关系，这同时也突出了这些关系作为最基本的亲属关系的重要地位。然而，与西方社会不同的是，在南非除了初级的或者说真正的血亲以外，这些基本的亲属关系的称呼，比如父亲、母亲、兄弟和姐妹，使用得更加广泛，而且不仅仅局限于与某人直接的核心家庭成员之间。除了自己的亲生父母以外，无论男女在自己的大家族之内还会拥有许多其他自己称作和待作父母的人，其中最常见的是其父亲或母亲的兄弟或姐妹。人们会将大家族中与自己父亲年龄相仿的男性称作父亲而非叔伯，将与自己母亲年纪相仿的人称作且待作母亲而非伯母/婶婶。这种拥有众多父母的现象常使南非白人雇主们困扰，他们无法明白，同一个员工怎么可能总是不断请假去埋葬他的父亲和母亲。[8]

同样的，拥有多位父亲或母亲的现象也使一些西方式的精确称呼变得多余而累赘，比如“侄子”和“侄女”就是如此。如果你将一个男人称作父亲，尤其是当他并非你的亲生父亲
192 时，那么他的所有儿女（在西方你会将其当作堂兄弟姐妹）都将成为你的兄弟或姐妹，而且你也将要如此对待他们，这也就意味着你与他们不能发生性关系或者结婚，除了索托人中的一些特例以外，在其他部族中都是如此。同理，对于父系血亲原则的偏重，使得父亲弟兄的妻子或妻子们都将被视作你的母亲，而他们的孩子也就成为了你的兄弟或姐妹。乱伦禁忌在这些关系中同样适用，但茨瓦纳人中的情况有一些特殊，主要是在其王室家族内部允许这种婚姻的存在。

然而人们并不将自己母亲的兄弟称作父亲，而是将其当作男性母亲（malume），这是一个表示亲切的词语，意思是其中包含着他和外甥、外甥女之间温暖宽松、有时甚至是玩笑般的关系。相似的，他的孩子们也不会被当作兄弟或姐妹，而是称为 mzala（恩古尼）或 motswala（索托），意思是忽略了年龄

与性别的表亲关系。在索托人和文达人中，男子与自己舅舅的女儿结婚才合乎规矩，而且这样的女人常常会被列为正妻，不用顾及她与其他妻子相比入门的先后顺序。而恩古尼人和聪加人则禁止任何形式的交表婚。相似的，姨妈会被称作和待作母亲，而姑姑则被当作女性母亲，这种分类方式赋予了姑姑相当的尊重，使她成为了文达人和索托人家族内正式的或祭祖时临时的祭师。文达人同样也将女性父亲视作家族成员中最具影响力的人。

年龄在南非社会中也被赋予了相当的重要性。面对年纪越大的人，无论对方性别是男是女，年纪较轻的一方都需要表现出更多的尊重。科萨语对哥哥（mkhuluwa）和弟弟（umninowe）的称呼进行了清晰地区分，但对姐姐和妹妹则不加区分（dadewethu）。在区分与自己父亲同辈的长辈时，科萨人将比父亲年长的兄弟称为大爸（bawomkhulu），将父亲的弟弟称作小爸（baumcane）。在父系社会中，以年龄为标准来为父系的兄弟和堂亲排辈是至关重要的，因为它关乎头衔的世袭和财产的继承。至于某人的母系亲属和交表亲，按照年龄来排辈就没有什么意义了，因为他们并不参与头衔和财产的继承。

在核心家庭以外，父系原则也是建立宗族和世系的基础。但是对父系关系认定的偏重并不意味着母系亲属就是不重要的。他们的角色可能较次要，但并不是无关紧要的。在洛维杜人中，交表婚是受到鼓励的，因此母系亲属在某人的日常事务中扮演着重要的角色。没有他们的参与和积极配合，任何重要的事情都休想干成。姑姑在男子的日常事务中也发挥着相当大的影响，因为通过她的婚姻得来的牛群极有可能会被用于为这

193 位后辈寻觅和求得伴侣。在聪加人中，男子必须对其舅舅保持相当大的尊重，因为他可能最终会成为自己的岳父，这种情况在其他地方是不存在的。聪加人的舅舅也会定期代自己的姐妹祭祀祖先。在恩古尼人中，虽然将新娘头胎所生的男婴送到娘家人那里抚养的情况并非少见，但这孩子并不能从母亲家人那里继承到任何财产，他们也没有义务在他成年以后为其提供部分的牛群彩礼。

在亲属关系的义务与界限之外，友好的邻里关系也同样很受珍重。不管是否沾亲带故，邻里之间常常彼此联系紧密且相互扶持。20世纪早期的一份观察报告对此有过描述，在数个世纪之后的今天读来依旧真切："女人们常常造访邻居家（imizi），借用冲压板或是讨要烟草。在邻近的房子之间常有小径相通，由于人们光脚在路上走，小路破旧而满布浅浅的小洞"。[9]

194 ## 社会化与长大成人

在班图人中，直到夫妻诞下至少一个孩子以后人们才会认为这桩婚姻是完满的。生育是家庭最重要的功能，缺少它家庭就无法延续下去，这一脉的香火也就断了。孩子的出生确认了夫妻双方家族之间用彩礼缔结的契约，也确立了新娘作为一个成年人和真正的女人的地位。除了能为父母提供精神上的愉悦以外，孩子还因为一系列实际的理由受到珍视。从小时候开始，年轻的女孩子就要为更小的弟妹以及亲属充当保姆。她们会承担家务中的一些零碎活儿，从而在家中为母亲提供了非常宝贵的劳动和帮助。女孩子们在结婚时还会为家族带来牛群，并且成为与其他宗族和家庭建立新关系的基础。类似的，男孩子负责放牧牛群、绵羊与山羊，当他们长大以后还要担负起照料年迈双亲的全部责任，此外还要通过生育孩子来确保家族血脉的延续，同时还须定期向祖先献祭。正因为孩子如此重要，所以那些不孕不育的女人和性无能的男人，都会通过服用各种药物和配方努力使自己焕发青春。此外还有一道最终的保障措施，即多配偶制和代孕制，这些制度保证了所有夫妻都能够留下子嗣来。

在索托和恩古尼的许多族群中，有一类用木材或是珠子制成的特殊人偶，是用来提升生育能力的。在母亲怀孕期间，让孩子接受社会化以及培养其合作能力的准备工作就已经开始了。一旦确认怀孕，准妈妈就会被要求遵循一系列的戒律和规避一些特殊的事物，以保护腹中的胎儿，并确保她有一个舒适的孕期且最终顺利诞下婴儿。这些禁忌在不同族群之间各不相同，甚至在同一族群内也不一样。南索托妇女被限定只能在自家院子里活动，以避免走到受邪恶力量控制的道路上去。而佩迪妇女则被禁止观看尸体、盯着肢体残疾的人以及同其他名声不佳的孕妇往来。文达妇女被告知要禁食辛辣的食物，以免伤到正在成长的胎儿，而祖鲁妇女则无论结婚与否都禁食野味、野兔、岩兔和燕子，因为人们认为食用这些食物会导致她生下的孩子脑袋既长且方，耳朵或牙齿也会很长。当预产期临近
时，在许多族群中（巴卡、南索托、文达、佩迪以及茨瓦纳） 195
准妈妈都会回到娘家去，并在此诞下婴儿。这一风俗在生育头胎时尤其讲究。

生孩子是女人们的事情，那些较年长、已绝经且被认为具

备相应能力、名声清白的女人，当孕妇生产时会在旁帮忙和监督。只有在情况复杂时，才会传召产婆和男性医生。在剪断婴儿脐带以后胎盘会被秘密烧掉，这是为了防范想要借机用它来妨害新生儿的巫师。聪加人认为新生儿的元气尚未巩固，因此要在其身上纹刻仪式性和治疗性的文身，来强化和保护元气。在产后女人会继续遵守多种多样的仪式和食物的禁忌，而且会留在屋子里陪伴婴儿 6 到 10 天，这段时间的长短取决于脐带何时脱落。在过去，双胞胎的诞生并不受人欢迎，因为人们认为这是不自然的，同时也是隐含危险的。虽然科萨人会留下双胞胎婴儿，但索托人和文达人通常会将其杀死。

产妇回归人群之时会举行一系列专门的仪式庆典，旨在给她和这座产房恢复清洁。在科萨、姆芬古（Mfengu）和姆庞多（Mpondo）的妇女中，这是通过酿造特制的啤酒来实现的。在祖鲁人中，清理过小屋以后，产后的新妇还会喷洒一种叫做因梯利兹（intelezi）的药物来清洁身体。在回归仪式的最后是一场宴会，人们通常会宰杀和食用一只山羊或绵羊，将其毛皮制成婴儿的抱褥，至此则所有仪式就都达成了圆满。母亲的回归仪式同时也标志着孩子在社会意义上的诞生，表示他受到欢迎且被正式承认为宗族和族群的新成员。取名以后，孩子会在一场酒肉丰盛的宴会上被正式介绍给族群内的其他人，人们会跳一种奇特的舞蹈来欢庆孩子被引介给父亲的族群。

平均而言，婴儿会在大约三年以后断奶，在此之前其父母都不允许其进行真正的性交。对于丈夫而言，因为有一夫多妻制的存在而缓解了这一禁忌带来的不便。但笔者并不清楚，在这一阶段中，女人除了专注于哺育婴儿以外是如何解决性需求的。现代避孕手段的引入似乎有助于提升性交的自由度，至少对女性而言是这样。有数种方法可以用来帮助婴儿断奶，最常见的一种是在母亲乳头上涂抹一些有苦味的东西——比如芦荟汁、烟油（pipe oil）、辛辣的辣椒——这些毫无疑问能够阻止婴儿再去吮吸奶头。与生命周期中的其他时刻不同，断奶并没有很多的仪式。姆庞多人和祖鲁人都会宰杀一只山羊，以此纪念这一转变、使产妇得以净化并允许夫妻重新开始过性生活。聪加人的仪式最为复杂繁多，有一名自婴儿出生就开始监护照料他的医生会在仪式中喂其服下特殊的药物，并在仪式之后正式离开他的小病人。在婴儿断奶之前，母亲无论去哪儿都会用 196
毯子或动物毛皮把孩子包裹起来背在背上，将其带在身边，即使在酿啤酒、磨谷子、挤牛奶、耕地、击鼓甚至伴着传统舞鼓和苇笛的音乐有力或狂野地曼舞时也会带着孩子。

断奶之后婴儿就从母亲围裙的束缚中解脱出来了，这标志着婴儿依赖期的结束，同时也为孩子提供了在社会化的环境下成长以及构建更广泛的社会关系的必要条件。正如一个观察者所言：

> 在之后的两到四年之内（孩子）会生活在一个相对不那么受照看和不用负责任的环境里，需要承担的只是一些赶鸡、跑腿之类的简单工作。然而，从有利于孩子的社会化的角度而言，这段时间却是很有价值的。这一阶段之所以重要，是因为它要求孩子与同龄人分工协作，这为其成年之后的许多行为奠定了基础。年龄稍大一些的孩子负责照看较小的孩子，他们规定了哪些行为是合乎规矩的，

> 而且会强势地监督小孩子遵守这些规矩。嘲笑与疏远之类的惩罚手段，能够帮助孩子有效地纠正自己乱发脾气、自私自利以及缺乏体育精神等行为。[10]

在6岁以前，男童和女童的日常生活很少或几乎没有什么明显的不同。到6岁以后，两性之间的兴趣爱好以及日常生活才开始分化。男孩们逐渐开始适应放牧的生活，并且在不久之后放牧就会成为他们的工作、爱好以及激情所在。在恩古尼族，男孩们一天中大多数时候都会在外放牧，而在索托族，他们则会离家在远方的牧场里呆上好几天。此外，男孩们还会参与使用木棍进行的决斗、在树下戏耍以及替老人放牧牲畜。通过这些活动，再加上吓阻、揶揄和对其进行惩罚和疏远的威胁，反复灌输和培养起了男孩们勇敢、自律、尊重老人和遵从权威、慷慨、足智多谋这些精神气质，还赋予了他们领导力和组织技巧。男孩同牛群在大草原上一起度过的无穷无尽、宁静安详的日子，给了他们机会去获得有关原野中所有动植物的直观、有效的知识。比如研究洛维杜父系社会的学者发现："当你和一个牧童一起漫步时，他会告诉你周围茂盛的草木中几乎
197 每一棵树或每一丛灌木的名字和用途。有一次，一个15岁的男孩竟能说出那一区域200多种植物的名字，这使我们都大吃一惊"。[11]

女孩的人生在六岁以后并不会发生像男孩那样戏剧性的变化。但她也开始学习更多实用的家务技能，这种学习一般是通过观察和模仿母亲或是其他成年女性的行为来实现的，她们会为更小的孩子充当保姆。女孩还会学习如何更好地碾磨谷子和

玉米、粉刷墙壁和天花板、锄地、扬谷、采集野菜和昆虫、生火和烹饪，并且通常从青春期就要开始习惯于操持家务。

青春期是孩子一生中的一个重要转折点。进入青春期以后，孩子身体性征开始发育，同时增长的还有他的生育能力和成人的责任，因此青春期必须被全面地仪式化。在一些南部班图的族群中，比如文达人、聪加人、祖鲁人和洛维杜人，男孩自第一次遗精之后就要开始服用强效且具保护性的药物。祖鲁人则进一步将青春期仪式发展成为一种大型的仪式，称作坦巴（thomba），其内容是将男孩禁闭在一间小屋中数日，期间他得遵守一些既有的食物禁忌，且避免在接受适当性行为教育时与女性接触。在这一仪式的末尾大人们会向祖先献祭一整只牲畜，还会举办载歌载舞的宴会，并给孩子取一个新的名字。这个名字会被告知他的伙伴们，并且终生不会改变。虽然在孩子成年以后长辈们可以继续称呼他的乳名，但是如若有任何一个同龄人或晚辈，在未意识到他的新地位的情况下继续以乳名称呼他，这种行为就几乎等同于侮辱了。青春期庆典（vhutamba vhutuka）一年举行一次，它是由连续六天的严酷磨砺、性启蒙以及传授社会习俗与礼节的典范和规范的课程组成的。无论是在文达人还是在祖鲁人中，青春期仪式中都包含割礼。

当女孩月经初潮来临时，无论是只有她一人或是几个女孩一起，都会身披毛毯住到一间特别的小屋中，与外界隔绝起来。文达族和祖鲁族的女孩只需在屋中住满大约一周时间即可，但聪加族的女孩则需待满一个月，而且只有邻家的女孩可以在夜间造访，同她唱歌与跳舞。在经历了种种磨砺，比如连续数小时坐在冰水之中、食用糟糕的食物以及受到排挤和取笑之后，她会再接受很多性教育，比如如何让阴唇变长以及如何在同男孩子亲密时避免怀孕。这项仪式通常还包括在河中进行一场沐浴，之后她会在身上涂满红赭颜料，还会收到一件独特的漏斗状物件（thahu），从此之后她都会将之随身携带，插在自己背部的腰带里。[12]

198 印度人的婚姻和亲属关系

印度家庭与非洲家庭类似，同样看重亲属关系和社会关系。但是，和非洲家庭与欧洲家庭不同的是，印度家庭赞同包办婚姻、家族同居以及保持等级制度在配偶选择时的弹性，且坚定地反对单身独居。交表婚通常是被禁止的，但是有一些泰米尔和特拉古语系的印度人例外——直到现在他们还希望男子迎娶姐妹的女儿（原文如此。疑为“姑妈的女儿”之误。——译者注），不过很少强迫这么做。在印度人中一夫一妻制是普遍婚姻原则，但是在穆斯林之间却盛行一夫多妻制，如果印度男子的第一任妻子不能生育，那么他就可以无可非议地再迎娶一位妻子。在南非印度人中，父系扩大家庭，称为库图姆（kutum）或者库多莫（kudumor），是最重要的亲属关系单元。这一单元以在世最年长或最能干的人为家长，尊称其为巴达（Bada，意为大人），它具有结构上的分层，各层级以父系血统和姻亲关系远近为原则划分。在大多数非洲社会中，年龄和性别决定了某人的地位和角色。男性长辈，尤其是父系的叔伯，同他们的妻子一道被认作父亲和母亲，他们的孩子则被当作兄弟和姐妹，孩子们之间的关系由彼此的年龄大小来决定。没有孩子的夫妇可以从已婚且育有多子的亲属那里过继一个或者多个孩子，这些孩子就如同礼物一般，他们的亲生父母在将其过继出去的同时就已经宣布放弃了对孩子的所有权，从而帮助那些没有子女的亲属得以建立一个完整的家庭。

以母亲和妻子的身份进入新的家庭以后，印度女人主要是负责长期祭祀丈夫家族的神灵，但同时也要兼顾她父亲和母亲家族中的神灵。在联合家庭中，尽管与孩子联系最紧密的仍是其亲生母亲，但是家庭中的所有女性（和男性）都有责任照看孩子。只有不称职的母亲才会溺爱和纵容她的孩子，或是禁止其他有意愿且有能力的女人去拥抱、哺育和管教自己的孩子。印度人作为高度信仰宗教的人群，在孩子成长的每一阶段，从怀孕到青春期，再从结婚到死亡，都会举行一系列的生命周期仪式（sanskara）来纪念和验证。[13]

社会变迁

前文对南非传统的性别角色、婚姻和家庭形式的简明讨论，不应当给读者留下这样一种印象，即几个世纪以来，南非社会一直保持着安宁和稳定。事实上，情况恰恰相反。因其战略性的地理位置、多样的地理环境、动荡的历史传统以及多变 199
的国内国际关系，南非社会一直处在不断的变迁之中。那些传统的本土文化元素之所以能够留存下来，要么是抵制住了各种内部和外部进行改变的压力，要么有时本身就是这种压力的产物。19世纪末期所发现的蕴藏丰富、极其珍贵的矿产资源，尤其是钻石矿和黄金矿，戏剧性地改变了南非及各族人民的命运。矿产革命带来了工业化、城市化和劳动力迁移，这三种相互关联的力量又共同开创了南非社会经济剧变的新时代。

为了满足采矿业和工业资本主义的劳力需求，数以万计的人口从农村迁移到了新的城市中心，新城市如雨后春笋般在约翰内斯堡、比勒陀利亚和金柏利等矿山周围涌现。老牌的繁华港口城市和工业中心，比如开普敦、伊丽莎白港、东伦敦和德班，也吸引着农村人口去寻找经济机会，这些机会在因承守旧的乡村地区是无法获得的。为了控制非洲人进入和留居在城市，当局制定了一系列的立法和行政措施，否认移民有在大城市中居住的权利，这些都市就变成了只有白人的城市。非洲人只能进城工作，下班后又不得不离开，回到城市周边的棚户区中居住，最著名的棚户区有约翰内斯堡郊区的索韦托、亚历山德拉、沙佩维尔和索菲亚镇（后来的美多莱）。虽处在恶劣的环境和极不人道、令人恐惧的种族隔离制度之下，这些蔓生的城镇却很快发展成了生气蓬勃、日益兴旺的黑人生活和文化社区。虽然迁入城市的移民中也有女性，但是仍以男性为多。由于产业工人被禁止携带妻子和其他家属进入城市，因此在都市中也就无法形成一个稳定的产业工人群体了。于是，移民就成为了定期穿梭在城市工作场所和农村家园两个世界之间的人。

在切断了与乡土的联系以后（有时只是暂时的，但往往都是长期的），农民工都面临着都市生活中出现的新挑战，也都需要找出新的解决方案。在大多数情况下，刚进入城市的工人都会发现，他再也无法借助家人和亲属群体的关系网络来解决日常的问题和需求了。在都市中，警察和法院系统取代了传统的长老和首领，同事、教友、无血缘关系的邻居和舍友取代

了岳父母、同龄群、堂表兄弟姐妹和叔伯舅父。随着都市中的
新型关系开始取代传统的乡土关系，或者说至少是已经替代了
传统关系所发挥的功能，因此由丈夫、妻子和孩子所组成的核
心家庭开始取代扩大家庭，成为南非最基本的社会组织或者说 200
家庭组织。

在城市中长大的孩子现在不得不通过西方式的传教士和其他教会学校系统来进行社会化，而不再是依赖传统的启蒙学校。在教化和娱乐活动方面，他们必须学习随着新的、动感的、多民族的黑人都市歌舞风格跳舞，比如马拉比舞（marabi）、奎拉舞（kwela）和姆巴奇加舞（mbaqanga），或是培养自己对于时髦的现代歌剧和电影的爱好，而不再是痴迷于传统的祭祀节日和庆典仪式。由于他们常年居住在城市中，因此也就无法有效参与到乡村社会的宗教仪式和社会生活中去。非洲的产业工人已经发展出了新的衡量个人声望和社会地位的方法，即不再以某人拥有牛群或者妻子的数量来衡量，而是看其接受西式教育的程度、其职业以及拥有的财富。由于黑人永久地处在南非社会经济结构的最底层，而且在一个由白人主导的世界里永远没有升职和向上流动的希望，因此所有有抱负的城市黑人精英都会抓住在城市工作的机会，经历所有的危险、痛苦和挑战，将其作为从青春期过渡到成年期的一种仪式，这在很多方面同他们在传统的成年仪式中所接受的磨砺和挑战是相似的。他们成功地通过了从农村到都市的艰难旅程且留居下来，之后还要经历在煤矿中的众多艰辛和危险，这些正是他们获得成年人地位所必须通过的真正考验。

城市化和现代化的压力，也在许多重要方面改变了他们的

性行为和婚姻。在相对开放和匿名化的城市中心区，许多关于性行为和婚姻选择的传统禁忌开始被打破或被忽略。在完全或有效地脱离了长辈的监督和审视以后，在都市中的青年男女开始更加主动地去寻求婚前性行为或婚外性行为。这种性自由自然而然地会更容易导致女性怀孕并产下私生子，她们从而自愿地选择成为了单亲妈妈，并且还颇感自豪。然而这种选择，无论在过去还是现在，都是被非洲土著和大多数的非洲乡土社会所明确禁止的。此类母亲当家作主的家庭，间或家里还有未婚的女儿又生育了后代的情况，现在渐渐开始变得常见。这些单身的女人（丧偶、离婚、分居或是未婚）可以有一个或多个的男性恋人或伴侣，其中有些男人可能会为她和她的孩子提供经济支持。然而，这些男人大多数都只是这种新型家庭中的匆匆过客，并不对女人或她的孩子负有法律责任，尽管他们中有些人可能正是孩子的亲生父亲。

201 至于都市民工对婚姻伴侣的选择，与传统的社会系统不同，在亲属关系网络缺席的情况下，决定性因素是个体而非其父母的选择。在大多数情况下，现在年轻人只有在恋爱关系确定以后才会告知父母，有时甚至是在婚后才告知。像交表婚这种传统的做法，现在已经很难维持，因为城市居民开始通过工作、教会、朋友家、派对、信贷协会（stokfel）、酒会、舞会（shebeen）、夜总会以及众多的其他途径来结识对象并结婚，这些途径已经取代亲属关系网络成为城市居民寻求社会互动、群体团结和社会支持的平台。

城镇社会具有超越族群身份的匿名性，因此跨越族群、有时甚至是跨越种族的婚姻开始涌现。有时候，夫妻俩结婚就只需要像丈夫和妻子一样住到一起就成了，并不举行传统的婚礼仪式。在其他情况下，他们的夫妻关系必须要在法院或者在教堂中得到法官或牧师的确认，法官和牧师代表了南非社会认同和合法性的新来源，即现代国家和基督教、伊斯兰教、印度教、犹太教等新兴宗教。在国家和基督教的影响下，一夫一妻制在城市中开始取代一夫多妻制。彩礼，即用来交换新娘的牛群，在实行现金经济的城市中也不再重要。现金取代了牛群来进行交换，这也进一步加强了对将女性当作商品的彩礼给付的批判。

虽然痴迷于都市中的黄金和钻石、罪恶和欢乐以及极权主义的文化，但这并不意味着农民工就已经完全切断了与乡土及亲属的联系。虽然在事实上，进入城市对一些人而言即意味着永久地脱离了乡村生活，但是也有许多人虽生活在城市却并没有断绝与乡村社区和血亲群体的文化关联。虽然他们看起来已在城市居住了很久，而且很可能会长期留居下去，但大多数移民都认为自己只是暂时寄居在城市。有些工人试图在其新建的城市棚户区中重建乡土文化，其他人在定居时也会选择尽可能地与老乡或同族群的人聚居在一起。大多数移民都保持着与乡土的联系，他们每年都会回乡一两次。虽然移民们在城市中不能获得真正的公民权和居住权（这一状况直到最近才改变），但一旦回到乡间，在乡亲们面前炫耀和花费他们所获得的金钱时，他们会获得一种全新的优越感、社会身份以及在城市里无法获得的归属感。工人同乡村社区的联系是通过定期给留守农村的妻子和亲人汇款维系的，这一资金流动的过程对改善普遍贫困的乡村地区的经济状况、缓解农村人口过剩的问题都是十分重要的。

202 随着黑人觉醒运动（Black Consciousness Movement）在20世纪70年代的兴起，为了反抗种族隔离当局破坏南非本土传统的合法性根基的阴谋，他们开始大胆地尝试恢复甚至是重建祖辈们传统的价值观和习俗。他们不仅恢复了旧的庆典和仪式，还创造了一些新的仪式，这些都是为了展现非洲文化遗产的真实性和非洲人对自己黑人身份的骄傲而做出的尝试的一部分。青春期仪式、成年仪式以及结婚庆典这些业已衰微的传统仪式，又开始以全新的形式和内涵回归并兴盛。在许多情况下，它们变得更加精细、惹人注目、丰富多彩、诗情画意和公开化，而且相比从前也更加注重遵守传统。如今，都市出生成长的年轻人越来越流行回归乡村，并且等到适当年龄时，他们会和乡村的同龄人一起经历青春期仪式、成年仪式和割礼。更多的年轻人开始接受培训，以获得成为占卜师和治疗师的资格。虽然大多数受过西方教育的精英现在都乐意通过教会和法庭获得婚姻合法性，但是在这种仪式之前或之后还会再举办一场传统的婚礼仪式，这种传统婚礼在有些情况下依旧会进行彩礼给付，但现在彩礼使用的都是现金而非牛群。[14]

现在人们虽然广泛信仰基督教，但这并没有妨碍他们坚持本土传统的元素。对于很多基督徒而言，上帝和祖先是并存的。难道教会传统和《圣经》本身不是在要求人们尊重父母吗，即使是在他们亡故之后？而且对天主教的圣人的尊敬，与对非洲传统的祖先的崇拜，又有什么不同呢？这种混合信仰也表现在对法术和巫术力量的继续信仰上，许多基督教徒并不抗拒向占卜师和巫医寻求帮助，因为他们认为占卜师和巫医能配合上帝和现代医生一起驱赶厄运并治愈疾病。虽然对于更为激进的五旬节教徒（Pentecostalists）而言，这种混合信仰在神学上似乎使真正的信仰和誓言打了折扣，但对于更多的人来说，文化和宗教的传统其实是互补的。非洲独立教会，如拿撒勒教会（Church of Nazareth）或祖鲁的赛亚谢姆贝教会（Isaiah Shembe church），之所以能够在20世纪快速增长，原因之一就是其混合性的本质，尤其是在将基督教教义同本土的传统元素融合到一起这方面做得很成功。被融合进去的传统包括祖先祭祀、穿着独特的珠绣服装和动物皮毛头巾、接受一夫多妻制、强调超自然的治愈力和奇迹、使用传统乐器以及通过歌曲和舞蹈推动崇拜仪式。[15]

女性地位的改变 203

在传统的非洲社会中，妇女的地位是模糊不清的。在结婚以后她会进入新的家庭，即丈夫的家中。通过支付牛群彩礼，她的丈夫及其家庭从她父亲那儿换取了支配她进行生产和生育的权利。在她新进入的家庭里，作为一个必要但却低人一等的局外人，她将要生活在丈夫及其大家庭的阴影和控制之下。她被寄望通过自己的劳动和生产，为家庭状况的短期改善和长期维持作出贡献。但是，因为妇女拥有进行生产和生育的能力，缺少了这些所有家庭都无法延续下去，而且每一个家庭都是基于这些能力运转的，因此妇女的从属地位是有限的。得益于其劳动力的价值，她能够拥有高度的经济独立和人身自由，包括在农业生产过程中掌握着真实且重要的控制权、获得和拥有她自己的生产用地以及享有对这块土地的处置权。没有她的首肯，任何人（包括她的丈夫）都不能夺走或者染指她获得的这块土地。如若丈夫家庭分给她的土地不能满足她农业生产的需要，她还可以从娘家那里获得土地，但是这块额外获得的土地不能由她的孩子继承。在她死后或是不再需要耕种时，她娘家人会回收这块土地。

相似的，作为家族香火延续关键的生育能力的拥有者，女人在家庭中享有着相当大的社会威望和影响。女性也可以通过从事占卜、工艺制作和商业冒险来增加家庭财富。妻子在家庭中或在一夫多妻制中的排位，通常取决于她嫁入家门的时间，而不是她的年龄。然而，有贵族背景的女性通常会较家庭中的其他妻子更为优越，除非其他妻子也有着与之相似的社会地位。

不同于传统的非洲社会，欧洲移民社会中的女性在社会地位和公共认可方面受到更多的限制。对于移民妇女来说，适合她们的活动场所就是家庭之内，在此她们要生儿育女，操持饮食。虽然许多移民女性也会参加家庭之外的一些经济活动，但这种参与会被认为是特例而非惯例。包含了金钱、权力以及一切具有更高价值和权威的事物的世界被认为专属于男性，这个世界被认为是没有女性气质的，因此自然也就不适合于女性了。无论移民妇女为家庭经济做出了什么样的贡献（这种贡
204 献往往是很可观的），都会被认为是没什么价值的且得不到重视，因为对她们的角色定位始终偏重于是生儿育女者而不是生产者。阿非里卡人“民族之母”（volksmoeder）的思想观念曾在激发阿非里卡人的民族主义精神和种族意识方面极具号召

力，但同时也只是加强了在移民中本就流行的女性应当专注于家务的性别意识，此时这种思想观念又被有效地利用以服务于民族主义的目标。在20世纪初期，南非白人妇女为了获得选举权而进行了斗争，她们要求进入政治选举系统的核心，这是对顽固的父权制的第一次有力打击。这些妇女政权论者指出，没有理由女人们的双手只能用来推摇篮、烹调菜肴，却不能用来投票。尽管白人妇女争取选举平等权的努力遭到她们丈夫中的一些人反对——他们认为妇女参政意味着民主制度走向疯狂——但最终她们还是获得了选举投票权。[16]

来到南非的基督徒将女人的地位降低到明显较少受到尊重的家务活动领域以内，这是与在欧洲占据主流的性别意识大背景相违背的。对于基督传教士来说，在使非洲女性皈依之后，主要任务就是训练她们，让她们接纳自己在家务方面的这些规定角色——充当自己家庭中的母亲和妻子或主人（通常都是白人）家的女仆。对非洲女性所进行的教会教育是为之后的家庭教育服务的。[17]然而也有很多女性反对教会对她们传统的社会自由和经济独立的约束，她们吸收并结合了本土的性别规范以及移民者和基督徒的性别规范，肯定了她们在家务和经济生产过程中的特权。

劳动力转移、矿场开发、工业化和都市化，已经对非洲家庭产生了深远的、破坏性的影响，这种影响最主要是表现在妇女地位的改变上。南非乡村社区变成了年迈男人、小孩以及妇女的留居地。在这种情况下，女人变成了维持家庭的关键角色，承担起了传统上是由当家男人担当的家庭责任。事实上，几乎在所有的南非乡村社区中，妇女都被迫承担起了家庭生活中方方面面的责任，并且作为独自留守在家的家长，还须承受更多额外的压力。即使如此，以男性当家作主为特征的核心家庭依旧是社会系统的重心，这一社会系统依旧拒绝承认女人作为经济支柱所应有的声望和权利。世界银行 1994 年的一份报告显示，在南非的非洲家庭中有 29% 是由女性当家的，而与此同时在白人家庭中这一比率事实上只有 10%。

205 很多女人也移居到了城市中，这种行为是对法律和传统的蔑视。她们有些到城市来是为了寻找另一半；有些则只是为了寻找经济机会，从而脱离艰苦贫困——这已经成为农村非洲人的保留地或称黑人家园的宿命——的乡土生活；还有一些是为了挣脱在农村所受到的束缚，到城市中冒险、争取独立。这些来到城市的女人很多最终都成了白人家中的佣人，她们同时忍受着阶级羞辱和种族歧视，这一境地有时即使是与女主人还有自己一手带大的孩子们建立起真正的亲密关系以后，也不能改变。

也有一些黑人女性并不相信这种维多利亚式的家政母亲的理想形象，所以拒绝为人奴仆。她们另辟蹊径，凭借高度的主观能动性、自力更生的精神以及自身的聪明才智，通过从事有争议但却利润丰厚的啤酒酿造，建立了一个在经济上独立于国家、教会和黑人男性之外的自治的新世界。这些女性是地下酒吧和夜店中的时尚女王，她们在聚居点和棚户区中新兴的、未成型的都市黑人工薪阶级文化中扮演了重要的角色。

这些黑人聚居点发展迅速且极不稳定，男性比率远高于女性，因此在乡村中不可想象的似烟火般短暂且灼热的性行为便在这里流行起来。有一些女性移民趁机通过卖淫将此类行为商品化，使其成为了一种非法但却随处可见的现象。在其他一些方面，劳动力的迁移也加速了艾滋病在南非的传播，尤其是在非洲人群中扩散。那些受法律限制几个月不能与妻子团聚的农民工，很多都在城市里找了情人，有些则频繁出没于卖淫场所，在那里性行为通常都是无安全措施的。在此过程中，很多人都感染了艾滋病，他们每年都会回乡探亲一到两次，于是在无意识的情况下又将病毒带回了农村，因此艾滋病这种致命的疾病便成了一种肆虐的传染病。

虽然新的民主制度已经取代了种族隔离制度，但当下非洲各种族的女性依旧面临着诸多挑战。在经济上，女性继续遭受着各种各样的歧视，比如同工却不能同酬，没有退休金、房屋以及就业津贴。世界银行 1994 年的一份报告显示，南非女性的失业率是 35.2%，男性则是 25.7%。虽然众多禁止妇女（特别是黑人妇女）进入工作机会丰富地区的种族隔离法律已经废除，但是许多来自社会、经济和家庭的约束却在继续阻碍着女性的工作流动性。

来自南非中央数据统计中心的一份 1994 年的调查报告显 206
示，在南非经济活动的活跃参与者中 78% 为男性，相比之下女性只占 22%。在采矿业和采石业中，94% 的劳动力为男性，同时在交通运输业、仓储业和通讯业中，女性劳动力的占比也不足 9%。只有在一些专业性的行政岗位上女性劳动力占比才接近或超过 50%。例如，女性在技师和专业性的通讯员行业中占比 49%，在文书性质的工作岗位中占比 63%。由于从事护士和教师职业的女性人数众多，因此在服务性的职业中女性劳动力的占比得以保持在 49%。由于种族隔离时期实行歧视性的劳工政策，因此直到1995年，身处管理性岗位的职工中85%还是白人男性，10%是黑人男性，1.5%是混血男性，1%是亚洲男性，只有2%的白人女性，0.6%的黑人女性，以及0.06%的亚洲女性。在其他行业中，女性在艺人和学徒中占比都为5%，在注册工程师中占比3%，在法官和治安官中占比9.6%。在南非，尽管有1/3的黑人女性在建筑行业工作，但其中57%的人都是临时工、兼职人员和季节性工人，报酬很少，没有工作保障和福利。一般而言，白人男性会有最好的工作和最可观的收入，平均月薪3 000兰特。白人女性平均月薪也有1 000兰特，还是要比月薪300兰特的黑人男性挣得多。那些虽比黑人男性工资低但却有正规工作的黑人女性，通常也要比待在一成不变的老家和乡村地区中艰难度日的黑人女性生活得更好。总体而言，在年收入在100 000兰特到299 999兰特之间的人里，女性所占比例还不到7%。

在政治和权力方面，阿非里卡人占据支配地位的国民党制度性地排除了女性有效参政的可能，结果直到1985年还只有2.8%的国会议员为女性。但是，种族隔离制度的结束戏剧性地改变了这种情况。非洲人国民大会（ANC）肯定了女性在反抗种族隔离和种族压迫运动中所扮演的重要角色，并强制规定在其政党选举中至少应有1/3的候选人为女性。因此在1994年举行的南非历史上第一次没有种族歧视、性别歧视的民主选举中，最终产生的400名国民议员中女性议员超过了25%。为了巩固女性在国家政治中所取得的这一新成绩，国民议会的第一发言人和第二发言人都由女性担任。从前在地方和乡村地区，除非是受到特别的邀请，否则女性就不能出席传统的克戈特拉（kgotla）社区决策会议。但是随着家中男人的缺位、女人身上担负的责任越来越重以及强加到女人身上的家中首脑的地位，这三者正在共同瓦解着那些根深蒂固的父权社会的价值和规范，女性也开始出席许多这一类的会议并作发言。

直到近些年，许多婚姻规则还用于确保妇女继续处于从属 207
地位，这些规则将妻子视为丈夫的合法附庸，规定了如若离婚妻子应当到何处安身、何以为生以及如何处理孩子的抚养权问题。分别在1984年、1988年和1993年通过的新民事婚姻法废止了男性在婚姻中的特权，将女性定义为合法的成年人，夫妻双方作为父母是平等的，而且还赋予了夫妻双方平等的子女监护权。

各种族的妇女也要对付一系列的文化与宗教方面的规矩，这些根源于南非的多宗教传统之中的规矩有些较为温和，但通常都很严厉。虽然基督教徒中女性多于男性，但是两性教徒之间不平等的权力关系依旧是一个大问题，常常引发矛盾冲突。罗马天主教与英国国教一直都拒绝授予女性神职，即使对那些宽厚仁慈的女性也不例外。非洲独立教会或称本土教会（其中有一些本身就是由女人创建的）在允许女人参与教务且扮演领导角色方面更加灵活。男性穆斯林神职人员赞同穆斯林应当全盘接受伊斯兰律法（Sharia）的主张，这一主张被穆斯林妇女和其他妇女团体视为是令人不安的。印度女人也开始不再乐意别人赞颂她们作为母亲和家庭主妇的身份，转而呼吁回归到原始和纯正的吠陀传统中去，这些传统规定了女人在所有的人类活动中都与男人平等，包括在专业领域中担任显著的公共职位。犹太女人已挣脱了传统的束缚，正在不断加大对宗教委员会的挑战，有些还开始质疑犹太律法中单方面授予丈夫同意或否决妻子提出的离婚请求的特权的正当性。

在教育和识字方面，南非男人的识字率要高于女人，白人的识字率高于黑人，都市地区的识字率要高于乡村地区。在整个国家中，黑人女性是受教育程度最低的。到目前为止，年满15岁的白人女性中99%都至少完成了六年级的学业，但是在特兰斯凯的黑人女性中有1/3的人甚至从来都没有接受过教育。由于种族隔离政府在经费支出上的不平等，且给予黑人的教育质量极低，由此遗留下来的显著问题包括黑人的低识字率、低入学率、缺乏受过培训且技艺熟练的教师、糟糕且过时的教育设施、高辍学率以及其他的一堆难题，这些问题将需要新南非政府付出持久的精力和持续的努力、投入大量的资源来解决和纠正。如同南非社会中的其他关键系统一样，媒体也是由男人绝对控制的，但在1994年任命艾维·马采佩—卡萨布里为南非广播公司（SABC）主席的决定，被许多人视为是女人终于开始在拥有媒体的控制权和决策权的正确道路上迈出了第一步。也有许多人质疑媒体长期忽略女性主题的做法，它们
208 只是单纯地将女性当作性对象（sex objects），只有在涉及妇女在家务活动和健康事务中担当的角色，或是发生针对女性的暴力事件时才会提及她们。

在医疗卫生领域，自1994年开始，由非洲人国民大会领导的政府已经采取了许多行动，启动了一个全国性的医疗卫生计划来取代陈旧且种族割裂的医疗系统。按照此计划，六岁以下的儿童以及孕妇可以享受免费的医疗护理。然而计划面临的困难也是惊人的。在城市中平均每700人才能配备一个医生，

在乡村地区这一比例则是1900:1，这种短缺最极端的例子出现在以前的黑人家园，在那儿每1000到3000人才拥有一个医生。为了调查南非儿童中普遍存在的新生儿体重过轻和营养不良的情况，地方和全国政府联合实施了一项校园饮食计划。始于1975年的《堕胎与绝育行为法案》在1996年废止，这使得妇女在怀孕12周内可以自由选择是否堕胎，如有十分特殊的情况在13周以后也可以流产，但医疗设备和专业人员的缺乏始终是堕胎手术安全施行的一大阻碍。在从前，南非每年进行的非法堕胎手术达到200 000到300 000例之间。

由于女人处在附属的位置，相对而言，她们并不总是能够决定和谁、以怎样的方式发生性行为，也不能迫使男人戴上避孕套，而且她们在外打工的丈夫也都普遍会拥有多个性伙伴，这些因素使得一夫一妻制下的妻子特别容易感染传染性的性病，尤其是艾滋病，它已经成为了非洲女性中的一种常见恶疾。南非艾滋病人的统计数据令人震惊：至1999年底其染病人数已经达到420万，平均每天新增1600名病例；在每5位南非人中就有1个艾滋病毒携带者，其年龄从15岁到49岁不等；每年都有120 000例艾滋病毒携带者死亡，平均每天死亡330人，预计到2008年每年死亡的艾滋病人将达到500 000人。[18]由于种族隔离及反对种族隔离的斗争而引发了激烈而致命的暴力事件，在此之后，针对妇女的暴力行为，比如强奸、性侵、虐待、虐童、杀害女性以及政治暴力，已在许多地方蔓延，这些都需要政府马上采取应对措施。政府最初质疑无防护措施的性行为是引发艾滋病感染的主要原因，由此引发了许多争议，而政府对于阻止艾滋病在全国范围内流行的作为很少。

最终，政府在2000年制订了2000~2005年度的南非艾滋病五年战略计划。这项行动计划旨在动员地方、全国、国际、个体
209 以及公众的资源，以投入这场同艾滋病的全面战争中去，尤其是着重于教育和防护措施这两方面。

上文这些关于妇女权益面临的主要挑战以及获得的琐碎成就的编年体式的记叙，不应当掩盖以下这一事实，即自20世纪80年代以来，女性（尤其是非裔、亚裔和混血的女性）尽管身处于如一团浑水般混乱的南非政治和社会环境中，但其处境却已取得了稳定的进展。许多的女性正在公共服务系统中逐步上升，获得了前所未有的高级职位；有很多女人成为了训练有素的医生和工程师；越来越多的女性获得了体面且受人尊重的工作；同时，虽处在持续不断且无处不在的男性沙文主义环境之下，但取得了管理层和领导层职务的女性也不在少数。除了依靠女性自己有效地动员和运动以外，女权列车得以前进的另外一个重要原因是，由曼德拉—姆贝基领衔的非洲人国民大会领导下的南非政府对此作出了明确的政治承诺。非洲人国民大会在1994年发布的《重建与发展（RDP）白皮书》(Reconstruction and Development Program White Paper）承认了南非女性的附属地位，并指出两性平等原则应当贯彻到新政府的日常工作和计划中去。1996年的南非宪法具体禁止了所有
210 基于以下情况进行歧视的行为，即“种族、性别、性、怀孕、婚姻地位、族群或社会出身、肤色、性取向、年龄、残疾、宗教、道德、信仰、文化、语言以及出身”。1993年12月的一项法案废止了丈夫的婚姻特权，赋予了夫妻双方平等的控制权。在同一年，编号133的《家庭暴力防治法案》将婚内强

奸入罪，同时授予了夫妻双方中受虐一方申请对施虐方的禁止令的权利。在 1998 年，国会通过了《公平就业法案》，此法案规定任何雇员不少于 50 人的公司都有义务提交公平计划，同时每两年需提交一次关于本公司在推进公平方面所做努力的报告。在两年以后的 2000 年，国会通过了《推进公正与防止不平等歧视法案》。

虽然新宪法承认习惯法，但也规定了习惯法只能在《权利法案》（Bill of Rights）范围以内发挥作用，而且从属于宪法。以 1983 年颁布的《就业基本状况法案》以及 1991 年通过的《矿工与工人法案》修正案（1956 条中的第 27 条）为开端，相继实施了一系列的新法律，以帮助女性以及有色人种群体获得工作机会、使男女获得平等的就业机会以及废止建立在种族与性别之上的不公平的劳工行为。在 2000 年，8 月 6 日被确立为南非妇女日，以纪念在 1956 年的这一天南非黑人女性组织的著名的抗议《通行证法》的游行。这个一年一度的纪念日给了人们机会，以共同关注、举国同庆南非妇女取得的成就和重要地位，提出有关南非女性的重要议题。南非有多家非政府组织（NGO）致力于为乡村地区的广大女性传递信息和提供帮助，这些女性中的大多数人至今仍不了解 20 世纪 90 年代早期以来南非妇女法律地位的重大转变，也未受这种转变影响。国际国内的非政府组织以及志愿者机构同样也积极参与到了与女性相关的医疗卫生、教育、经济、社会福利、家庭计划等事务中。

注释：

1. 本章关于婚姻、女性以及亲属关系的讨论主要来源于：埃利诺·普雷斯顿—怀特：《亲属与婚姻》，载戴维·哈蒙德·图克编：《南部非洲说班图语的族群》，伦敦与波士顿：劳特利奇与基根·保罗出版社，1974 年，第 177 ~ 210 页；弗吉尼亚·范·德·弗利特：《成长于传统社会》，载哈蒙德·图克编：《说班图语的族群》，第 219 ~ 220 页；哈蒙德—图克：《黑南非之根》，约翰内斯堡：乔纳森·鲍尔出版社，1993 年，第 101 ~ 147 页。如欲获得更多关于特定族群的信息，参见：艾琳·詹森·克里格：《祖鲁人的社会系统》，彼得马里茨堡：沙特尔与舒特儿出版社，1965 年，第 23 ~ 158 页；A. T. 布赖恩特：《白人到来之前祖鲁人的状况》，彼得马里茨堡：沙特尔与舒特儿出版社，1967 年，第412 ~ 456 页；J. H. 索加：《阿马—科萨人：生活与习俗》，勒弗戴尔，1932 年；H. 库克茨：《秩序的诞生：姆庞多乡村社会生活图景》，约翰内斯堡，1990 年。

The major sources for the discussions on marriage, women, and kinship systems in this chapter are: Eleanor Preston-Whyte, "*Kinship and Marriage*" in David Hammond-Tooke, ed., *The Bantu-Speaking Peoples of Southern*
211 *Africa* (London and Boston: Routledge and Kegan Paul, 1974), 177 ~ 210; Virginia van der Vliet, "*Growing Up in Traditional Society*," in Hammond-Tooke, ed., *The Bantu-Speaking Peoples*, 219 ~ 220; and Hammond-Tooke, *The Roots of Black South Africa* (Johannesburg: Jonathan Ball Publishers, 1993), 101 ~ 147. For fuller information on specific ethnic groups, see Eileen Jensen Krige, *The Social System of the Zulus* (Pietermaritzburg: Shuter and Shooter, 1965), 23 ~ 158; A. T. Bryant, *The Zulu People as They Were Before the White Man Came* (Pietermaritzburg: Shuter and Shooter, 1967), 412 ~ 456; J. H. Soga, *The Ama-Xosa: Life and Customs* (Lovedale, 1932); and H. Kuckertz, *Creating Order: The Image of the Homestead in Mpondo Social Life* (Johannesburg, 1990).

2. 普雷斯顿—怀特：《亲属与婚姻》，第 179 页。

Preston-Whyte，"*Kinship and Marriage*，" 179.

3. 哈蒙德—图克：《黑南非之根》，第 118 ~ 123 页；普雷斯顿—怀特：《亲属与婚姻》，第 192 ~ 194 页。

Hammond-Tooke，*The Roots of Black South Africa*，118 ~ 123 and Preston-Whyte，"*Kinship and Marriage*，" 192 ~ 194.

4. 有关彩礼给付在确认婚姻事务中的核心作用，参见：M. D. W. 杰弗里斯：《彩礼等价于孩子》，载《非洲研究》1951 年第 10 卷第 4 期，第 188 页；亚当·库柏：《牛与妻子》，伦敦：劳特利奇与基根·保罗出版社，1982 年；哈蒙德—图克：《黑南非之根》，第 123 ~ 129 页。

On the centrality of the bridewealth transfer in the validation of the marriage transaction，see M. D. W. Jeffreys，"*Lobola is Child-Price*，" *African Studies*，10，4，1951，188；Adam Kuper，*Wives for Cattle*（London：Routledge and Kegan Paul，1982）；and Hammond-Tooke，*The Roots of Black South Africa*，123 ~ 129.

5. E. J. 克里格和 J. D. 克里格：《祈雨女王之国》，伦敦：牛津大学出版社，1943 年，第 159 页。

E. J. Krige and J. D. Krige，*The Realm of the Rain Queen*（London：Oxford University Press，1943），159.

6. 关于娶姨制、夫兄弟婚以及女女婚在南非社会中的实际情况，以及本文讨论的主要来源，参见：E. J. 克里格和 J. D. 克里格：《祈雨女王之国》，第 159 ~ 177 页；克里格：《洛维杜人的财产、交表婚以及家庭周期》，载 R. F. 格雷与 P. H. 格列佛编：《非洲的家庭财产》，伦敦：劳特利奇与基根·保罗出版社，1964 年，第 160 ~ 206 页；普雷斯顿—怀特：《亲属与婚姻》，第 187 ~ 194 页。

For a fuller examination of sororate，levirate，and women-to-women marriage practices in South African societies and the major sources for the discussion in this section，see Krige and Krige. *The Realm of the Rain Queen*，

159 ~ 177；Krige，"*Property*，*cross-cousin marriage*，*and the family cycle among the Lobedu*，" in R. F. Gray and P. H. Gulliver，eds.，*The Family Estate in Africa*（London：Routledge and Kegan Paul，1964），160 ~ 206；and Preston-Whyte，"*Kinship and Marriage*，" 187 ~ 194.

7. 哈蒙德—图克：《黑南非之根》，第 120 ~ 129 页；芭芭拉·泰瑞尔：《南部非洲的部落民》，开普敦：非洲图书出版社，1968 年，第85 ~ 89 页、第 117 ~ 124 页以及第 194 ~ 196 页。

Hammond-Tooke，*The Roots of Black South Africa*，120 ~ 129 and Barbara Tyrrell，*Tribal Peoples of Southern Africa*（Cape Town：Books of Africa，1968），85 ~ 88，117 ~ 124，194 ~ 196.

8. 哈蒙德图克：《黑南非之根》，第 104 页。

Hammond-Tooke，*The Roots of Black South Africa*，104.

9. 莫妮卡·亨特：《对征服的反抗》，伦敦：牛津大学出版社，1936 年，第 59 页，在哈蒙德—图克：《黑南非之根》第 114 页中曾有引用。

Monica Hunter，*Reaction to Conquest*（London：Oxford University Press，1936），59，cited in Hammond-Tooke，*The Roots of Black South Africa*，114.

10. 弗吉尼亚·范·德·弗利特：《成长于传统社会》，载哈蒙德—图克编：《说班图语的族群》，第 219 ~ 220 页。

Virginia van der Vliet，"*Growing Up in Traditional Society*，" in Hammond-Tooke，ed.，*The Bantu-Speaking Peoples*，219 ~ 220.

11. E. J. 克里格和 J. D. 克里格：《祈雨女王之国》，第 108 页。

Krige and Krige，*The Realm of the Rain Queen*，108.

12. 克里格：《祖鲁人的社会系统》，第 63 页；范·德·弗利特：《成长于传统社会》，载哈蒙德—图克编著：《说班图语的族群》，第 219 ~ 220 页。

Krige，*The Social System of the Zulus*，63；van der Vliet，"*Growing Up in Traditional Society*，" in Hammond-Tooke，ed.，*The Bantu-Speaking*

Peoples, 219 ~ 220.

13. 关于南非印度人的婚姻与家庭，参见：G. H. 卡尔平：《南非的印度人》，彼得马里茨堡：沙特尔与舒特儿出版社，1949 年；希尔达·库珀：《纳塔尔的印度人》，西港，康涅狄格州：格林伍德出版社，1974 年；以及法蒂玛·米尔：《印度裔南非人肖像》，都柏林：阿隆屋出版社，1969 年。

On marriage and family among the Indians of South Africa, see G. H. Calpin, *Indians in South Africa* (Pietermaritzburg: Shuter and Shooter, 1949); Hilda Kuper, *Indian People in Natal* (Westport, Conn.: Greenwood Press, 1974); and Fatima Meer, *Portrait of Indian South Africans* (Durban: Aron House, 1969).

14. 彼得·玛古贝恩：《正在消失的南非文化：变迁世界中的习俗变迁》以及玛古贝恩与桑德拉·克洛珀：《非洲复兴》，开普敦：斯特罗伊克出版社，2000 年。克洛泊曾在一篇富有启发性的文章中展示了着装风格的改变以及劳动力转移是如何对祖鲁人的性别与权力关系造成持续影响的。参见：克洛泊：《一只公牛就抵得上五十头母牛：祖鲁女人与"传统"服饰》，载于史蒂芬·克林曼编：《地区与剧目：南非政治与文化的主题》，布隆方丹：拉文出版社，1991 年，第 147 ~ 177 页。

Peter Magubane, *Vanishing Cultures of South Africa: Changing Customs in a Changing World* and Magubane and Sandra Klopper, *African Renaissance* (Cape Town: Struik Publishers, 2000). In an illuminating essay, Sandra Klopper shows how changes in dressing styles and labor migrancy have continued to mediate gender and power relations among the Zulu. See Klopper, "*You need only one bull to cover fifty cows: Zulu Women and 'Traditional' Dress*," in Stephen Clingman, ed., *Regions and Repertoires: Topics in South African Politics and Culture* (Braamfontein: Ravan Press, 1991), 147 ~ 177.

15. 简·莫里斯：《与珠子对话》，纽约：泰晤士与哈德逊图书出版

212 有限公司，1994 年，第 61 ~ 73 页。

Jean Morris, *Speaking with Beads* (New York: Thames and Hudson, Inc., 1994), 61 ~ 73.

16. 谢丽尔 · 沃克：《女性选举权运动：性别、种族与阶级的政治学》，载于沃克编：《南部非洲的妇女与性别》，开普敦：大卫 · 飞利浦出版社，1990 年，第 311 ~ 345 页及第 378 ~ 380 页。

Cheryl Walker, "*The Women's Suffrage Movement: The Politics of Gender, Race and Class*," in Walker, ed., *Women and Gender in Southern Africa* (Cape Town: David Philip, 1990), 1990, 311 ~ 345, 378 ~ 380.

17. 杰克林 · 科克：《家政服务与家政教育：科萨女人如何进入殖民社会》，载于沃克：《妇女与性别》，第 76 ~ 96 页。

Jacklyn Cock, "*Domestic Service and Education for Domesticity: The Incorporation of Xhosa Women into Colonial Society*," in Walker, *Women and Gender*, 76 ~ 96.

18. 关于这些令人警醒的统计数据，参见：《南非调查 2000 ~ 2001》，约翰内斯堡：南非种族关系研究所，2001 年，第 213 ~ 227 页。

For these sobering statistics, see: *South Africa Survey*, 2000/01 (Johannesburg South African Institute of Race Relations, 2001), 213 ~ 227.

第九章　社会习俗和生活方式 213

南非多种族、多语言以及跨洲际的民族起源，编织成了一幅富含多种多样风俗和生活方式的文化挂毯。丰富多彩的仪式和典礼赋予了南非诸多人群和种族以生活、存在的意义和正当性。从出生到死亡，从家庭到学校，从农场到市场，从牧场到矿区，从圣地到清真寺，从犹太教堂到基督教堂，从农村到城市，以及从地方到国家，人们的生活、活动随着民风民俗的多样性而不同程度地改变着。

口语、神话和价值观

南非本土社会的一个重要特点是它口语文化的盛行。南非的书写技术一直到欧洲人的到来才有所发展。而土著居民在岩石和洞穴上创作的抽象画作等作品，特别是科伊桑人和其他一些族群创作的，很可能算得上是其艺术表现形式中的一个例外。口语文化并不是说比书面文化差或者说更贫乏，这二者之间的区别并不一定在于一方比另一方表达的思想和想法更好，而在于保存和传播思想的方式上有所不同。这样说来，尽管没有书面文化的蓬勃发展，南非的土著居民同世界上其他人群一样，也能思考周围的世界并形成理论化的观点。他们思考抽象的概念，也思考具体的事物，他们探索周围运行着的神奇力量。他们对生命和存在给以深刻的解释。

214 由此种智力练习发展出了众多思想和概念，这些思想和概念的艺术性和文学性表达便体现在岩石绘画和肖像绘画上，也表现在神话传说、民间故事、人与动物故事、仪式典礼、民风民俗、抒情诗和戏剧诗、谜语和谚语，以及赞诗和赞歌上。通过这些传播媒介，关于家庭、亲属、农业、畜牧业、商业和手工业、医药和占卜、政府和政治，以及职责和纪律等方面渊博的知识就系统地得以概念化，并代代相传。借助于神话传说，各个不同族群得以谈论事物的起源，记录各族群和社会的历史发展。口口相传的民间故事也教给了年轻人和老年人许多知识和道理。借助于谚语和谜语，他们把各个时代和先人们的智慧浓缩起来，供生者和当代借鉴。他们用歌曲和赞美诗颂扬他们的文化英雄，纪念过去的重大事件，以此来为当代及后人树立模范和榜样。尽管十七世纪中叶以来欧洲文学文化的传入，使得书面文化成为另一种可供选择的显然更有效率的文化传播方式，口语文化仍然是本土社会的根本特征。

南非各群体有着强烈的社区意识。于是，从孩提时代开始，人们便被告知亲缘的重要性，对社区的归属感和身份的文化认同也被赋予了极高的价值。社会会对人们好的行为给以重奖，而在极重要的方面有欠缺则是对文明的社会秩序规范的违背。违反社会规范的行为会招致祖先的暴怒，带来疾病、灾祸等各种可怕后果。对于这些群体而言，通过背叛、欺诈和不公正的方式取得的财富、头衔或地位，都不可能持久，将会很快以同样的方式失去。由于亲属团体这个最基本的单位，被看作是人与家庭的道德共同体，因此不需要花大力气就能够确保人们表现出符合社会道德规范的良善行为。个人及人际关系的紧张，群体内部及群体之间的冲突，也能够很快得到解决，从而防止社会失序，恢复亲属团体内部及亲属团体之间的和谐。

若干核心价值是南非社会的基础。如同大多数父权社会那样，尊重（科萨语：intlonipho）长者是被高度强调的核心价值之一。就像在所有具有分层结构的社会里那样，年轻人必须尊重长者；人们相信，有种智慧只会随年龄和阅历增长而得到，在所有需要此类智慧的事务上，年轻人都必须遵从长者。妻子必须顺从丈夫，正如普通大众和议事人员也必须对首领表示忠诚和敬意。在社会和公共集会中，人们必须跟自己同年龄段的朋友坐在一起饮食和交往。如果发现某个女人总是与男人
在一起，不管是喝酒还是交往，人们就会认为该妇女水性杨 215
花。在家庭或其他公共聚会中，晚辈要给长辈让座，晚辈坐着而年长者站着是一大禁忌。从很小开始，孩子们就被教以处理社会关系的正确的礼节和规矩，在这些礼节中值得注意的是，孩子们必须百分之百服从他们的父母，在大人面前必须保持安静和谦卑。小孩子绝不能打断大人说话，不能对大人大吼小叫，否则就会让父母蒙羞。尽管一些尚未举行成年礼的小孩偶尔犯错也很常见，人们会认为举行了成年礼的人不遵守礼节是非常糟糕的事，因为举行了成年礼，人们一般就期望参加成年礼者能从孩童期的无知和不懂事状态，转变到成年人的成熟、

有责任感的状态。相似地，虽然家长会惩罚孩子们不守礼节的行为，人们则认为，成年人不守规矩会受到祖先们非常恐怖的超自然的责难和惩罚。正如一位科萨人所说，谁糊弄老人（edlala ngabantu abadala nje），就会有噩运相随。

另一个核心价值是生育。人们对于做爱和婚前性行为是道德中立的，但前提是双方必须是在社会规范制约下的自愿行为，并且没有导致女方怀孕。以生育为目的的性交被看作是神圣的，但必须要以婚姻关系为基础。通奸，尤其是女人，会受到谴责。而在这个男权社会，男人的不忠行为却会被忽视。男人不可让自己太亲近妻子，以免被妻子魅惑并受制于她们，因为这样有可能会危及男方家族的利益。对亲属的忠诚、世系群的团结一致以及严格维护群体利益，对他们来说是最重要的责任，为了履行这些责任他们在所不惜。然而，要求保持亲属团结的价值观并不排外；人们希望也能容纳非亲属的邻人，在南非社会，睦邻——不管邻人是否是亲属——是值得称颂的美德。

这种开放性对于有频繁人口流动的社会是有益的。人们开始从农村移居到城市生活和工作，他们远离了自己的亲属圈，甚至与不同族群的人们生活在一起。在遇到困难或有值得庆祝的事发生时，相对于远方的亲戚来说，近邻更便于为他们提供帮助，或是一同分享喜悦。身边的患难之交要好于远方看不见的朋友。在南非所有的社会中，人们从孩童时代起就一直被教以对亲戚、邻居和有需要的人要慷慨大方，对陌生人也要热情好客和盛情慷慨。

仪式和典礼 216

南非人民每年都会举行各种各样的仪式和典礼。这些仪式和典礼有关生活中的方方面面，常常也表现了他们的历史、价值和文化的动态变化。尽管出现了西方化和基督教的强力渗透现象，南非很多传统仪式并没有消失，有时还被赋予了新的生命和意义。在这些仪式中最值得注意的是成年礼，它纪念从青少年阶段正式步入成人阶段。[1]

生命过渡仪式：进入成年期

南非几乎所有族群都发展出了丰富多样的仪式和典礼来区分、纪念、确认两性青少年从童年或青春期向成年期过渡的不同阶段、过程。严格说来，人们关注的重点并不是生理上的成熟，成年礼只是以象征的形式表示参与者生理上成熟了，而关注的重点在于参与者的社会成熟度。应参加成年礼的年龄在各个族群中是不同的。在一些情况下，非常小的人会与相当成熟的人一同举行成年礼，特别像有些族群如洛贝杜族，每 12 至 15 年才会举办一次成年礼。

在恩古尼人中，割礼通常在 15 至 19 岁时进行。不像索托人，他们会举办全国性的成人礼，而恩古尼人举行的则是地方性的，往往是私人性的仪式。成年礼的阶段和程序在不同族群中非常相似。在进入成人学校前的几个星期中，所有准备参加成年礼的人会一起度过这段时间。洛贝杜人会一起学习歌曲；南索托人会一起牧牛、捡柴火、砍树、制作绳子以建造举行成年礼要用的小屋、学习唱歌；佩迪人则会为酋长工作。戴上皮革头巾、将自己涂成赭色，像一群侵略者一样在乡村游荡、搞破坏，男孩子的这些放荡不羁的行为在其他时候人们是难以容忍的，但在这一阶段却被允许和原谅，以此来纪念他们少年时代最后的自由日子。

217 一般来说，在当地，如果父亲们认为自己的儿子已经长大到可以行割礼的时候，他们便会为儿子行成人礼。得到酋长的允许后，父亲们会建造起一个小木屋（ibhuma)，作为割礼学校的场所。男人们构造起木屋的框架，妇女（通常是要参加割礼的人的母亲）用茅草将小屋覆盖起来。专业割礼师进行实际操作，这时也参与进来。大一点的男孩子——通常他们刚刚完成割礼——被邀请来作为这些新人的看护者。其中一位孩子的父亲，一般来说是社会地位较高的人，充作学校的头儿，是仪式的主持人。这个简陋的蜂窝状割礼木屋（称为 ibbuma 或 isutbu）被安置在距离定居点较远的位置，喻示着他们开始与社区隔离，处于一种过渡的状态。为了突出他们身份的改变，一些族群如佩迪、文达、聪加等在孩子们进入木屋之前，会剃光他们的头发；在科萨族，等待接受割礼的男孩由一群手拿木棍的高超战士带入木屋；在恩尼古族和南索托族中，通常会用一头未阉割的公牛或公羊行祭，作为仪式开始的标志，以此唤起、引导祖先对于正在开展的仪式的庇佑。

在公共餐宴后，长辈会训诫这些男孩，让他们丢弃掉孩子气的东西，从今以后要以成年男人的方式言行。作为儿童期象征的旧衣物也要被抛弃掉。他们脱光之后，就被带到河边，接受净化仪式，洗掉儿童时代的残污，这就为在河边进行实际的割礼做好了准备。每个男孩都被严厉地告诫，不管手术多么疼痛和难以忍受，他们都不能退缩和哭泣，以此作为具有男子气概的标志。没有什么比接受割礼的时候大声哭出来更丢人现眼了。他们就这样开始了全新的成人生活，充满了欢愉和力量、伤痛和艰辛，所有的这些都必须以平静的心态和巨大的勇气来面对。勇气和忍耐力是一个男子汉所应具备的重要特性，如果男孩在动刀的时候，能大胆地向割礼师和看客们宣告“我是一个男人了”，并得到后者的回应“你成为一个男人了”，他便是一个具备勇气和忍耐力的男子汉。为了防止切离的包皮落入女巫手中，它们被掩埋在蚁冢中，白蚁会啃噬掉这些包皮。男孩们的伤口被敷上了具有愈合和止疼功效的草药。近几年来，男孩们在手术前后都会服用抗菌药，割礼师每做完一个手术都会对手术刀进行消毒，以防止艾滋病或其他疾病的传播。

少女成人学校 218

为少女举办的成人学校（科萨人称为 intonjane）尽管某些方面与男孩子的显著不同，但也有着十分相似的地方。在一些情况下，少女的成人学校与男孩子的有着密切的关联。在茨瓦纳人中，同年龄段的男孩子组建成人学校后，少女的成人学校便会迅速建立起来，这两者通常会使用同一个名称。在洛维杜人那里，少女的成人学校与男孩的一同组建；而在佩迪人中，通常是男孩的成人礼一结束就马上开始组建少女的成人学校。在文达人那里，男孩和女孩在同一成人学校；而在凯加加人那里，同年龄组的少女成人学校与对应的同年龄组男孩的成人学校同时并存，是相关联的。

少女们在成人学校的时间长短在不同族群中有所不同。茨瓦纳和佩迪族是一个月，洛维杜族是一年，文达族则长达两年之久。不像男孩那样，为少女举行成人礼的木屋是可有可无的，因为对女孩而言，并不十分强调与族群的完全分离。同样，虽说在洛维杜族和文达族的少女成人学校里，族群的女人们掌管各项事务，但男人和妇女都在仪式上扮演着积极的角色。尽管几乎所有族群传统上都在少女成人仪式上进行生殖器手术，但现在实际上少女成人仪式上不举行割礼。其中的一些仪式包括：教导少女如何张开阴唇；手指插入让处女膜物理性破裂；切割一小部分阴蒂，例如洛维杜人的做法；用刀轻微地切割大腿，并用火灼烧，例如茨瓦纳人的做法；用刀在双腿之间轻轻地按压，以此来模仿割礼，例如佩迪人的做法。尽管和男孩子一样，人们也期待女孩子能遵守禁忌并受到一定的训练，但她们所遭受的苦难远远没有男孩子多。

女孩跟男孩一样也会被灌输社会规范和价值；然而，正式的教导更多的是关注女性在婚姻家庭、生育子女和务农方面的角色。社会更期待男性勇敢、坚毅，希望女性谦卑和顺从。在凯加加人中，少女成人学校里会向女孩子们讲授称为森科科伊（Senkokoyi）的神鸟之神秘而恐怖的力量，森科科伊是该族群信奉的神灵。土著相信，森科科伊大神掌控着男孩子和女孩子的成人学校的运作，必须为他进行定期的歌舞表演，出于对他的敬畏，必须严格避免像酗酒、大声吵闹、殴打妻子等忌讳之事。跟男孩子的成人学校一样，凯加加族的少女成人学校把所

有的少女招致酋邦的首都，她们袒胸露背、穿着草裙庆祝仪式的进行。戴面具的舞者、动物木雕模型以及精心装饰的物件等 219
是庆祝典礼上的突出亮点。

少女成人学校突出了性道德和性行为教育。股间性交是允许的，而全性交和未婚先孕则会引起社会的不满。在文达人中，女孩子们在成人学校的末期都会接受由老年妇女所进行的身体检查，如果一个女孩被检查出是处女，她的母亲将会欢呼雀跃地将其背回家，人们会举行很多仪式欢迎她。但是如果被检查出已经失身了，那么所有同龄伙伴和整个社区都会向她吐口水。在科萨人中，如果一个女人在结婚前或订婚前怀孕，她将会被社会责难，永久地沦落成自由女（inkazana），没有资格结婚，也无资格参加同龄人的正常活动，通常她只能和已婚男子发生不正当的男女关系。

对男性和女性来说，成人礼有助于社会界定两性关系和各年龄群之间的关系。越过世系、社会等级和性别的边界，成人礼成为社区内促进社会文化整合的有力武器。成人礼为年轻人提供了正式进入成人世界的机会，在这个新世界中，他们开始承担新的社会角色和地位，这就为社会规范和价值的保存、传播和留存奠定了基础。男人和女人会随着年龄的增长，获得新的社会角色和责任，会在家庭和公共事务上拥有更多的权威、尊重和影响力，而这些正是年龄的增长给南非各社会的老年人和有阅历之人带来的结果。

科伊桑人的仪式和典礼

食物禁忌习俗

科伊桑人民有着各种各样的仪式和典礼，其中最值得一提的与食物禁忌、怀孕和分娩、祈雨和狩猎、经期和治疗以及丧葬有关。居住在食物和水源并不充足的环境中，科伊桑人发展
220 出了形式多样的仪式和典礼来表达他们对食物的关注。食物几乎在每种仪式上都显得格外重要，如狩猎、治愈、婚礼和青春期仪式等。多少年来，他们发展出一种强大的食物禁忌传统，依此传统，很多食物都不可食用——通常有三种原因：经验证明食物不卫生；老人们讲某食物不可食用；食物本身自然就令人反感。

一些动物不能作为食物，是因为它们和人类的亲近关系，如猫、狗和老鼠。或因为它们的一些奇怪特性，如猴子、火烈鸟和变色龙。一些以人类尸体为食的动物，如秃鹫、鬣狗和豺狼，也不能用作食物。年轻人，不论男女，都禁止吃鸵鸟和鸵鸟蛋、剑羚头、奶牛和大羚羊头、丹顶鹤、大鸨、眼镜蛇以及鬣蜥（热带草原上的一种大蜥蜴）。喉咙、眼睛、尾巴、动物胎儿也是被禁止的。少女和年轻妇女不能吃血液、红翼鸫鹛鸪、野猪、小羚羊、乌龟以及大羚羊的胸部、鼻子和睾丸。男孩子则不允许吃骨髓，而男人则终生禁止吃子宫。

食物禁忌习俗对社会而言具有重要的社会和实际价值。它旨在使遵守者们避免吃到不卫生和不健康的食物，这样就确保

了族群拥有健康、力量和种族的延续。人们相信一些食物包含致病的物质。可能导致的不适包括头痛、生疮、精神异常、出血、恶心呕吐、使人消瘦等，这里列举的是最常见的一些症状。在很多情况下，有些被禁止的食物是健康食物，每个人都可以吃，但特定人群在特定阶段是不能吃这些食物的。对于桑人而言，在一些关键的人生阶段如生产和哺乳期，有些食物被禁止，因为他们相信这些食物具有特定的效能，可能会导致不好的结果。

违反食物禁忌会导致各种后果，其中最常见的是致人消瘦，这是一种通常会引起他人嘲笑和愚弄的不良效应。相反，遵守食物禁忌传统能使年轻人灵活敏捷，充满力量和活力，能忍受狩猎时遭遇的寒冷、饥饿和干渴。这样的男子能出门好几天不吃东西，也能猎捕羚羊，同时，他们对女性而言也极具魅力，被看作最合适也最健康、阳刚的伴侣人选。违反食物禁忌条例的女孩子经常会被嘲笑，会被认为是懒惰、放纵、不适合的婚姻伴侣。男人们会对违反食物禁忌条例的女孩子避之不及，因为这危及到她们今后的怀孕、成功生育和抚养后代。

食物禁忌习俗更重要的是其社会价值。首先，它教导人们 221
节制饮食，这在一个没有过多食物供应的社会，是一种重要的美德。孩子们从小就受到教育，不要向别人讨要食物。贪婪被视作卑劣的恶习，不是人应该做的事，会被人们严厉斥责。第二，它教育人们分享的美德，不论白天狩猎或采集的成果多么小，都要跟彼此分享。将猎物藏起来只供自己或自己的直接家庭成员享用——特别是猎物足够多，足够分给一批人或其他村民时，这种行为违背了习俗，被视为极为可耻之行，而桑人认为这种行为是无法想象的。内心慷慨才能称其为人。只为自己猎食会把自己降低到动物的层次，就像狮子只为自己寻找食物。这些没心没肺、永不满足的人只会考虑到自己的欲望，不惜任何代价都要满足自己的需要。贪婪、自私的人生观在别的一些社会里很常见，但在桑族这里不仅罕见，也被视作显然非人的东西。解决饥渴问题、满足基本需要属于正当行为，但不能以损害群体的利益为代价。在一个依靠狩猎、采集生存的社会中，死亡和饥饿并不是遥远的危险，而是时刻面临的威胁，一个人遵守食物禁忌就有力而象征性地表明，他服从于社会规范。正如有人讲到奈奈地区的桑族分支昆人（Nyae Nyae! Kung）时所说，“如果一个人遵守这些禁忌，那么他便表明他本人积极支持公认的社会习俗、法律。同时也显示出他并不‘太贪吃’，也不‘没心没肺’，不懒惰，也没有疏于照顾自己，反而能使自己保持强壮——他或她，简言之，便是一个真正的人”。[2]

狩猎仪式

狩猎是一项复杂的活动，桑人多少年以来发展出了各种狩猎技巧。在一个新秀猎人的生活中，最重要的仪式是第一次猎杀（First Kill），此时男孩猎杀了他生命中第一个足够大以至于整个群落都能享用的公猎物或母猎物，如羚羊或水牛。这个仪式最重要的环节是剺痕（scarification），即在男孩的身体上划出垂直的切口，再用强效的复原性药物涂擦。一共做七个剺痕，每一个有 2 到 25 个切口不等，分布在男孩身体的不同部位，每一个包含了不同的寓意，如赋予新猎手以好视力、勇敢和顽强，以便能够让追捕的猎物镇定下来并捕捉到它。对于桑人而言，该仪式标志着男孩子变成了猎人，从自然状态过渡到文明状态。桑人认为狩猎是族群文化的核心要素。这种通过仪式（rite of passage）是如此重要，以至于男孩子只有在猎杀了一头大型猎物并举行了这种仪式后才能够结婚。 222

居住在通常炎热干燥的喀拉哈里沙漠内部和四周，桑人将太阳视为死亡，将雨水视为生命。在喀拉哈里，雨水十分稀少，雨季主要在集中在夏天，通常是电闪雷鸣的狂风暴雨。尽管暴雨很暴烈，桑人依然欢迎雨水并将其视为赐予生命和自由的神灵，能够使食用植物生长，从而避开长期存在的饥荒威胁。雨水也能使他们不受永久性水源的限制，离开居住地探访远处肥沃地区的亲友，也能去更远的肥沃之地。据说桑族巫医拥有降雨的能力，尽管这种习俗好像并没有广为流传。[3]

节日和公共假日

国定假日和宗教节日

南非官方设立了 12 个公共假日。按时间先后：新年，1 月 1 日；人权日，3 月 21 日；耶稣受难日，复活节前的星期五；家庭日，复活节后的星期一；自由日，4 月 27 日；劳工日，5 月 1 日；青年节，6 月 16 日；全国妇女日，8 月 9 日；遗产日，9 月 24 日；和解日，12 月 16 日；圣诞节，12 月 25 日；亲善日，12 月 26 日。其中的一些节日，如新年、复活节、圣诞节和劳工日是国际性节日，其意义超越了南非一国，不过有时也带有地方色彩，如开普黑人新年狂欢节。其他都是颇具南非特色的节日。

重要的一点是，南非不像世界上其他新的现代化国家那样，没有自己的独立日。南非于 1910 年从英国的统治下独立出来，但这次独立仅仅给南非的少数白人带来了自由和权力。占人口多数的黑人从来不认可 1910 年为他们的独立年；对于很多黑人而言，这一年是他们归于少数白人正式统治的一年。直到 1994 年 4 月 27 日，纳尔逊·曼德拉领导的不分种族、不分性别的民主选举政府成立并掌权时，南非的黑人才有了真正的自由。4 月 27 日作为自由日被制度化意味着对南非人民反抗种族主义统治和种族隔离斗争的纪念，也是对自由和民主最终实现的庆祝。1955 年 8 月 9 日，海伦约·瑟夫和莉莲·恩戈伊带领着数千名女性开展游行活动，反抗当局对黑人施行的
223 通行证法。8 月 9 日便于 2000 年被正式宣布为全国妇女日，以此来纪念南非女性为争取自由、平等和公正的斗争而做出的贡献。借用一首流行的南非妇女之歌中的歌词，这意味着，“请记住我们所有的女性”，她们“入狱”“发动运动”“斗争那些年”，以及“她们的胜利和她们的泪水”。[4]

很多在殖民时期和种族隔离时期庆祝的公共节日不再是国家法定节日，因为其中的大部分都只是对少数白人人口有重要意义。其中一些节日是用来纪念某些特定事件，而这些事件使占人口多数的黑人想起自己被压迫和剥夺的殖民历史，也是他们宁愿忘记的部分。这些不再是国定假日的节日有：创立日，4 月 6 日；家庭日，4 月 12 日；五月的耶稣升天节；共和国日，5 月 31 日；克鲁格节，10 月 10 日。除了复活节和圣诞

节，劳工日和亲善日（12 月 26 日）也从旧秩序中存活了下来。

对于阿非里卡人（南非白人移民后裔），最重要的节日是宣誓日（12 月 16 日）。在 1838 年的这一天，一小群乘牛车迁徙的受尽磨难的加尔文教徒，在恩科姆河岸遇到了祖鲁军队（impi）。敌我人数相差悬殊，他们很快被包围住了，就在他们几乎要完蛋的时候，他们向上帝祈祷，发誓如果上帝赐予他们胜利，他们将把那一天奉献给上帝。战役最终以祖鲁军队的溃败而结束，这得力于布尔人（阿非里卡人）良好的战争策略和先进的武器装备。三千名祖鲁战士的鲜血染红了恩科姆河，然而逃脱的布尔士兵却几乎毫发无伤。这条河便有了一个新的名字，这场战斗史称“血河之战”。数十年过去了，该战役终于确立了其传奇地位。而这场战斗一旦有了传奇地位，在阿非里卡民族主义者爱国热情的驱使下，阿非里卡人于 20 世纪 20 年代后开始庆祝这一天和这场战役的胜利，并将这一节日命名为宣誓日。

1938 年，为纪念大迁徙运动满百年，并为南非先民纪念馆的建立奠基，举行了一次从开普敦到比勒陀利亚的象征性迁徙活动。大迁徙运动的重演仪式因全南非阿非里卡人的宗教热忱而闻名于世。仪式开始时，阿非里卡人蜂拥至涂满油脂的牛车面前，充满热情和虔诚地触碰牛车，以得到神灵的庇佑。有些时候，还会在牛车旁对自己的孩子施以洗礼，还有些人会在牛车附近或牛车经过而变得神圣的地方举行婚礼。南非先民纪念馆花费 11 年时间建成，是整个南非最大和最雄伟的纪念馆。纪念堂的中心是一座墓棺。每年的 12 月 16 日，准确地说是中午，阳光通过纪念馆顶专门留出的开口处照下来，照亮上面的一排字，游客们会看到“Ons Vir Jou Suid-Afrika（我们一切为
224 你，南非）”。对阿非里卡人来说，大迁徙是他们历史上最重要的一页篇章，与大迁徙有关的宣誓日则是他们作为南非重要社会政治团体而存在的最重要的日子。大多数南非人，尤其是非阿非里卡人，宁愿忘记更不想去庆祝与宣誓日有关的事件。不过，考虑到阿非里卡人的内心感受，南非新政府保留 12 月 16 日作为国家公共节日，但将其重命名为“和解日”，从而赋予它更大的意义，同时也使它与南非当下面临的挑战更为相关（促进民族团结）。在众多的民族宗教节日中，最有名的当属开普黑人新年狂欢节。[5]

开普黑人新年狂欢节

在有色人种中，最著名的节日当属开普敦黑人狂欢节。人们庆祝这个节日以迎接新年的到来，其起源可以追溯到早期殖民时期，与当时奴隶们在开普进行的音乐和舞蹈活动有着直接
225 的关联。奴隶在新年这一天享受假期逐渐成为惯例，而他们却将这一天变成了狂欢日，他们庆祝、消遣、聚餐、探访亲友、穿着奇装异服在音乐和舞蹈中狂欢。新年庆祝传统在奴隶解放后的街头游行和乐队演奏中延续了下来。实际上，从 19 世纪 20 年代起，街头管弦乐队和歌唱团成为这些表演的常规特色。到 19 世纪晚期，这些歌唱团和乐队开始与某些运动俱乐部结合在一起，他们通常会穿着带有特殊徽章的特质服饰进行表演。每年他们在开普敦的大街小巷和城郊行进时，彼此之间都会在歌曲、舞蹈、游行和穿着的五颜六色的服装等方面进行

竞比。

第一次有组织的庆祝活动尝试是在1907年的1月1日，这一天，绿点板球俱乐部将所有的竞赛，所有的歌唱团，都带到绿点运动场，发起了一场规模宏大的比赛。1908年和1909年同样举办了这种类型的竞赛。直到1920年和1921年，南非人民组织（APO）的领袖阿卜杜勒拉赫曼博士在绿点运动场接连举办两次超级狂欢节，这种比赛才不再继续。这两场盛大狂欢节的成功举办把其他团体带入竞赛，导致各个社团和承办者们纷纷在城市里的不同地方开展开普黑人狂欢竞技，直至现在几乎每年都有。[6]20世纪20年代形成的开普黑人狂欢节范本，一直延续了下去，只做了小小的调整。

开普黑人新年狂欢盛典是很多元素综合的结果，不仅有本土因素也有异域因素。19世纪中叶以前，来南非游历的美国水手、演员、喜剧表演者和音乐家们带着美国黑人歌曲来到了开普敦。从美国来的黑人演唱团如克里斯蒂吟游诗人乐团，与非裔美国歌手俄耳甫斯·麦卡杜领队的弗吉尼亚·朱比利歌手团，自1890年到1898年在南非度过了将近5年的时光。他们在南非四处表演，他们的统一服装、黑白脸、常用表演曲目等，对于使得黑人狂欢节成为开普敦新年节日的主要成分发挥了举足轻重的作用。从20世纪初期到中叶，其他一些本土和外国元素——从非裔美国人的宗教赞美诗到欧洲经典音乐形式，从墨西哥牛工到西印度高跷舞者——持续融合进来，丰富了开普黑人节的文化内容。私人组合如马塔贝列战士（Matabele Warriors）和祖鲁勇士（Zulu Warriors）与圣诞乐队和马来唱诗班一道加入了竞争的行列，他们有选择性和创新性

地运用、改编流行音乐，使其在开普当地环境中带上了新的意
义和内涵。从20世纪40年代开始，种族隔离制度的正式制度
化所带来的社会政治压力，使得阿非里卡人的歌曲被囊括到开
226 普黑人狂欢节的曲目中。还有一些变化体现在舞蹈取消、管弦
乐队逐渐被铜管乐队取代等。

对于开普的有色人口来说，不管是前奴隶还是自由民，他们有着多样化的起源和丰富多彩的文化，而开普文化节中的克里奥尔式非欧混合元素，对于增强社会连接，促进具有更高凝聚力的克里奥尔式社会的建立起到了关键作用。几个世纪以来，南非黑人一直受到系统性的压迫，受到非人待遇和歧视，而开普节使得有色人种能在南非居于支配地位的不公正和异化的种族意识形态面前，表现、证实他们的创造力乃至于基本的人性。在一年一度的黑人狂欢节上，有色人种与国际社会在社会和审美层面连接起来，于是就能超越他们在南非社会里的模棱两可和不正常的社会地位，尽管只是暂时性的超越。南非有色人种创造性地采用了最新的音乐形式，如摇滚、爵士、灵魂乐、说唱乐、迪斯科舞曲、现代电子乐，重塑了自己的新身份。从而确立了有色人种长久以来不被南非社会承认的两个属性——自主权和现代性。尽管开普黑人节具有明显的自我贬低色彩，它还是象征性地表现了有色人种在南非社会里的矛盾地位：夹心层。

黑人新年节超越南非一国获得启示，因其种族和文化多样性而光彩夺目，于是也就微妙却明确地拒斥了南非社会里的白色人种优越论和种族纯洁胜过种族融合的双重神话。当局采取限制措施，制定集团地区法（Group Areas Act）强制黑人搬

迁，也采取其他种族隔离措施，压制开普黑人狂欢节的发展，但开普黑人狂欢节仍长期持续存在，这表明了有色人种坚韧不拔的精神，以及他们对拥有开普敦的永久性要求。正如丹尼斯—康斯坦特·马丁恰如其分的描述，“黑人狂欢节是一场残酷但掩盖着的抗争；他不是一个战士；但是在新南非，他存活了下来；与之相伴，某种关于集体身份的话语也存活了下来，这种话语仍然在表达对于属于某一群体——虽然他人想尽办法否认该群体成员的人性，这个群体还是存活了下来——的骄傲，乃至于表达他们对于会有什么样的未来的焦虑”。[7]

运动与休闲

南非的气候——适宜的温度，不会极端变化的天气——使其成为户外运动的良好场所。其物理环境——包括平原、山
区、河流以及临海促使各种户外运动蓬勃发展，列举最常见的 227
几项，如露营、徒步旅行、攀岩、登山、游泳、冲浪和滑水运动。然而，多年以来，南非男女运动员卓越的才华和表现因为种族隔离制度的存在而黯然失色。

从1948年以后，南非在国家和社会生活的各个方面，从住房、教育到性别、运动，制定了一系列种族分化的法案。由于1960年的沙佩维尔惨案以及20世纪60年代南非当局对抵抗运动的压制，反对南非政府种族隔离政策的国际活动发生了巨大的转变。国际社会采取了各种方法禁止南非参加任何国际活动，给南非施加了巨大的压力。1969年南非被奥运会除名，甚至是英国的外交支持也不能阻止其被英联邦和英联邦运动会排斥。南非籍运动员被禁止参加重要的国际赛事，别国运动员

也开始抵制在南非举办或由南非组织的赛事，抵制有南非运动
228 员参加赛事。

对于初露头角、有大好前途的年轻运动员来说，被剥夺锻炼机会是十分让人心碎的。为了摆脱体育运动政治化的禁锢，一些运动员改变了自己的国籍，移民到别的国家。左拉·巴德便是其中之一，她于 1984 年秘密到达英国，加入英国国籍，就是为了参加 1991 年巴塞罗那奥运会。然而她备受期待的胜利并没有实现，比赛中她与其美国对手玛丽·德克尔之间发生的灾难性跑道冲撞事件使她与金牌失之交臂，而这名来自布隆方丹的勇敢的阿非里卡人，通过在其他国际运动会上破世界纪录的惊人成绩展现了她的过人之处。类似的，南非不顾国际制裁，用其强有力的“胡萝卜和大棒”的外交政策，试图从一些同情南非的国家把体育团队引诱来南非参加活动。英国板球队和新西兰橄榄球队受到了国际媒体的强力谴责，在南非各地也饱受抗议。如 1990 年由迈克·盖特带领的一只英国板球队，面对英国当地的反对和所到之处的广泛抗议，不得已取消了在南非的活动。然而，德克勒克的上位以及他采取的涵盖社会生活方方面面的正式废除种族隔离制度的一系列措施，为南非重新加入国际赛事奠定了基础。1991 年 7 月，在长达 21 年之久的孤立状态之后，南非重新被国际奥林匹克委员会接纳。在巴塞罗那奥运会上，南非一共有 125 名运动员参加了比赛，并获得了两块银牌。在 1996 年亚特兰大奥运会上，南非长跑运动员约西亚·萨格威以惊人的成绩赢得了最具奥林匹克精神的马拉松比赛的冠军。而他的同胞彭妮·海因斯从热门人选中脱颖而出，荣获了一百米蛙泳和两百米蛙泳的金牌。在高尔夫领

域，厄尼·埃尔斯，1994 和 1997 年美国公开赛冠军，领跑世界比洞锦标赛长达三年之久，2003 年位居世界高尔夫选手前三甲之列。[8]

最流行的运动：足球

2001 年一个又一个的民意调查显示，足球（指除北美外的许多国家里用脚踢的足球）在南非是最受喜爱的运动，尤其是在黑人中。首个足球俱乐部在 1879 年前后就已经在彼得马里茨堡成立了。1882 年第一个足球协会成立，由四个团队组成：彼得马里茨堡队、纳塔尔黄蜂队、德班阿尔法队以及乌梅杰群星队。随着南非俱乐部的大量涌现，南非足球协会于 229
10 年后正式成立。

几个业余和职业的足球俱乐部、团体组织了各种足球赛事，涵盖了校际间、社区间、俱乐部间以及省际间，从地方到国家大大小小的比赛。许多由大企业（如南非酿酒公司）赞助的职业系列赛事，成为了年度国家体育盛会的重要组成部分。最优秀的俱乐部，如 Iwisa 凯泽酋长俱乐部，乔莫·迈达斯宇宙俱乐部，奥兰多海盗足球俱乐部，以及莫罗卡飞燕俱乐部，争相竞夺主要赛事的冠军，如城堡联赛、主流联赛、BP 八强、奥尔森挑战赛以及南部非洲杯。位于约翰内斯堡和索委托中部的足球城，是南非人民酷爱这个星球上最受欢迎运动的重要象征。南非妇女协会 1974 年成立，以促进女子足球的发展，组织各种形式的省级和国家级女子足球俱乐部之间的赛事。伴随着体育禁令的终止，南非开始将自己投身到世界主流足球赛事中，与一些非洲国家如赞比亚、津巴布韦、喀麦隆以及尼日尼亚等国家进行比赛。1996 年，南非国家队——别名 Bafana Bafana（祖鲁短语，意为“男孩们，男孩们”）——赢得了非洲国家杯冠军奖杯。1998 年和 2002 年，南非被授权代表非洲参加法国、日本和韩国的世界杯总决赛。

国家冬季体育运动：英式橄榄球

如果足球是南非人民最喜爱的运动，橄榄球则是最受争议的运动，外部世界一般也把橄榄球与南非联系起来。它是国家冬季运动项目之一。橄榄球似乎是由卡农·G. 奥格尔维（开普敦主教学院的院长，于 1858 年从英国来到南非）引进的体育项目。1862 年 8 月，在开普敦绿点体育场，士兵和平民之间举行了第一次有组织的橄榄球比赛。橄榄球爱好者于 1875 年在开普敦组建了第一个俱乐部，名为汉密尔顿橄榄球俱乐部。紧接着很多俱乐部纷纷成立，包括 1875 年成立的乡民俱乐部，1877 年成立的水牛俱乐部，以及 1880 年成立的斯特伦布什橄榄球俱乐部。斯特伦布什俱乐部及斯特伦布什大学很快发展成了南非橄榄球最为重要的温床，为南非输出了大约 25% 能代表国家参加赛事的球员。

1891 年，比尔·麦克拉根带队的英国队造访南非，于是南非就主办了其第一个世界巡回赛事。第二支英国球队来访是
230 1896 年。橄榄球运动如此根深蒂固，以至于在 1902 年英布战争期间，双方议定于 4 月 29 日的下午停火一天，举办了一场由双方士兵参加的橄榄球比赛。战争结束四年后，第一支南非球队来到英国参赛，应英国媒体的要求，他们取名为“羚羊队”。这次比赛以及随后的赛事使羚羊队完善了球技；自那以

后的50年中，南非球队主导了整个世界的橄榄球赛事，取得了骄人的成绩，并且在任何系列赛事中从未输给过任何国家。

橄榄球运动员在不同级别、种类的赛事上争夺荣誉。最重要的赛事是南非库里杯。库里杯于1891年由英国巡回赛队创立，每年由最强劲的省队参加。第一届库里杯西格里夸兰赢得了比赛的冠军。在接下来的20年中，西部省队（1982～1986）和北德兰士瓦队（1987～1988）相继称霸库里杯锦标赛，并领跑1983年引入的狮子俱乐部淘汰赛。尽管他们取得了骄人的成绩，反对种族隔离制度的全球运动导致了体育界对羚羊队的谴责和运动禁令，因为他们被看作是种族隔离国家的代表。直至近些年都只有白人球员组成的羚羊队，曾被禁止去很多国家，国外球队前来南非参加巡回赛的机会急剧减少。种族隔离制度的正式解体，以及体育界种族观念的逐渐消除，使得南非于1992年重返国际赛事。三年后，羚羊队击败新西兰队，成为1995年世界锦标赛的冠军。

板球：全国首要夏季运动

如果橄榄球是最重要的冬季运动，那么板球当属首要夏季运动了。如橄榄球一样，板球由1795年占领开普的英国兵团引进。英国军职人员和开普市民间进行了第一次板球比赛。1845年，南非成立了第一个板球俱乐部，即波特·伊丽莎白板球俱乐部。30年过去了，1875年第一个跨镇比赛举办，威廉王城拔得头筹。英国球队C. 奥布雷·史密斯是首个来南非开展巡回赛的赛队，并于1888～1889年在开普敦和波特·伊丽莎白赢得两场友谊赛。尽管南非在板球运动上的成绩并不如橄榄球出色，仍然有很多优秀球员脱颖而出，如格雷姆·波洛克，据说是使这项运动大放异彩的最杰出的左撇子击球手之一。还包括巴里·理查德、艾迪·巴洛、迈克·普罗科特、克莱夫·赖斯等，举不胜举。

231 板球运动在20世纪70年代至80年代间同样承受了来自国际社会反对种族隔离制度的巨大政治压力。20世纪80年代，这个实行种族隔离制度的国家通过灵活的外交政策诱使英国、澳大利亚、斯里兰卡以及西印度群岛的球队来到南非参加巡回比赛，以打破其愈演愈烈的国际孤立状态，从而迎来了被国际孤立的短暂舒缓。隔离制度的终结促使南非板球队重返世界体育之林，并获准重新进入多年来被废除会员身份的国际板球理事会（ICC）。在1999年国际板球总决赛中输给了澳大利亚队之后，南非板球队于2003年再度出现，并被国际板球理事会评为世界主要板球领先国家之一。[9]

注释：

1. W. D. 哈蒙德·图克：《世界观Ⅱ：行动系统》，哈蒙德·图克编：《南非说班图语的民族》（伦敦和波士顿：劳特利奇和基根·保罗有限公司，1974年），第359～363页；哈蒙德·图克：《黑南非之根》（约翰内斯堡：乔纳森·鲍尔出版社，1993年），第97～99页。

W. D. Hammond-Tooke, "World-View Ⅱ: A System of Action," in Hammond-Tooke, ed., *The Bantu-Speaking Peoples of Southern Africa* (London and Boston: Routledge and Kegan Paul Ltd., 1974), 359～363 and Hammond-Tooke, *The Roots of Black South Africa* (Johannesburg: Jonathan Ball Publishers, 1993), 97～99.

2. 洛娜·J. 马歇尔:《奈奈昆人的信仰和仪式》(马萨诸塞州剑桥:皮博迪考古学和民族学博物馆,1999 年),第 93 页。

Lorna J. Marshall, *Nyae Nyae! Kung Beliefs and Rites* (Cambridge, Mass.: Peabody Museum of Archaeology and Ethnology, 1999), 93.

3. 马歇尔:《奈奈昆人的信仰和仪式》,第 143 ~ 162 页。

Marshall, *Nyae Nyae! Kung Beliefs and Rites*, 143 ~ 162.

4. 西伊·希尔达·伯恩斯坦:《为了她们的胜利,为了她们的眼泪: 232
南非种族隔离制度下的南非女性》(伦敦:南部非洲国际防务和援助基金,1985 年)。

See Hilda Bernstein, *For Their Triumphs & For Their Tears: Women in Apartheid South Africa* (London: International Defence and Aid Fund for Southern Africa, 1985).

5. 关于南非大迁徙不朽的记忆,特别是阿非里卡人的民间历史,参见:A. F. 加斯维尔德:《血河:历史之镜》,A. 空,H. 基恩编:《历史的意义》(约翰内斯堡:南澳大学出版社,1980 年);E. A. 沃克:《大迁徙》(伦敦:布莱克出版社,1948 年);邓肯·盖伊:《约翰内斯堡及其周边地区的最好去处》(开普敦:斯特伦克出版社,2000 年),第 74 ~ 77 页。

On the enduring memory of the Great Trek in South Africa, and most especially Africaner folk history, see A. F. Jaarveld, "A History Mirror of Blood River," in A. Kong and H. Keane, eds., *The Meaning of History* (Johannesburg: UNISA, 1980); E. A. Walker, *The Great Trek* (London: Black, 1948); and Duncan Guy, *The Very Best of Johannesburg and Surrounds* (Cape Town: Struik Publishers, 2000), 74 ~ 77.

6. 本章提到的有关开普黑人狂欢节的内容,参见:丹尼斯·康斯坦特·马丁:《开普敦黑人狂欢节》,莎拉·纳托尔和谢丽尔·安·米歇尔:《文化意识:南非文化研究》(牛津:牛津大学出版社,2000 年),第 363 ~ 379 页;马丁:《开普敦新年:黑人狂欢节的历史》(开普敦:

大卫·飞利浦出版社，1998 年）。有关视频参见：马丁：《开普吟游诗人》（默东；CNRS 视听，1995 年），彩色录影带，28 秒。

The discussion of the Cape Coon Festival in this chapter is based on: Denis-Constant Martin, "Cape Town Coon Carnival," in Sarah Nuttal and Cheryl-Ann Michael, *Sense of Culture: South African Culture Studies* (Oxford: Oxford University Press, 2000), 363 ~ 379 and Martin, *The New Year in Cape Town: A History of the Coon Carnival* (Cape Town: David Philip, 1998). For a video presentation, see Martin, *The Cape Minstrels* (Meudon: CNRS Audiovisual, 1995), a video VHS PAL, color, 28″.

7. 马丁：《开普敦黑人狂欢节》，第 379 页。

Martin, "Cape Town Coon Carnival", 379.

8. 关于种族隔离期间南非的政治和体育情况及本节讨论的内容，参见：《南非，1989 ~ 1990 年：南非共和国官方年鉴》（比勒陀利亚：外交部情报局，1989 年/1990 年），第 677 ~ 702 页；《南非，1993 年：南非共和国官方年鉴》（比勒陀利亚：南非出版服务，1993 年），第267 ~ 282 页；《南非年鉴，2001 年/2002 年》（比勒陀利亚：政府新闻办公室，2001 年），第 507 ~ 517 页；约翰·诺瑞特：《南非的体育、文化和身份认同》（伦敦和华盛顿：莱斯特大学出版社，1997 年）；大卫·R. 布莱克，约翰诺瑞特：《橄榄球与南非》（曼彻斯特和纽约：曼彻斯特大学出版社）。

On the checkered history of sports and politics in South Africa during the apartheid era, and the major sources for the discussion in this section, see *South Africa*, 1989 ~ 1990: *Official Yearbook of the Republic of South Africa* (Pretoria: Bureau for Information, Department of Foreign Affairs, 1989/90), 677 ~ 702; *South Africa*, 1993: *Official Yearbook of the Republic of South Africa* (Pretoria: South African Publication Service, 1993), 267 ~ 282; *South African Yearbook*, 2001/2002 (Pretoria: GCIS, 2001), 507 ~ 517; John Nauright, *Sports, Cultures and Identities in South Africa* (London and Washington, D. C.: Leicester University Press, 1977); and David R. Black and John Nauright, *Rugby and the South African Nation* (Manchester and New York: Manchester University Press).

9. 关于南非板球，参见：C. 布莱登：《南非板球故事，1990 ~ 1996年》（开普敦：泛非出版社，1997年），以及J. 温奇：《南非板球：两百年的成就和记录》（约翰内斯堡罗塞腾维尔：温莎出版社，1997年）。

On cricket in South Africa, see C. Bryden, *Story of South African Cricket*, 1990 ~ 1996 (Cape Town: Inter-African Publishers, 1997) and J Winch, *Cricket in Southern Africa: Two Hundred Years of Achievement and records* (Rosettenville, Johannesburg: Windsor, 1997).

233 第十章　表演艺术与电影

在所有南非社会中，音乐和舞蹈都是重要的特色。二者与南非人民的生活和文化错综复杂、难分难解地联系在一起。从本土赞美诗和经典宗教圣歌，到现代爵士乐和工业节奏（industrial rhythms）音乐，音乐渗透在南非人民日常生活的方方面面。对于本土居民的统治者来说，音乐被看作政治权力的象征。

在诸国王众多维系和表达权力的方式中，王室音乐家机构是其中之一。王室音乐家长期或定期受雇于国王，通过音乐讴歌、颂扬统治者拥有的权势、力量及其正统地位。南非社会的异质性造就了其丰富多彩的音乐传统。欧洲殖民者长达三个半世纪的贸易、征战和统治除了导致新的音乐形式的产生，也极大改变了本土音乐传统，尽管并没有取代本土传统。正如每一种音乐传统那样，南非多彩的音乐形式通过各种方式展现了南非人民的历史文化经验。从其紊乱的和富于变化的音乐形式可以看出南非动荡的历史。对南非音乐的研究是探视南非历史和社会的重要指针。在本章我们将探讨：南非音乐的多样性；其历史演进和现代形式；乐器及其使用；音乐与舞蹈、社会、政治之间的关系；流行音乐的出现；南非音乐的国际化。

本土音乐 234

科伊桑族

作为南非最古老的本土民族，科伊桑人及其音乐形式对后起民族的音乐文化产生了深远的影响。科伊桑人与大多数游牧民族一样，将音乐视作其日常生活不可缺少的部分。多少年来，利用干旱环境中的资源，他们发展出丰富多样的弓琴（musical bows），其中最著名的当属哥拉弓琴（gora）。演奏者通过用力地对着羽毛吸气和呼气，而羽毛将弦与弓的一端相连，从而使这个弦乐器产生出不同的音调。哥拉弓琴是牧民们最喜爱的乐器之一，他们奏琴自娱，也奏琴戏弄畜群。哥拉弓琴从科伊桑人传到了茨瓦纳人手中，更名为乐斯巴琴（lesiba），索托人沿用此名。19世纪早期科萨人接触此种琴，并继续使用其科伊桑名——哥拉，19世纪中期前传入祖鲁人那里。另一种弓琴是由男子演奏的短绷口弓琴。长一些的卡斯弓琴（kha：s）则是女子的专利。卡斯弓琴通常由女子坐着演奏，将乐器低的一端用脚固定住，把琴的中间搁置在中空的物体上，以形成共鸣腔，乐器的上端则由女子的脸或下巴支撑。其他的乐器包括单音长笛，通常大约15英寸长，用特别合适的芦苇和根制成。一个塞子插入乐管底部，塞子的起伏使得演奏者能调节乐器的音高，从而发出各种不同的曲调。在重要的公共舞会中，长笛一般由合唱队共同吹奏。每个人吹出不同的声音和调子，从而奏出美妙和谐的旋律。男人们和女人们分开各自围成同心圆，男女在同心圆的内圈还是外圈在不同族群中也有所不同。科伊科伊族人将兽皮覆盖在陶瓷罐的顶端，于是就做成鼓了，而早期欧洲访问者称之为罗姆尔波特（rommelpot）。

桑族

尽管危险总是伴随着狩猎和采集文化，桑族人民还是发展出一种音乐传统，在其日常生存中起到了重要作用。他们的音乐意在自我表达以及处理日常事务如狩猎、捕鱼和觅食，而他们抖动着的迷幻舞（trance dances）则被看作是具有治愈功效的仪式。跟科伊科伊族一样，弓琴是桑族人民使用最频繁的乐器。最常见的是长弓琴，通常在最后部分停顿一下，发出两个基本音，反过来，也可通过小二和弦、小三和弦或大和弦将这
235 两个基本音在不同音程中隔开。弓琴的一端接触地面，另一端与嘴触碰，吹奏者使乐器产生共振发出声音，并通过改变嘴型发出不同的音调。将葫芦对着弓琴的一端也能产生各种泛音，同时演奏者要用裸露的胸腔接触并移动乐器。

更令人陶醉的是桑族的弓琴合奏表演。它的名字卡姆布鲁姆布木巴（Kambulumbumba），表明这种乐器很可能是从班图族引入。团体弓琴表演相当复杂，并且具有可变性，通常由三个及以上的演奏者共同奏乐。演奏者用短棍，有时用葫芦发出规则或不规则的三音律或二音律，结合起来后就达致音调和泛音的和谐，而这些对桑族的狩猎、愈疗等舞蹈必不可少。与这种富有表现力的团体乐弓匹配，桑族人民发展出了一种多声部

的声乐传统，允许歌手们将同一首基本歌曲用不同调子演唱。此外，桑族人还用棕榈叶编制的条带做成他们自己的共鸣口弓琴。

一幅桑族岩画上描绘了一个表演者独自演奏呈一字排在地上的七个弓琴的情形，显示了南非弓琴和演奏风格的多样性和悠久的历史。其他乐器包括库玛琴（kuma），筱齐特琴的一种；以及巴维古琴（bavugu），属于冲压管琴类别，是由三个冬瓜和橙子形状的共鸣腔制成，演奏方法是靠着大腿用手间断性地击打。巴维古琴（bavugu）主要由女性演奏，她们通常不愿意展示给男性看，因为这种乐器一般是在生育仪式上表演。不像南非其他地区的应答歌唱形式，桑族独奏者表演时并没有唱和环节。而科伊科伊人和桑族人歌唱时通常会用真假音交换演唱。[1]

班图音乐传统

基本特点

对很多南非族群来说，音律的出现是音乐产生的最重要标志。这么说来，即使是没有任何歌唱表达的有节奏的敲击，都可以称之为音乐。没有节奏的歌曲是没有资格称之为音乐的。与非洲其他民族一样，南非音乐因其无处不在的复合节奏而闻名于世。另一常见特点则是语言声调对音乐形式的影响，尽管南非不像西非那样语言有明显音调变化。南非弓琴演奏之普遍，远远超越了这块大陆上的其他国家。尽管不同族群间，甚

236 至是族群内部的音乐传统都不尽相同，不同族群和文化间几百年的交流和合作，使得这些族群的音乐传统有相当大的重叠，它们之间的界限也变得模糊不清，并相互渗透。本节将探讨这些音乐传统的共性和特殊性。

在恩古尼人中，合唱是其最重要的音乐形式。最常见的是复调音乐，不太注重鼓乐和打击乐团。此外，在“如牛的低吟声”[2]般开放的声乐演唱中，舞者们不借助任何乐器的帮助而演唱自己的舞蹈音乐，这是常见情况。然而很多年来，由于受到各种压力和影响的缘故，很多乐器成为了恩古尼人音乐设备的一部分。除了用踝铃和拍打手掌，士兵还通过敲击盾牌发出声音。在成年礼期间（尤其是科萨男孩），人们会击打牛皮革以示庆祝。相似地，在祖鲁女孩的成年礼上，人们敲击摩擦鼓和双头鼓寓意少女的蜕变。据说过去的巫医会使用纷繁多样的鼓乐器。近些年来，击鼓和拍打木板成为团队音乐表演的一部分，可见于一些新型传统表演中，如祖鲁人的现代英戈玛鼓舞(ingoma)。恩古尼合唱舞曲一个主要原则是不同声部进入的非同时性。复调声音互动变得相当复杂，不同声部有不同起始点，这样一来，演唱者相互之间会有所重叠，但不会完全重合，从而达到完美结合。恩古尼音乐的一个重要特点是音调转换或音色对比，科萨妇女、女孩通过泛音唱法表达出歌曲的含义，改变自己的口型以发出不同的低基音和泛音。[3]

恩古尼人中并没有专业音乐家。祖鲁宫廷赞美诗人(imbongi)是最有资格称为音乐家的人，但他们的赞美诗(izibongo)尽管旋律优美，也并不被视为歌唱音乐。赞美诗是集体吟诵诗的一种，听起来有些像西方的一种赞颂歌，但与祖鲁人的优库拉贝拉（ukuhlabela）相差很远。在恩古尼人的生活中，音乐和舞蹈是如此地密不可分，以至于缺少任何一个，另一个便无从谈起。音乐和舞蹈的结合，通常是通过表演者们有节奏地演唱和肢体活动的完美配合来完成的——他们拍手、摇晃身体、摆臀、移动步伐、跺脚、用长矛击打牛皮盾牌，或是挥舞其他的武器和旗帜，这些动作完美地糅合在一起。

索托人和茨瓦纳人也有合唱的传统，而恩古尼人也正由此 237
而闻名。然而，二者主要区别在于，几乎所有的索托—茨瓦纳音乐元素中都包含了赞美歌曲。通过吟唱赞美歌回顾、庆祝、赞颂历史事件，或伟大人物或家族的生活和功绩，经常或有时会穿插在合唱中。快节奏的索托—茨瓦纳语言使其舞蹈艺术的赞美歌表现形式获得了很大的发展。此外，索托—茨瓦纳声乐主要是五声音阶和应答歌唱。不像恩古尼人的复调风格，索托人的对唱形式一般不会重叠。索托人合唱一般由能言善辩的人带领，个人演唱很灵活，集体应和则相对单一。

索托声乐表演中最著名的是莫霍海洛（mohohelo）和莫蔻洛特罗（mokorotlo），由男子排列成 L 状队形，配合舞蹈动作，有节奏地跺脚并来回举起圆头棒。对索托女人而言，最出名的当属莫吉博（mokgibo）膝盖舞曲。女人们表演着精心排练的舞蹈动作，以半圆的形状跪在地面上，有节奏地抬起、放下膝盖，并以唱和形式演唱赞美歌。蒂菲沙（Diphotha）是另一种同步舞曲，由穿着橡胶靴的男子表演，他们撞击彼此，并有节奏地击掌。利亚洛洛（Lialolo）和玛杰空（metjekong）唱和歌舞是索托女孩们的专利，通常伴以拍手或其他一些简单动作。索托男孩们最拿手的是深低音演唱伦格加（lengae）成年礼歌曲。[4]

文达人与恩古尼人一样，韵律决定音乐的好坏。演讲（u amba）、吟诵赞美诗（u renda）和讲故事（u anetshela）的艺术因为通常不有意识地植入节奏而不能称其为音乐。然而，如果借助乐器的演奏（即便没有节奏，只是用闭管乐器或号角吹出单音），演讲便能视为音乐，因为演奏者让乐器发出了声响。将乐器命名为兹维勒治（zwilidgo）即直接将它们比作能发声的东西。依文达人的说法，独奏者是在种植（sima）歌曲，而合唱团则如打雷般回应（bvumela）；领舞者
238 （maluselo）表演精湛的舞步（sumbedzamulenzhe），其他舞者则跟随其后鱼贯而出（shela mulenzhe）。群体舞蹈通常是模仿牛栏（danga）的形状，围成圆圈，逆时针旋转。人们十分重视舞蹈中的团队合作，尤其是在公共仪式上。不同的个人舞蹈风格为人们所珍视，如尤—坦噶（u tanga），是由年老妇女和知名人士在特殊场合表演的庄严舞蹈。尤—派姆贝拉（u pembela）指的是一种激动人心的舞蹈，象征着成年礼或酋长任职的结束。尤—达贝拉（u dabela）指的是参加成年礼的孩子在人群其他人的对面起舞，标志着他或她从成人学校毕业。

尽管表演模式不是孤立存在的，音乐仍被看作是基本模式的衍生物。这些模式包括重音乐和轻音乐、高音和低音，以及男声和女声等。活力、力量、机敏和灵巧是判断表演者好坏的标准。要完成一场伟大表演，就意味着演唱者必须卖力演唱直到自己的横膈膜几乎爆裂，一直起舞直到双脚在地上凿出洞，不停飞跃直至头顶能触碰到云朵，或者跳得非常高以至于三个人可以在一个人下面爬行。表演进入白热化阶段时，皮鼓会因

剧烈的击打而破碎、脚上的踝铃也会因兴奋的舞蹈而裂开、强烈的弹奏使得木琴弦因此断掉、强烈兴奋之下音调极高导致声音变得嘶哑，这种情况在南非屡见不鲜，并十分受欢迎。[5]

音乐和社会

音乐在南非人民的传统生活中扮演了重要的角色。音乐和舞蹈通常是功能性的。它们能调节人们的活动，使社会活动更加有趣味，也能指导人们的为人处世。这一点被茨瓦纳族人强有力地证明了，他们将音乐根据不同场合和不同社会活动下发挥的功能划分成不同的类别。其中的一类音乐与男孩的成年礼（moama）有关，在成年礼期间年长的音乐能手（nake）指导这些男孩演唱一些特殊的歌曲以作纪念。同样，女孩的成人学校（boyale）中，音乐和舞蹈也是一大特色。其中一种这样的舞蹈是拉迪克加拉特莱恩（radikgaratlane），一名戴着面具的女人装扮成天神，头顶黏土制成的牛角作为生育的象征。女孩成人学校结束时，会举行仪式性的通宵舞会（thojane），之后就宣布每个女孩都可以结婚了。而女孩的家庭则会演唱一种特殊的歌曲欢迎她的归来，称为麦克洛克维恩（megolokwane）。

茨瓦纳公共音乐庆典取决于与农作季节有关的历法周期。春秋之际是清扫、播种和除草的日子。这段时间的音乐活动很少，但其中有一些并没有被人遗忘，如劳作时的歌曲、女人在炉火边给孩子讲故事时的歌曲以及妇女在田间驱赶偷食稻谷的鸟儿时大声唱出的歌曲。夏季收获后，音乐表演会迅速增加。令人兴奋不已的歌曲、活力四射的舞蹈、香醇醉人的啤酒和欢快的嬉笑打闹，这些都是音乐会上必不可少的元素。文达族也

239 有着类似的季节性庆祝仪式；女孩们通常在除草季节的后期开始准备她们的舞蹈齐戈恩贝拉（tshigonbela），这时雨季过后的泥泞土地开始变成适合跳舞的硬黏土地。割礼仪式以及其他一些庆典舞蹈，主要集中于收获和播种时节之间的农闲时期。

音乐和舞蹈的结合为个人和团体间有序的社会交往奠定了基础。恩古尼人合唱舞蹈乐表达一些新想法、新观点，甚至批评现存权威，信息含量丰富，有教育意义，有监管的意味。在许多情形下，每一种音乐表演都直接与特殊的仪式、庆典、族群相关联，离开特定背景，这些表演将会变得毫无意义，甚至会很危险被明令禁止。斯威士人一年一度的王室因克瓦纳庆典（incwala）便是其中一个典型的例子。该庆典是为了彰显斯威士僧侣王的权力和威望，通常会举行盛大的全民游行。在庆典上，人们会进行庄严肃穆并带有戏剧性色彩的歌曲演唱和舞蹈表演，而这些特殊的表演在其他场合是被完全禁止的。统治者通过音乐展示其权威，促进民族团结，巩固与联盟部落之间的关系。文达统治者会定期派遣音乐远征队或舞蹈团（mabepha）到联盟部落，以增强同盟部的友好关系，巩固其对被征服族群的统治，从臣属的部落索取贡品，增强本族群同其他族群之间的联系。

文达和恩古尼族至少有 16 种音乐风格，每一种都有与众不同的韵律、歌手数量、特殊乐器以及特定的舞蹈动作。在每一个划分的类别下，又有很多细分的小类目。举个例子，在成年礼歌曲类别中，每种风格有 70 首歌，而在每首歌的类目下又分别有 30 首歌相对应。然而这些歌曲，甚至是下面的小类目都不是一成不变的，它们会随着新词和新曲调的加入而不断改善和精炼。新歌曲也会被定期创作出来。

伟大的作曲家非常受人尊敬，他们会因为精湛的舞蹈技巧以及作为词曲家富有创造性的和灵巧的词语表达获得丰厚的酬劳。对文达人来说，音乐是代代相传的口语文化的重要组成部分。每个文达小孩都被要求至少掌握基本的音乐舞蹈知识。在今后的人生中想要成为歌唱、表演能手，更重要的是个人的选择、努力和经验，而不是其生理或心理能力。即使是耳聋的人 240
也被期待歌唱，还有其他一些残疾人，如侏儒病患者或驼背的人，据说也都能在合唱表演表现优秀。尽管有些家族因为涌现了一些杰出音乐家而闻名，但单独出身因素并不被看作培养音乐才能的充分或必要条件。尽管有些家庭或族群费尽心思培养音乐家，以维持族群团结，保障仪式表演的需要，但只有极少数能付出所需时间和努力的人通常才能成为杰出的音乐家。事实上并没有正规的音乐培训。孩子们通常是观看和模仿同龄人或成人歌唱、跳舞来习得、提高自己的表演能力。经常参加公共舞曲表演使每一个文达孩子都有机会习得基本的舞蹈技巧。[6]

乐　器

弓琴

南非人民使用纷繁多样的乐器。其中占支配地位的当属弓琴，它是南非颇具特色的代表乐器。如果仔细研究弓琴的制作工艺和风格，会发现弓琴的产生源于猎弓的启发。最经典的弓琴造型是用一根弦连接弯曲木棍的两端。拉伸、弹拨、刮擦、轻拍、敲打弓弦使其振动，从而产生可以称之为音乐的声响。不同形式的触碰会带来琴弦不同程度的振动，丰富悦耳的音调就这样产生了。

弓琴能发出两个及两个以上的基音。直拉弓琴的琴弦沿着琴身连接在琴的不同位置，从而使得琴弦能以不同方式振动以发出更多的基音。用一根或几根手指，或是用其他工具按停振动着的琴弦也能达到同样的效果。在弓琴的不同部位弹拨琴弦也能产生不同的音调。祖鲁的阿玛克维亚纳弓琴（umakhweyana）是借鉴北方邻族聪加发展而来。聪加人的邓特弓琴（dende）是一种用葫芦支撑的共鸣弓琴。祖鲁的茨赞比弓琴（tshizambi）被认为是从聪加引入的摩擦弓琴的一种。从弓琴的设计来看，其共鸣效果可以通过多种方式达到，如用葫芦、演奏者的口腔或其他中空的物体，以此来改变音调、放大声音。口弓琴是将琴身的一部分置于弹奏者的口中，通过改变口型和喉咙的振动发出不同的泛音。对于葫芦弓琴来说，葫芦作
241 为共鸣腔被附着在琴身。演奏者通过在其身上来回移动或摩擦葫芦从而改变葫芦中的空气含量，用这样的方式他或她便能弹奏出各种不同的泛音。

弓琴一般由实木、竹片或藤条制成，而琴弦则由牛或马扭曲的尾毛、肌腱、皮革碎片或铜丝（近年来）编制而成。细木条、稻草秆、芦苇秆或草是制作琴弓的常用材料。葫芦共振腔一般选用小号或中号的葫芦，近年来更多使用圆柱形的铁罐。通常会用由纤维做成的护垫将共振器与琴弓隔绝起来，最近常用的是扭曲的织布和垫子。在科萨人中，弓琴轴被称为因吉克威（injikwe），琴弦是优辛加（usinga），葫芦共鸣腔为优

泽瓦（uselwa），琴弓则名为优姆辛加（umcinga）。在南非，葫芦共振弓琴是使用最广泛的乐器之一，但据说科伊桑人直到今天也不曾使用过这一乐器。茨瓦纳族将其称为赛格瓦纳（segwana），索托人则称其为塞克加帕（sekgapa）。这两个术语都是葫芦的意思，体现了他们对乐器共鸣质量的关注。被命名为里鼓布（ligubu）的葫芦共振弓琴，是斯威士男子的经典乐器。在祖鲁人、索托人、蓬多人、滕布人和科萨人那里，女子是弓琴的主要弹奏者。男子为女子制作乐器是司空见惯的事，但并不存在专业琴师。第二类葫芦共鸣弓琴的特点是，用一圈肌腱或纤维绳将葫芦固定在琴弦的中部。这些乐器有不同的大小，男子弹奏的乐器要比女子弹奏的尺寸更大。[7]

铃铛

舞蹈是南非人民社会生活的中心特色。为了促进舞蹈艺术的发展，人们制作了各种各样的舞蹈铃铛。其中一种常见的铃铛是将鸵鸟蛋壳碎片装满已经风干的跳羚耳朵中，再将其缝合起来。当将其捆绑在舞者的腿部并运动时，铃铛便会发出轻快悦耳的声音，取悦舞者和观众。另一种舞蹈铃铛是将小石子或坚硬种子放入空蚕茧壳中，用两根纤维绳捆绑起来。赫雷罗族的奥佐哈利（ozohahi）便是这样一种铃铛，绑在表演者的脚踝周围，只在奥特吉娜舞蹈（outjina）或女子舞蹈中才会使用。这种舞蹈期间，男子是不允许佩戴这种铃铛的，只能充当观众。其他一些铃铛是用空水果壳制作而成，如文达人的马特沙卡莎（mutshakatha），是用一些小的、球状的水果制成。随着水果的中部被掏空，外壳会变得坚硬起来并以石子填充。在

242 每一根棍上穿四到五个铃铛，用布垫固定住并系在舞者的腿上。人们有时也会用棕榈叶将铃铛做成小盒子的形状，如祖鲁的阿玛佛韦恩铃铛（amafohlwane），或聪加的佛哇腿部铃铛（fowa），由处在康复期的病人佩戴，保护其不受出汗影响——他们认为，病人有了性活动就不利于快速康复。

鼓

鼓也是班图人民音乐装备的一大特色。其中最早的鼓似乎是科萨族的英琼科鼓（ingqongqo）。将一块风干的兽皮绑在几根杆上，插入地面用手拍打。通常在割礼学校期间由女人伴随男孩子表演的安巴克维塔（abakweta）歌舞而拍打此鼓。兽皮取自一头公牛，由一位重要人物和其中一名行成人礼孩子的父亲捐赠，这头牛是专门为安巴克维塔舞蹈而宰杀。人们通常不会吃公牛肉，公牛皮也会在成年礼仪式的最后被毁掉。与之相似的是伊卡乌鼓（ikawu），一种多彩的牛皮盾鼓。贴近盾鼓的顶端缝制了一小块带有一个小孔的兽皮，小孔的设计是用来接住并固定住圆头棒，以及大矛或小矛（assegai）。跳安巴克维塔舞蹈时，通常会用圆头棒敲打伊卡乌鼓作为伴奏。在公共节日伊西贾杜（isijadu）——男孩和女孩们在夜晚相聚在一起，欢唱属于自己的快乐——上，也会有伊卡乌鼓的参与。伊卡乌鼓据说由使用该地区常用武器盾牌充作庆典乐鼓演变而来。

班图人民还创造和使用了大量共鸣鼓。斯威士族的因坦姆布拉鼓（intambula）便是其中之一，该名由葡萄牙语坦伯尔（tambor）衍生而来。由风干的山羊原皮制成，将其暂时撑开置于一个黏土啤酒罐上（imbiza），用在占卜师入会仪式的结束仪式上，有时在驱邪仪式上也会使用。另一种是祖鲁族的英恩谷鼓（ingungu），在外形上与因坦姆布拉鼓相似，但在制作工艺和功能上却大有不同。其制作方法是将一块去了毛的山羊皮里面朝上，再用若干条状兽皮将其永久地系在一个黑色黏土罐上。将一片平整的芦苇叶垂直地放置在鼓上，并用双手使其振动。鼓会发出令人震惊的轰鸣声来回应芦苇的振动。在祖鲁人中，英恩谷鼓表演宣告着女孩月经初潮的到来。祖鲁谚语“ingungu yaleyo ntombi kayakali”（那个女孩的月经鼓发声不好听），意思是嘲笑与很多年轻男子有太多交往的女孩。

一种更常见的共鸣鼓是文达族的穆鲁姆布鼓（murumbu），它是将一块牛皮弄湿钉在一块经专业雕刻的长约24英寸、顶部直径10到12英寸的软木上。其外貌似雕刻的卡麦洛（khamelo）即木制水壶，它有一个很大的手把，使用时一般放在双腿之间。牛奶壶的底部是封闭的，鼓却是敞开的。穆鲁姆 243
布鼓由女子演奏，她们用平滑的手掌拍打鼓面中心或用手指轻叩鼓面的边缘使其发出各种不同的声音和旋律。佩迪、茨瓦纳、文达和索托族也有类似的鼓。文达族的单头恩戈麦鼓（ngoma）是用单根实木雕制的半球状共鸣腔构成，与这些族群密切联系在一起。恩戈麦鼓用来为女子乌舒行经仪式（vhushu）上的某些舞蹈伴奏，敲打恩戈麦鼓也是在警告男子不要侵入这块女子占据的仪式空间，因为仪式上的女子通常都裸露着身体。这种鼓也用来召集即将行成年礼的年轻人参加东巴仪式（domba），在东巴仪式上，年轻人被教以关于性和婚姻的所有知识。与性有关的事被称为辛戈麦（dzingoma）即鼓。聪加族的芒特辛齐大鼓（muntshintshi）也属于这一类鼓，我们不太了解这种大鼓。传统用法是在战争临近时召集士兵到都城，以及用来宣布重大灾祸。在各种各样的合唱表演，如恩基诺（nkino）丰收庆祝舞蹈中，芒特辛齐大鼓的演奏也是一大特色。另外一种聪加族鼓是芒特秀曼鼓（mantshomane），形似非洲小手鼓，由女子演奏，与巫术有关联。芒特秀曼鼓有时也会用在驱邪时的疯狂催眠表演上。最后，祖鲁人也有伊西古杜鼓（isigudu），似乎是以欧洲的军事低音鼓为原型发展而来，带有该鼓的所有装饰品。

木琴

共鸣管木琴是南非出现最早、最精致的乐器之一。这种乐器通常称为马林巴琴（marimba），最著名的当属文达族的姆比拉琴（mbila）。至少有三个种类：11 到 18 琴键的五声音阶或六声音阶舌片琴或称姆比拉·齐派琴（mbila tshipai）；21 键木琴或称姆比拉·穆通多琴（mliba mutondo）；27 键舌片琴或称姆比拉·乍马德扎琴（mbila dzamadeza）。每一个木琴通常都是由两根皮绳将 11 到 27 块木板固定在木框上制作而成。在每一块木板的末端都牢固地捆绑着一个黄瓜形状的葫芦。这些葫芦通常是用来产生各种不同并富有特色的音高。当用皮革或橡胶包裹的圆头打棰敲打木板时，木板以清脆有力的音调共振到葫芦腔体中，产生出比欧洲风琴更协调和有韵律的声音。桑萨乐器（Sansa）是姆比拉琴（mliba）的一种，是用两根粗铁丝将回过火的铁舌固定在木板上制成。桑萨置于葫芦共鸣腔中，用拇指弹奏。

号角和长笛 244

南非动物种属繁多，也为各类吹奏乐器（动物角制成）的制作提供了丰富的资源。最常见和最多用途的吹奏乐器由羚羊角制作而成，既有大的，也有小的。在有些地区，因过度狩猎野生动物绝迹，人们就用牛角代替。在文达人中，帕拉帕拉号角（phalaphala）用于不同的庆祝目的。这是一种公共的而不是个人的乐器，传统上由男子吹奏并属于村社，在过去村社用它召集战士进行战斗。与之类似，当清晨之星——天狼星出现的时候，第一个看见它的男子会爬上高山顶，吹响帕拉帕拉号角（phalaphala），宣告收获季节的开始。这样一名男子将得到首领以牛为礼物的奖赏。角形号角也用其他动物的角做成，如弯角羚和长角羚。

芦苇长笛是欧洲旅行者最先描述的南非乐器之一，一般由乐队表演，每个乐手负责吹奏一个单音符。早在 1497 年，瓦 245
斯科·达伽马就记录自己到达南非后，一个开普桑族人乐队用四或五个芦苇长笛表演以示欢迎。1661 年，彼得·范麦耶霍夫——一位来到开普的欧洲访客，目睹了纳马族的空心芦苇长笛合奏表演，有一到两百个长笛吹奏者围成一个圆圈跳舞，领舞者手持长棍在圆圈中心指挥表演。范麦耶霍夫将芦苇笛的声音比作几个号角同时吹奏。

芦苇长笛合奏传统似乎是从桑族传到别的族群。在文达人中，一整套芦苇长笛被称为莫塔巴（motaba）；长笛管由生长在东文达一个隐秘树林中的竹子制作而成；芦苇长笛乐队由摩鹿戈韦恩（molugwane）带领，他吹奏领头长笛或称帕拉

（pala），也负责保养长笛。乐队的每名成员都有特定长笛。不使用的时候，所有长笛都放在包里并保管在一个专门的小屋中，这个小屋也保存着属于该村社的所有重要乐器。连同恩戈麦鼓和穆鲁姆布鼓，芦苇长笛在文达人的民族舞蹈齐科娜舞（tshikona）中扮演着中心角色。合奏组表演在其他一些舞蹈包括青春期仪式和求雨仪式舞蹈中也发挥着核心作用。

欧洲音乐传统

教会及早期音乐发展

1652年荷兰殖民者来到南非，开启了欧洲人进入南非的先河，欧洲人带来了欧洲音乐传统。与欧洲持续不断的联系，日内瓦诗篇和其他教会赞美诗的吟诵，以及军乐队定期的音乐表演，这三者的结合使得欧洲人特别是荷兰人的音乐传统得以在开普的新殖民者中保存下来。在接下来的两百年中，很多殖民者从开普迁移到内陆，与欧洲和欧洲访客无法直接接触。随着这些白人殖民区人口越来越稠密，也越来越巩固，很多欧洲音乐形式的变体或偏离形式开始出现。

直至19世纪晚期，主流音乐形式都是由教会、军乐队以及其他一些业余团队创造而来。1900年以前专业性在南非音
246 乐界并不重要。与荷兰加尔文归正教会有关的宗教音乐对这些殖民者来说十分重要。出于多种目的，教会阻止世俗音乐在荷兰殖民者中发展。相反他们关注的焦点是训练年轻人学唱圣歌。南非的第一个风琴于1737年造成，此后的很长一段时间

里，很多教会都买不起风琴。这样一来，合唱仍然是主流音乐形式。殖民者采用自由的即兴风格，创造性地运用和改编宗教文本、流行歌曲和民间歌曲创作出新的乐曲，此乐曲统称为利德维塞斯（liederwysies）。19 世纪中期以后，英国人的到来和其政治统治开启了南非的英国化进程，此后，荷兰宗教音乐变得如南非生活的其他方面一样脆弱不堪。面对英国宗教的冲击，荷兰归正教会开始采取齐心协力的反击，但却没什么结果，因为不那么正统的福音音乐（如桑基和穆迪）在欧洲人群中传播很快，影响了那时一直追随荷兰方式的有色人种社群。

世俗音乐

尽管尽了最大的努力，教会还是无法阻止世俗音乐在开普的发展。为了使他们的日常生活和社会生活更加丰富多彩，殖民者成立或鼓励成立奴隶乐队，以此来招待晚宴客人和进行舞蹈表演。在南非的母亲城开普敦的酒店、宴会厅、公园和田庄中，奴隶乐手们就有机会展示自己的音乐才能，取悦他们的主人、宾客和观众。到 1676 年，开普的荷兰总督组建了一支奴隶管弦乐队。在婚礼和其他一些特殊场合表演的军乐队也在开辟不同的表演形式。1781 年，一支来访的法国雇佣军乐队进行了南非第一场著名的重大音乐表演。他们的表演曲目包玛榭的 *Le barbier de Sevelle*（塞尔维尔的理发师）给人留下了深刻的印象，提升了人们的音乐兴趣，而这种音乐兴趣在英国新殖民者于 1801 年在开普建造非洲剧院时达到了高潮。音乐剧和喜歌剧在新的剧院上演了，本地乐团和巡演乐团争相满足观众

（主要是欧洲观众）的需要和审美品位。

在19世纪的最后几十年中，南非本土专业巡演公司和到访的海外歌剧公司展开了激烈的竞争，满足不断增长的南非欧洲人口和日益多样化的欧洲社区的音乐需求。1893年开普敦建立了一家歌剧院，进一步加速了音乐艺术的专业化进程。翌
247 年，好望角大学创设了该国第一个主要的专业英语资格考试体系。开普敦市政乐团在特奥菲尔文特的指挥下，于1914年举办了第一场音乐会。随着知名度越来越高，成员也不断增多，该乐团于1968年更名为开普敦交响乐团（SO）。

南非广播公司（SABC）从1936年成立以来，远超其他任何一家机构，为南非现代音乐艺术的发展做出了巨大的贡献。在1966年到1977年间，安东·哈特曼领导SABC音乐部门，此时SABC给予了作曲家、青年表演者、舞者和学校合唱团很多权利，并几次为他们组织音乐竞赛。SABC的设备精良的录音室允许这些初露锋芒艺术家使用，使他们得以记录下自己的才华。SABC定期的资金扶助、音乐课程广播、图文并茂的讲座、本土非洲音乐以及国家艺术团的表演，引发了人们对音乐艺术的讨论，同时使民众广泛产生了对音乐艺术的兴趣。1963年南非四省都建立了表演艺术委员会。每个省都有自己的芭蕾、戏剧、歌剧、音乐和技术部门。正是这种省内的音乐网，使得南非在种族隔离的黑暗时代，即使因经济封锁和文化抵制与世界隔绝，其表演音乐传统也能得以保存下来。在这几十年中，南非人民被迫日益转身向内，仅仅依靠该国的资源和民众使表演艺术生存并运作下去。

阿非里卡人和开普马来民间音乐

以1652年荷兰殖民地的建立为开端，民歌传统在布尔人殖民者、开普的有色后裔和开普马来人中繁荣发展起来。开普马来人是南非最早的殖民者之一，其中的一些于1652年同荷兰人一起来到南非。他们将亚洲故土音乐元素带到了南非，而其中的很多内容都已消失，或被吸收进一代又一代的开普马来人采用、保存、改造、传播的阿非里卡民歌传统。他们对很多阿非里卡民歌的发展、留存和保护做出了巨大的贡献。伽马莱吉（ghommaliedjie）和莫派（moppie）舞曲是他们对南非音乐传统所做贡献的一部分。伽马莱吉舞曲唱的是荷兰歌曲中的诗篇，而莫派舞曲则是带有嘲笑性质的幽默短歌。流行的开普马来查理发（chalifa）剑舞，其舞蹈内容包括小手鼓踢踏舞、祈祷圣歌、模拟的击剑打斗、伪装的伤口和流血等，该舞蹈将自我牺牲和不退缩的宗教主题，与民族团结和冲突消解的社会主题结合了起来。普杰斯（pudjies）是一种轮流吟唱的对唱宗教歌曲，在伊玛目和其圣会成员之间演唱。布尔轻音乐 248
（boeremusiek）是基本的传统阿非里卡民俗音乐。它从对19世纪欧洲舞蹈音乐的业余改编体发展而来，受到了18世纪和19世纪早期奴隶以及获释奴隶管弦乐舞蹈表演的影响。布尔轻音乐基本的合奏组包括手风琴、吉他、小提琴、号角、鼓以及其他乐器。

流行音乐的发展

南非斑驳多样的音乐形式，是其社会异质性及其民族历史文化多样性的一个直接副产品。经过数个世纪，几个影响因素结合起来，创造出了一种世界性的音乐文化。从最早的人群桑族开始，关于音乐、舞蹈、表演仪式的原始思想就在土著桑人和科伊科伊人之间换手了。这两个族群转而将他们的很多合唱舞蹈音乐传统和乐器传给了最初过游荡生活的说班图语的诸族群。组成奴隶合唱乐队的来自印度、马来西亚和马达加斯加的奴隶，把南非传统乐器西方化了，并表演了西化版本的非洲—伊斯兰教—亚洲音乐，也为开普混合音乐传统的创造作出了贡献。学者们仍在努力阐释印尼音乐的对南部非洲影响的性质和范围。

另一个关键影响因素是基督教传教士。在 19 世纪早期，他们将欧洲赞美诗和合唱形式带到南非。第一个遭遇欧洲入侵者的班图种族是科萨族。在欧洲军事入侵和土地掠夺与祖鲁人挑起的姆菲卡尼（mfecane）内战的双重打击下，很多科萨人作为难民流亡到开普殖民地，他们中的大多数很快改信了基督教。托斯卡纳（Ntsikana）是这些早期皈依者之一，他不久以后以有远见的科萨预言家的身份出现。他倡导基督教和非洲宗教信仰与实践的结合。托斯卡纳曾为几首非洲—基督教赞美诗谱曲，其中最著名的是 *Ulo Tixo Mkulu*（你，伟大的上帝）。他的教众演唱这些歌曲，因而也以口头歌唱的形式使这些歌曲流行开来。基督教教众的演唱对已经习惯于公共音乐表演的非洲人来说，也是一个重大的影响。

马克瓦亚（Makwaya）

其他非洲领导人——如南非第一个被任命的黑人部长泰

尤·索加（Tiyo Soga）——对于使众多西方音乐旋律适应非洲本土内容的想法持支持态度。另外一些非洲领导人，如勒弗戴尔镇的约翰·诺克斯·波威，一位著名的科萨作曲家和长老会牧师，坚决要保存非洲诗歌之美和科萨语言的可理解性，使其免受不恰当地采用欧洲赞美诗带来的威胁和破坏。波威支持文化复兴和非洲主义的意识形态，这引领他开拓了一种新的南非合唱风格。这种新的音乐风格称为马克瓦亚（makwaya），是非洲和欧洲合唱形式的创造性结合。其他一些紧随波威脚步的 249
人包括本杰明·伊泰安扎西、A. A. 库马洛、汉密尔顿·麦莎、鲁宾·卡卢扎、约书亚·莫汉皮诺、迈克尔·莫瑞恩以及伊诺克·桑汤加。当时还是约翰内斯堡的一名老师得桑汤加于1897年谱写了 *Nkosi silelel'-iAfrika*（上帝保佑非洲），S. E. K. 米哈伊为其创作了更多的诗节，卡卢扎的奥兰治学院合唱团协会使其流行起来，它于1925年成为非洲国民大会的圣歌。它震撼人心地宣告了非洲的骄傲和伟大，其忧郁的向往和优美的旋律使其成为中部和南部非洲很多国家1960年独立之后的国歌。马克瓦亚在19世纪晚期和20世纪早期主导了南非的流行音乐。它在与教会、民间和政治组织、工会会议、婚礼派对以及学校和社区音乐会有关的合唱活动中发挥了突出作用。

来自美国的影响力与马克瓦亚运动同时发生，也确实是该运动的一部分。很多主要的南非黑人精英在美国接受过教育或曾游历过美国。他们很熟悉并十分欣赏布克·T·华盛顿、马卡斯·加维以及其他美国黑人领袖的观点和工作。通过以费城为基地的非洲卫理圣公会的传教工作，以费城为基地，黑人灵歌和其他非洲—西方音乐形式被传到南非，这些音乐形式开始使当地基督教徒感到震惊，使他们意识到非洲—基督教赞美诗的巨大潜能。俄尔普斯·“比尔”·麦卡杜的弗吉尼亚大赦年歌手团（Jubilee Singers）于19世纪80年代和90年代在开普敦等城市的巡回演出，是有决定性意义的事件。诸如大赦年歌手团等美国黑人乐团的绝妙演出在南非黑人和白人中引起了广泛的轰动。

大赦年歌手团向被压迫的南非人民有力地展示了黑人的骄傲和非洲的尊严，在未来的岁月里形成了深远的影响。在这些有幸欣赏他们吟游风格演出的观众看来，大赦年歌手团将音乐作为实现社会政治自由的工具。大赦年歌手团离开后的几个星期中，几个模仿麦卡杜巡演团的业余音乐公司在南非的城市中心也出现了。在开普敦，人们发起了定期举行的开普黑人狂欢节，这个节日包括有色人口穿着美国吟游诗人服装在开普敦的大街小巷游行。在金伯利，钻石吟游乐队和交响乐社团将很多以前被忽视的非洲传统民歌转换成马克瓦亚的形式。

250 1891年和1893年，新近组建的南非本土合唱队作为殖民地使者开始在英国和美国进行巡回演出。他们决定用音乐倡导殖民者和被殖民者之间平等和相互尊重的新关系，倡导开明的自治时代。而巡回演出最终以惨败收尾，似乎并没有达成最初设想的募集资金的目的，也没有获得使殖民地南非黑人得到更好对待的承诺。但他们在接受英国媒体首次采访时明确表达了自己的使命，当时巡演团中的一名成员如此道出了歌手们的愿望：“我们正在英国，让我们看看南非吧。在这里我们被看作男人和女人。在那边我们却只是被当作牲畜。但在非洲，如在英国，我们是人。你们能不让你们在开普的同胞恰与你们在这里一样友善吗?”。[8]

采矿、移民和音乐

1867年，人们在南非发现了钻石。八年后，黄金矿藏也在南非被发现，被证实是世界上贵重金属最大的集中地。至19世纪末，金伯利和约翰内斯堡发展成为非洲两个人口密度最高的中心城市，这两个城市充斥着资本家、工业家和矿工等人，他们来此谋求矿产所有权、发财致富，或仅仅是到南非新开设的喧闹矿区谋求生计。欧洲殖民者对南非土地的持续掠夺，以及其他一些压力（如交税），驱使数以千计的非洲人移居矿山寻找工作。移民离开了自己的家庭和传统根基，为了不失去他们随身带有的文化和族群身份意识，他们被迫在新环境中变得富有创造性。他们不得不调整他们的传统仪式和相关的音乐形式，适应全新城市场景的各种新挑战和可能性。在他们的革新中，通过将传统和现代的艺术类型、价值和经验融合在一起，他们创造了舞蹈、音乐、口头诗歌的新形式。举个例子，科萨移民用他们的传统赞美诗歌自娱，也用来奉承或挖苦他们的矿区主管，但他们却省略掉了他们的酋长、他们自己、他们的工作经历和遭遇。

伊斯卡塔米亚（Isicatamiya）

祖鲁人改编其传统求爱歌曲以适应现代乐器，探索现代友谊和浪漫爱情的不确定性和变化无常。现代社会和传统社会是两个价值和现实根本不同的世界，作为这两个世界的翻译者和调和人，祖鲁移居工人会求助于传统音乐，以理解或解决他们

251 因反常的社会地位带来的矛盾。在这些移民手中，祖鲁混合合唱舞曲——英戈玛—巴素库（ingoma busuku）夜曲，被改编成了一种踢踏舞音乐形式，称为伊斯卡塔米亚（isicatamiya，祖鲁语：悄悄接近），用来表示这种表演的身体特点——手臂和躯干的无声同步运动。所罗门·琳达及他的《原初的夜鸟》（Original Evening Birds）是伊斯卡塔米亚中最主要范例之一。琳达的流行歌曲《姆布贝“狮子”》（Mbube “Lion”）很多年里都是此种形式的祖鲁合唱乐的典型曲调。另一个是德班的雷村黑斧合唱团，其巡回演出使这种形式的南非通俗音乐在世界范围内流行开来。该乐队的无伴奏（意为不使用乐器的）表演，响亮的发音，以及具备传统祖鲁军事风格的充满活力的肢体动作，使得该乐队显得很地道，使其成为南非和整个世界唱片最畅销和最受观众欢迎的乐团之一。[9]

塞菲拉（Sefela）

巴索托移民对传统音乐形式的改编，是最富创造性的改编之一。从19世纪晚期开始，数以千计的巴索托人就在金伯利钻石和约翰内斯堡黄金矿场辛勤地劳作着。巴索托人民将其吟诵赞美诗（lithoko）改编成新颖的、富于变化的合唱或口头传唱诗歌形式，并赐予其看似简单却富含启迪意味的名字：塞菲拉（sefela，意为“一首歌”）或莱弗拉（lifela，sefela的复数形式）。他们离开了传统乡村社会，不得已进入欧洲工业资本主义统治下的剥削世界，因为人种的关系，他们被排除在这个新世界的社会政治领域之外。通过音乐，他们能创造出一个个人自治和文化创造力的领域，他们既批判也庆贺他们的富有挑战性的物质条件。进城务工者因残酷的生活考验而发展出了一种合唱形式，这帮助他们解决他们作为两个世界——传统和现代、非洲和欧洲、城市和农村、农业和工业——的中间人而面临的很多矛盾。

在表演莱弗拉时，他们将自己视为现代英雄，就像古代英雄那样准备好牺牲一切成就伟大的事业（伟大的夏卡·祖鲁 252
终身未婚，他那可怕的军队成员也从不允许自己为婚姻或性爱所绊，他们一直回避这些直到退伍）。透过莱弗拉，务工被概念化并被表现为现代形式的成人礼。在矿区不利的、异己的和对健康有害的环境中工作，单纯而不成熟的年轻人经历了规训、控制、艰苦和危险而生存下来，不仅挣到了购置聘礼（bohali）和牛的钱，也获得了一种成人感。现代食人者（矿区老板）靠压榨工人的劳动、汗水和血肉变得又肥又富有，他们占有着矿区，冷酷残忍地管理着矿区工人，而塞菲拉成为工人们恢复、重新解释和重申传统社会价值真实性和有效性的新方式。在里克海莱克（likheleke：富有表现力的人）的手中，塞菲拉令人回味的隐喻，打动人心的意象和富有独创性的表演方式，使其成为名副其实而强有力的英雄般自我定义："在他们一定程度上表达过的一套价值系统内的自我实现、地位获得和社会评论。"[10]

马拉比（Marabi）和姆巴干达（Mbaqanda）风格

尽管南非政府尽了最大的努力，试图通过习俗上和立法上的种族隔离使新兴城市如金伯利和约翰内斯堡成为只有白人居住的地区，非洲人仍难以被完全清除。非洲人在这些城市难以获得财产、土地和公民权，他们中的大多数不得不居住在毗邻城市的棚户区内，如索韦托、奥兰多、亚历山德拉和索菲亚，这些地方被官方称为地点（locations），用这个词是为了强调它们的违法性和暂时性。

然而，无论非洲人居住在哪里，他们都能为自己创造出新形式的价值观和社区文化。这种新文化的核心和灵魂是一种新形势的城市舞蹈艺术。男性和女性务工者会在商场、酒店、舞厅、街头巷尾以及家庭派对上载歌载舞，作为他们在新兴西方化中心城市中应对社会混乱和文化迷失的方式。在这个多元混杂的、冷漠的新都会中，音乐表演成为个人自我探索、集体自我定义以及塑造人际关系新模式和群体身份的新方式。促使新文化蓬勃发展的一个最主要场所是地下酒吧（shebeen），通常是在私人住所开设的无执照的非法酒吧。在这里客人们聚集在一起购买非法酿制的啤酒，并欣赏或表演新传统舞蹈音乐。几十年中，地下酒吧一直是南非黑人城市音乐和通俗音乐的心脏所在，吸引了不同类型的主顾来此。不同阶级、族群、职业等群体结构的人都可以在这里相聚，畅饮啤酒、举行欢宴，他们弹奏吉他、竖琴、小提琴、班卓琴、牛皮或橡胶铁皮鼓，也用
253 其他的新型传统乐器助兴。

为了满足不同客户的娱乐需要，表演者创造性地糅合了阿非里卡通俗音乐、美国拉格泰姆音乐、爵士乐以及本土发音和节奏，形成了混合的音乐、舞蹈形式和社交场合，称为马拉比（marabi）。以兼收并蓄的灵活性、充满活力的伴舞和包容性的目的而闻名，马拉比是一种独具特色的南非爵士乐变体，同时把本土的、城市的、非洲的和现代的风格和谐地糅合起来。20

世纪 50 年代，由于很多人喜欢斯波克士·玛西亚尼，便士哨笛奎拉舞（kwela）和吉他音乐形式盛极一时，而莱米·“特别”·马巴索（Lemmy “Special” Mabaso）是这种合唱形式的变体。另一种变体是法莫（famo），一种野性的、淫秽的马拉比形式，由约翰内斯堡的巴索托移民创立，并在奥兰治自由邦和莱索托的村镇中流行开来。姆巴干达（mbaqanda，祖鲁术语：一种家庭制作的硬玉米面包）是一种与马拉比联系十分紧密的、充分发展了的南非爵士乐形式，但它不包含美国音乐元素，而是渗透了更多本土音乐风格和节奏性乐旨。大型爵士舞乐队如疯狂爵士（Jazz Maniacs）和四重唱乐队如曼哈顿兄弟（Manhattan Brothers），一直是这种音乐形式的重要的国际提倡者。[11]

在 20 世纪 80 年代和 90 年代间，姆巴干达风格经历了重大的音乐重构——在一些更加传统的乐队如马拉蒂尼（Mahlathini）和他的马休泰拉皇后传统乐队（Mahottella Queens）的影响下，姆巴干达更全面地根植于本土舞蹈艺术，而马拉蒂尼及其乐队也进一步把这种独具风格的南非音乐形式国际化了。生于约翰内斯堡附近的亚历山德拉小镇，马拉蒂尼作为亚历山德拉黑人马巴扎乐队（Alexandra Black Manbaza）的一员，于 1937 开始了他的音乐生涯。该乐队对之后创建雷村黑斧合唱团的约瑟夫·查巴拉拉曾产生过重要的影响。虽然马拉蒂尼在白人唱片买家中名不见经传，但在六十年代和七十年代的乡村黑人中却大受欢迎。他强大而富有表现力的演唱风格，使其被冠以“索韦托狮子”的美名。1989 年，他（和他的皇后乐队）在纽约瓦扎非洲音乐节和伦敦温布利纳尔逊·

曼德拉演唱会上受邀出场，这使马拉蒂尼和他的姆巴干达乡村流行音乐，以及他的皇后乐队（诺贝苏托·姆巴布、希尔达·图劳巴特拉、米尔德里德·曼古拉）享誉世界。尽管马拉蒂尼于1999年逝世了，皇后乐队仍继续进行定期的世界巡回演出，延续了他们摇摆、晃动、粗鲁挑衅地扭屁股、抖胸、跺脚、旋转身体的表演风格。

20世纪60年代以来，反对种族隔离制度的斗争愈演愈烈，文化民族主义的意识形态驱使众多音乐家更多和更积极地关注本土音乐形式和实践，以此作为争取社会政治自由和非洲真实性的一种手段。一些乐队如菲利普·撒贝恩的马拉博爵士乐队（Malombo Jazz）使用很多本土乐器和合唱形式。还包括英裔—犹太人乔纳森·克莱格的巨鹿卡乐队（Juluka）和祖鲁
254 西波·姆楚努乐队（Zulu Sipho Mchunu），该乐队将祖鲁、美国和其他合唱形式融合在一起，以消除种族和文化鸿沟。其他组合如索韦托弦乐四重奏（Soweto String Quartet），创造了一种非比寻常的传统音乐混合体，收录在其第一张专辑《斑马线》中，该专辑于1996年创造了高达100万张销量的好成绩。同一年，雷鬼戏剧明星幸运·杜贝以其鲍勃·马利风格获得了非洲最畅销唱片艺术家世界音乐大奖。

另一个著名艺术家是多拉尔·布兰德，他是巴索托/桑人后裔，生于1934年。在1960年组建爵士书信乐队（Jazz Epistles）前曾参加过很多其他乐队。多拉尔·布兰特·特里奥在游历欧洲期间，偶遇非裔美国爵士音乐家杜克·埃灵顿并受其鼓舞，于1965年移居到美国，在接下来的几十年中，他获得音乐界广泛认可，并夺得数个世界大奖。他1976年的歌

曲《曼恩伯格年代》（*Mannenberg Is Where It's At*）是爵士乐经典作品，歌词引人深思，在很多圈子里被广泛视为南非音乐作品的最佳代表。[12]另一被迫逃离南非到国外追求名誉、自由和认可的音乐家是休·马斯盖拉。他早年的梦想是成为一名足球明星而不是音乐家，然而他颇具天赋的小号吹奏才能使其最终走上音乐之路，尤其是在收到著名非裔美国爵士乐家路易斯·阿姆斯特朗赠送的小号后。1959 年他离开南非来到英国和美国学习音乐。他 1968 年的作品和唱片《末代独裁》（*Grazing in the Grass*），荣登美国音乐排行榜第一名，连续九个星期稳居前 20 强榜单，并获得了 400 万销量的好成绩。在国外 32 年的音乐生涯中，马斯盖拉创作了大量的歌曲、数十张专辑，并获得了世界性赞誉。作为南非爵士乐教父，他于 1991 年回到南非，受到了南非人民的热烈欢迎。

马格瑞特·辛噶纳（Margaret Singana）和伊普·通比（Ipi Tombi）音乐

马格瑞特·辛噶纳是第一个打破肤色界限的南非黑人音乐家，其赢得的国际圣誉可以与流亡在外的音乐家相提并论。生于开普省，她来到约翰内斯堡成为了一名女佣。马格瑞特的雇主发现了这名昆士敦小女仆的音乐才能，让其在派对上为客人们表演，并在马格瑞特不知情或未同意的情况下，将她的歌曲秘密录制成唱片，然而很少有人关注这些唱片。马格瑞特于 1964 年在纽约阿兰·帕顿的斯旁诺诺音乐会（Sponono）上参加合唱表演，并在 1974 年南非举行的备受争议却轰动一时的伊普·通比音乐会（Ipi Tombi）上担当主唱，这两个事件使

马格瑞特最终成为公众关注的焦点。马格瑞特对三首单曲的杰
255 出演绎，即《伊普·通比》（Ipi Tombi）、《勇士》（The Warrior）和改编自传统索托婚礼赞歌并十分受欢迎的基诺耶拿歌曲（Kiloyena）《滕布族母亲的婚礼》（Mama Thembu's Wedding），在白人观众中引起了强烈反响，真正地占领了白人唱片市场。

尽管在白人观众中大获成功，南非黑人和评论家仍旧对伊普·通比音乐持理直气壮般的批评态度。他们认为伊普·通比音乐是政府推行部落制度，维护黑人之乡政策，使这种谎言长期存在（黑人是无忧无虑、充满童趣的身着兽皮和羽毛的黑人小丑，他们自然而有节奏地演唱，并十分满足自己的命运。）的另一种有效宣传工具而不予接受。然而这种演出继续在世界各地巡回上演，包括澳大利亚、法国、以色列、美国、津巴布韦和尼日尼亚的大约600万人观看了演出。当世界尤其是白人市场接受了她的音乐后，辛噶纳成为了家喻户晓的人物，并成为了南非第一个两栖（售卖给白人和黑人）歌手唱片销售商。1974年她与帕特里克·范布勒克管理下的扎贝尔和约翰内斯堡唱片公司（Sabel and Jo'burg）签约，帕特里克是在波切夫斯特鲁姆（南非共和国）出生的制片人、作曲家、唱片公司老板和梦想家，他进一步激发并挖掘了辛噶纳初露头角的才能，使其尽享世界盛誉。辛噶纳在伦敦令人叹服的表演使英国商业出版物《音乐周刊》（Music Week）于1976年和1977年成功票选其为年度音乐之星。在美国，她获得了1977年格莱美最佳新人女歌手大奖提名。1978年，辛噶纳高度复杂并令人回味的单人唱片《我从未爱过一个男人》（*I Never*

Loved a Man）销售量超过十万张。尽管南非广播五台宣布这首歌是1977年年度最佳唱片，马格瑞特为南非年度最佳艺术家，南非广播公司也称其为“世纪之声”，但却并未将沙利叶（Sarie）最佳女歌手奖颁发于她，而在当时所有人都认为该奖项非她莫属。几乎音乐界的所有同仁都认为，这跟种族隔离制度有着密切的关系。[13]

米瑞安·马卡贝、布伦达·凡茜和卡瓦依托（Kwaito）风格

在南非近些年出现的各种音乐形式中，与众不同的非洲城市流行民谣打击乐是其中之一，被称为泡泡糖摇滚舞曲或索韦托灵魂乐。这种音乐的主要代表人物包括米瑞安·马卡贝、西波·马布斯、伊冯娜·查卡·查卡、伯姆夏卡四人组、丽贝卡·马洛普以及布伦达·凡茜。米瑞安·马卡贝1934年生于内尔斯普雷特市，她曾经的工作是一名女佣，在工作的同时也在各种乐队中唱歌，如曼哈顿兄弟（Manhattan Brothers）和云雀乐队（Skylarks），直到1959年她参加了伦敦金刚音乐会（King Kong），向全世界展示了她的合唱才能。自此之后的将近四十年里，马卡贝是南非最负盛名的海外音乐家，发了数十 256
张唱片，每次演出的门票也会被欧洲和美洲的观众抢购一空。马卡贝强有力并富有动感的演出，兼收并蓄的音乐品味，尖锐的种族隔离抗议歌曲，以及她富有创造力地将包罗万象的音乐风格——印尼摇篮曲、西印度和以色列民俗歌曲、科萨和祖鲁歌曲——融合在一起，这些因素使这位女歌手或音乐鸟成为了现代南非音乐之母，并获得了坚实的殊荣，成为欧洲和美国的

夜总会、荧屏、音乐厅中最受喜爱的歌手。[14]

近些年来，最轰动的南非流行音乐之星的桂冠属于南非流行音乐界的坏女孩布伦达·凡茜。她出生于1964年，她的母亲原本想要男孩子，事先并没有准备女孩名字，后来用美国乡村歌手布伦达·李为其命名。布伦达·凡茜没有辜负这个名字。五岁的时候，她就能通过为游客唱歌赚钱了。她青少年时期演唱的单曲《周末专用》(*Weekend Special*)，登上了音乐排行榜并为国际广播电台所播放。凡茜疯狂的、高分贝的演唱风格使她获得“卡瓦依托女王”的称号。卡瓦依托是一种音乐舞蹈形式，也是一种体现了独特时尚风格和生活方式的文化运动。卡瓦依托这种流行击打乐风格（kwaito，字面意思是“这些火辣的家伙”）于20世纪90年代在南非乡镇发展成熟，它创造性地将美国嘻哈舞、英国货仓乐、牙买加雷鬼音乐、传统非洲打击乐和托依托依（toyitoyi，意为反抗）圣歌融合在一起。它是南非最新、最流行的音乐类型。卡瓦依托所以能流行开来，直接由于它能够有效地将南非的背景融入到歌词中，于是它也就转化为一种对当下社会政治时局进行评论的有声而震荡的工具。凡茜的抒情音乐是这种流派的真正典范，创造性地将传统和现代主题融合在一起，同时又能面对和处理非洲人在不断变化的新南非努力克服的、最复杂的一些社会文化问题。《时代杂志》赞美凡茜为“南非流行音乐坏女孩”和“乡镇麦当娜”，而凡茜仍旧保持勇敢、坦率、刚毅、坚决的性格特点。凡茜到2001年36岁了，近来她在美国访问的时候半开玩笑地说道：“我正在慢慢变老：我意识到作为一个非洲人是多么的美好……音乐上，性爱上，我都是最好的。”[15]

在动荡不安的社会中歌唱：南非音乐和音乐家的伤痛和收获

南非拥有数不尽的音乐和音乐家。在过去的一百年中，这个国家产生了众多音乐天才，他们通过将本土和外国合唱风格创造性地融合起来，创造出数种有生命力的新音乐形式。在所有不同的传播媒介中，音乐可能是最有影响力的一种。相较于其他任何媒体，它有巨大的潜能超越种族、阶级、性别、文化 257
水平和政治信仰的边界。正如休·麦塞克勒所说：“音乐是钥匙。我们歌唱南非的一切，没有我们不唱的事物。当我们歌唱的时候，布尔人（阿非里卡人）倾听。这是他们倾听的唯一时刻。”[16]在这个破碎的、充满矛盾的种族隔离南非社会中，音乐一直处在争取自由、平等和人格尊严的斗争前线中。

然而，对于音乐家和他们的歌迷来说，一直以来这都不是一段轻松的旅程——持续被种族隔离国家安全人员侵扰，不允许符合条件的观众观看演出，被集团的区法限制活动范围，强制他们只可演唱可接受的曲目，国家控制的广播和电视媒体歧视他们并不许他们的曲目在电台播放，无良厂商的欺诈和贪婪剥削也把他们推来搡去，面对这些，南非众多音乐家仍然保持镇定和勇敢的心态。[17]

很多乐队选择了以解体的方式灭亡而不是向种族隔离政府低头。其中的一些乐队仍然对种族隔离制度直言不讳，在南非这个被排斥国家他们看不到自己的希望和未来。他们感受到这个种族隔离国家给他们带来了无休止的压力，啃噬了他们的音乐才能，危及到他们的生活，很多音乐家就走上了背井离乡的道路，加入到不断膨胀的南非海外音乐家和乐团队伍中去。作为非洲儿女，这些流落在外的音乐家通过音乐将自己的灵魂和南非之根联系在一起，他们灵感的源泉和对未来的和谐美好憧憬联系在一起。通过音乐他们表达自由。他们为非洲母亲庆祝。他们抗议对正义的扭曲、土地的失去和对同胞的镇压。在这些雄辩的、充满力量的歌词中，他们怀着不屈的希望盼望终有一天南非能够获得自由。这种充满激情的渴望和信念——正义必将战胜邪恶，自由必将战胜奴隶制度——一直是连接国内音乐家和流亡在外音乐家的强大力量。人们期待有一天，没有月亮和星光的夜晚终将让位于黎明，所有人在黎明下最终会手牵着手歌唱庆祝自由的到来。

新南非的音乐

在长期残酷无情和代价高昂的斗争后，没有星星的黑暗夜晚结束了。1990 年 2 月，曼德拉走出了维克托韦斯特监狱，很快于 1994 年成为南非第一任民主选举总统。新的南非诞生
258 了。国家已经获得自由，是时候建立和筹划以公正、平等、友爱为特点的南非新社会了。流落国外的音乐家陆续回到祖国。其中有些人，如马卡贝和麦塞克勒，作为胜利的自由战士回到南非，受到了英雄般的欢迎。南非音乐和音乐家们目前获得了新生，他们用鼓舞人心的、治愈性的、统一的力量，去对付这个新社会所面临的庞大的、令人畏惧的挑战。正如他们在种族隔离制度下的黑暗日子中所做的那样，国内和国外音乐家以及他们的音乐为种族隔离制度的灭亡和非种族民主社会的创立打下了坚实的基础，他们根本上就致力于此。南非进入了自由、

开放、公正和民主的新时期，在拜访南非时，让我们加入他们庆祝这个奇迹——南非从20世纪的贱民社会转变成21世纪最受尊敬、最富活力和最有生机的国家，并舞蹈着对他们说：让音乐继续。

剧院和影院

南非有两个戏剧传统。其中研究最深入的是欧洲传统，以17世纪中叶途经或驻扎在开普的雇佣军表演为开端。1801年开普敦非洲剧院的建立，为戏剧、音乐、舞蹈和其他起源于欧洲的实验性表演提供了正式场所，由业余戏剧团队和公司表演，这些公司开始在殖民地各个地方建立起来，特别是在塞夫顿·帕里于1853年成立第一个本土英国公司后。1900年以后，阿非里卡业余戏剧因梅尔特·布林克、J·H·德瓦尔和朗格侯温的戏剧表演而复兴起来，朗格侯温1913年的作品《南非的呐喊》（*Die hoop van suid-afrika*）开创了阿非里卡戏剧艺术的新时代。众多戏剧院几乎都坐落在南非所有重要的城市中心区，是歌剧、芭蕾、戏剧、舞蹈、电影制作和音乐表演的主要场所。

拥有1000座席的1820纪念碑剧院，开放于1974年的格雷厄姆斯敦市，以一年一度的冬季国家艺术盛会而闻名于世。该庆典是南非最值得庆祝的文化盛事，每个赛事都吸引了各个族群的业余和专业艺术家，包括国内和国外艺术家来此表演或参加各种不同类型的竞赛，包括音乐、戏剧、舞蹈、诗歌、美术和文学。小卡鲁国家艺术节（Klein Karoo Nasional Kunstefees）于每年三月在西普的奥茨胡恩举办，为阿非里卡

259 人（但不完全是阿非里卡人）的戏剧、音乐、卡巴莱歌舞表演创造机会。活力艺术盛会（Art Alive）每年9月在约翰内斯堡举办，是舞蹈、音乐、戏剧表演艺术和表演诗歌的国际性盛会。

多年来，三种黑人戏剧形式在南非有所发展。第一种在灵感方面几乎完全是商业性质的戏剧，由白人创作、黑人表演的戏剧组成。伊普·通比（Ipi Tombi）是这种形式的著名代表，在南非国内外获得了成功演出和褒评，但也因缺乏非洲文化真实性而受到广泛批评。第二种类别是由欧洲模式的黑人演出阵容组成，通常由白人编写剧本，黑人或黑人与白人混合演出，十分偏向黑人主题和社会文化敏感性。阿索尔·富加德戏剧（Athol Fugard）是这种形式的最著名代表。第三种戏剧形式主要由受黑人主题启发的戏剧和表演构成，几乎所有的编写、执导和表演都由黑人演员承担。这种充满活力的戏剧形式，因其随意风格和经常忽视正统文学规范，被认为是真正的非洲戏剧。

种族隔离制度的最后几年和之后见证了一种新型混合戏剧传统的诞生。这种新传统通过强调仪式和象征形式，坚守强大的音乐之根，整合强劲的叙述性元素和舞蹈文化，要求观众积极参与到演出中，从而将非洲和欧洲传统形式的元素融合在一起。在种族隔离期间，白人统治者的政治压迫和社会文化隔离，禁止种族混合生产、工作，也导致了南非的孤立。但这种隔绝状态常常也导致了相当程度的本土音乐创造性、创新性。由于人口向城市汇聚，新型的以人为本的戏剧和戏剧团体出现，引导城镇音乐成为真正的娱乐方式和艺术实验方式，以迎合城市社区和工人的需要。紧张的社会政治环境和民族主义者团体（如黑人觉醒运动）的思想——将日常生活事件和社会关注问题搬到戏剧表演舞台上——结合起来，使一种新型的表达抗议的戏剧形式诞生了。这种新型的或替代性的戏剧具有趣味性、平民主义、城市化、多语言、多文化和政治性等特点。它将非洲和欧洲戏剧形式全方位并富有创造性地融合在一起，它丰富多样的形式和风格——从传统音乐到现代摇滚乐、从卡巴莱歌舞表演和舞蹈剧到儿童戏剧和讽刺剧、从社会抗议到政治评论——是塑造真实南非戏剧和文化身份的第一次隐秘尝试。

20 世纪 80 年代后期以前，南非电影业一直处于间歇性发展状态。第一个原因是由于它对欧洲和美国电影作品的依赖；第二个原因是南非电影不能准确表现该国各个族群和文化的经验；第三个原因是种族隔离政府以补助的方式对南非电影业的 260
长期控制和操纵。20 世纪 80 年代中期出现的另一类型的电影行业，以及 20 世纪 90 年代早期种族隔离制度的结束，为南非电影作品和电影文化开创了新时代。达瑞尔·鲁特的《一个哭泣的地方》（*A Place of Weeping*）是第一次尖锐批判种族隔离制度的电影，出版物理事会（Directorate of Publications）的审查委员会通过了这部电影，使其能在南非电影巡演上上映。由于其人口和文学文化，南非是电影制作人和发行商的一个主要市场。每年数百部外国电影在南非 500 多个影院上映。该国最大的电影发行商是斯特—凯恩科尔（Ster-Kinekor），它拥有 157 个室内电影院和 49 个免下车露天电影院。重要性仅次于斯特—凯恩科尔的是新都会剧院，包含 52 个传统剧院。种族隔离制度的结束使南非获得了自由，同时后种族隔离国家要求当地电视台播放更多本土内容，促使了本土电影业的繁荣发展。2000 年，本土电影业对南非经济的贡献达到将近 14 亿兰特。[18]

注释：

1. 关于科伊桑音乐传统及本节讨论的主要来源，参见：帕西·R. 科比：《南非土著居民的乐器》（约翰内斯堡：威特沃特斯兰德大学出版社，1965 年），第 1 ~ 53 页、第 71 ~ 94 页、第 135 ~ 192 页；约翰·E. 卡默：《南部非洲简介》，载《加兰世界音乐百科全书第一卷：非洲》，鲁丝·M. 斯通编，（纽约和伦敦：加兰出版社，1998 年），第 700 ~ 705 页；戴维·K. 克罗夫特：《科伊科伊音乐》，载《格罗夫音乐和音乐家词典》，史丹利·塞迪编，（伦敦：麦克米伦出版社，2001 年）第 13 卷，第 571 ~ 574 页。

On Khoisan musical traditions and the major sources for the discussion in this section, see Percical R. Kirby, *The Musical Instrument of the Native Races of South Africa* (Johannesburg: Witwaterstrand University Press, 1965), 1 ~ 53, 71 ~ 94, 135 ~ 192; John E. Kaemmer, "Southern Africa: An introduction," *The Garland Encyclopedia of World Music*, *Volume* 1: *Africa*, ed. Ruth M, Stone (New York and London: Garland Publishing, Inc., 1998), 700 ~ 705; David K. Rycroft, "Khoikhoi Music," *The New Grove Dictionary of Music and Musicians*, edited by Stanley Sadie (London: Macmillan, 2001), vol. 13, 571 ~ 574.

2. 休·特雷西：《恩格玛：南非音乐入门》（纽约：朗文出版社，1948 年），第 46 页。

Hugh Tracey, Ngoma: *An Introduction to Music for Southern Africa* (New York: Longman, 1948), 46.

3. 戴维·达尔尼：《乌姆蔻科洛：科萨泛音演唱和诺德尔伊卡亚歌

曲》，载《非洲音乐》第7卷第1期，1991年，第32~47页。

David Dargie, "Umngqokolo: Xhosa Overtone Singing and the SongNondel' ekhaya," *African Music*, 7 (1) 1991, 32~47.

4. Y. 赫斯基森：《对索托音乐的一个注释》，载《南非音乐百科全书‖》，J. P. 马伦编，（开普敦：牛津大学出版社，1982年），第375~376页；G. F. 巴尔斯：《南非，土著音乐：索托音乐》，载《格罗夫音乐和音乐家词典》第24卷，第77~90页；罗宾威尔士：《巴索托音乐概论》（莱索托的莫瑞加：莫瑞加档案馆，1994年）。

Y, Huskisson, "A Note on the Music of the Sotho," *South African Music Encyclopedia*, ii, edited by J. P. Malan (Cape Town: Oxford University Press, 1982), 375 ~ 376 and G. F. Barz, "South Africa, Indigenous Music: Sotho Music," *The New Grove Dictionary of Music and Musicians*, vol. 24, 77 ~ 90. See also Robin Wells, *A Introduction to the Music of the Basotho* (Morija, Lesotho: Marija Archives, 1994).

5. 有关文达表演者的活力和精湛表演技巧的描述，参见：约翰·布莱金和哈科·克鲁格：《南非，土著音乐：文达音乐》，载《格罗夫音乐和音乐家词典》第24卷，第78~85页。要更深入地了解文达音乐，参见：J. 布莱金：《文达女子成人学校的歌曲、舞蹈、哑剧和象征剧》，载《非洲研究》第二十八章，1969年，第1~3页、第69~118页；J. 克鲁格：《与猫头鹰一起唱赞美诗：20世纪文达音乐史第一部分：辛戈姆贝拉》，载《南非音乐杂志》第7卷第4期，1999年，第122~146页。

For these dramatic descriptions with references to the vigor and virtuosity of the wenda performer, see John Blacking and Jaco Kruger, "South africa, Indigenous Music: Venda Music," in *The New Grove Dictionary of Music and Musicians*, vol. 24, 78 ~ 85. For further exploration of wenda music, see J. Blacking, "Songs, Dance, Mimes and Symbolism of Venda Girl's Initiation Schools," *African Studies*, xxviii, 1969, 1 ~ 35, 69 ~ 118 and J. Kruger, "Singing Psalms with Owls: A Venda 20th_ century Musical History, Part 1:

261 Tshigombela," *Joural of Africa Music*, vii, 4, 1999, 122～146.

6. 要更全面检视南非土著居民中音乐和社会的联系，了解本节的主要来源，参见：戴维·K. 克罗夫特、安吉拉·英庇、格雷戈里·F. 巴尔斯、约翰·布莱金、哈科·克鲁格以及 C. T. D. 马瑞威特等人作出的突出贡献：《南非：土著音乐》，载《格罗夫音乐和音乐家词典》第 24 卷，第 72～93 页。也参见 J. 布莱金：《文达文化中音乐的角色》；M. 科林斯基编：《民族音乐学》（纽约：民俗风唱片和服务公司，1965 年），第 20～53 页；S. 摩特西：《巴索托民族音乐学》（莫瑞加，莱索托：莫瑞加档案馆，1994 年）；约瑟夫·露丝玛丽：《祖鲁妇女音乐》，载《非洲音乐》第 6 卷第 3 期，1983 年，第 53～89 页。

For a fuller examination of the connections between music and society among the indigenous peoples of South Africa, and the major source for this section, see the various contributions by David K. Rycroft, Angela Impey, Gregory F. Barz, John Blacking, Jaco Kruger, and C. T. D. Marivate, "South Africa: Indigenous Music," in *The New Grove Dictionary of Music and Musicians*, vol. 24, 72～93. See also J. Blacking, "The Role of Music in the Culture of the Venda," in M. Kolinski, ed., *Studies in Ethnomusicology* (New York: Folkways Records and Service Corp., 1965), 20～53; S. Moitse, The Ethnomusicology of the Basotho (Morija, Lesotho: Morija Archives, 1994); and Joseph Rosemary, "Zulu Women's Music," *African Music*, 6, 3, 1983, 53～89.

7. 科比：《乐器》，第 177～245 页。

Kirby, *Musical Instruments*, 177～245.

8. 菲特厄尔曼：《文明的非洲和未开化的非洲：本土文化、世界体系与南非音乐》，载《南非研究杂志》第 20 卷第 7 期，1994 年，第 165～179 页。

Viet Erlmann, "Africa Civilized, Africa Uncivilized: Local Culture, World System and South Africa Music," Journal of Southern Africa Studies,

20，7，1994，165～179.

9. 有关伊斯卡塔米亚的内容，参见：戴维科普兰：《今夜城镇：南非黑人城市音乐和剧院》（伦敦和纽约：朗文出版社，1985 年），第 65～73 页。

On isicatamiya，see David Coplan，*In Township Tonight*：*South Africa Black City Music and Theatre*（London and New York：Longman，1985），65～73.

10. 科普兰：《今夜城镇》，第 19 页。要更全面考查塞非拉，参见科普兰对巴索托进城务工者歌曲的生动研究：《食人者时代：南非巴索托进城务工者的文字音乐》（芝加哥和伦敦：芝加哥大学出版社，1994 年）。关于祖鲁进城务工者的歌曲，参见厄尔曼：《“歌唱能将快乐带给不幸的人”：祖鲁进城务工者的合唱乐早期社会史》，厄尔曼，载《非洲之星》，第 156～174 页。

Coplan，*In Township Tonight*，19. For a fuller exploration of sefela，see Coplan's fascinating and pulsating study of Basotho Migrant songs：*In the Time of the Cannibals*：*The Word Music of South Africa's Basotho Migrants*（Chicago and London：The University of Chicago Press，1994）. On Zulu migrant workers' songs，see Erlman，“ ‘Singing Brings Joy to the Distressed’：The Early Social History of Zulu Migrant Workers' Choral Music，” in Erlman，*African Stars*，156～174.

11. 姆巴干达和其多种表达方式，参见：科普兰：《今夜城镇》第 161～182 页；《南非流行音乐》，第 767～780 页。

On Mbaqanda and its multiple expressions，see Coplan，*In Township Tonight*，161～182 and “Popular Music in South Africa”，767～780.

12. 加斯·奇尔弗斯和汤姆·加休科维克：《南非当代音乐史》（约翰内斯堡：托加出版公司，1994 年），第 150 页。

Garth Chilvers and Tom Jasiukowicz，*History of Contemporary Music of South Africa*（Johannesburg：Toga Publication Company，1994），150.

13. 参见：穆夫安德森：《混合中的音乐》（约翰内斯堡：拉文出版社，1981 年），第 98～101 页、第 163～165 页；齐尔维尔和加休科维克：《历史》，第 118 页。

See Muff Anderson, *Music in the Mix* (Johannesburg: Ravan Press, 1981), 98～101, 163～165; Chilver and Jasiukowicz, *History*, 118.

14. 米瑞安·马卡贝、M. 马卡贝和 J. 霍尔：《马卡贝：我的故事》（纽约：新美国图书馆，1987 年）和《米瑞安·马卡贝：力量和激情》，载《雷鬼和非洲打击乐》第七章第二节，1988 年，第 16～20 页。关于马卡贝在美国音乐舞台轰动的初次演出，参见：《触碰祖鲁》，载《美国新闻周刊》，1960 年 1 月 25 日；《善待我的耳朵》，载《时代周刊》，1960 年 2 月 1 日；《科萨女歌手》，载《纽约时报杂志》，1960 年 2 月 28 日。

On Miriam Makeba see M. Makeba with J. Hall, *Makeba: My story* (New York: New Amrican Library, 1987) and "Miriam Makeba: The Power and the Passion," *The Reggae and African Beat*, vii, 2, 1988, 16～20. On Makeba's sensational debut on the Amrican musical stage, see: "With a Touch of Zulu," *Newsweek*, January 25, 1960; "Good to My Ear," *TIME*, February 1, 1960; and "Xhosa Songstress," *New York Times Magazine*, Februry 28, 1960.

15. 参见：《村镇麦当娜：南非流行音乐的坏女孩布兰达凡茜终于成为美国音乐之星》，载《时代周刊》特刊"音乐走向全球"，2001 年秋季，第 64～66 页。

See "The Madonna of the Townships: Brenda Fassie, the Bad Girl of South Africa Pop, Finally Gets Her Shot at Musical (and Media) Stardom in America", *TIME*, Special Issue "Music Goes Global," Fall 2001, 64～66.

16. 安德森：《混合中的音乐》，第 121 页。

Anderson, *Music in the Mix*, 121.

17. 关于所有这些和其他南非音乐家和音乐团队艰辛斗争和最终胜

利的故事，参见：穆夫·安德森：《混合中的音乐》，第 108 ~ 179 页；齐尔维尔和加休科维克：《历史》。

For the Story of the Struggle, the travails, the triumphs of all these and other South African musicians and musical groups, see Muff Anderson, *Music in the Mix*, 108 ~ 179; and Chilver and Jasiukowicz, *History*.

18. 有关南非影视业和戏剧业及本节讨论的主要来源，参见：《南非
1989 ~ 1990 年：官方年鉴》，第 587 ~ 598 页；《南非 1993 年：官方年
鉴》，第 251 ~ 260 页；J. 弗莱彻：《南非戏剧故事：1780 ~ 1930 年历史
指南》（开普敦：威尔伯格出版社，1994 年）；T. 豪普特费斯：《南非戏
剧和社会：以破碎之镜反观》（比勒陀利亚：凡·谢克出版社，1997 262
年）；R. M. 卡瓦纳：《南非戏剧和文化斗争》（伦敦：ZED 图书公司，
1985 年）；P. 纳哈姆：《南非黑人戏剧、舞蹈和仪式》（密歇根州安阿
伯：密歇根大学研究出版社，1985 年）。

On the film and theater industries in South Africa, and the major sources for the discussion in this section, see *South Africa*, 1989 ~ 1990: *Official Yearbook*, 587 ~ 598; *South Africa*, 1993: 0*fficial Yearbook*, 251 ~ 260; J. Fletcher, *Story of Theatre in South Africa: A Guide to Its History from* 1780 ~ 1930 (Cape Town: Vlaeberg, 1994); T. Hauptfeisch, *Theatre and Society in South Africa: Some Reflections in a Fractured Mirror* (Pretoria: Van Schaik, 1997); R. M. Kavanagh, *Theatre and Cultural Struggle in South Africa* (London: ZED Books,, 1985); P. Larlham, *Black Theatre, Dance, and Ritual in South Africa* (Ann Arbor, Mich.: UMI Research Press, 1985).

词汇表

abakhwetha（科萨）：将要行成人礼的男孩或女孩

abathakathi（祖鲁/科萨）：巫术、魔法

agbada（约鲁巴，西非）：大摆尾礼服

amahewu：不含酒精的饮料，由小麦粉发酵而来的麦片糊制成

Arya Samaj：1875 年开始于孟买的新印度教运动，该运动是为了定义南非印度教的性质和实践

atjar：各种各样的腌制品

baale（康加加）：设立在酋邦首都的女子成人学校

Bada（印地语：大家伙）：印第安大家族的族长

Bantu（民族）：种族隔离政府用来命名所有南非黑人的术语，非洲人认为这是个贬义词，特别是用来形容人时

bavugu：女子演奏的管状乐器

bawomcane（科萨：小爸爸）：用来指代父亲弟弟的术语

bawomkhulu（科萨：大爸爸）：用来指代父亲哥哥的术语

biesies（科伊桑）：制作垫子的又薄又硬的芦苇叶

biltong：太阳晒干的腌制无骨肉条

bjalwa（佩迪）：含酒精的发酵饮料

blatchangs：用捣碎的银鱼干、蔬菜和盐制成的调味汁

bobotie：波波提，加足调料的咖喱肉饼

bodika：成人学校

boeremusiek：南非各种各样的腌制品

boerewors：南非白人的传统舞曲

bogadi（索托）：聘礼

bogwera（北索托和茨瓦纳：友谊）：在成人学校之后的一到两年增设的成人学校

boyale（茨瓦纳）：少女的青春期成人学校

bredie（阿非利卡）：加了蔬菜和肉的精心调味的浓汤

Broederbond（阿非利卡人兄弟会）：由阿非里卡上层男人组成的秘密团体

chalifa（开普马来）：剑舞

dadewethu（科萨）：姐妹们

daga（达卡）：用来砌墙的泥土和牛粪的混合物

dansiki（豪萨，西非）：男子穿的长礼服

dende（聪加）：葫芦共鸣弓

dertigers：20 世纪 30 年代的非洲白人诗人

diphotha（索托）：民间故事中丑陋的半人半兽怪物

dihotha（索托）：男子表演的踢踏舞

domba（文达）：男孩和女孩共同的成人学校

emabeba（斯威士）：系在右胯上的背皮围裙，单穿或跟 emajobo 一起穿，或者穿在腰带的上面

emahiya（斯威士）：腰带或围裙，通常是系在腰上的那种

emajobo（斯威士）：系在右胯上的前皮围裙，单穿或穿在腰带上

emasi：酸牛奶

gaanderij：通常设在庭院的开普荷兰人的餐厅

gagwasi：逝去的人或祖先的灵魂

ghommaliedjie（阿非利卡）：舞曲

gora（科伊桑）：弓弦乐器，茨瓦纳和索托人称之为莱西巴（lesiba）

ibeshu（祖鲁）：动物尾制成的短裙，或由一块未加工过的粗糙小牛皮布做成的裹布，裹布被剪成很多流苏纽带，由处在青春期的男孩穿着

ibhuma：简陋的蜂窝型割礼木屋

igwele：不含酒精的饮品，用压碎的玉米粒制成，加入开水，与发芽的谷物一同发酵

ikawu（科萨）：多彩的牛皮护盾

ikhankatha（科萨）：成人礼上的指导师

imbongi（祖鲁）：赞美诗

incwala：斯威士一年一度的国家王室庆典

inembe（斯威士）：一种婴儿食物，很稀的粥，将玉米碾碎成很细的粉末制成

ingcibi：割礼师

ingelegte vis：鱼干餐，如 gesmoorde snoek，以及 moortjies 或 bokkems

ingoma busuku（祖鲁：夜曲）：大合唱舞曲

ingubo（祖鲁）：已婚妇女在特殊场合或庆典仪式上穿戴

的镶满珠饰的衣物

ingungu（祖鲁）：腔筒或共鸣鼓

ingwanqa（斯威士）：很稠的麦片粥

ingwenya：从字面上看是同情的意思，但过去在文达人中经常用来形容专门为部落首领制作的精致雕花木门

inkazana（科萨）：自由女性

intambula（斯威士）：由未经装饰的干燥的山羊皮制成的共鸣鼓，由黏土啤酒罐拉伸

intlonipho（科萨）：尊重，尤其是对长者

intonjane（科萨）：女子成人学校

isangoma（祖鲁）：索托和茨瓦纳人中的占卜师或恩噶卡（ngaka）

isibhebe：一种不含酒精的饮料

isicatamiya（祖鲁：追踪方法）：一种踢踏舞的音乐形式

isicelankobe（祖鲁）：女孩子佩戴在头发上悬挂在额前的珠饰

isicholo（祖鲁）：已婚妇女富有特色的发型，发型高耸并点缀着赭色的装饰品

isidiya or inGcayi（祖鲁）：鹿皮制的斗篷

isidwaba or isikhakha（祖鲁）：重叠着的皮革短裙

isigege（祖鲁）：附着在腰带上的珠串包裹物，由进入青春期的女孩用来包裹生殖器部位

isiguqa（祖鲁）：头发剃光后留在额前的一簇头发

isihiuthu（祖鲁）：厚头发

isiyendane（祖鲁）：将头发涂上油脂，串上珠链

izibongo：祖鲁皇家赞美诗

izintambo（祖鲁）：用来建造木屋的草绳

izintungo（祖鲁）：用树干或树苗建造蜂窝型木屋的框架，使用编制草绳或芦苇叶将这些木块绑在一起

izinwele-ezalukiwe（祖鲁）：长三股辫

Kaggen or cagn（桑族）：造物主和魔术师

kambulumbumba（桑族）：群体弓弦乐器

karoo（科伊科伊）：干旱的高原或半荒漠区

kente（阿桑特，西非）：色彩丰富的带有图案的条纹编制连衣裙

kgotla（索托）：传统族群的决策层所召开的会议

kha：s（科伊桑）：由女子弹奏的绷紧的长弓弦乐器

koesister（阿非里卡）：加了香料的麻花面饼

koningpap：将玉米粒捣碎浸泡在水里，再用筛子反复筛选，直至形成上好的白玉米粉，再制作成不加盐的玉米糊

Kraal（阿非里卡）：牛圈；一个家族或一个族系居住的一组房子；一个非洲部落或村庄

kuma：木筏型琴（用芦苇编制，有十根琴弦）

kutum or kudumor（北印度）：父系大家庭

kwaito（字面意思：这些家伙真火辣）：一种混合流行音乐和舞蹈形式

lialolo/metjekong（索托）：女子表演的对唱舞曲

lidishela（斯威士）：用小米或玉米做的一种稀粥

liederwysies（阿非里卡）：宗教经典故事改编的民歌

lifala or libopi（茨瓦纳和南索托族群）：用岩石建造的蜂

窝型石屋

ligubu（斯威士）：男子演奏的葫芦共振乐器

lijingi lemanti（斯威士）：小米熬制的稀粥

lipakelo：男子将一头奶牛作为结婚礼物赠予他的女儿

lithoko：巴索托人民的一种叙事性音乐赞美诗

lobola（祖鲁）：聘礼

luqhotfo（斯威士）：婴儿或刚学步的小孩戴在腰间的草或珠串，主要起装饰作用

mabepha（文达）：乐团和舞蹈队

makwaya（科萨）：唱诗班（合唱队）

malume（男性母亲）：用来描述母亲兄弟的亲切称呼

mantshomane（聪加）：女人演奏的小手鼓，通常跟巫术有关

marabi：一种混合音乐、舞蹈形式和社会场合；一种富有特色的南非爵士乐变体

marimba：一种像文达的马林巴那样的木琴

matano（文达）：在少女成人礼期间使用的雕刻木质图形

matjiesgoed：用来编制草席的又厚又软的芦苇叶，主要从河床和沼泽里取得

mbaqanda（祖鲁：一种家庭制作的硬玉米面包）：一种发展完善的南非本土爵士乐类型

mbila（文达）：带有共鸣腔的木琴

mealie：用小米或玉米熬制的粥

metogo（佩迪）：不含酒精的发酵饮料

mfecane（恩古尼：粉碎）：与沙加祖鲁有关的社会政治

动乱

mkhuluwa（科萨：大的）：兄长

mohohelo/mokorotlo（索托）：排成 L 型的团体声乐表演（男子）

mokgibo（索托）：膝盖舞（女子）

moppie（阿非里卡）：舞曲

motaba（文达）：用竹子做的一整套芦笛管

murumbu（文达）：女子共鸣鼓

mzala（恩古尼）or motswala（索托）：表亲的意思，通常用来指代母亲兄弟的孩子

ngoma：鼓

num（桑族）：药物；疗愈能力；能力；力量；社会技能

phalaphala（文达）：用在各种不同族群庆祝仪式上的长笛或喇叭

potjiekos：铁锅炖肉，其做法是在室外，将三脚铁锅或 drievoetpot 置于木炭上，放入鹿肉和羊骨，以小火慢烤

qubulo：在每年的初果收获庆典或在别人的婚礼上穿着的裙子

sambal：捣碎的并加了香料的冷冻水果和素菜

sangoma：占卜师

sanskara（北印度）：生命周期仪式，标志着生命从孕育到出生、进入青春期，直至最终死亡的全过程

sebopi（索托）：用泥土而不是石头做的小屋

sefela（索托：一首歌）：赞美诗或口头传统诗歌的一种；多元化的莱菲拉

sestigers：20 世纪 60 年代阿非里卡族的文学诗人

shebeen：售卖自酿酒的场所，通常由黑人女人（地下酒吧的女主人）经营；非洲城镇居民中流行文化的全面发展

sidudu（斯威士）：南瓜玉米

sinokoti：羚羊皮或牛皮制作的男士斗篷

siphuku：羊皮制作的男士斗篷

sishwala（斯威士）：各种稠粥

slaai：切成薄片或碎片的素菜

sosati：插在烤肉叉上的洒满香料的鲜肉

tameletje：焦糖和蔬菜甜品

thangu（文达）：占卜桌

thomba：男孩成人礼期间一些隐蔽的仪式

Tshikona：文达人民的国舞

tshoa（科伊桑）：标志食物禁忌结束的仪式

ukuthwala（科萨）：在新郎朋友的帮助下，绑架新娘的习俗

umcuku（祖鲁）：一种不含酒精的饮料，用煮熟的玉米和啤酒一起发酵而来

umncatfo（斯威士）：阴经顶端的包裹物，通常由葫芦壳、木头、果壳甚至是牛角制成，由步入青春期的男孩穿戴

umninawe（科萨）：弟弟

umutsha：用以盖住被晒黑额头的条布，或加在后口袋上的条带，由父亲赠予儿子，是男孩进入青春期的标志

utshwala（斯威士）：醉人的发酵酒

veld：乡村，南非的风景、牧地或农用地

vhutamba vhutuka（文达）：一年一度的花期庆典

voorhuis（阿非里卡）：早期开普荷兰人房中的中央大厅

voortrekkers（阿非里卡）：布尔人先驱，19 世纪 30 年代大迁徙中的成员

参考文献

在非洲国家中，南非可能是被研究最多和书写最多的国家。种族隔离制度的政策和实践，反对国内外势力的持续的民族主义斗争，使20世纪的南非一直处在世界新闻的风口浪尖。其中一个主要影响是，来自各个学科的诸多学者就南非社会的方方面面编著了大量的研究书籍。然而，其中大部分关注的是现代南非，特别是种族隔离制度，包括该制度的历史根源、政策的制定实施以及它给南非的非洲人民所带来的破坏性灾难，还包括人们对种族主义意识形态的反抗，以及它最终的灭亡等。这样一来我们便能较多地了解现代南非中，有关白人统治南非政治、经济、社会和教育系统的历史。而对土著居民，历经三个世纪欧洲殖民者不同程度的统治、剥削和非人的待遇，他们的历史、文化和文明被系统性地攻击、诋毁、否认甚至镇压，对于这方面知识我们却了解很少。这样一来，尽管文学作品很多，其覆盖范围并不均衡，不能全面反映南非人民的生活。我们了解更多的是南非的历史而不是文化，是其政治而不是人民。20世纪的最后几十年见证了种族隔离制度的结束、民主变革和向无权者的权力让渡，同时也赋予迄今无发言权的人以话语权，让看不见未来的人们重见光明，于是，旨在纠正知识不平衡、弥补过去学术研究不足的文学和智力活动得以复兴。

这篇简短的文章并不尝试引用近几十年出版的所有关于南非的著述。篇幅有限不会采取大范围的引证。引用的重点是本书撰写过程中查阅的文献资料，和其他一些对深入研究南非感兴趣的读者来说有价值的相关资料，在这本书中，对探讨的这些主题我们采取了高度压缩的形式。关于这些问题更专业和精细的资料可以参考各种期刊，列举最主要的几个：《非洲》(*Africa*)，《非洲艺术》(*African Arts*)，《非洲研究》(*African Studies*)，《班图研究》(*Bantu Studies*)，《非洲历史杂志》(*Journal of African History*)，《现代非洲研究杂志》(*Journal of Modern Africa Studies*)，《南非研究杂志》(*Journal of South African Studies*)，《现代南非神学研究杂志》(*Journal of Theology for Modern African Studies*)，《南非宗教》(*Religion in Southern Africa*)，《南非历史杂志》(*The South African Historical Journals*)。南非出版的很多有价值的期刊、杂志和报纸包括：《博纳报》(*Bona*)，《开普时报》(*Cape Times*)，《鼓报》(*Drum*)，《邮卫报》(*Mail and Guardian*)，《索韦托人报》(*Sowetan*)，《星报》(*The Star*) 和《你》(*You*)。此外，很多商业电影和一些公共和私人纪录片在南非社会出现。其中较著名的有：《为所爱的国家哭泣》(*Cry, the Beloved Country*)，《喀拉哈里沙漠的失落世界》(*The Lost World of the Kalahari*)，《上帝也疯狂》(*The Gods Must Be Crazy*)，《为自由呐喊》(史提夫·比科)(*Cry Freedom*)，《寻找桑德拉·莱恩》(*The*

Search for Sandra Lane),《夏卡·祖鲁》(*Shaka Zulu*),《血染的季节》(*A Dry White Season*),《奔向骄阳》(*Safafina*),《与比尔·莫亚一道直面真相》 (南非真相与调解委员会)(*Facing the Truth*),还有很多与纳尔逊·曼德拉和种族隔离制度的结束相关的影片。

综　述

关于非洲尤其是南非文化和习俗方面的内容,参见:

莫莱菲·凯特·阿桑特,卡里姆·威尔士·阿桑特编:《非洲文化:统一的节奏》(康涅狄格州韦斯特波特:格林伍德出版社,1985 年)。

Molefi Kete Asante and Kariumu Welsh Asante, eds. , *African Culture: The Rhythms of Unify* (Westport, Conn. : Greenwood, 1985).

威廉·R. 巴斯科姆,J. 赫斯科维茨编:《非洲文化的延续和变迁》(芝加哥:芝加哥大学出版社,1959 年)。

William R. Bascom and J. Herskovits, eds. , *Continuity and Change in African Cultures* (Chicago: University of Chicago Press, 1959).

托因·法罗拉编:《非洲的文化与社会》(达拉谟:卡罗来纳学术出版社,2000 年)。

Toyin Falola, ed. , *Africa: Culture and Society* (Durham: Carolina Academic Press, 2000).

大卫·哈蒙德—图克编:《南部非洲的班图语民族》(伦敦和波士顿:劳特利奇和基根·保罗出版社,1974 年)。

David Hammond-Tooke, ed. , *The Bantu-Speaking Peoples of Southern Africa* (London and Boston: Routledge and Kegan Paul, 1974).

哈蒙德—图克编:《黑南非之根》(约翰内斯堡:乔纳森·鲍尔出版社,1998 年)。

Hammond-Tooke, ed. , *The Roots of Black South Africa* (Johannesburg:

Jonathan Ball Publishers, 1998).

理查德·奥兰尼亚编：《非洲的历史与文化》（伊凯贾和埃塞克斯：朗文出版社，1982年）。

Richard Olaniyan, ed., *Africa History and Culture* (Ikeja and Essex: Longman, 1982).

奎西·威林杜：《哲学和非洲文化》（剑桥：剑桥大学出版社，1980年）。

Kwesi Wirendu, *Philosophy and an African Culture* (Cambridge: Cambridge University Press, 1980).

克里斯托弗·桑德：《南非历史词典》第二版（1999年），提供了主要历史人物的经历和过去南非的一些问题，在网上也能搜索得到。

Christopher Saunder's *Historical Dictionary of South Africa*, 2nd ed. (1999), provides a quick vignette of the major players and issues of the South African past and is available online.

珍·布兰福德：《南非英语词典》（开普敦：牛津大学出版社，1978年），是对英语的南非变种的珍贵介绍。

Jean Branford, *A Dictionary of South Africa English* (Cape Town: Oxford University Press, 1978), is a valuable introduction to the South Africa variant of the English language.

关于参考书目，最好从鲁宾和内奥米·姆斯克的著作入手：《南部非洲参考书目》（拉哈姆医学博士，伦敦：稻草人出版社，1996年），第64~218页，提供了有关南非在1945年到1995年之间发表作品的最全面的参考书目。

On bibliography, the best place to begin is Reuben and Naomi Musiker, *Southern African Bibliography* (Lanham, Md., and London: The Scarecrow Press, 1996), 64~218, which provides a most comprehensive bibliography on South Africa for works published between 1945 and 1995.

序　言

对于南非地理的大致介绍，参见：

罗迪·福克斯和凯特·朗特里编：《变化世界中的南非地理》（牛津：牛津大学出版社，2000 年）。

Roddy Fox and Kate Rowntree, eds., *The Geography of South Africa in a Changing World* (Oxford: Oxford University Press, 2000).

A. 莱蒙编：《南非地理的变化》（奇切斯特：威利父子出版社，1995 年）。

A. Lemon, ed., *The Geography of Change in South Africa* (Chichester: Wiley & Sons, 1995).

A. 莱斯特编：《从殖民到民主：新的南非历史地理学》（伦敦：I. B. 陶里斯出版社，1996）。

A. Lester, *From Colonization to Democracy: A New Historical Geography of South Africa* (London: I. B. Tauris, 1996).

M. 梅多斯编：《南非的生物地理学和生态系统》（开普敦：朱塔出版社，1985 年）。

M. Meadows, ed., *Biogeography and Ecosystems of South Africa* (Cape Town: Juta, 1985).

R. A. 普勒斯顿—怀特和 P. D. 泰森编：《南非的大气和天气》（开普敦：牛津大学出版社，1992 年）。

R. A. Preston-Whyte and P. D. Tyson, eds., *The Atmosphere and Weather of South Africa* (Cape Town: Oxford University Press, 1992).

D. M. 史密斯编：《种族隔离城市及以后：南非的城市化和社会变迁》（伦敦：劳特利奇，1992 年）。

D. M. Smith, ed., *The Apartheid City and Beyond: Urbanization and Social Change in South Africa* (London: Routledge, 1992).

J. H. 惠灵顿编：《南部非洲地理研究》（剑桥：剑桥大学出版社，1955 年）第 2 卷。

J. H. Wellington, ed., *Southern Africa: A Geographical Study* (Cambridge: Cambridge University Press, 1955), 2 vols.

地图方面参见：

A. J. 克里斯托弗编:《种族隔离地图集》(约翰内斯堡: 威特沃特斯兰德大学出版社, 1994 年)。

A. J. Christopher, ed., *Atlas of Apartheid* (Johannesburg: Witwatersrand University Press, 1994).

I. 格里菲斯编:《非洲事务地图集》(约翰内斯堡: 威特沃特斯兰德大学出版社, 1994 年);《新南非共和国地图集》(米勒·朗文公司, 2002 年);《南部非洲读者文摘地图集》(开普敦: 读者文摘集团, 1995 年)。

I. Griffiths, ed., *Atlas of African Affairs* (Johannesburg: Witwatersrand University Press, 1994); *New RSA Atlas* (Maskew Miller Longman, 2002); *Reader's Digest Atlas of Southern Africa* (Cape Town: Reader's Digest Association, 1995).

环境问题方面参见:

J. 克莱克编:《回到地球: 南非的环境挑战》(中途之家: 南方图书公司, 1991 年)。

J. Clarke, ed., *Back to Earth: South Africa's Environmental Challenges* (Halfway House: Southern Books, 1991).

B. R. 戴维斯, J. 戴:《消失的水域》(开普敦: 开普敦大学出版社, 1998 年)。

B. R. Davies and J. Day, *Vanishing Waters* (Cape Town: University of Cape Town Press, 1998).

R. F. 法格, M. A. 拉比:《南非环境管理》(开普敦: 朱塔出版社, 1992 年)。

R. F. Fuggle and M. A. Rabie, *Environmental Management in South Africa* (Cape Town: Juta, 1992).

杰克琳·科克, 艾迪·科赫编:《迈向绿色环保: 南非的人民、政治和环境》(开普敦: 牛津大学出版社, 1991 年)。

Jacklyn Cock and Eddie Koch, eds., *Going Green: People, Politics and the Environment in South Africa* (Cape Town: Oxford University Press,

1991).

艾迪·科赫等人编:《水资源、垃圾和野生动物:南非的生态政策》(约翰内斯堡:企鹅出版社,1990 年)。

Eddie Koch, et al., *Water, Waste and Wildlife: The Politics of Ecology in South Africa* (Johannesburg: Penguin, 1990).

曼菲拉·兰菲勒编:《重建家园:后种族隔离制度下南非的环境和变迁》(伦敦:帕诺斯,1991 年)。

Mamphela Ramphele, ed., *Restoring the Land: Environment and Change in Post-Apartheid South Africa* (London: Panos, 1991).

动植物方面的内容,参见:

奥瑞尔·巴腾:《南部非洲的花卉》(中途之家:南方图书公司,1988 年)。

Auriol Batten, *Flowers of Southern Africa* (Halfway House: Southern Books, 1988).

汉斯·格罗布勒等人编:《南部非洲的食肉动物》(约翰内斯堡:麦克米伦出版商,1984 年)。

Hans Grobler, et al., *Predators of Southern Africa* (Johannesburg: Macmillan, 1984).

D. 海伊:《南非的野生动物遗产》(开普敦:牛津大学出版社,1966 年)。

D. Hey, *Wildlife Heritage of South Africa* (Cape Town: Oxford University Press, 1966).

莉斯·麦克马洪,迈克尔·弗雷泽:《两海岸之间:好望角的植物群和动物群》(开普敦:大卫·飞利浦出版社,1994 年);《南部非洲:野生动物的奇幻世界》(开普敦:读者文摘集团,1993 年)。

Liz McMahon and Michael Fraser, *Between Two Shores: Flora and Fauna of the Cape of Good Hope* (Cape Town: David Philip, 1994); and *Southern Africa: Spectacular World of Wildlife* (Cape Town: Reader's Digest Association, 1993).

关于土著族群和语言的内容，鲜有文章出版。然而更多的是有关南非白人、开普有色人口、印度人和犹太人的文献。有关南非白人的内容，参见：

W. A. 德克勒克：《非洲的清教徒：南非白人人口的历史》（哈蒙兹沃思：企鹅，1975 年）。

W. A. de Klerk, *The Puritans in Africa*: *A History of Afrikanerdom* (Harmondsworth: Penguin, 1975).

弗农 · A. 菲布鲁阿里：《南非白人》（伦敦：基根 · 保罗出版商，1989 年）。

Vernon A. February, *The Afrikaners of South Africa* (London: Kegan Paul, 1989).

J. A. 坦普林：《意识形态前沿：南非白人民族主义的神学基础，1652 ~ 1910 年》（康涅狄格州韦斯特波特：格林伍德出版社，1984 年）。

J. A. Templin, *Ideology on a Frontier*: *The Theological Foundation of Afrikaner Nationalism*, 1652 ~ 1910 (Westport, Conn.: Greenwood Press, 1984).

有关开普马来人，参见：

F. R. 布拉德罗，M. 凯恩斯：《早期的开普穆斯林：一项有关他们的清真寺、宗谱和起源的研究》（开普敦：巴尔克马出版社，1978 年）。

F. R. Bradlow and M. Cairns, *The Early Cape Muslims*: *A Study of Their Mosques*, *Genealogy and Origins* (Cape Town: Balkema, 1978).

I. D. 迪普莱西：《开普马来人的历史、宗教、传统和民间故事——马来区》（开普敦：巴尔克马出版社，1972 年）。

I. D. Du Plessis, *The Cape Malays*: *History*, *Religion*, *Traditions*, *Folk Tales. The Malay Quarter* (Cape Town: Balkema, 1972).

有关有色人口的内容，参见：

罗伊 · H. 迪普莱：《独立但不平等：南非“有色人口”的政治史》（约翰内斯堡：乔纳森 · 鲍尔出版社，1994 年）。

Roy H. Du Pre, *Separate but Unequal*: *The 'Coloured People' of South*

Africa: *A Political History* (Johannesburg: Jonathan Ball, 1994).

威尔默特·詹姆斯等人编:《现在我们自由了:在民主化南非中的有色人口社区》(博尔德和伦敦:林恩·瑞恩勒出版社,1996 年)。

Wilmot James, et al., eds., *Now That We Are Free*: *Coloured Communities in a Democratic South Africa* (Boulder and London: Lynne Rienner Publishers, 1996).

克里斯·斯科曼:《第六区:卡纳拉精神》(开普敦:休曼与罗素出版社,1993 年)。

Chris Schoeman, *District Six*: *The Spirit of Kanala* (Cape Town: Human and Rousseau, 1993).

有关印度人的内容,参见:

S. 巴哈纳,J. B. 布雷恩:《落地生根:南非 1860 ~ 1911 年的印度移民》(约翰内斯堡:威特沃特斯兰德大学出版社,1989 年)。

S. Bhana and J. B. Brain, *Setting Down Roots*: *Indian Migrants in South Africa* 1860 ~ 1911 (Johannesburg: Witwatersrand University Press, 1989).

比尔·弗洛伊德:《局内人和局外人:1910 ~ 1990 年,德班的印度工人阶级》(德班:纳塔尔大学出版社,1994 年)。

Bill Freund, *Insiders and Outsiders*: *The Indian Working Class of Durban*, 1910 ~ 1990 (Durban: University of Natal Press, 1994).

希尔达·库珀:《纳塔尔的印度人》(彼得马里茨伯格:纳塔尔大学出版社,1960 年)。

Hilda Kuper, *Indian People in Natal* (Pietermaritzburg: Natal University Press, 1960).

有关犹太人,犹太复国主义、反犹太主义的内容,参见:

孟德尔·卡普兰和玛丽安·罗伯逊编:《创始人和追随者:1887 ~ 1915 年,约翰内斯堡的犹太人》(开普敦:弗拉尔伯格出版社,1991 年)。

Mendel Kaplan and Marian Robertson, eds., *Founders and Followers*: *Johannesburg Jewry* 1887 ~ 1915 (Cape Town: Vlaeberg Publishers, 1991).

G·萨隆：《至 1953 年的南非犹太人历史图册》（约翰内斯堡：南非犹太人代表委员会，2001 年）。

G. Saron, *The Jews of South Africa: An Illustrated History to* 1953 (Johannesburg: South African Jewish Board of Deputies, 2001).

弥尔顿·沙恩：《南非反犹太主义的根源》（弗吉尼亚：弗吉尼亚大学出版社，1994 年）。

Milton Shain, *The Roots of Antisemitism in South Africa* (Virginia: University Press of Virginia, 1994).

第一、二章：历史和社会

有关南非的历史方面，有三部比较全面、优秀的一般性著作：

罗德尼·达文波特和克里斯托弗·桑德斯：《南非现代史》（纽约：圣马丁出版社，2000 年）。

Rodney Davenport and Christopher Saunders, *South Africa: A Modern History* (New York: St. Martins, 2000).

伦纳德·汤普森：《南非史》（纽黑文市：耶鲁大学出版社，1996 年）。

Leonard Thompson, *A History of South Africa* (New Haven: Yale University Press, 1996);

《南非读者文摘图说历史》第三版（开普敦：读者文摘协会，1994 年）。

Reader's Digest Illustrated History of South Africa, 3rd ed. (Cape Town: Reader's Digest Association, 1994).

另外一些简短但也十分优秀的关于南非历史的介绍包括：

库珀·J. D. 奥默：《南非史》第二版（朴茨茅斯：海涅曼出版社，1994 年）。

J. D. Omer Cooper, *History of South Africa*, 2nd ed. (Portsmouth: Heinemann, 1994).

罗伯特·罗斯：《南非简史》（哥伦比亚大学出版社，1999 年）。

Robert Ross, *A Concise History of South Africa* (Cambridge University Press, 1999).

罗杰·B. 贝克：《南非史》（康涅狄格州韦斯特波特：格林伍德出版社，2000 年）。

Roger B. Beck, *The History of South Africa* (Westport, Conn.: Greenwood Press, 2000).

奈杰尔·沃登：《现代南非的形成》（牛津和马萨诸塞州马尔登：牛津大学出版社，2000 年）。

Nigel Worden, *The Making of Modern South Africa* (Oxford and Malden, Mass.: Oxford University Press, 2000).

威廉·贝纳特：《20 世纪的南非》（纽约：牛津大学出版社，1994 年），对本世纪的南非做了十分令人振奋的介绍。

William Beinart's *Twentieth-century South Africa* (New York: Oxford University Press, 1994).

南非黑人历史，特别是 20 世纪前的历史，参见：

彼得·德利乌斯：《属于我们的土地：19 世纪德兰士瓦的佩迪政体、布尔人和英国人》（伯克利：加利福尼亚大学出版社，1984 年）。

Peter Delius, *The Land Belongs to Us: The Pedi Polity, the Boers and the British in the Nineteenth Century Transvaal* (Berkeley: University of California Press, 1984).

杰夫·盖伊：《祖鲁王国的毁灭》（伦敦：朗文出版社，1979 年）。

Jeff Guy, *The Destruction of the Zulu Kingdom* (London: Longman, 1979).

P. 梅拉姆：《南非非洲人民的历史：从早期铁器时代到 20 世纪 70 年代》（纽约：圣马丁出版社，1986 年）。

P. Maylam, *A History of the African People of South Africa: From the early Iron Age to the* 1970's (New York: St. Martin's Press, 1986).

J·D·俄梅珥·库珀：《后祖鲁时期：19 世纪非洲班图族的变革》

（埃文斯顿：西北大学出版社，1982 年）。

J. D. Omer Cooper, *The Zulu Aftermath: A Nineteenth Century Revolution in Bantu Africa* (Evanston: Northwestern University Press, 1982).

莱斯·斯威策：《非洲社会的力量和反抗：西斯凯科萨人和南非的崛起》（麦迪逊：威斯康星大学出版社，1993 年）。

Les Switzer, *Power and Resistance in an African Society: The Ciskei Xhosa and the Making of South Africa* (Madison: University of Wisconsin Press, 1993).

史蒂芬·泰勒：《夏卡的孩子：祖鲁人民的历史》（伦敦：哈珀柯林斯出版社，1994 年）。

and Stephen Taylor, *Shaka's Children: A History of the Zulu People* (London: HarperCollins, 1994).

有关开普殖民历史，参见理查德·艾尔菲克和赫尔曼·吉尔默编著的非常优秀的作品：

理查德·艾尔菲克，赫尔曼·吉尔默：《1652～1840 年南非社会的塑造》（康涅狄格州米德尔顿：卫斯理大学出版社，1988 年）。

Richard Elphick and Herman Gillomee, *The Shaping of South African Society*, 1652 ~ 1840 (Middletown, Conn.: Wesleyan University Press, 1988).

关于各族群的具体事务，参见：

乔纳森·克纳西，查尔斯·安布勒：《南部非洲的酒与劳动力》（雅典：俄亥俄大学出版社，1992 年）。

Jonathan Crush and Charles Ambler, eds., *Liquor and Labor in Southern Africa* (Athens: Ohio University Press, 1992).

艾尔菲克：《科伊科伊人和南非白人社会的创建》（雅典，俄亥俄：俄亥俄大学出版社，1986 年）。

Elphick, *Khoikhoi and the Founding of white South Africa* (Athens, Ohio: Ohio University Press, 1986).

A. 格兰特：《胡格诺派教徒》（开普敦：米勒·朗文出版社，1988

年）。

A. Grant, The Huguenots (Cape Town: Maskew Miller Longman, 1988).

W. 贝纳特和 C. 邦迪编：《1800～1930 年，南非乡村里暗藏斗争：在特兰斯凯和东开普的政治和民众运动》（约翰内斯堡：拉瓦纳出版社，1987 年）。

W. Beinart and C. Bundy, eds., *Hidden Struggles in Rural South Africa: Politics and Popular Movements in the Transkei and Eastern Cape*, 1800～1930 (Johannesburg: Ravan Press, 1987).

关于开普的奴隶制度，参见：

罗伯特·罗丝：《开普的苦难：南非的奴隶制和反抗》（伦敦：劳特利奇和基根·保罗出版社，1983 年）。

Robert Ross, *Cape of Torments: Slavery and Resistance in South Africa* (London: Routledge and Kegan Paul, 1983).

罗伯特·C. 谢尔：《受奴役的儿童：好望角奴隶社会的社会史》（汉诺威市和伦敦：卫斯理大学出版社，1955 年）。

Robert C. Shell, *Children of Bondage: A Social History of the Slave Society at the Cape of Good Hope* (Hanover and London: Wesleyan University Press, 1955).

N. 沃登：《南非荷兰奴隶制》（剑桥：剑桥大学出版社，1985 年）。

N. Worden, *Slavery in Dutch South Africa* (Cambridge: Cambridge University Press, 1985).

在矿业资本主义和城市化方面，参见：

劳伦斯·休斯：《约翰内斯堡：国际化城市》（约翰内斯堡：德尔塔图书公司，1983 年）。

Lawrence Hughes, *Johannesburg: The Cosmopolitan City* (Johannesburg: Delta Books, 1983).

N. A. 曼迪：《被划分的城市：约翰内斯堡和索委托》（约翰内斯堡：麦克米伦出版社，1984 年）。

N. A. Mandy, *A City Divided*: *Johannesburg and Soweto* (Johannesburg: Macmillan, 1984).

T. 邓巴·穆迪和薇薇恩·纳塔西:《逐金之旅:男人、矿山和移民》(约翰内斯堡:维特沃特斯兰德大学出版社,1994 年)。

T. Dunbar Moodie and Vivienne Ndatshe, *Going For Gold*: *Men*, *Mines and Migrancy* (Johannesburg: Witwatersrand University Press, 1994).

B. 罗伯特:《金伯利:动荡不安的城市》(开普敦:大卫·菲利普出版社,1985 年)。

B. Roberts, Kimberley: Turbulent City (Cape Town: David Philip, 1985).

罗伯特·V. 特瑞尔:《金伯利钻石矿山的资本和劳动力,1971 ~ 1989 年》(剑桥:剑桥大学出版社,1987 年)。

Robert V. Turrel, *Capital and Labour on the Kimberley Diamond Mines*, 1971 ~ 1989 (Cambridge: Cambridge University Press, 1987).

查尔斯·范昂赛雷恩:《关于维特沃特斯兰德的社会经济史研究,1886 ~ 1994 年:第一卷,新巴比伦;第二卷,新尼尼薇》(伦敦:朗文出版社,1982 年)。

Charles van Onselen, *Studies in the Social and Economic History of the Witwatersrand*, 1886 ~ 1994: *Volume I*, *New Babylon*; *Volume II*, *New Nineveh* (London: Longman, 1982).

威廉·H. 沃格:《南非的钻石之城:金伯利的矿工和垄断资本主义,1867 ~ 1895 年》(纽黑文:耶鲁大学出版社,1987 年)。

William H. Worger, *South Africa's City of Diamonds*: *Mine Workers and Monopoly Capitalism in Kimberley*, 1867 ~ 1895 (New Haven: Yale University Press, 1987).

南非战争或英布战争是南部非洲编史中研究最多和最常编写的主题之一,这其中最有价值的文献有:

托马斯·佩肯汉姆:《布尔战争》(纽约:兰登书屋,1979 年)。

Thomas Pekenham, *The Boer War* (New York: Random House, 1979).

比尔·纳森：《亚伯拉罕平原战役：一位开普的南非黑人，1899～1902年》（剑桥：剑桥大学出版社，1991年）。

Bill Nasson, *Abraham Essau's War*: *A Black South African in the Cape*, 1899～1902（Cambridge: Cambridge University Press, 1991）.

利安·史密斯：《南非战争的起源，1899～1902年》（纽约：朗文出版社，1996年）。

Lian Smith, *The Origins of the South African War*, 1899～1902（New York: Longman, 1996）.

P. 沃里克：《黑人和南非战争，1899～1902年》（伦敦：朗文出版社，1983年）。

P. Warwick, *Black People and the South African War*, 1899～1902（London: Longman, 1983）.

关于种族隔离制度的起源、影响和终结，参见：

布瑞恩·拉平：《种族隔离制度的历史》（纽约：乔治·布拉齐勒出版社，1989年）。

Brian Lapping, *Apartheid*: *A History*（New York: George Braziller, 1989）.

索尔·杜波：《南非的种族隔离和种族隔离制度的起源，1919～1936年》（伦敦：麦克米伦出版社，1989年）。

Saul Dubow, *Racial Segregation and the Origins of Apartheid in South Africa*, 1919～1936（London: Macmillan, 1989）.

乔治·M. 傅德瑞克森：《黑人解放：美国和南非黑人意识形态的历史比较》（纽约：牛津大学出版社，1995年）。

George M. Frederickson, *Black Liberation*: *A Comparative History of Black Ideologies in the United States and South Africa*（New York: Oxford University Press, 1995）.

R. W. 约翰逊，劳伦斯·施奈摩：《南非民主的开端：1994年4月的第一次公开选举》（纽黑文：耶鲁大学出版社，1996年）。

R. W. Johnson and Lawrence Schlemmer, *Launching Democracy in South*

Africa: *The First Open Election*, *April* 1994 (New Haven: Yale University Press, 1996).

汤姆·洛奇:《自 1945 年以来南非的黑人政治》(纽约: 朗文出版社, 1993 年)。

Tom Lodge, *Black Politics in South Africa since* 1945 (New York: Longman, 1993).

马丁·穆雷:《革命延期: 南非后种族隔离时代痛苦的诞生》(纽约: 韦尔索出版社, 1994 年)。

Martin Murray, *The Revolution Deferred*: *The Painful Birth of Post-Apartheid South Africa* (New York: Verso, 1994).

朱利安·梅编写:《南非的贫困和不公正: 迎接挑战》(开普敦: 大卫·菲利普出版社, 2000 年)。

Julian May, ed., *Poverty and Inequality in South Africa*: *Meeting the Challenge* (Cape Town: David Philip, 2000).

丹·欧米拉:《失去的四十年: 1948~1994 年的种族隔离国家和国民党的政治活动》(约翰内斯堡: 瑞文出版社, 1995 年)。

Dan O'Meara, *Forty Lost Years*: *The Apartheid State and the Politics of the National Party*, 1948~1994 (Johannesburg: Ravan Press, 1995).

阿里斯特·斯帕克斯:《明天是另一个国家: 南非变革之路的内幕》(伯克利: 加利福尼亚大学出版社, 1989 年)。

Allister Sparks, *Tomorrow Is Another Country*: *The Inside Story of South Africa's Road Creation of Tribalism in South Africa* (Berkeley: University of California Press, 1989).

彼得·沃尔什:《冉冉升起的南非民族主义: 1912~1952 年的非国大》(伦敦: 赫斯特, 1970 年)。

Peter Walsh, *The Rise of Nationalism in South Africa*: *The African National Congress*, 1912~1952 (London: Hurst, 1970).

在传记和自传中, 最有益的包括:

F. W. 德克勒克:《最后的跋涉——新的开始: 自传》(纽约: 圣马

丁出版社，1999 年）。

F. W. de Klerk, *The Last Trek—A New Beginning: The Autobiography* (New York: St. Martin's Press, 1999).

艾玛·吉尔比：《维尼·曼德拉女士的生活和时代》（伦敦：威特治出版社，1994 年）。

Emma Gilbey, *The Lady: The Life and Times of Winnie Mandela* (London: Vintage, 1994).

艾伦·科威约：《请叫我女人》（伦敦：妇女出版社，1985 年）。

Ellen Kuzwayo, *Call Me Woman* (London: The Woman's Press, 1985).

阿尔贝·卢图利：《让我的人民离开：我的自传》（约翰内斯堡：柯林斯出版社，1962 年）。

Albet Luthuli, *Let My People Go: An Autobiography* (Johannesburg: Collins, 1962).

莉婉·马伦：《我的叛国心》（纽约：威特治出版社，1990 年）。

Rian Malan, *My Traitor's Heart* (New York: Vintage Press, 1990).

纳尔逊·曼德拉：《通向自由的漫漫长路——曼德拉自传》（伦敦：利特尔 & 布朗出版社，1994 年）。

Nelson Mandela, *Long Walk to Freedom: The Autobiography of Nelson Mandela* (London: Little Brown & Company, 1994).

维尼·曼德拉：《我的灵魂随他而去》（纽约：诺顿出版社，1985 年）。

Winnie Mandela, *Part of Soul went with Him* (New York: Norton, 1985).

埃斯基亚·玛非雷雷：《沿着第二大道》（柏林：七大洋，1959 年）。

Ezekiel Mphahlele, *Down Second Avenue* (Berlin: Seven Seas, 1959).

曼菲拉·蓝菲勒：《我的生活》（开普敦：大卫·菲利普出版社，1995 年）。

Mamphela Ramphele, *My Life* (Cape Town: David Philip, 1995).

安东尼·桑普森：《纳尔逊·曼德拉：经授权的传记》（纽约：哈

勃·考林斯出版社，1999 年）。

Anthony Sampson, *Nelson Mandela: The Authorized Biography* (New York: Harper Collins, 1999).

李纳德·汤普森：《两个世界中的生存：1786～1870 年莱索托的莫修修》（牛津：克拉朗顿出版社，1975 年）。

Leonard Thompson, *Survival in Two Worlds: Moshoeshoe of Lesotho, 1786～1870* (Oxford: Claredon Press, 1975).

查尔斯·范·昂赛雷恩：《矿区子孙：1894～1985 年南非佃农考什·曼恩的生活》（开普敦：大卫·菲利普出版社，1996 年）。

Charles van Onselen, *The Seed in Mine: The Life of Kas Maine, a South African Sharecropper, 1894～1985* (Cape Town: David Philip, 1996).

罗伯特·I. 罗特伯格：《创始人：塞西尔·罗兹及对权力的追逐》（纽约：牛津大学出版社，1988 年）。

Robert I. Rotberg, *The Founder: Cecil Rhodes and the Pursuit of Power* (New York: Oxford University Press, 1988).

关于真相与调解委员会，参见：

艾力士·波瑞：《脱下虚伪假面的国家》（牛津：牛津大学出版社，2000 年）。

Alex Boraine, *A Country Unmasked* (Oxford: Oxford University Press, 2000).

林恩·S. 格雷比尔：《南非真相与调解委员会：奇迹还是典范?》（博尔德：琳妮·瑞勒出版社，2002 年）。

Lyn S. Graybill, *Truth & Reconciliation Commission in South Africa: Miracle or Model?* (Boulder: Lynne Rienner, 2002).

德斯蒙德·图图：《没有宽恕就没有未来》（伦敦：赖德图书公司，1999 年）。

Desmond Tutu, *No Future without Forgiveness* (London: Rider Books, 1999).

也参见南非诗人和作家安杰·科洛戈的感人著作：《我的颅骨之国》

（约翰内斯堡：兰登书屋，1998 年）。

Antjie Krog, *Country of My Skull* (Johannesburg: Random House, 1998).

《南非真相与调解委员会报告》第五卷（开普敦：朱塔出版社，1998 年）。可以打印阅览、光盘阅览，也可以参见万维网：

http://www.polity.org.za/govdocs/commissions/1998/trc/index.htm

Report of the Truth and Reconciliation Commission of South Africa (Cape Town: Juta, 1998).

第三章：宗教

以单卷册简要介绍南非宗教历史和实践的著作中，最佳的当属：

大卫·查德斯特：《南非宗教》（伦敦：劳特利奇出版社，1992 年）。

David Chidester, *Religion of South Africa* (London: Routledge, 1992).

非洲传统宗教，参见：

约翰·W. 阿盖尔，埃莉诺·普雷斯顿—怀特编：《南部非洲的社会体系和传统》（开普敦：牛津大学出版社，1978 年）。

John W. Argyle and Eleanor Preston-White, eds., *Social System and Tradition in Southern Africa* (Cape Town: Oxford University Press, 1978).

阿兰·巴纳德：《科伊桑宗教思想的结构和流动性》，载《非洲宗教杂志》第 18 卷，1988 年，第 216 ~ 236 页。

Alan Barnard, "Structure and Fluidity in Khoisan Religion Ideas," *Journal of Religion in Africa* 18 (1988): 216 ~ 236.

T·贝德曼：《斯威士王室仪式》，载《非洲》第 36 卷，1966 年，第 373 ~ 405 页。

T. Beidelman, "Swazi Royal Ritual," *Africa* 36 (1966): 373 ~ 405.

亚历克斯·艾弗·伯格伦德：《祖鲁思考模式和符号系统》（伦敦：C. 赫斯特出版社，1976 年）。

Alex Iver Berglund, *Zulu Thought-Patterns and Symbolism* (London:

C. Hurst, 1976).

W·D·哈蒙德·图克:《东南部班图族是否崇拜他们的祖先?》,载《社会体系和传统》,阿盖尔,普雷斯顿—怀特编,第 134 ~ 149 页。

W. D. Hammond-Tooke, "Do the South-eastern Bantu Worship Their Ancestors?" in Argyle and Preston-Whyte, eds., *Social System and Tradition*, 134 ~ 149.

《边界和信仰:索托族的世界观结构》(约翰内斯堡:威特沃特斯兰德大学出版社,1981 年)。

Boundaries and Belief: The Structure of a Sotho Worldview (Johannesburg: Witwatersrand University Press, 1981).

《仪式和巫术:南非土著疗法》(约翰内斯堡:A. D. 唐克,1989 年)。

Rituals and Medicines: Indigenous Healing in South Africa (Johannesburg: A. D. Donker, 1989).

欧文·赫克瑟姆:《天国之主,大地之王:祖鲁人的传统宗教与对天国之神的信仰》,载《神学和宗教研究》第 10 卷,1981 年,第 273 ~ 278 页。

Irving Hexham, "Lord of the Sky, King of the Earth: Zulu Traditional Religion and Belief in the Sky God," *Sciences Religieuses/Studies in Religion* 10 (1981): 273 ~ 278.

珍妮特·霍奇森:《科萨人的神灵》(开普敦:牛津大学出版社,1982 年)。

Janet Hogson, *The God of the Xhosa* (Cape Town: Oxford University Press, 1982).

H. 库克特编:《南部非洲的祖先宗教》(卡卡杜:鲁姆克宣教协会,1981 年)。

H. Kuckertz, ed., *Ancestor Religion in Southern Africa* (Cacadu: Lumko Missiological Institute, 1981).

J. D. 路易斯·威廉姆斯:《眼见为实:南部桑族岩画的符号意义》

（伦敦：学术出版社，1981 年）。

J. D. Lewis-Williams, *Believing and Seeing: Symbolic Meanings in Southern San Rock Paintings* (London: Academic Press, 1981).

罗娜·马歇尔：《昆布须曼人宗教信仰》，载《非洲》，1962 年，第 32 页，第 221～252 页。

Lorna Marshall, "! Kung Bushmen Religious Beliefs," *Africa*, 32, 1962, 221～252.

哈利特·恩古班：《祖鲁医学中的身体与精神》（伦敦：学术出版社，1977 年）。

Harriet Ngubane, *Body and Mind in Zulu Medicine* (London: Academic Press, 1977).

加布里埃尔·塞提隆：《索托—茨瓦纳人中神的形象》（鹿特丹：A. A. 巴尔克玛出版社，1976 年）。

Gabriel Setiloane, *The Image of God among the Sotho-Tswana* (Rotterdam: A. A. Balkema, 1976).

M. G. 威森，M. 威斯特编：《南部非洲的宗教和社会变革》（开普敦：大卫·菲利普出版社，1975 年）。

M. G. Whisson and M. West, eds., *Religion and Social Change in Southern Africa* (Cape Town: David Philip, 1975).

有关伊斯兰教、佛教、犹太教的相关内容，参见：

A. 戴维斯：《波卡普的清真寺：开普伊斯兰教的社会史》（开普艾法隆：南非阿拉伯与穆斯林研究所，1980 年）。

A Davids, *The Mosques of Bo-Kaap: A Social History of Islam at the Cape* (Athlone, Cape: South African Institute of Arabic and Islamic Research, 1980).

克里斯·格雷林：《赛琪·优素福，南非伊斯兰教创始人》，载《南部非洲的宗教》第 1 卷，1980 年，第 9～22 页。

Chris Greyling, "Shech Yusuf, The Founder of Islam in South Africa," *Religion in Southern Africa* 1 (1980): 9～22.

乔斯林·海里格：《南非犹太教：保守传统主义的表现》，载《犹太主义》第35卷，1986年，第232～242页；《南非犹太民族的宗教表达》，载《南部非洲的宗教》第8卷，第2卷，1987年，第3～17页。

Jocelyn Hellig, "South Africa Judaism: An Expression of Conservative Traditionalism," *Judaism* 35 (1986): 232～242; "The Religious Expressions of South Africa Jewry," *Religion in southern Africa* 8, 2 (1987): 3～17.

C. 库普萨米：《南非印度人的宗教、行为和风俗》（德班：阳光出版社，1983年）。

C. Kuppusami, *Religions, Practices and Customs of South African Indians* (Durban: Sunray, 1983).

有关基督教方面，参见最近出版的文集：

理查德·艾尔菲克，罗德尼·达文波特编：《南非基督教：政治、社会和文化史》（伯克利：加利福尼亚大学出版社，1997年）。

Richard Elphick and Rodney Davenport, eds., *Christianity in South Africa: A Political, Social, and Cultural History* (Berkeley: University of California Press, 1997).

另外一些有用的文献，包括：

J. B. 布雷恩：《德兰士瓦的天主教堂》（约翰内斯堡：无玷玛利亚圣母献主会，1990年）。

J. B. Brain, *The Catholic Church in the Transvaal* (Johannesburg: Missionary Oblates of Mary Immaculate, 1990).

D. N. 布里格，J. 温：《收获和希望：南部非洲的公理会故事》（约翰内斯堡：南非联合公理会教堂，1970年）；《当心：1820～1977年南部非洲浸信会的历史》（鲁德普特：浸信会出版社，1983年）。

D. N. Brigg and J. Wing, *The Harvest and the Hope: The Story of Congregationalism in Southern Africa* (Johannesburg: United Congregational Church of South Africa, 1970); *By Taking Heed: The History of Baptists in Southern Africa*, 1820～1977 (Roodepoort: Baptist Publishing House,

1983).

汉斯・W. 弗洛林:《南非的路德会教友》(德班:路德出版有限公司,1967年)。

Hans W. Florin, *Lutherans in South Africa* (Durban: Lutheran Publishing Co., 1967).

彼得・亨格莱夫:《南非圣公会》(伦敦:达顿、朗文和托德出版社,1963年)。

Peter Hinchliff, *The Anglican Church in South Africa* (London: Darton, Longman, & Todd, 1963).

关于非洲人发起的教会或独立教会的相关内容,参见:

J. M. 希雷加:《1883~1916年南部非洲的黑人主义和非洲裔美国人》(巴吞鲁日:路易斯安娜州立大学出版社,1987年)。

J. M. Chirenje, *Ethiopianism and Afro-Americans in Southern Africa, 1883~1916* (Baton Rouge: Louisiana State University Press, 1987).

A. 达波:《获救者组成的社区:东开普省的一个非洲复兴教会》(约翰内斯堡:威特沃特斯兰德大学出版社,1976年)。

A. Dubb, *A Community of the Saved: An African Revivalist Church in the Eastern Cape* (Johannesburg: Witwatersrand University Press, 1976).

路易丝・克雷奇施玛尔:《在南非探索黑人神学》(约翰内斯堡:瑞文出版社,1985年)。

Louise Kretzchmar, *The Quest for a Black Theology in South Africa* (Johannesburg: Ravan Press, 1985).

B. M. G. 桑德克勒:《南非的班图族先知》(伦敦:牛津大学出版社,1948年)。

B. G. M. Sundkler, *Bantu Prophets in South Africa* (London: Oxford University Press, 1948).

有关灵恩派的内容,参见这些文献的精彩介绍:

艾伦・安德森:《巴扎瓦尼:南非的非洲五旬节》(比勒陀利亚:南非大学,1992年)。

Allan Anderson, *Bazalwane: African Pentecostals in South Africa* (Pretoria: University of South Africa, 1992).

在宗教和政治方面，参见：

大卫·查德斯特：《街头枪击：南非的暴力和宗教》（开普敦：牛津大学出版社，1992 年）。

David Chidester, *Shots in the Streets: Violence and Religion in South Africa* (Cape Town: Oxford University Press, 1992).

马丁·普罗泽斯基编：《南非基督教》（芝加哥：芝加哥大学出版社，1991 年）。

Martin Prozesky, ed., *Christianity in South Africa* (Chicago: University of Chicago Press, 1991).

科斯莫斯·德斯蒙德：《基督徒还是资本家？南非的基督教与政治》（伦敦：鲍尔丁出版社，1978 年）。

Cosmos Desmond, *Christians or Capitalists? Christianity and Politics in South Africa* (London: Bowerdean Press, 1978).

J. W. 德·格鲁希：《南非的教会斗争》（密歇根州大急流市：威廉·B·俄尔德曼斯出版社，1987 年）。

J. W. De Gruchy, *The Church Struggle in South Africa* (Grand Rapids, Mich.: Wm. B. Eerdmans, 1987).

Z. 姆巴利：《一个南非黑人关于教会和种族主义的看法》（N. p：基督徒学生运动出版社，1987 年）。

Z. Mbali, *The Churches and Racism: A Black South African Perspective* (N. p: SCM Press, 1987).

K. 纽伦堡：《南非的权力和信仰》（比勒陀利亚：南非大学，1988 年）。

K. Nurnberger, *Power and Beliefs in South Africa* (Pretoria: University of South Arica, 1988).

查尔斯· 维拉·比森西奥：《陷入种族隔离制度：说英语教会的社会神学史》（开普敦：大卫·菲利普出版社，1988 年）。

Charles Villa-Vicencio, *Trapped in Apartheid: A Socio-Theological History of the English-Speaking Churches* (Cape Town: David Philip, 1988).

第四章：文学

一部以单卷册介绍南非文学的优秀著作是：

迈克尔·查普曼：《南部非洲文学》（伦敦和纽约：朗文出版社，1996年）。

Michael Chapman, *Southern African Literature* (London and New York: Longman, 1996).

另外一些有用的重要研究包括：

大卫·阿迪等人编：《南非英语文学手册》（约翰内斯堡：唐克出版社，1986年）。

David Adey, et al., eds., *Companion to South African English Literature* (Johannesburg: Donker, 1986).

雅克·阿尔瓦雷斯·佩雷拉：《承诺之诗》，克莱夫·韦克译，（伦敦：海涅曼出版社，1984年）。

Jaccques Alvares-Pereyre, *The Poetry of Commitment*, translated by Clive Wake (London: Heinemann, 1984).

厄休拉·巴内特：《秩序的愿景：黑南非英语文学研究（1914～1980年）》（艾莫斯特市：曼彻斯特大学出版社，1983年）。

Ursula Barnett, *A Vision of Order: A Study of Black South African Literature in English* (1914 ~ 1980) (Amherst: University of Massachusetts Press, 1983).

邓肯·布朗，布鲁诺·范·戴克编：《交流：转型中的南非写作》（彼得马里茨堡：纳塔尔大学出版社，1991年）。

Duncan Brown and Bruno van Dyck, eds., *Exchanges: South African Writing in Transition* (Pietermaritzburg: University of Natal Press, 1991).

迈克尔·查普曼等人编：《关于南非英语文学的一些视角》（约翰内

斯堡：唐克出版社，1992年）。

Michael Chapman, et al., eds. *Perspectives on South African English Literature* (Johannesburg: Donker, 1992).

弗农·费布瑞里：《注意你的肤色：南非文学中的“有色人”刻板印象》（纽约：劳特利奇出版社，1991年）。

Vernon February, *Mind Your Color: The 'coloured' Stereotype in South African Literature* (New York: Routledge, 1991).

史蒂芬·R. 格雷：《南部非洲文学引论》（纽约：哈珀与罗出版社，1979年）。

Steven R. Gray, *Southern African Literature: An Introduction* (New York: Harper & Row, 1979).

马修·克劳斯编：《看不见的贫民区：南非的同志作品》（约翰内斯堡：科索出版社，1993年）。

Matthew Krause, ed., *The Invisible Ghetto: Lesbian and Gay Writings from South Africa* (Johannesburg: Cosaw, 1993).

唐·麦克伦南：《关于南非小说的一些视角》（约翰内斯堡：唐克出版社，1980年）。

Don McLennan, *Perspectives on South African Fiction* (Johannesburg: Donker, 1980).

恩加布洛·S. 恩德贝勒：《重新发现普通人：南非文学和文化文集》（约翰内斯堡：科索出版社，1991年）。

Njabulo S. Ndebele, *Rediscovery of the Ordinary: Essays on South African Literature and Culture* (Johannesburg: Cosaw Publishing, 1991).

杰夫·欧普兰德：《科萨口语诗歌：关于黑南非传统的方方面面》（剑桥：剑桥大学出版社，1983年）。

Jeff Opland, *Xhosa Oral Poetry: Aspects of a Black South African Traditions* (Cambrigde: Cambridge University Press, 1983).

马丁·特朗普编：《渲染可见：关于南非文学文化的杂文》（雅典：俄亥俄大学出版社，1990年）。

Martin Trump, ed. , *Rendering Things Visible: Essays on South African Literary Culture* (Athens: Ohio University Press, 1990).

P. A. 夏瓦:《人民的呐喊: 20 世纪的南非黑人作品》(雅典: 俄亥俄大学出版社, 1989 年)。

P. A. Shava, *People's Voice: Black South African Writing in the Twentieth Century* (Athens: Ohio University Press, 1989).

迈克尔·查普曼:《关于南非英文诗歌的现代化观点》(约翰内斯堡: 唐克出版社, 1984 年)。

Michael Chapman, *South African English Poetry: A Modern Perspectives* (Johannesburg: Donker, 1984).

M. 范维克·史密斯:《争论的依据: 一份关于南非英语文学的调查》(南非肯温: 朱塔出版社, 1990 年)。

M. Van Wyk Smith, *Grounds of Contest: A Survey of South African English Literature* (Kenwyn, South Africa: Juta, 1990).

迈克尔·韦德:《南非的白色黑人: 一项有关肤色的英文描述的研究》(纽约: 圣马丁出版社, 1993 年)。

Michael Wade, *White on Black in South Africa: A Study of English-Language Descriptions of Skin Colour* (New York: St. Martin's Press, 1993).

简·沃茨:《来自南非的黑人作家: 迈向话语权的解放》(纽约: 圣马丁出版社, 1984 年)。

Jane Watts, *Black Writers from South Africa: Towards a Discourse of Liberation* (New York: St. Martin's Press, 1989).

兰德格·怀特, 蒂姆·卡曾斯编:《南非文学与社会》(哈洛: 朗文出版社, 1984 年)。

Landeg White and Tim Couzens, eds. , *Literature and Society in South Africa* (Harlow: Longman, 1984).

黑人作家中十分普遍和流行的写作形式——短篇故事集, 参见:

罗宾·马伦编:《此时此刻: 南部非洲现代短篇故事》(开普敦: 大卫·菲利普出版社, 1994 年);《南非最佳短篇小说集》(开普敦: 读者文摘集团，1991 年）。

Robin Malan, compiler, *Being Here: Modern Short Stories from Southern Africa* (Cape Town: David Philip, 1994); *The Best of South African Short Stories* (Cape Town: Reader's Digest Association, 1991).

马丁·特朗普，珍·马考德编：《世纪南非短篇故事》（约翰内斯堡：唐克出版社，1981 年）。

Martin Trump and Jean Marquard, ed., *A Century of South African Short Stories* (Johannesburg: Donker, 1981).

迈克尔·查普曼编：《鼓乐时代：自 20 世纪 50 年代的故事》（彼得马里茨堡：纳塔尔大学出版社，1989 年）。

Michael Chapman, ed., *Drum Decades: Stories from the 1950's* (Pietermaritzburg: University of Natal Press, 1989).

齐诺瓦·阿切比，C. L. 英尼斯编：《当代非洲短篇故事——海恩曼图书》（牛津：海恩曼出版社，1992 年）。

Chinua Achebe and C. L. Innes, eds., *The Heinemann Book of Contemporary African Short Stories* (Oxford: Heinemann, 1992).

史蒂芬·格雷：《当代非洲短篇故事——企鹅图书》（约翰内斯堡：企鹅图书公司，1993 年）。

Stephen Gray, *Penguin Book of Contemporary South African Short Stories* (Johannesburg: Penguin Book, 1993).

安妮玛丽·范·尼克尔克编：《卷起百叶窗：南非妇女的百年故事》（约翰内斯堡：唐克出版社，1990 年）。

Annemarie van Nickerk, ed., *Raising the Blinds: A Century of South African Women's Stories* (Johannesburg: Donker, 1990).

诺曼·霍奇编：《扼杀人的自尊以及其他一些南非短篇故事》（约翰内斯堡：瑞文出版社，1984 年）。

Norman Hodge, ed., *To Kill a Man's Pride and Other Short Stories from South Africa* (Johannesburg: Ravan Press, 1984).

大卫·阿迪编：《南非短篇故事：在南十字星下》（约翰内斯堡：唐

克出版社，1982 年）。

And David Adey, ed., *Under the Southern Cross: Short Stories from South Africa* (Johannesburg: Donker, 1982).

著名的诗集包括：

迈克尔·查普曼，安彻曼·丹戈尔编：《内心的呐喊》（约翰内斯堡：唐克出版社，1982 年）[南非黑人诗集]。

Michael Chapman and Achman Dangor, eds., *Voices from within* (Johannesburg: Donker, 1982) [Black South African Poetry].

蒂姆·卡曾斯，伊索普·帕特尔编：《阿玛西鸟归来：南非黑人诗歌（1891 年～1981 年）》（约翰内斯堡：瑞文出版社，1991 年）。

Tim Couzens and Essop Patel, eds., *The Return of Amasi Bird: Black South African Poetry* (1891～1981) (Johannesburg: Ravan Press, 1991).

史蒂芬·格雷：《南非现代诗歌》（约翰内斯堡：唐克出版社，1984 年）。

Stephen Gray, *Modern South African Poetry* (Johannesburg: Donker, 1984).

莉兹·加勒，马菲卡·瓜拉编：《穆索：祖鲁流行赞美诗》（约翰内斯堡：威特沃特斯兰德大学出版社，1984 年）。

Liz Gunner and Mafika Gwala, eds., *Musho: Zulu Popular Praises* (Johannesburg: Witwatersrand University Press, 1984).

塞西莉·洛基特：《打破沉默：世纪南非女性诗歌》（约翰内斯堡：唐克出版社，1990 年）。

Cecily Lockett, *Breaking the Silence: A Century of South African Women's Poetry* (Johannesburg: Donker, 1990).

罗宾·马伦编：《新奥特瑞丁：当代南非诗选》（开普敦：牛津大学出版社，1993 年）。

Robin Malan, ed., *New Outridgings: Contemporary South African Verse* (Cape Town: Oxford University Press, 1993).

安德里斯·沃尔特·奥列芬特：《不可或缺的东西：新南非诗歌选

集》（约翰内斯堡：南非作家大会，1992 年）。

Andries Walter Oliphant, *Essential Things: An Anthology of New South African Poetry* (Johannesburg: Congress of South African Writers, 1992).

杰夫·欧普兰德编：《圈出词语：南非口头诗歌的选择》（约翰内斯堡：唐克出版社，1992 年）。

Jeff Opland, ed., *Words That Circle Words: A Choice of South African Oral Poetry* (Johannesburg: Donker, 1992).

关于儿童和青少年文学，参见：

丽塔·V. 赫希编：《日复一日：南非流浪儿童的故事、诗歌和艺术》（约翰内斯堡：科索出版社，1993 年）。

Rita V. Hirsch, ed., *A Day Like Any Other: Stories, Poetry and Art by Street Children in South Africa* (Johannesburg: Cosaw, 1993).

埃尔温·詹金斯：《太阳之子：南非儿童文学的精选作家和主题》（约翰内斯堡：瑞文出版社，1993 年）。

Elwyn Jenkins, *Children of the Sun: Selected Writers and Themes in South African Children's Literature* (Johannesburg: Ravan Press, 1993).

罗宾·马伦编：《探索：南部非洲青年人诗歌选集》（开普敦：大卫·菲利普出版社，1988 年）。

And Robin Malan, ed., *Explorings: A Collection of Poems for the Young People of Southern Africa* (Cape Town: David Philip, 1988).

第五章：媒体

关于媒体的整体介绍，参见：

柯岩·托马塞利等编：《面向全国：南非媒体研究》（德班：理查德·里昂出版社，1986 年）。

Keyan Tomaselli, et al., ed., *Addressing the Nation: Studies on the South Africa Media* (Durban: Richard Lyon, 1986).

在新闻方面，参见：

詹妮弗·克鲁斯—威廉姆斯:《南非电讯:南非两个世纪新闻业里的最佳》(里沃尼亚,桑顿:阿散蒂出版社,1989 年)。

Jennifer Crwys-Williams, *South African Despatches: Two Centuries of the Best in South African Journalism* (Rivonia, Sandton: Ashanti Pulishers, 1989).

维瑟尔·德·考克:《说话的方式:南非纸媒的起源》(开普敦:赛门和韦伯出版社,1982 年)。

Wessel De Kock, *A Manner of Speaking: The Origins of the Press in South Africa* (Cape Town: Saayman and Weber, 1982).

戈登·S. 杰克逊:《突发性新闻事件:南非纸媒》(博尔德:西景出版社,1993 年)。

Gordon S. Jackson, *Breaking Story: The South African Press* (Boulder: Westview Press, 1993).

约珥·莫维斯:《第四等级:一份报纸的故事》(约翰内斯堡:乔纳森·鲍尔出版社,1991 年)。

Joel Mervis, *The Fourth Estate: A Newspaper Story* (Johannesburg: Jonathan Ball, 1991).

G. 肖:《始发点:开普时代(1876 年~1910 年)》(开普敦:牛津大学出版社,1975 年)。

G. Shaw, *Some Beginnings: The Cape Times* (1876~1910) (Cape Town: Oxford University Press, 1975).

柯岩·特马塞利,露丝·特马塞利,约翰·马勒编:《南非纸媒》(纽约:圣马丁出版社,1987 年)。

Keyan Tomaselli, Ruth Tomaselli, and John Muller, eds., *The Press in South Africa* (New York: St. Martin's Press, 1987).

D. H. 瓦力:《1652 年~1952 年南非新闻简史》(开普敦:民族出版社,1952 年)。

And D. H. Varley, *A Short History of the Newspaper Press in South Africa, 1652~1952* (Cape Town: Nasionale Pers, 1952).

在广播方面，最全面的文献，参见：

柯岩·特马塞利，露丝·特马塞利编：《力量之流：南非国家广播》（贝尔维尔：人类学出版社，1989 年）。

Keyan Tomaselli and Ruth Tomaselli, eds. , *Currents of Power: State Broadcasting in South Africa* (Bellville: Anthropos, 1989).

R. 法盾，G. 弗内斯编：《非洲广播文化：转型中的电台广播》（开普敦：大卫·菲利普出版社，2000 年）。

R. Fardon and G. Furness, eds. , *African Broadcast Cultures: Radio in Transition* (Cape Town: David Philip, 2000).

R. 戈博，R. 布劳恩：《新连接：变化中的南非的电讯》（隆德伯西：开普敦大学出版社，1998 年）。

R. Gerber and R. Braun, *New Connections: Telecommunications in a Changing South Africa* (Rondebosch: University of Cape Town Press, 1998).

塞尔玛·古奇：《1895 年～1940 年南非电影的历史和社会意义》（开普敦：蒂明斯出版社，1972 年）。

Thelma Gutsche, *History and Social Significance of Motion Pictures in South Africa*, 1895～1940 (Cape Town: Timmins, 1972).

E. 罗森塔尔：《你一直在聆听：南非无线电广播的早期历史》（开普敦：珀内尔出版社，1974 年）。

E. Rosenthal, *You Have Been Listening: The Early History of Radio in South Africa* (Cape Town: Purnell, 1974).

在纸媒、政治和种族隔离制度方面，参见：

莫里斯·布劳顿：《南非纸媒与政治》（开普敦：珀内尔出版社，1961 年）。

Morris Broughton, *Press and Politics of South Africa* (Cape Town: Purnell, 1961).

陈哈默·C. 赤木滕文德：《南非：纸媒与政治解放》（伦敦：巴比肯出版社，1978 年）。

Chenhamo C. Chimutengwende, *South Africa: The Press and the Politics of Liberation* (London: Barbican, 1978).

J. 邓肯，M. 赛利欧恩编：《南非的媒体和民主》（比勒陀利亚：人类科学研究委员会和 FXI 出版社，1998 年）。

J. Duncan and M. Seleoane, eds., *Media and Democracy in South Africa* (Pretoria: Human Sciences Research Council and FXI, 1998).

安东尼·C. 吉法德，威廉·A. 哈克腾：《纸媒和种族隔离制度：在南非的镇压和宣传》（麦迪逊：威斯康星大学出版社，1984 年），在南非由麦克米伦出版社出版，名为：《完全突击：被攻击的南非新闻》。

Anthony C. Giffard and William A. Hachten, *The Press and Apartheid: Repression and Propaganda in South Africa* (Madison: University of Wisconsin Press, 1984), published in South Africa by Macmillan, under the title: *Total Onslaught: South Africa Press under Attack.*

约瑟夫·哈克编：《种族隔离制度的遗产》（伦敦：卫报，1994 年）。

Joseph Harker, ed., *Legacy of Apartheid* (London: Guardian Newspapers, 1994).

肖恩·约翰逊：《怪异的日子》（伦敦：班塔姆出版社，1993 年）。

Shaun Johnson, *Strange Days Indeed* (London: Bantam Press, 1993).

艾瑞克·洛：《南非的媒体政策：20 世纪 90 年代的争论》（德班：纳塔尔大学文化和媒体研究中心，1993 年）。

Eric Louw, *South African Media Policy: Debates of the* 1990's (Durban: Center for Cultural and Media Studies, University of Natal, 1993).

I. 玛诺姆：《你已经被警告：邮卫报的头十年》（伦敦：维京出版社，1996 年）。

I. Manoim, *You Have Been Warned: The First Ten Years of the Mail and Guardian* (London: Viking, 1996).

克里斯多夫·马列特：《新闻审查文化：南非的保密制度和知识镇压》（彼得马里茨堡：纳塔尔大学出版社，1994 年）。

Christopher Merrett, *A Culture of Censorship: Secrecy and Intellectual Repression in South Africa* (Pietermaritzburg: University of Natal Press,

1994).

肯尼斯·欧文斯:《这些岁月:南非的十年政治》(约翰内斯堡:乔纳森·鲍尔出版社,1992 年)。

Kenneth Owens, *These Times: A Decade of South African Politics* (Johannesburg: Jonathan Ball, 1992).

理查德·波拉克:《反抗种族隔离制度:南非纸媒的角色和困境》(卡本代尔:南伊利诺大学出版社,1981 年)。

Richard Pollak, *Up Against apartheid: The Role and Plight of the Press in South Africa* (Carbondale: Southern Illinois University Press, 1981).

伊莱恩·波特:《反对派媒体:南非报纸的政治角色》(伦敦:查托和温达斯出版社,1975 年)。

Elaine Potter, *The Press as Opposition: The Political Role of South African Newspapers* (London: Chatto & Windus, 1975).

利奥·瑞迪斯塔:《梦的囚徒》;《南非幻影:关于丹顿听证会的历史评论》(约翰内斯堡:阿散蒂出版社,1989 年)。

Leo Radista, *Prisoners of a Dream. The South African Mirage: Historical Essay on The Denton Hearings* (Johannesburg: Ashanti Publishers, 1989).

S. 斯坦:《谁杀死了德拉姆先生?》(开普敦:梅伊布耶图书公司,1999 年),德拉姆报的历史。

S. Stein, *Who Killed Mr. Drum?* (Cape Town: Mayibuye Books, 1999), a history of the Drum newspaper.

柯岩·特马塞利编:《种族隔离电影:南非电影中的种族和阶级》(伯格来:世纪兰登南非出版社,1989 年)。

Keyan Tomaselli, ed., *The Cinema of Apartheid: Race and Class in South African Film* (Bergvlei: Random Century SA, 1989).

哈维·泰森:《炮火下的编辑》(桑顿:兰登书屋,1993 年)。

And Harvey Tyson, *Editors under Fire* (Sandton: Random House, 1993).

另类电影和反抗新闻,参见:

M. 博塔，A. H. 范·艾斯维根：《南非印象：另类电影的崛起》（比勒陀利亚：人类科学研究委员会，1992 年）。

M. Botha and A. H. van Aswegan, *Images of South Africa*: *The Rise of the Alternative Film* (Pretoria: Human Sciences Research Council, 1992).

威廉·芬尼根：《索维托日界线：与南非黑人记者同行》（纽约：哈珀与罗出版社，1988 年）。

William Finnegan, *Dateline Soweto*: *Travels with Black South African Reporters* (New York: Harper & Row, 1988).

莱斯·斯威策编：《南非另类纸媒：19 世纪 80 年代～20 世纪 60 年代抗议和抵制的声音》（剑桥大学出版社，1997 年）。

Les Switzer, ed., *South Africa's Alternative Press*: *Voices of Protest and Resistance*, 1880*s*～1960*s* (Cambridge University Press, 1997).

莱斯·斯威策，默罕默德·阿迪卡里编：《南非的反抗新闻：种族隔离制度下最后一代人的另类声音》（雅典：俄亥俄大学国际研究中心，2000 年）。

Les Switzer and Mohamed Adhikari, eds., *South Africa's Resistance Press*: *Alternative Voices in the Last Generation under Apartheid* (Athens: Ohio University Center for International Studies, 2000).

柯岩·G. 特马塞利，艾瑞克·洛编：《南非另类新闻：南非媒体研究》（贝尔维尔：人类出版社，1991 年）。

And Keyan G. Tomaselli and Eric Louw, eds., *Alternative Press in South Africa*: *Studies in the South African Media* (Bellville: Anthropos, 1991).

第六章：艺术与建筑

关于桑族和其他一些相关族群的史前壁画方面，参见：

W. W. 巴迪斯：《岩石艺术家》（比勒陀利亚：红鹿出版社，1949 年）。

W. W. Battiss, *The Artists of the Rocks* (Pretoria: Red Fawn Press,

1949).

C. K. 库克:《南部非洲岩石艺术》(开普敦:非洲图书公司,1969年)。

C. K. Cooke, *Rock Art of Southern Africa* (Cape Town: Books of Africa, 1969).

托马斯·A. 道森:《南非岩石雕刻》(约翰内斯堡:威特沃特斯兰德大学出版社,1992年)。

Thomas A. Dawson, *Rock Engravings of Southern Africa* (Johannesburg: Witwatersrand University Press, 1992).

托马斯·A. 道森编:《有争议的图片:南非岩石艺术研究的多样性》(约翰内斯堡:威特沃特斯兰德大学出版社,1994年)。

Thomas A. Dawson, eds., *Contested Images: Diversity in Southern African Rock Art Research* (Johannesburg: University of Witwatersrand Press, 1994).

汤利·R. 约翰逊,蒂姆·马格斯:《南部非洲的主要岩画,第三版》(开普敦:菲利普出版社,1992年)。

Townley R. Johnson and Tim Maggs, *Major Rock Paintings of Southern Africa*, 3rd ed. (Cape Town: Philip, 1992).

N. 李,B. 伍德豪斯:《南部非洲的岩石艺术》(开普敦:珀内尔出版社,1970年)。

N. Lee and B. Woodhouse, *Art on the Rocks of Southern Africa* (Cape Town: Purnell, 1970).

大卫·路易斯·威廉姆斯:《发现南部非洲岩画艺术》(开普敦:大卫·菲利普出版社,1990年)。

David Lewis-Williams, *Discovering Southern African Rock Art* (Cape Town: David Philip, 1990).

大卫·路易斯·威廉姆斯,托马斯·道森:《权利映像:理解布须曼人的岩画艺术》(中途之家:南方图书出版社,1989年)。

David Lewis-Williams and Thomas Dawson, *Images of Power:*

Understanding Bushman Rock Art（Halfway House：Southern Book Publishers，1989）.

亚尔马·鲁德，艾奥尼·鲁德：《猎人与他的艺术：一项关于南部非洲岩画艺术的调查》（开普敦：斯特洛伊克出版社，1970年）。

Jalmar Ruder and Ione Ruder，*The Hunter and His Art*：*A Survey of Rock Art in Southern Africa*（Cape Town：Struik，1970）.

P. 维克姆：《伊兰人：岩画是德拉肯斯堡布须曼人生活和思想的反映》（彼得马里茨堡：纳塔尔大学出版社，1976年）。

P. Vinnicombe，*People of the Eland*：*Rock Paintings of the Drakensberg Bushmen as a Reflection of Their Life and Thought*（Pietermaritzburg：University of Natal Press，1976）.

A. R. 威尔科特斯：《德拉肯斯堡布须曼人和他们的艺术》（温特顿：德拉肯斯堡出版社，1990年）。

A. R. Wilcox，*Drakensberg Bushmen and Their Art*（Winterton：Drakensberg Publications，1990）.

关于非洲人民的艺术，参见珍贵文稿：

安妮特拉·内特尔顿，W. D. 哈蒙德—图克编：《南非的非洲艺术：从传统到乡镇》（约翰内斯堡：唐克出版社，1989年）。

Anitra Nettleton and W. D. Hammond-Tooke，eds.，*African Art in South Africa*：*From Tradition to Township*（Johannesburg：Donker，1989）.

另外一些有益的参考文献包括：

E. J. 德·雅格：《南非的当代非洲艺术》（开普敦：斯特洛伊克出版社，1973年）。

E. J. De Jager，*Contemporary African Art in South Africa*（Cape Town：Struik，1973）.

德·雅格：《五位南非艺术家》，载《非洲艺术》第11卷，1978年1月，第250～255页。

De Jager，"Five South African Artists，" *African Arts* 11，January 1978，250～255.

N. 杜波：《艺术和抗争》，载南非《领导力》，第 5 卷，第 6 卷，1986 年，第 60 ~ 65 页。

N. Dubow, "Art and Protest," *Leadership*, South Africa 5, 6, 1986: 60 ~ 65.

R. 莱文索恩：《南部非洲的艺术和工艺：转变中的珍宝》（约翰内斯堡：德尔塔图书公司，1984 年）。

R. Levinsohn, *Art and Craft of Southern Africa: Treasures in Transition* (Johannesburg: Delta Books, 1984).

安妮特拉·内特尔顿：《家是艺术所在地：六位南非农村艺术家》，载《非洲艺术》，2000 年冬季，第 26 ~ 39 页，第 93 ~ 94 页。

Anitra Nettleton, "Home Is Where the Art Is: Six South African Rural Artists," *African Arts*, Winter 2000, 26 ~ 39, 93 ~ 94.

U. 肖尔茨：《帕法·尼卡：当代南非黑人艺术，特别就德兰士瓦而言》（比勒陀利亚：比勒陀利亚大学艺术档案馆历史，1980 年）。

U. Scholz, *Phafa-Nyika: Contemporary Black Art in South Africa with Special Reference to the Transvaal* (Pretoria: History of Art Archives, University of Pretoria, 1980).

莫妮卡·布莱克曼·维索纳：《南部非洲》，维索纳等人，载《非洲艺术史》（纽约：哈里·N. 艾布拉姆斯有限公司，出版社，2001 年），第 427 ~ 497 页。

Monica Blackman Visona, "Southern Africa," in Visona, et al., *A History of Art in Africa* (New York: Harry N. Abrams, Inc., Publishers, 2001), 472 ~ 497.

加文·雅辛：《非洲乡土艺术》（伦敦：泰晤士和哈德逊出版社，1988 年）。

Gavin Yagin, *The Art of the African Township* (London: Thames & Hudson, 1988).

关于珠饰细工的内容，参见：

H. S. 斯库曼：《在祖鲁兰的姆通济尼地区，有关穆克万兹传统珠饰的初步报告》，第一部分，《非洲研究》第27卷2期，1968年，第57~81页；第二部分，《非洲研究》第27卷3期，1968年，第107~133页。

H. S. Schoeman, "A preliminary report on traditional beadwork in the Mkhwanzi area of the Mtunzini district Zululand," Part I, *African Studies* 27 (2), 1968, 57~81; Part II, *African Studies* 27 (3), 1968, 107~133.

R. G. 图瓦拉：《珠饰是调节祖鲁人和斯威士人社会生活的工具》，载《非洲研究》第10卷3期，1958年，第113~123页。

R. G. Twala, "Beads as Regulating the Social Life of the Zulu and Swazi," *African Studies*, 10 (3), 1958, 113~123.

汉斯·弗朗桑：《三个世纪的南非艺术：美术、建筑、应用艺术》(约翰内斯堡：唐克出版社，1982年)，提供了南非艺术史的最全面的全景报道，尤其是其中的西部和欧洲部分。

Hans Fransen, *Three Centuries of South African Art: Fine Art, Architecture, Applied Arts* (Johannesburg: Donker, 1982), provides the most comprehensive panoramic coverage of the history of South African art, most especially its Western and European dimensions.

关于欧洲和现代南非的艺术方面，参见：

埃斯米·伯曼：《南非的艺术和艺术家：一本图文并茂的传记辞典和自1875年以来对画家和图像艺术家的历史调查》修订版，(中途之家，德兰士瓦：南方图书出版社，1992年)。

Esme Berman, *Art and Artists of South Africa: An Illustrated Biographical Dictionary and Historical Survey of Painters and Graphic Artists since* 1875, rev. ed. (Halfway House, Transvaal: Southern Book Publishers, 1992).

伯曼：《南非画作》(中途之家：南方图书出版社，1993年)；《当代南非艺术：简科系列作品》(约翰内斯堡：乔纳森·鲍尔出版社，1997年)。

Berman, *Painting in South Africa* (Halfway House: Southern Book Publishers, 1993); *Contemporary South African Art: The Gencor Collection* (Johannesburg: Jonathan Ball, 1997).

弗里达·哈姆森：《纵观南非艺术》（比勒陀利亚：范·谢克出版社，1993 年）。

Frieda Harmsen, *Looking at South African Art* (Pretoria: Van Schaik, 1993).

F. 哈里曼编：《解放的声音：南非当代艺术》（纽约：非洲艺术博物馆，1999 年）。

F. Herreman, ed., *Liberated Voices: Contemporary Art from South Africa* (New York: Museum for African Art, 1999).

格拉妮娅·奥格尔维和卡罗尔·格拉夫：《南非画家和雕塑家辞典》（约翰内斯堡：埃弗拉德·雷德画廊，1988 年）。

Grania Ogilvie and Carol Graff, *Dictionary of South African Painters and Sculptors* (Johannesburg: Everard Read Gallery, 1988).

塞莱斯蒂纳·J. 比勒陀里厄斯：《南非民间艺术史》（开普敦：弗拉尔伯格出版社，1993 年）。

Celestine J. Pretorius, *The History of Folk Art in South Africa* (Cape Town: Vlaeberg, 1993).

伊丽莎白·兰金：《金属图像：南非战后的雕塑和集合艺术》（约翰内斯堡：威特沃特斯兰德大学出版社，1994 年）。

Elizabeth Rankin, *Images of Metal: Post-War Sculptures and Assemblages in South Africa* (Johannesburg: Witwatersrand University Press, 1994).

穆雷·塑恩拉德，艾尔扎贝·塑恩拉德：《南非漫画家伴侣》（约翰内斯堡：唐克出版社，1990 年）。

Murray Schoonraad and Elzabe Schoonraad, *Companion to South African Cartoonists* (Johannesburg: Donker, 1990).

关于反抗艺术，参见：

南非历史档案，海报图书文集：《抗争图片：南非 20 世纪 80 年代的反抗海报》（约翰内斯堡：瑞文出版社，1991 年）。

South African History Archive, Poster Book Collection, *Images of Defiance: South African Resistance Posters of the 1980's* (Johannesburg:

Ravan Press, 1991).

苏·威廉森:《南非反抗艺术》(纽约:圣马丁出版社,1990 年)。

Sue Williamson, *Resistance Art in South Africa* (New York: St. Martin's Press, 1990).

关于非洲土著建筑的内容,参见弗兰科·弗莱斯库拉珍贵而丰富的研究:

弗兰科·弗莱斯库拉:《南部非洲的农村避难所:对南部非洲黑人农民的建筑、房屋结构和建造方式的研究》(约翰内斯堡:瑞文出版社,1998 年)。

Franco Frescura, *Rural Shelter in Southern Africa: A Survey of the Architecture, House Forms and Constructional Methods of the Black Rural Peoples of Southern Africa* (Johannesburg: Ravan Press, 1981).

另外一些稍短却很有用的探索包括:

《南部非洲标准百科全书》(开普敦:纳叟有限公司,1970 年)第 1 卷。

Standard Encyclopedia of Southern Africa (Cape Town: Nasou Limited, 1970) vol. 1.

加里·范·维克:《非洲彩绘房子:巴索托民居》(纽约:哈里·N. 亚当斯出版社,1998 年)。

Gary Van Wyk, *African Painted Houses: Bashoto Dwellings of South Africa* (New York: Harry N. Adams, 1998).

关于南非的开普荷兰、英殖民地等欧洲建筑风格,参见:

C. 德波斯达利:《开普荷兰住房和农场:它们的建筑和历史》(开普敦:巴尔克马出版社,1964 年)。

C. de Bosdari, *Cape Dutch Houses and Farms: Their Architecture and History* (Cape Town: Balkema, 1964).

M. A. 库克,H. 弗朗森:《开普的老建筑》(开普敦:巴尔克马出版社,1981 年)。

M. A. Cook and H. Fransen, *The Old Buildings of the Cape* (Cape Town:

Balkema, 1981).

罗杰·C. 费舍尔，沙尔克·勒鲁，马雷·埃斯特尔：《德兰士瓦的建筑》(比勒陀利亚：南非大学出版社，1998 年)。

Roger C. Fisher, Schalk Le Roux, and Maré Estelle, *Architecture of the Transvaal* (Pretoria: University of South Africa, 1998).

大卫·戈德布拉特，玛格丽特·考特尼·克拉克：《著名的开普荷兰农庄》，詹姆斯·安布罗斯·布朗撰文（开普敦：斯特洛伊克出版社，1981 年)。

David Goldblatt and Margaret Courtney-Clark, *Famous Cape Dutch Homesteads*, text by James Ambrose Brown (Cape Town: Struik, 1981).

D. E. 格雷格：《南非建筑导引》（开普敦：蒂明斯出版社，1971 年)。

D. E. Greig, *A Guide to Architecture in South Africa* (Cape Town: Timmins, 1971).

R. 卢科克：《南非十九世纪早期建筑：对 1795 ~ 1837 年两种文化互动的研究》(开普敦：巴尔克马出版社，1963 年)。

R. Lewcock, *Early Nineteenth Century Architecture in South Africa: A Study of the Interaction of Two Cultures*, 1795 ~ 1837 (Cape Town: Balkema, 1963).

沙宾·马歇尔，布莱恩·卡尼：《新南非建筑：融合的机会》(比勒陀利亚：南非大学出版社，2000 年)。

Sabine Marschall and Brian Kearney, *Opportunities for Relevance: Architecture in the New South Africa* (Pretoria: University of South Africa Press, 2000).

C. 穆万加：《南非：近期建筑导引》（伦敦：伊立浦希斯出版社，1998 年)。

C. Muwanga, *South Africa: A Guide to Recent Architecture* (London: Ellipses, 1998).

A. M. 奥伯霍尔策等人：《开普住房及其内部结构》（斯泰伦博斯：

斯泰伦博斯博物馆，1985 年）。

A. M. Oberholzer et al. , *The Cape House and Its Interior* （Stellensbosch：Stellensbosch Museum，1985）.

G. E. 皮尔斯：《南非十八世纪的建筑》（开普敦：巴尔克马出版社，1968 年）。

G. E. Pearse，*Eighteenth Century Architecture in South Africa* （Cape Town：Balkema，1968）.

D. 皮克顿 · 西摩：《南非历史建筑》（开普敦：斯特洛伊克霍夫出版社，1989 年）。

D. Picton-Seymour，*Historical Buildings in South Africa* （Cape Town：Struikhof，1989）.

帕梅拉 · 施特劳斯：《南非的非洲风格：茅棚、凯哈亚斯建筑和城堡》，约翰 · 柯蒂斯和帕梅拉 · 斯特劳斯摄（约翰内斯堡：乔纳森 · 鲍尔出版社，1994 年）。

Pamela Strauss，*Africa Style in South Africa：Pondokkies，Khayas and Castles*，photographs by John Curtis and Pamela Straus （Johannesburg：Jonathan Ball，1994）.

格雷厄姆 · 瓦伊尼，阿兰 · 普鲁斯特：《南非的殖民地住房》（开普敦：斯特洛伊克 · 温彻斯特出版社，1987 年）。

Graham Viney and Alain Proust，*Colonial Houses of South Africa* （Cape Town：Struik Winchester，1987）.

詹姆斯 · 沃尔顿：《南非农舍和村庄》第二版（比勒陀利亚：凡 · 谢克出版社，1967 年）。

James Walton，*Homesteads and Villages of South Africa*，2nd ed. （Pretoria：Van Schaik，1967）.

沃尔顿：《开普老式农场》（开普敦：休曼与罗素出版社，1989 年）。

Walton，*Old Cape Farmsteads* （Cape Town：Human & Rousseau，1989）.

著名艺术家和建筑师的生活史和事业，参见：

C. 德博斯达利，安东·安瑞斯：《非洲第一雕塑家》（开普敦：1954年）。

C. De Bosdari, Anton Anreith, *Africa's First Sculptor* (Cape Town: 1954).

N. 杜波：《伊尔玛·斯特恩》（开普敦：C. 斯特洛伊克出版社，1974年）。

N. Dubow, *Irma Stern* (Cape Town: C. Struik, 1974).

D. E. 格雷格：《赫伯特·贝克在南非》（开普敦：珀内尔出版社，1970年）。

D. E. Greig, *Herbert Baker in South Africa* (Cape Town: Purnell, 1970).

C. 哈罗普·阿林：《诺曼·伊顿建筑师》（开普敦：C. 斯特洛伊克出版社，1975年）。

C. Harrop-Allin, *Norman Eaton, Architect* (Cape Town: C. Struik, 1975).

F. F. 哈恩吉：《卢卡斯·西索尔》（约翰内斯堡：画廊21，1979年）。

F. F. Haenggi, *Lucas Sithole* (Johannesburg: gallery 21, 1979).

第七章：饮食与传统服饰

关于南非土著居民的烹饪习俗鲜有文章记载。其中有两篇有些陈旧却十分全面的探索性文献是：

P. J. 奎恩：《佩迪族的食物和饮食习惯》（约翰内斯堡：维特沃特斯兰德大学出版社，1959年）。

P. J. Quin, *Food and Feeding Habits of the Pedi* (Johannesburg: Witwatersrand University Press, 1959).

桑亚·M. 琼斯：《斯威士营养研究：斯威士兰政府营养调查报告》，未出版手稿，社会研究所，纳塔尔大学出版社，德班，1963年，第193

页（2002年6月，我在彼得马里茨堡的纳塔尔大学图书馆中，找到并使用了文献的副本）。

Sonya M. Jones, "A Study of Swazi Nutrition: Report of the Swaziland Nutrition Survey 1961 ~ 1962 for the Swaziland Administration," unpublished manuscript, Institute for Social Research, University of Natal, Durban, 1963, 193 (I found and used a copy on deposit at the Library of the University of Natal, Pietermaritzburg, SA, June 2002).

其他一些有用的，虽然较旧的研究包括：

E. H. 阿斯顿：《关于索托族饮食的社会学梗概》，载《南非皇家学会学报》第27卷，第2卷，1939年~1940年，第147~214页。

E. H. Aston, "A Sociological Sketch of Sotho Diet," *Transaction of the Royal Society of South Africa*27, 2, 1939 ~ 1940: 147 ~ 214.

A. T. 布莱恩特：《白人到来之前祖鲁人的状况》（彼得马里茨堡：沙特尔与舒特儿出版社，1967年），第264~371页。

A. T. Bryant, *The Zulu People As They Were Before the White Man Came* (Pietermaritzburg: Shuter and Shooter, 1967), 264 ~ 371.

B. P. 汤普森：《关于非洲人营养的两项研究》，载《罗兹·利文斯通的论文》第24卷，1954年，第1~57页。

and B. P. Thompson, "Two Studies in African Nutrition," *Rhodes Livingstone Papers* 24, 1954: 1 ~ 57.

关于南非烹饪，特别是开普烹饪和其马来人烹饪方式，首先就是路易斯·C. 雷波特和劳伦斯·凡·德·普司特的作品。他们是两位著名的南非作家，对食物和烹饪的喜爱使他们写出了十分优秀的书籍，他们的作品不仅是对烹饪的有价值的指导，同时也是引人入胜的文学作品：

雷波特：《雷波特的开普烹调术》（开普敦：W. J. 弗莱施出版社，1976年）。

Leipoldt, *Leipoldt's Cape Cookery* (Cape Town: W. J. Flesch, 1976).

范·德·鲍斯特：《第一次捕获大羚羊》（纽约：威廉·莫罗公司，1978年）；《非洲烹饪》（纽约：时间与生活图书公司，1970年）。

Van der Post, *First Catch Your Eland* (New York: William Morrow and Company, Inc., 1978); and *African Cooking* (New York: Time-Life Books, 1970).

关于开普马来烹饪，参见：

希尔德·嘉宝：《开普马来人的传统烹饪方法》（阿姆斯特丹和开普敦：A. A. 巴尔克马出版社，1957 年）。

Hilder Gerber, *Traditional Cookery of the Cape Malays* (Amsterdam and Cape Town: A. A. Balkema, 1957).

关于开普烹饪方法的有启发性的历史调查，参见：

雷娜塔·库切：《南非的烹饪传统：17 世纪和 18 世纪南非烹饪艺术的起源，以及这期间 167 个正宗地道的食谱》（开普敦：C. 斯特洛伊克出版社，1977 年）。

Renata Coetzee, *The South African Culinary Tradition: The Origins of South Africa's Culinary Arts during the 17th and 18th Centuries, and 167 Authentic Recipes of This Period* (Cape Town: C. Struik, 1977).

其他一些包含大量南非烹饪食谱的有价值文献，有：

希拉里·比勒和约翰·皮科克：《品味：对南非烹饪的看法》（中途之家：斑马出版社，1998 年）。

Hilary Biller and John Peacock, *Tastes: Thoughts on South African Cuisine* (Halfway House: Zebra Press, 1998).

雷娜塔·库切：《夫娜：非洲食物》（德班：巴特沃斯出版社，1982 年）。

Renata Cetzee, *FUNA: Food from Africa* (Durban: Butterworths, 1982).

希尔达贡达·达基特：《传统南非烹饪》修订版，（纽约：希波克林图书公司，1996 年）。

Hildagonda Duckitt, *Traditional South African Cookery*, rev. ed. (New York: Hippocrene Books, 1996).

维达·赫德和莱斯利·福尔：《南非烹饪界：历史与现状》（开普

敦：非洲图书公司，1970 年）。

Vida Heard and Leslie Faull，*Cookery in Southern Africa*：*Traditional and Today*（Cape Town：Books of Africa，1970）.

米米·雅尔丹：《南非的葡萄牙烹饪方法》（南非桑顿：企鹅图书公司，2000 年）。

Mimi Jardin，*Cooking the Portuguese Way in South Africa*（Sandton，SA：Penguin Books，2000）.

伊芙·帕尔默：《回到肯迪布：一个世纪的卡鲁食品和口味》（开普敦：塔菲尔伯格出版社，1992 年）。

Eve Palmer，*Return to Camdeboo*：*A Century's Karoo Foods and Flavours*（Cape Town：Tafelberg，1992）.

D. J. 范·齐尔：《妇女的南非传统烹饪宝书》（开普敦：休曼与罗素出版社，1985 年）。

D. J. Van Zyl，*The Woman's Value Book of Traditional South African Cooking*（Cape Town：Human and Rousseau，1985）.

彼得·威尔兹曼：《南非风味》（开普敦：塔菲尔伯格出版社，1999 年）。

Peter Veldsman，*Flavours of South Africa*（Cape Town：Tafelberg，1999）.

关于南非族群的传统服饰的书籍，近些年很少出版；因而最有用的资料都比较旧：

芭芭拉·提尔：《南部非洲的部落民》（开普敦：非洲图书公司，1968 年），其对部落服饰的丰富举证和探索，使其成为任何一个想了解南非逐渐消失文化的人的必读之物。

Barbara Tyrell's *Tribal Peoples of Southern Africa*（Cape Town：Books of Africa，1968）.

其他一些珍贵资料包括：

A. T. 布莱恩特：《祖鲁人民》（彼得马里茨堡：沙特尔与舒特儿出版社，1967 年），第 132～173 页。

A. T. Bryant, *The Zulu People* (Pietermaritzburg: Shuter and Shooter, 1967), 132 ~ 173.

E. 克里格:《祖鲁族的社会制度》(彼得马里茨堡: 沙特尔与舒特儿出版社, 1965 年), 第 370 ~ 382 页。

E. Krige, *The Social System of the Zulu* (Pietermaritzburg: Shuter and Shooter, 1965), 370 ~ 382.

最近的但有启发意义的、有关传统服饰在面对现代化压力时的应变能力的文献, 参见:

桑德拉·克洛泊:《一只公牛就抵得上五十头母牛: 祖鲁女人与"传统"服饰》, 史蒂芬·克林曼编:《地区和表演剧目: 南非政治和文化主题》(布拉姆弗泰恩: 瑞文出版社, 1991 年), 第 147 页 177 页。

Sandra Klopper, "You Need Only One Bull to Cover Fifty Cows: Zulu Women and 'Traditional' Dress," in Stephen Clingman, ed., *Regions and Repertoires: Topics in South African Politics and Culture* (Braamfontein: Ravan Press, 1991), 147 ~ 177.

在装饰品、珠饰和身体装饰方面, 参见:

弗兰克·乔利斯:《梅辛加地区的祖鲁传统珠饰》, 载《非洲艺术》, 1993 年 1 月, 第 42 ~ 53 页, 第 101 页。

Frank Jolles, "Traditional Zulu Beadwork of the Mzinga Area," *African Arts*, January 1993, 42 ~ 53, 101.

卡洛里·G. 肯尼迪:《珍贵饰品: 祖鲁王国黄铜的使用》, 载《非洲艺术》, 1994 年秋季, 第 50 ~ 55 页, 第 94 ~ 95 页。

Carolee G. Kennedy, "Prestige Ornaments: The Use of Brass in the Zulu Kingdom," *African Arts*, Autumn 1994, 50 ~ 55, 94 ~ 95.

琼·莫里斯, 埃莉诺·普雷斯顿—怀特:《谈论珠饰: 南部非洲的祖鲁艺术》(纽约: 泰晤士与哈德逊出版社, 1994 年)。

Jean Morris and Eleanor Preston-Whyte, *Speaking with Beads: Zulu Arts from Southern Africa* (New York: Thames and Hudson, 1994).

彼得·玛古贝恩, 桑德拉·克洛泊:《衣着和装饰》(开普敦: 斯特洛伊克出版社，2001 年）。

Peter Magubane and Sandra Klopper, *Dress and Adornment* (Cape Town: Struik Publishers, 2001).

有关南非的欧洲传统服饰样式，参见：

特鲁迪·凯斯特尔：《服饰历史》，载《南部非洲标准百科全书》，第三卷，第 449 ~454 页。

Trudie Kestell, "Costume, Historical," in *Standard Encyclopedia of Southern Africa*, Vol. 3, 449 ~454.

D. H. 斯特拉特：《南非时尚，1652 年 ~1990 年》（开普敦：巴尔克马出版社，1975 年）。

D. H. Strutt, *Fashion in South Africa*, 1652 ~ 1900 (Cape Town: Balkema, 1975).

A. A. 特尔福德：《往昔着装：南非服装的历史》（开普敦：珀内尔出版社，1972 年）。

A. A. Telford, *Yesterday's Dress: A History of Costume in South Africa* (Cape Town: Purnell, 1972).

第八章：性别角色、婚姻与家庭

在南非研究中有关女性的主题获得了较大的关注。已考察的问题包括殖民化、基督教、工业化、矿业资本主义、劳动力迁移、城市化和种族隔离制度对女性的影响，以及在种族隔离制度和现代化的作用下女性不断变化的社会地位。

关于土著社会中的女性，参见：

杰夫·盖伊：《前资本主义体系中的南非女性》；舒拉·马克斯，安东尼·阿特莫尔编：《前工业化时代下南非的经济和社会》（伦敦：朗文出版社，1980 年）。

Jeff Guy, "Women in Precapitalist South African Society," in Shula Marks and Anthony Atmore, eds., *Economy and Society in Pre-Industrial*

South Africa (London: Longman, 1980).

C. N. 昆塔:《非洲南部的妇女》(约翰内斯堡: 斯戈特威尔出版社, 1987 年)。

and C. N. Quinta, *Women in Southern Africa* (Johannesburg: Skotaville, 1987).

关于妇女与种族隔离制度, 参见:

简·巴雷特编:《南非妇女演讲》(纽约: 格鲁夫出版社, 1986 年)。

Jane Barrett, ed., *South African Women Speak* (New York: Grove Press, 1986).

苏珊·巴兹丽:《将妇女提上议事日程》(约翰内斯堡: 瑞文出版社, 1991 年)。

Susan Bazilli, *Putting Women on the Agenda* (Johannesburg: Ravan Press, 1991).

希尔达·伯恩斯坦:《她们的胜利, 她们的眼泪: 种族隔离制度下的南非妇女》(伦敦: 南部非洲国际防务和援助基金, 1985 年)。

Hilda Bernstein, *For Their Triumphs and for Their Tears: Women in Apartheid South Africa* (London: International Defence and Aid Fund for Southern Africa, 1985).

J. 古德温:《阿曼德拉的哭泣: 南非妇女和权力问题》(纽约: 非洲文献出版公司, 1984 年)。

J. Goodwin, *Cry Amandla: South African Women and the Question of Power* (New York: Africana Publishing Company, 1984).

R. E. 拉普奇科, S. 厄当:《压迫与反抗: 南部非洲妇女的斗争》(康涅狄格州韦斯特波特: 格林伍德出版社, 1982 年)。

R. E. Lapchick and S. Urdang, *Oppression and Resistance: The Struggle of Women in Southern Africa* (Westport, Conn.: Greenwood Press, 1982).

玛格丽特·莱辛编:《今日南非妇女》(开普敦: 米勒·朗文公司, 1994 年)。

Margaret Lessing, ed., *South African Women Today* (Cape Town: Maskew Miller Longman, 1994).

巴塔·李普曼:《我们创造了自由:南非妇女》(伦敦:劳特利奇·基根·保罗和潘多拉出版社,1984年)。

Bata Lipman, *We Make Freedom: Women in South Africa* (London: Routledge Kegan Paul and Pandora Press, 1984).

C. 欧珀:《非洲妇女:她们争取独立的斗争》(约翰内斯堡:瑞文出版社,1981年)。

C. Obbo, *African Women: Their Struggle for Independence* (Johannesburg: Ravan Press, 1981).

肖恩·雷丁:《1930年~1963年,南非特兰斯凯的巫术、妇女和税收》,凯瑟琳·希格斯等人编:《跨步前行:非洲和美国的黑人妇女》(雅典:俄亥俄大学出版社,2002年),第87~99页。

Sean Redding, "Witchcraft, Women, and Taxes in the Transkei, South Africa, 1930~1963," in Catherine Higgs et al., eds., *Stepping Forward: Black Women in Africa and the Americas* (Athens: Ohio University Press, 2002), 87~99.

戴安娜·E. H. 拉塞尔:《勇敢的生活:新南非的妇女》(纽约:基础读物出版社,1989年)。

Diana E. H. Russell, *Lives of Courage: Women for a New South Africa* (New York: Basic Books, 1989).

芭芭拉·施莱纳编:《冰水中的蛇:南非妇女的监狱著作》(福德斯堡:南非作家大会,1992年)。

Barbara Schreiner, ed., *A Snake with Ice Water: Prison Writings by South African Women* (Fordsburg: Congress of South African Writers, 1992).

凯瑟琳·斯宾凯:《黑腰带运动:通向南非自由桥梁的开端》(伦敦:梅休因出版社,1991年)。

Kathryn Spink, *Black Sash: The Beginnings of a Bridge in South Africa* (London: Methuen, 1991).

N. 范·瑞安：《反抗种族隔离制度的妇女：1920年~1975年，在南非为自由而战》（帕洛阿尔托：加州R & E研究协会，1979年）。

N. Van Vuuren, *Women against Apartheid: The Fight for Freedom in South Africa*, 1920 ~ 1975 (Palo Alto: California R & E Research Association, 1979).

彻丽·沃克：《南非妇女和反抗》第二版（纽约：每月评论出版社，1991年）。

Cherryl Walker, *Women and Resistance in South Africa*, 2nd ed. (New York: Monthly Review Press, 1991).

沃克编：《至1945年，南部非洲的妇女与性别》（伦敦：詹姆斯·柯里出版社，1991年）。

Walker, ed., *Women and Gender in Southern Africa to* 1945 (London: James Currey, 1991).

朱莉娅·C. 威尔斯：《我们现在要求：在南非，妇女的抗争史能够通过法律》（约翰内斯堡：威特沃特斯兰德大学出版社，1993年）。

and Julia C. Wells, *We Now Demand: The History of Women's Resistance to Pass Laws in South Africa* (Johannesburg: Witwatersrand University Press, 1993).

关于工业领域的妇女，参见：

艾丽斯·伯杰：《团结的开端：1900年~1980年，南非产业妇女》（伦敦：詹姆斯·柯里出版社，1992年）。

Iris Berger, *Threads of Solidarity: Women in South African Industry*, 1900 ~ 1980 (London: James Currey, 1992).

比尔·弗洛伊德：《圈内人和圈外人：1910年~1990年，德班的印度工人阶级》（伦敦：海涅曼出版社，1990年）。

Bill Freund, *Insiders and Outsiders: The Indian Working Class of Durban*, 1910 ~ 1990 (London: Heinemann, 1990).

法蒂玛·米尔编：《黑人妇女工人》第二版（德班：麦迪巴出版社，1991年）。

Fatima Meer, ed. , *Black-Women-Worker*, 2nd ed. (Durban: Mediba Publishers, 1991).

贝琳达·波佐利，曼索·内科索：《1990 年～1983 年，南非弗肯妇女的思想意识、生活策略和迁徙》（朴茨茅斯，N. H.：海涅曼出版社，1991 年）。

Belinda Bozzoli and Mmantho Nkotsoe, *Women of Phokeng: Consciousness, Life Strategy and Migrancy in South Africa*, 1900 ~ 1983 (Portsmouth, N. H.: Heinemann, 1991).

法蒂玛·米尔：《工厂和家庭：南非女工分割的生活》（德班：纳塔尔大学，黑人研究所，1985 年）。

Fatima Meer, *Factory and Family: The Divided Lives of South Africa's Women Workers* (Durban: University of Natal, Institute for Black Research, 1985).

米尔等人：《族长、种族和阶级：南非妇女产业工人》（德班：黑人研究所，1986 年）。

Meer et al. , *Patriarchs, Race, and Class: South Africa's Women Industrial Workers* (Durban: Institute for Black Research, 1986).

有关家政工人机构的内容，参见：

杰克琳·科克：《女佣和夫人：一项关于剥削政治的研究》修订版（伦敦：妇女出版社，1989 年）。

Jacklyn Cock, *Maids and Madams: A Study in the Politics of Exploitation*, rev. ed. (London: Women's Press, 1989).

苏珊娜·戈登：《美好的明天：南非奴隶的生活故事》（约翰内斯堡：瑞文出版社，1985 年）。

Suzanne Gordon, *A Talent for Tomorrow: Life Stories of South African Servants* (Johannesburg: Ravan Press, 1985).

关于妇女、暴力和司法体系的内容，参见：

爱丽丝·阿姆斯特朗：《南部非洲的女性和法律》（哈拉雷：津巴布韦出版社，1987 年）。

Alice Armstrong, *Women and the Law in Southern Africa* (Harare: Zimbabwe Publishing House, 1987).

比萘芬·诺瑞吉，布朗温·孟比：《南非针对妇女的暴行：国家对家庭暴力和强奸的应对》（伦敦：人权监察组织，1996 年）。

Binaifer Nowrejee and Bronwen Manby, *Violence against Women in South Africa: State Response to Domestic Violence and Rape* (London: Human Rights Watch, 1996).

朱莉·斯图尔特和爱丽丝·阿姆斯特朗编：《南部非洲妇女的法律地位》（哈拉雷：津巴布韦大学出版社，1990 年）。

Julie Stewart and Alice Armstrong, eds., *Legal Situation of Women in Southern Africa* (Harare: University of Zimbabwe Publications, 1990).

L. 韦坦恩编：《男子射杀妻子：南非豪登省亲密者杀害女性的探索性研究》（豪登：POWA（反对妇女虐待人民组织），1995 年）。

L. Vetten, ed., *Man Shoots Wife: A Pilot Study Detailing Intimate Femicide in Gauteng, South Africa* (Gauteng: POWA, 1995).

关于婚姻和家庭，参见：

安东尼·班尼斯特：《布须曼人：不断变化的生活方式》（开普敦：斯特洛伊克出版社，1991 年）。

Anthony Bannister, *Bushmen: A Changing Way of Life* (Cape Town: Struik, 1991).

S. 伯曼，E. 普利斯顿—怀特编：《可疑的问题：南非的私生子》（开普敦：牛津大学出版社，1992 年）。

S. Burman and E. Preston-Whyte, eds., *Questionable Issue: Illegitimacy in South Africa* (Cape Town: Oxford University Press, 1992).

马克·基维瑟，埃德温·卡梅伦编：《肆意的欲望：南非同性恋者的生活》（约翰内斯堡：瑞文出版社，1994 年）。

Mark Gevisser and Edwin Cameron, eds., *Defiant Desire: Gay and Lesbian Lives in South Africa* (Johannesburg: Ravan Press, 1994).

艾琳·克里格：《关于南部非洲非洲人婚姻的文集》第二版（彼得

马里茨堡：纳塔尔大学出版社，1981 年）。

Eileen J. Krige, *Essays on African Marriage in Southern Africa*, 2nd ed. (Pietermaritzburg: University of Natal Press, 1981).

B. 蒂勒尔：《南部非洲的部落民》（开普敦：非洲图书公司，1968 年）。

B. Tyrrell, *Tribal Peoples of Southern Africa* (Cape Town: Books of Africa, 1968).

关于后种族隔离制度下新南非妇女的新挑战，参见：

世界联合学院性别平等单位，南部非洲文献研究中心—南部非洲妇女意识提升协会，《超越不平等：南非妇女》（南非的贝尔维尔和津巴布韦的哈拉雷：西开普大学，性别平等单位和南部非洲研究与文献中心，1997 年）。

UWC Gender Equity Unit and SARDC-WIDSAA, *Beyond Inequalities: Women in South Africa* (Bellville, South Africa and Harare, Zimbabwe: University of Western Cape, Gender Equity Unit & Southern African Research and Documentation Center, 1997).

另请参见帕特里夏·罗梅罗：《多样化人物简介：新南非妇女》（东兰辛：密歇根州立大学出版社，1998 年）。

See also Patricia Romero, *Profiles in Diversity: Women in the New South Africa* (East Lansing: Michigan State University Press, 1998).

第九章：社会习俗和生活方式

由于文化、审美和异国情调等原因，社会习俗可能是南非众多主题中研究最多的话题之一。有关科伊桑人和相关族群，参见：

安东尼·班尼斯特：《布须曼人：不断变化的生活方式》（开普敦：斯特洛伊克出版社，1991 年）。

Anthony Bannister, *Bushmen: A Changing Way of Life* (Cape Town: Struik, 1991).

阿兰·巴纳德：《南部非洲的猎人和牧民：比较民族志》（剑桥：剑桥大学出版社，1992 年）。

Alan Barnard, *Hunters and Herders of Southern Africa: A Comparative Ethnography* (Cambridge: Cambridge University Press, 1992).

A. 史密斯等人：《南部非洲的布须曼人：转型中的觅食社会》（开普敦：大卫·菲利普出版社，2000 年）。

A. Smith, et al., *The Bushmen of Southern African: A Foraging Society in Transition* (Cape Town: David Philip, 2000).

H. P. 斯泰恩：《消失的生活方式：早期开普科伊族和桑族》（比勒陀利亚：优尼图书公司，1990 年）。

H. P. Steyn, *Vanished Lifestyles: The Early Cape Khoi and San* (Pretoria: Unibook, 1990).

洛娜·J. 马歇尔：《奈奈昆人：信仰和仪式》（剑桥：皮博迪博物馆专著，哈佛大学，1999 年）。

Lorna J. Marshall, *Nyae Nyae ! Kung: Beliefs and Rites* (Cambridge: Peabody Museum Monograph, Harvard University, 1999).

在研究南非祖鲁语民族的文献中，最有价值的资料有：

约翰·安格雷和埃莉诺·普利斯顿—怀特编：《南部非洲的社会制度和传统：艾琳·克里格纪念文集》（开普敦：牛津大学出版社，1978 年）。

John Argyle and Eleanor Preston-Whyte, eds., *Social System and Tradition in Southern Africa: Essays in Honour of Eileen Krige* (Cape Town: Oxford University Press, 1978).

W. 伯宗瓦纳：《恩德贝勒宗教和习俗》（格韦鲁：曼波出版社，1990 年）。

W. Bozongwana, *Ndebele Religion and Customs* (Gweru: Mambo, 1990).

吉恩·科马罗夫：《力量之身与反抗之心：南非人民的文化和历史》（芝加哥：芝加哥大学出版社，1985 年）。

Jean Comaroff, *Body of Power, Spirit of Resistance: The Culture and History of South African People* (Chicago: The University of Chicago Press, 1985).

W. D. 哈蒙德—图克:《黑南非之根》(约翰内斯堡:乔纳森·鲍尔出版社, 1993 年)。

W. D. Hammond-Tooke, *The Roots of Black South Africa* (Johannesburg: Jonathan Ball, 1993).

哈蒙德—图克编:《南部非洲的班图语民族》(伦敦:劳特利奇和基根·保罗出版社, 1974 年)。

Hammond-Tooke, ed., *The Bantu-Speaking Peoples of Southern Africa* (London: Routledge & Kegan Paul, 1974).

R. M. 卡瓦纳:《创造人民剧场》(约翰内斯堡:威特沃特斯兰德大学出版社, 1997 年)。

R. M. Kavanagh, *Making People's Theatre* (Johannesburg: Witwatersrand University Press, 1997).

E. J. 克里格:《祖鲁族的社会制度》修订版,《彼得马里茨堡:沙特尔与舒特儿出版社, 1988 年》。

E. J. Krige, *The Social System of the Zulu*, rev. ed. (Pietermaritzburg: Shooter and Shuter, 1988).

彼得·马今巴僧:《南非消失的文化:在变化的世界中移风易俗》(开普敦:斯特洛伊克出版社, 1998 年)。

Peter Magubane, *Vanishing Cultures of South Africa: Changing Customs in a Changing World* (Cape Town: Struik Publishers, 1998).

马今巴僧,桑德拉·克洛普:《非洲复兴》(开普敦:斯特洛伊克出版社, 2000 年)。

Magubane and Sandra Klopper, *African Renaissance* (Cape Town: Struik Publishers, 2000).

在城市化和社会变迁方面,参见:

T. 豪普特弗莱施:《南非的戏剧与社会:以破碎之镜反观》(比勒陀

利亚：范·斯特洛伊克出版社，1997 年）。

T. Hauptfleisch, *Theatre and Society in South Africa*: *Some Reflections in a Fractured Mirror* (Pretoria: Van Schaik, 1997).

N. 马瑟恩：《幕后故事：索委托族人的真实生活》（伯格莱：南部非洲出版社，1990 年）。

N. Mathiane, *Beyond the Headlines*: *Truths of Soweto Life* (Bergvlei: Southern Book Publishers, 1990).

莎拉·纳托尔，谢丽尔—安，迈克尔编：《文化感：南非文化研究》（牛津：牛津大学出版社，2000 年）。

Sarah Nuttall and Cheryl-Ann Michael, eds., *Senses of Culture*: *South African Culture Studies* (Oxford: Oxford University Press, 2000).

大卫·史密斯编：《种族隔离制度下的生活：南非城市化和社会变迁的方方面面》（温彻斯，马斯：艾伦与昂温出版社，1986 年）。

David Smith, ed., *Living under Apartheid*: *Aspects of Urbanization and Social Change in South Africa* (Winchester, Mass.: Allen & Unwin, 1986).

H. W. 范德·莫维，C. J. 格罗林沃德：《南非有色人群的职业和社会变迁》（开普敦：朱塔出版社，1977 年）。

and H. W. Van Der Merwe and C. J. Groenewald, *Occupational and Social Change among the Coloured People in South Africa* (Cape Town: Juta, 1977).

在体育、娱乐和旅游方面，参见：

I. 阿尔佛雷德：《掀开面纱：南非板球的内部故事》（开普敦：先锋出版社，2001 年）。

I. Alfred, *Lifting the Covers*: *The Inside Story of South African Cricket* (Cape Town: Spearhead, 2001).

L. 伯克等编：《南非体育营养完全指南》（开普敦：牛津大学出版社，1998 年）。

L. Burke, et al., *The Complete South African Guide to Sports Nutrition* (Cape Town: Oxford University Press, 1998).

S. 德温特：《南非文化旅游指南》（开普敦：斯特洛伊克出版社，1999年）；《目击者旅游指南：南非》（开普敦：DK出版公司，1999年）。

S. Derwent, *Guide to Cultural Tourism in South Africa* (Cape Town: Struik, 1999); *EyeWitness Travel Guides: South Africa* (Cape Town: DK Publishing, Inc., 1999).

E. 格里菲思：《争夺荣耀：为什么南非失去了奥运会和世界杯的举办权，下次如何取胜》（约翰内斯堡：乔纳森·鲍尔出版社，2000年）。

E. Griffiths, *Bidding for Glory: Why South Africa Lost the Olympic and World Cup Bids, and How to Win Next Time* (Johannesburg: Jonathan Ball, 2000).

A. 格鲁德林格等编：《超越特里莱恩：橄榄球和南非社会》（兰德堡：瑞文出版社，1995年）。

A. Grundelingh et al., *Beyond the Tryline: Rugby and SA Society* (Randburg: Ravan Press, 1995).

邓肯·盖伊：《约翰内斯堡及其周围地区的最好去处》（开普敦：斯特洛伊克出版社，2000年）；《洞察指南：南非》（伦敦：洞察指南/APA出版社，2000年）。

Duncan Guy, *The Very Best of Johannesburg and Surrounds* (Cape Town: Struik, 2000); *Insight Guide: South Africa* (London: Insight Guide/APA Publications, 2000).

J. 诺奈特：《南非的体育、文化和身份》（开普敦：大卫·菲利普出版社，1998年）。

J. Nauright, *Sport, Cultures and Identities in South Africa* (Cape Town: David Philip, 1998).

第十章：表演艺术与电影

关于非洲音乐的内容，参见：

艾伦·P. 梅里亚姆：《透视非洲音乐》（纽约：加兰出版社，1982年）。

Alan P. Merriam, *African Music in Perspective* (New York: Garland Publishing, 1982).

约翰·米勒·契尔诺夫：《非洲节奏和非洲观感：非洲音乐习语中的审美和社会行动》（芝加哥，芝加哥大学出版社，1979 年）。

John Miller Chernoff, *African Rhythm and African Sensibility: Aesthetics and Social Action in African Musical Idioms* (Chicago: University of Chicago Press, 1979.

罗尼·格雷厄姆编：《当代非洲音乐的斯特恩指南》（伦敦：布鲁托出版社，1988 年）。

Ronnie Graham, ed., *Stern's Guide to Contemporary African Music* (London: Pluto Press, 1988).

格雷厄姆编：《当代非洲音乐的斯特恩指南，第二卷：非洲音乐世界》（伦敦：布鲁托出版社，1992 年）。

Graham, ed., *Stern's Guide to Contemporary African Music, vol. 2: The World of African Music* (London: Pluto Press, 1992).

有关科伊桑族本土音乐传统和班图语民族的相关内容，参见：

约翰·布莱金：《律动、舞蹈、音乐及文达族女孩的成年礼周期》，载保罗·斯宾塞编，《舞蹈与社会》（剑桥：剑桥大学出版社，1985 年）。

John Blacking, "Movement, Dance, Music, and the Venda girls' Initiation Cycle," in Paul Spencer, ed., *Society and the Dance* (Cambridge: Cambridge University Press, 1985).

罗斯玛丽·约瑟夫：《祖鲁妇女们的弓弦之歌：对爱的沉思》，载《东方和非洲研究学院公告》，1987 年，第 1 页，第 5 页，第 90 ~ 第 119 页。

Rosemary Joseph, "Zulu Women's Bow Songs: Ruminations on Love," *Bulletin of the School of Oriental and African Studies*, 50, 1, 1987, 90 ~ 119.

T. F. 约斯顿：《茨瓦纳音乐笔记》，载《南非音乐百科全书 II》，由 J. P. 马伦出版社出版，第 376～381 页。

T. F. Johston, "Notes on the Music of the Tswana," *South African Music Encyclopedia*, ii, edited by J. P. Malan, 376～381.

约翰·E. 卡默：《南部非洲引论》，载《加兰世界音乐百科全书，第一卷：非洲》（纽约：加兰出版社，1998 年），第 700～721 页。

John E. Kaemmer, "Southern Africa: An Introduction," in *Garland Encyclopedia of World Music, vol. 1: Africa* (New York: Garland Press, 1998), 700～721.

丹尼尔·库内内：《巴索托族的英雄史诗》（牛津：克拉兰敦出版社，1971 年）。

Daniel Kunene, *Heroic Poetry of the Basotho* (Oxford: Clarendon, 1971).

Z. B. 莫莱费，M. A. 姆兹莱尼：《共同的歌唱渴望：献给南非黑人妇女歌曲（1950 年～1990 年）》（开普敦：奎拉图书公司，1997 年）。

Z. B. Molefe and M. A. Mzileni, *A Common Hunger to Sing: A Tribute to South Africa's Black Women of Song*, 1950 *to* 1990 (Cape Town: Kwela Books, 1997).

大卫·克罗夫特：《霍屯督人音乐》，载《新格罗夫音乐和音乐家辞典》，史丹利·塞迪编（伦敦：麦克米伦出版社，1980 年）。

David Rycroft, "Hottentot Music," *The New Grove Dictionary of Music and Musicians*, edited by Stanley Sadie (London: Macmillan, 1980).

《恩尼古歌曲中的风格之证》，K. P. 瓦克斯曼编，载《关于非洲音乐和历史的文集》（埃文斯顿，西北大学出版社，1971 年）。

"Stylistic Evidence in Nguni Song," in K. P. Wachsmann, ed., *Essays on Music and History in Africa* (Evanston: Northwestern University Press, 1971).

埃尔金·西索尔：《祖鲁人的恩格玛音乐》；约翰·布莱金，J. 凯里，《表演艺术：音乐和舞蹈》（海牙：穆顿出版社，1979 年）。

Elkin Sithole, "Ngoma Music among the Zulu," in John Blacking and J. Keali' inohomoku, *The Performing Arts*: *Music and Dance* (The Hague: Mouton, 1979).

《南非：土著音乐》，载《加兰世界音乐百科全书》，第 72 ~ 93 页（大卫 · K. 克罗夫特，安吉拉 · 英庇，格雷戈里 · F. 巴斯，约翰 · 布莱金，哈科 · 克鲁格，C. T. D. 马瑞威特等人编）

"South Africa: Indigenous Music," in *The Garland Encyclopedia of World Music*, 72 ~ 93 (contributions by David K. Rycroft, Angela Impey, Gregory F. Barz, John Blacking, Jaco Kruger, and C. T. D. Marivate).

勒罗伊维尔，兰德格 · 怀特：《权力和赞美诗：历史上南部非洲的声音》（夏洛茨维尔：弗吉尼亚大学出版社，1991 年）。

Leroy Vail and Landeg White, Power and Praise Poem: Southern African Voices in History (Charlottesville: University Press of Virginia, 1991).

罗宾 · 威尔斯：《巴索托音乐引论》（莫瑞加，莱索托：莫瑞加档案室，1994 年）。

Robin Wells, *An Introduction to the Music of the Basotho* (Morija, Lesotho: Morija Archives, 1994).

关于土著乐器的经典作品，参见：

珀西瓦尔 · R. 柯比，《南非本土民族的乐器》第二版（约翰内斯堡：维特沃特斯兰德大学出版社，1965 年）。

Percival R. Kirby, *The Musical Instruments of the Native Races of South Africa*, 2nd ed. (Johannesburg: Witwatersrand University Press, 1965).

关于科萨族，参见：

D. 达尔尼：《科萨音乐：技巧、乐具及歌曲集（带磁带）》（开普敦：大卫 · 菲利普出版社，1988 年）。

D. Dargie, *Xhosa Music*: *Its Techniques and Instruments*, *with a Collection of Songs*: *With Cassette* (Cape Town: David Philip, 1988).

达尔尼：《科萨族犹太复国主义教会音乐》（伯格莱，南非：霍德和斯托顿教育出版社，1987 年）。

Dargie, *Xhosa Zionist Church Music* (Bergvlei, South Africa: Hodder & Stoughton Educational, 1987).

有关比较全面的南非音乐史，有三项调查研究最有价值：

莫夫·安德森：《混合音乐》（约翰内斯堡：瑞文出版社，1981年）。

Muff Anderson, *Music in the Mix* (Johannesburg: Ravan Press, 1981).

加思·弗尔齐斯，汤姆·詹森柯尼卡：《南非当代音乐史》（约翰内斯堡：托加出版社，1994年）。

Garth Chilvers and Tom Jasuikowicz, *History of Contemporary Music in South Africa* (Johannesburg: Toga, 1994).

J. P. 马伦编：《南非音乐百科全书第四卷》（开普敦：牛津大学出版社，1979年，1982年，1984年和1986年）。

J. P. Malan, ed., *South African Music Encyclopedia*, 4 *volumes* (Cape Town: Oxford University Press, 1979, 1982, 1984, and 1986).

有关欧洲音乐传统，参见：

卡洛琳·米尔斯，詹姆斯·梅：《南非：欧洲艺术音乐》，载《新格罗夫音乐和音乐家辞典》第24卷，第87~91页。

Caroline Mears and James May, "South Africa: European Art Music," in*The New Grove Dictionary of Music and Musicians*, vol. 24, 87~91.

J. J. A. 范德·沃尔特：《阿非里卡教会和宣教音乐》，载《南非音乐百科全书》，J. P. 马伦编，（开普敦：牛津大学出版社，第1979~1986页）。

J. J. A. van der Walt, "Afrikaans Church and Mission Music," *South African Music Encyclopedia*, ed. J. P. Malan (Cape Town: Oxford University Press, 1979~1986).

J. 鲍斯：《音乐》，载《南部非洲标准百科全书》，D. J. 波特希特编，第八卷（开普敦：纳叟出版社，第1970~1976页）。

and J. Bouws, "Music," *Standard Encyclopedia of Southern Africa*, ed. D. J. Potgieter, viii (Cape Town: NASOU, 1970~1976).

有关芭蕾的内容，参见：

玛丽娜·格鲁特：《南非芭蕾舞历史》（开普敦：休曼与罗素出版社，1981 年）。

Marina Grut, *The History of Ballet in South Africa* (Cape Town: Human & Rousseau, 1981).

超过南非音乐的其他流派，流行音乐一直是很多引人入胜的研究的焦点。其中著名的研究有：

克里斯托弗·巴勒泰：《马拉比夜晚：南非早期爵士乐和综艺蓝调艺术》（约翰内斯堡：瑞文出版社，1993 年）。

Christopher Ballatine, *Marabi Nights: Early South African Jazz and Vandeville* (Johannesburg: Ravan Press, 1993).

巴兹尔·布里奇：《蓝调音乐之外：60 年代和 70 年代的城镇爵士乐》（开普敦：大卫·菲利普，1994 年）。

Basil Breakey, *Beyond the Blues: Township Jazz of the '60s and '70s* (Cape Town: David Philip, 1994).

大卫·B. 科普兰：《今夜在城里！南非黑人城市音乐和戏剧》（伦敦和纽约：朗文出版社，1985 年）。

David B. Coplan, *In Township Tonight! South Africa's Black City Music and Theatre* (London and New York: Longman, 1985).

科普兰：《食人族时代：巴索托移民的词曲音乐》（芝加哥：芝加哥大学出版社，1994 年）。

Coplan, *In the Time of Cannibals: The Word Music of South Africa's Basotho Migrants* (Chicago: The University of Chicago Press, 1994).

维伊特·厄尔曼：《非洲明星：南非黑人表演研究》（芝加哥和伦敦：芝加哥大学出版社，1991 年）。

Veit Erlmann, *African Stars: Studies in Black South African Performance* (Chicago and London: The University of Chicago Press, 1991).

厄尔曼（约瑟夫·沙巴拉拉撰写引言）：《夜曲：南非的表演、力量和实践》（芝加哥和伦敦：芝加哥大学出版社，1996 年）。

Erlmann (with an introduction by Joseph Shabalala), *Nightsong:*

Performance, Power and Practice in South Africa (Chicago and London: The University of Chicago Press, 1996).

伊冯·赫斯基森:《南部非洲黑人作曲家》(比勒陀利亚:人类科学研究委员会,1992 年)。

Yvonne Huskisson, *Black Composers of Southern Africa* (Pretoria: Human Sciences Research Council, 1992).

海伦·Q. 科威尼克:《路在何处:南非的音乐和斗争》(纽约:维京企鹅图书公司)。

Helen Q. Kivnick, *Where Is the Way: Song and Struggle in South Africa* (New York: Viking Penguin, 1990).

索　引

（索引所标页码为原书页码，见正文页边。）

关于作者

丰索·阿佛拉扬是位于德拉姆的新罕布什尔大学史学副教授。

译后记

我们很高兴能有机会翻译这部书。希望此书能促进国人对南非的了解，为推动中国与南非的交流与合作做一点贡献。

本文翻译工作的具体分工如下：

序言　秦婷婷；

致谢　秦婷婷；

年表　秦婷婷；

第一章　秦婷婷；

第二章　秦婷婷；

第三章　韩俊杰；

第四章　韩俊杰；

第五章　赵巍、韩俊杰；

第六章　赵巍；

第七章　赵巍；

第八章　赵巍；

第九章　卢珊；

第十章　卢珊；

词汇表　卢珊；

参考文献　卢珊；

索引　卢珊。

罗力群老师指导了全书的翻译工作，校改了全书，并对各章节的一些难点作了重新翻译。

本书的翻译是在民主与建设出版社王越女士的热情支持下进行的。我们对她及罗老师付出的辛勤劳动谨致谢意！

译　者

2015 年 3 月 18 日